서비스전문강사자격증

필기

서비스 전문강사 자격증 CPSI 필기

초판 1쇄 인쇄일 2021년 4월 12일
초판 1쇄 발행일 2021년 4월 15일

지은이 한국CS경영아카데미
펴낸이 양옥매
디자인 임흥순 임진형
교　정 조준경

펴낸곳 도서출판 책과나무
출판등록 제2012-000376
주소 서울특별시 마포구 방울내로 79 이노빌딩 302호
대표전화 02.372.1537　**팩스** 02.372.1538
이메일 booknamu2007@naver.com
홈페이지 www.booknamu.com
ISBN 979-11-5776-783-0 (13320)

서비스전문강사자격증

Certificate of Professional Service Instructor

한국CS경영아카데미 지음

필기

책과나무

서비스 전문강사 자격증(CPSI) 수험서 집필진

김성미

좋은사람연구소 대표이자 서울특별시교육청
과학전시관 성폭력·성희롱 고충심의위원회
자문위원이다. 한국인재양성진흥원 수석강사
를 역임한 바 있다.

https://blog.naver.com/sungmi1227

박종태

한국CS경영아카데미 대표원장으로, 인하대
소비자학과 겸임교수를 역임한 바 있다. 『서
비스 코칭관리사』, 『감정노동에 맞설 용기』,
『블랙컨슈머 이렇게 대응하라』 외 25권의 저
서를 집필하였다.

https://blog.naver.com/ccguider

박한별

현재 대기업 사내 강사로 활동 중이며, 케이
텍맨파워 교육팀 CS강사 경력이 있다. 저서
로는 『서비스조직 밀레니얼 이렇게 코칭하라』
가 있다.

한미선

LG전자 하이프라자 고객가치혁신팀 CS교
육담당 선임으로, LG전자 하이프라자 지역
CS담당자 경력이 있다.

https://blog.naver.com/cheerlymisun

홍미경

티시스 CS사업본부 선임강사로, The-K 고
객센터 강사 및 티브로드홀딩스 운영실장의
경험이 있다.

https://blog.naver.com/parancola

　고객 서비스에 따라 회사의 존립이 결정되는 환경에 놓이다 보니 고객 접점에서 근무하는 직원들의 고객만족에 대한 인식이나 서비스 마인드에 대한 중요성은 아무리 강조해도 지나치지 않다. 따라서 직원들에게 마인드 교육은 물론 고객을 만족시킬 수 있는 실질적인 방법을 교육하고 훈련시키는 강사의 중요성 또한 갈수록 커져 가고 있다.

　그러나 이러한 중요한 역할을 수행하는 강사가 되기 위해서는 여러 가지 극복해야 할 어려움들이 있다. 지속적으로 자신의 발전을 위해 자기개발을 해야 하고 새로운 콘텐츠를 만들어 내야 하며 남과의 차별화를 위해서 부단하게 자신의 퍼스널 브랜드를 구축하여야 한다. 연간 수만 명의 강사들이 쏟아져 나오기 때문에 자신만의 경쟁력이 없으면 도태되기 쉽고 빈익빈 부익부가 극명하게 드러나는 곳이 강사 시장이기도 하다.

　그런데 실제로 강사 시장에 진입한 강사를 보면 기본적인 역량을 갖추지 못한 분들이 의외로 많다는 것을 쉽게 알 수 있다. 돈벌이 목적으로 수료증 장사를 하는 함량 미달의 강사양성 아카데미나 교육기관이 적지 않기 때문이다. 반면에 제대로 역량을 갖춘 강사로 활동하기 위해서는 몇 백만 원이나 되는 교육비용을 부담하거나 장기간 소요되는 교육 및 훈련을 감내해야 하는 경우가 비일비재하다.

　강사 자격증이라고는 하지만 대부분 비싼 비용을 지불하거나 장기간 교육 및 훈련을 수료해야 받을 수 있고 편의를 위해 온라인으로 간단한 시험을 거쳐 자격증을 남발하는 업체들이 제공하는 교육 내용으로 강사의 역량을 제대로 갖추게 하기는 어렵다.

　짧지 않은 기간 동안 강사 자격과 관련한 다양한 정보를 수집하는 과정에서 다양한 강사양성을 위한 아카데미나 교육업체들의 커리큘럼을 모을 수 있었고 해당 주요 과정의 내용을 분석해 보니 6~70%는 수험생들이 직접 자가학습을 해도 충분한 내용이라는 결론을 내리게 되었다. 이 말은 대부분의 강의는 자가학습으로도 충분하며 실질적으로 전문 교육기관의 도움을 필요로 하는 부분은 30% 정도 수준이라는 것을 의미하기도 한다. 이 말을 뒤집어 보면 스스로 학습해서 역량을 갖추어도 되는 것을 비싼 비용을 지불하고 있다라는 얘기와 마찬가지라고 할 수 있다.

그래서 강사양성과정처럼 비싼 비용을 지불하지 않아도 되고 시대나 상황에 맞지 않고 그다지 실무적이지 않은 내용보다는 강사로서 반드시 알고 있어야 할 지식, 스킬, 태도와 관련한 다양한 정보와 지식을 학습함으로써 스스로 강사로 성장할 수 있도록 지침이 되자는 취지로 서비스 전문강사 자격증(CPSI)을 선보이게 되었다.

CPSI 자격증의 취지는 몇 십만에서 몇 백만 원이나 드는 강사 수료증이 아닌 수험서로 공부하고 오프 시험을 통해서 강사로서의 역량과 자격을 검증하고 자격증을 취득하게 하자는 것이다. 그리고 강사에게 실제로 필요한 실무 지식과 노하우 및 경험 등은 1~2일 실무과정을 통해서 온·오프라인으로 진행하자는 것이다. 이와 같은 과정을 통해 비용 및 시간을 아끼고 온전히 강사로서 성장할 수 있도록 돕자는 것이 이번 서비스 전문강사 자격증이 나오게 된 취지이며 목적이라고 할 수 있다.

서비스 전문강사 자격증(CPSI) 수험서는 다음과 같은 특징과 방향성을 가지고 집필하였다.

첫 번째, 이 책은 각 영역에 포함된 주요 항목들에 대한 이론과 실무적인 대안을 제시하고, 각 해당 영역별 출제 가능한 실전문제를 통해 학습에 대한 결과를 테스트할 수 있도록 하였으며 문제에 대한 설명을 별도로 달아 수험생의 이해를 도왔다.

두 번째, 강사들이 실제 현장에서 실제 적용할 수 있는 사례들이나 정보 및 지식을 다양한 그림, 표 형식으로 제공함으로써 현장 적용이 용이하도록 하였다. 특히 사내 강사는 물론 프리랜서 강사로서 확장을 꿈꾸는 분들이 현장에서 맞닥뜨릴 수 있는 다양한 상황에 맞추어서 적절한 해결 방안과 대안을 제시하였으며 다양한 지식과 정보를 함께 수록하였다.

세 번째, 단순히 이론에 국한하거나 추상적인 내용을 지양하고 강사라면 충분히 공감할 수 있는 실전 내용을 토대로 실제 강사로 활동하는 데 있어서 지침이 될 만한 사항을 반영하였다. 특히 강의시연에 대한 모니터링 및 피드백의 경우 실제 강의 현장에서 자주 실수하거나 누락하는 내용을 중심으로 지침을 만들고 스스로 다른 강사들의 실제 강의 영상을 보면서 모니터링 및 피드백을 통해서 경험을 축적할 수 있도록 하였다.

아무쪼록 집필하는 과정에서 어려운 점도 있었지만 이 책을 통해 많은 분들이 강사가 갖추어야 할 기본적인 역량을 축적하는 데 조금이나마 도움을 얻었으면 하는 바람과 계획한 대로 국내 최초로 100% 오프라인 테스트를 통해서 자격증을 취득하는 데 있어 많은 도움이 되었으면 하는 바람이 간절하다. 아울러 지금 이 시간에도 강사가 되기 위해서 고군분투하고 있는 분들이 좀 더 나은 환경과 조건에서 근무할 수 있기를 진심으로 기원한다.

마지막으로 이 자격증에 대한 생각을 구체화할 때 직접적인 도움을 주신 다양한 분들과 직접 집필하는 데 수고를 아끼지 않으신 홍미경 강사님, 박한별 강사님, 김성미 강사님, 그리고 한미선 강사님에게 이 자리를 빌려 진심으로 감사의 마음을 전한다. 끝으로 항상 나를 위해 걱정해 주시는 어머니와 아내 정성희 그리고 내게는 정말 자랑스럽고 보석 같은 우리 지상이, 지한이, 막내딸 서정이에게도 무한한 감사와 사랑을 전한다.

서비스 전문강사 자격증(CPSI) 개요

"서비스 전문강사 자격증(CPSI)은 100% 시험을 통해 역량 향상은 물론
강사로서의 자격을 검증하는 실무 전문 자격증이다"

강사는 사전적으로 익히고 연구하여 상대를 가르치는 스승이라고 정의하고 있다. 강사는 기업의 경영목표를 달성하기 위해 필요한 인적자원에 대한 교육을 담당하는 사람으로, 교육생(직원)이 업무를 수행하는 데에 필요한 지식과 정보를 강의로 전달하고 교육생이 이를 업무에 잘 활용할 수 있도록 돕는다.

서비스 전문강사 자격증은 바로 서비스 분야에서 위와 같은 목적을 가지고 활동하려는 사람들이 갖추어야 할 지식이나 태도 그리고 스킬(Skill)을 검증함은 물론 교육생들에게 필요한 지식과 정보를 강의로 전달시킬 수 있는 역량을 향상시킬 수 있도록 해 주는 강사 전문 자격증이다.

:: 서비스 전문강사의 역할과 전망 ::

서비스 전문강사는 교육생을 대상으로 서비스 업무 수행에 따른 정보와 지식을 전달하는 강의를 주 업무로 하지만 기업 및 교육 담당자와의 소통, 교육 준비 등 강의를 진행하기까지 많은 부가적인 일들을 수행해야 한다.

- 강의운영 및 프로그램 기획
- 교수 설계 및 교안 작성
- 서비스 관련 콘텐츠 개발
- 강의를 위한 퍼실리테이션
- 서비스 관련 역량 향상 강의 및 지도

• 교육생들 대상 교육 동기부여 및 강의 활성화
• 교육 평가 및 피드백 외

서비스 전문강사로의 전망은 3차 산업인 서비스의 확장으로 인해 더 많은 수요가 있을 것으로 예상된다. 다만 모든 강사에게 전망이 있는 것이 아닌 현장 경험을 토대로 전문 지식과 정보 그리고 차별화된 콘텐츠를 가진 강사가 좀 더 높은 경쟁력을 가지고 시장에서 활동할 수 있을 것으로 보고 있다.

:: 서비스 전문강사 자격증 소개 ::

서비스 전문강사 자격증(CPSI)은 서비스 업종에서 강의를 하고자 하는 강사 또는 강사 희망자들이 가지고 있어야 할 역량, 즉 지식(Knowledge), 스킬(Skill), 태도(Attitude)와 관련된 전문 지식과 정보에 대한 역량을 100% 시험을 통해서 검증하는 자격증이다. 강사에게 필요한 체계적이고 실무적인 지식을 바탕으로 강사의 태도는 물론 강의기획, 강의기법, 제안, 운영, 평가와 같은 핵심 업무를 처리할 수 있는 자질이나 기본적인 실무 능력을 갖추었는지 여부를 평가하는 실무 중심의 자격증이다.

:: 응시자격 및 시험 ::

서비스 전문강사 자격시험은 기본적으로 연령, 학력, 경력 모두 응시 제한을 두지 않는다. 다만 아래와 같은 조건을 가진 분들이라면 서비스 전문강사 자격증이 바라는 대상에 적합하다고 생각한다.
• 강사를 직업으로 정하고 자격을 갖추려고 하시는 분
• 서비스 업계 종사자(기업에서 CS부서 근무하시는 분)

- 강사로서의 역량을 평가하고자 하는 사내 강사(기업 강사)

- 강사로서 실무역량을 검증받고 싶으신 프리랜서 강사

▶ 시행기관 : 한국씨에스경영아카데미(www.kacademy.net)

▶ 시험과목 : 서비스 이론과 실무, 강의기본실무, 강의기획실무, 강사스킬실무

▶ 시험방식 : 오프라인 테스트(서울, 대전, 부산, 광주, 대구, 대전)

▶ 자격등록사항 : 산업통상자원부 2021-000893

:: 서비스 전문강사 자격증 시험형태 및 출제 범위::

과목	주요 내용
서비스 이론과 실무	• 고객 및 서비스의 이해 • 고객만족 및 고객만족경영의 이해 • 서비스 품질 결정 요인 • 고객응대 처리 절차 및 응대 실무 • 서비스 회복 결정요인 및 회복 전략 • 고객 커뮤니케이션 전략 • 고객 응대 및 고객불만처리 • 서비스 만족도 조사 유형 및 트랜드 • 고객응대 스크립트 및 매뉴얼 작성법
강의 기본 실무	• 강의 유형 이해 및 주요 모형별 분석 • 강의 설계 및 세부 과정 요소 / 강의 설계에 따른 체크리스트 • 강사가 갖추어야 할 매너 및 이미지 메이킹 • 강사의 퍼스널 브랜드 확보방안 • 강의료 책정 요소 및 협상 방법 • 강의 운영(강의 체크리스트, 강의실 배치, 강의 시간 관리 등) • 강의 도중 문제 발생 시 대처 방안 • 비대면 온라인 교육 및 비대면 과정 설계 • 비대면 강의자료 제작 스킬 및 온라인 강의 진행 • 온라인 강의도구 플랫폼 유형 및 협업 지원 도구 • 비대면 온라인 강의 저작권 외

강의 기획 실무	• 교수설계의 이해 및 교수설계 단계별 주요 활동 • 교수설계 및 개발과 관련한 구체적인 활동 • 강의계획서 작성법 및 점검을 위한 체크리스트 • 강의계획 수립 및 주요 절차 • 강의 진행 지침 및 주요 체크리스트 • 강의교안 작성법 / 강의제안서 작성법 • 퍼실리테이션 단계별 실전 활용법 • 강의 개설 후 홍보활동 전 주의 사항 • 다양한 매체를 통한 강의 홍보하는 법 • 강사 / 강의 평가 및 피드백 / 교육만족도 조사 및 결과 보고
강사 스킬 실무	• 교수기법 선택 기준 및 교수기법 유형 • 러닝 퍼실리테이션 및 단계별 주요 활동 • 강의 효과를 높이는 스토리텔링(Storytelling) • 강의 단계별 주요 활동 및 효과를 높이기 위한 방법 • 강사들이 강의 시 자주 저지르는 오류들 • 강의 불안감 발생 원인과 효과적으로 극복하는 법 • 강의시연 프로세스 및 시연 후 평가 피드백 • Spot & ice breaking(강의 분위기 조성) • 강의용 자료 제작 스킬(구조화 및 시각화) 및 제작 시 주의 사항

:: 서비스 전문 강사 자격시험 출제 및 출제 유형 ::

▶ 필기시험 : 객관식(4지선다형)

시험과목	시험형태 및 문항 수		시험시간
	객관식 (4지선다형)	종합	
서비스 이론과 실무	20문항		
강의 기본 실무	20문항	80문항	10:00 ~ 11:30 (90분)
강의 기획 실무	20문항		
강사 스킬 실무	20문항		

▶ 실기시험 : 3가지 유형의 문제 출제

시험유형	배점	주요 내용
단답 서술형	60점	• 단답형과 기술형이 주를 이루며 용어 설명 및 괄호에 알맞은 용어를 채워 넣기에 따라 배점에 차등을 둠 • 총 4과목(서비스 이론과 실무, 강의 기본 실무, 강의 기획 실무, 강사 스킬 실무) 중 반드시 알고 있어야 할 내용을 중심으로 주관식 형태로 서술하는 문제가 출제됨
문제 해결 및 대안 제시	20점	• 상황별 문제 해결 및 대안 제시 문제는 강사들이 실제 현장에서 경험할 가능성이 높거나 실제 자주 발생하는 문제 상황을 주고 이에 대한 강사로서의 견해나 해결책을 제시하게 하는 유형의 문제로 현실적인 조치나 대안, 대처 방법 및 표현 기술, 적절한 커뮤니케이션 방법을 기술함
강의시연 모니터링 &피드백	20점	• 강의시연 평가는 실제 강의할 때 필요한 지식 및 강의 스킬(Skill)은 물론 주의하여야 할 태도나 자세를 정확히 이해하고 있는지를 검증하는 문제가 출제됨 • 강의시연 평가는 물리적 제약으로 인해 직접 수험자 본인이 강의시연를 할 수 없기 때문에 강의시연를 하는 강사의 영상을 보고 강의 정보 및 지침에서 언급한 내용들을 피드백하고 평가함

:: 서비스 전문강사 자격시험 합격 기준 ::

시험	구분	기준	출제형태
필기	합격	전 과목 평균 100점 만점 60점 이상	객관식 80문항(과목별 20문항) 4지 선다형
	불합격	• 전 과목 평균 100점 만점 60점 미만 • 4과목 중 단일과목 점수 40점 미만	
실기	합격	100점 만점에 60점 이상	단답 서술형, 문제해결 및 대안 제시, 강의시연 모니터링&피드백 3개 유형의 문제

:: 서비스 전문강사 자격증(CPSI) 시험 일정 : :

구분	필기접수 (인터넷)	필기시험	합격자 발표	실기접수 (인터넷)	실기 시험	최종 발표
1회	2021. 05.17 ~ 30	06.05	06.14	06.14~20	06.26	07.05
2회	2021. 11.01 ~ 14	11.2	11.29	11.29~12.05	12.11	12.2
3회	2022. 02.07 ~ 20	2.26	3.07	03.07~13	3.19	3.28
4회	2022. 07.11 ~ 24	7.3	8.08	08.08~14	8.2	8.29
5회	2022. 11.07 ~ 20	11.26	12.05	12.05~11	12.17	12.26
6회	2023. 02.06 ~ 19	2.25	3.06	03.06~19	3.25	4.03
7회	2023. 07.03 ~ 16	7.22	7.31	07.31~08.06	8.12	8.21
8회	2023. 10.30 ~ 11.12	11.18	11.27	11.27~12.03	12.09	12.18
9회	2024. 02.05 ~ 18	2.24	3.04	03.04~10	3.16	3.25
10회	2024. 07.01 ~ 14	7.2	7.29	07.29~08.04	8.1	8.19
11회	2024. 11.04 ~ 17	11.23	12.02	12.02~12.08	12.14	12.23
12회	2025. 02.03 ~ 16	2.22	3.03	03.03~09	3.15	3.24
13회	2025. 07.07 ~ 20	7.26	8.04	08.04~10	8.16	8.25
14회	2025. 11.03 ~ 16	11.22	12.01	12.01~07	12.13	12.22

● 시험 일정에 대한 세부일정이나 이후 일정은 KCA홈페이지(www.kacademy.net)에서 확인 가능합니다.

:: 서비스 전문강사 자격시험 정보 ::

- 자격명: 서비스 전문강사 자격증(CPSI)
- 자격의 종류: 등록(비공인) 민간자격
- 등록번호: 산업통상자원부 2021-000893
- 자격발급기관: 한국CS경영아카데미
- 환불규정: 아래(접수 취소 및 응시료 환불) 참조

▶ 서비스 전문강사 자격시험 접수

- 서비스 전문강사 자격시험은 100% 온라인 접수만 가능합니다(방문접수 불가).
- 한국CS경영아카데미 접속 〉 원서접수(필기/실기) 〉 응시료 입금 〉 수험표 확인 및 출력

▶ 응시료 안내

- 필기시험: 42,000원   • 실기시험: 50,000원

※ 서비스 전문강사 자격시험 응시료 입금 기한은 접수마감일 자정(00:00)까지이며, 이때까지 결제가 이루어지지 않으면 응시접수가 자동으로 취소됩니다.

▶ 응시료 취소 및 환불

접수취소 및 응시료 환불 적용 기간은 시험 시행으로부터 3일 전까지이며 접수 기간 중 취소는 100% 환불, 접수 기간 후는 50% 환불이 이루어지며 접수 취소 후 환불은 2일 내에 처리됩니다.

구분	시험접수 취소 및 응시료 환불 기준			
적용기간	접수기간 중	접수기간 후	시험시행 3일 전	시험시행 당일
환불적용률	100%	50%	환불 없음	

▶ 접수 취소 방법

- My 페이지 – 수험표 발급 – 접수 취소 – 확인버튼을 눌러 취소/환불 신청 가능
- 자격증 안내 〉 접수 〉 자격증 접수취소 – 취소하기 버튼을 눌러 취소/환불 신청 가능

▶ 자격관리기관 정보

- 기관명 : 한국CS경영아카데미
- 대표자 : 박종태
- 연락처 : 02-984-7033 (이메일 ccguider@naver.com)
- 소재지 : 서울특별시 양천구 중앙로 294 명성빌딩 6F
- 홈페이지 : www.kacademy.net

서비스 전문강사 자격증(CPSI) FAQ

Q : 서비스 전문강사 자격증(CPSI)은 어떤 자격증인가요?

A : 서비스 전문강사 자격증은 강사와 관련한 100% 오프라인 테스트를 통한 전문 자격증이 국내에 없는 관계로 KCA가 자격증을 발급할 수 있도록 국가직업능력개발연구원에 등록을 하고 운영하는 민간자격증입니다.

서비스 전문강사 자격증은 강사가 갖추어야 할 이론과 지식 및 정보를 바탕으로 현장에서 강의 업무를 수행할 수 있는 능력 보유 여부를 검증하는 자격증입니다. 이를 위해 강사 및 강의 전문가들과 함께 교재를 집필하고 직접 문제를 출제하고 관리 감독하는 자격증이며 이를 통해 강의 관련 실무능력 향상은 물론 해당 분야 업무를 수행하는 데 있어 직간접적인 도움을 제공하고자 만들어진 자격증입니다.

Q : 서비스 전문강사 자격증(CPSI)을 취득하면 취업을 알선해 주거나 취업에 유리한가요?

A : 답부터 드리면 본 자격증을 취득한다고 취업이 100% 되지도 않으며 또한 저희 KCA에서는 알선해 드리지도 않습니다.

일부 자격증 업체에서는 해당 자격증만 취득하면 100% 취업 보장이라는 말로 수험자를 현혹하고 있는 것이 사실입니다. 그렇지만 저희 KCA는 그러한 말을 하지 않습니다. 서비스 전문강사 자격증은 오직 수험자들의 강사로서 갖추어야 할 역량에 대한 전문지식 및 실무 능력을 향상시키거나 검증하는 자격증으로서만 역할 및 책임을 다할 것입니다.

다만 업체마다 서비스 전문강사 자격증 취득자를 선호하는 곳이 있다면 이들 업체에서 제공하는 취업 정보를 제공하거나 추천을 해 드리는 정도의 활동을 제공함으로써 수험자들을 지원하는 형태의 활동은 지속적으로 해 나갈 예정입니다.

또한 취득을 위한 응시료와 발급비용 외에는 어떠한 비용도 요구하지도 않으니 이 점 착오 없으시기 바랍니다.

Q : **자격증 취득과 관련하여 오프라인에서는 자격증 관련 교육은 없나요?**

A : 네. 오프라인에서도 토요일을 활용하여 자격증 관련 교육을 특강 형태로 진행합니다. 주로 주말을 이용해 시험 보기 1~2주 전에 오프라인에서 특강 형태로 진행됩니다. 관련 내용은 홈페이지를 비롯한 다양한 채널을 통해 사전에 공지를 합니다. KCA 홈페이지에 회원으로 가입하시면 저희가 자격증을 위한 특강은 물론 기타 교육이나 세미나 및 행사가 있을 때 문자 메시지를 보내 드리니 참고하시기 바랍니다.

Q : **서비스 전문강사 자격증(CPSI) 보수교육은 어떻게 이루어지나요?**

A : CPSI자격증을 취득한 후 2년마다 보수교육을 받으셔야 합니다.
보수교육은 2시간 정도 분량의 온라인 강의로 이루어지며 PDF파일형태로 된 교재를 제공해 드립니다. 유명강사나 전문가를 모시고 강사가 반드시 알아야 할 내용 등을 영상물로 제작하여 온라인으로 수강하시면 됩니다. 수강을 하시면 CPSI 자격이 유지되며, 보수교육을 받으시면 자격증이 새로 발급됩니다.

Q : **서비스 전문강사 자격증(CPSI)은 정식으로 등록되어 있는 자격증인가요?**

A : 네. 서비스 전문강사 자격증 자격증은 자격기본법 17조 2항과 같은 법 시행령 제23조 제4항 및 제23조의 2항에 따라 한국직업능력개발원에서 정식으로 민간 자격증 등록을 마쳤습니다.
총 4개월간 등록에 대한 서류 및 자격증 관련 주요 내용에 대한 검토가 이루어졌고 2021년 3월에 최종 등록이 완료되었으며 등록신청 시 제출한 민간자격의 관리, 운영에 관한 규정에 따라 감정노동 관리사 검정을 성실히 이행토록 하겠습니다. 자격증 등록번호: 산업통상자원부 2021-000893

Q : 서비스 전문강사 자격증(CPSI) 취득을 위한 수험서나 교재가 있나요?

A : 네. 서비스 전문강사 자격증(CPSI)교재는 온·오프라인 서점에 구입하실 수 있습니다. 서비스 전문강사 자격증(CPSI)은 오직 수험서로 공부하고 100% 오프라인 테스트를 통해 자격증을 취득할 수 있습니다.

Q : 서비스 전문강사 자격증(CPSI) 시험과 관련하여 출제 난이도는 어떤가요?

A : 현재 강사로 활동하고 계신 분들이나 강사 희망자 분들이라면 수험서 또는 강의를 듣는 것만으로 충분히 풀 수 있는 수준의 문제들로 출제됩니다. 서비스 전문강사 자격증 시험은 어렵게 문제를 내서 혼란을 드리는 것이 목적이 아니고 강의 업무를 수행하거나 서비스 아카데미 조직을 관리하시는 분들이 반드시 알고 있어야 할 기본정보나 지식 그리고 경험을 묻는 수준이므로 이 점에 유의하시면 되겠습니다.
서비스 전문강사 자격증은 기존 이론서처럼 현장에서 활용하기에 한계가 있는 수험서가 아니라 현장에서 필요한 실무지식과 실제 현장에서 활용할 수 있는 내용을 다루는 100% 문제 해결 중심의 지침이자 자격을 검정하는 자격증이라고 할 수 있습니다.

Q : 서비스 전문강사 자격증(CPSI) 시험은 어느 지역에서 치러지나요?

A : 관리사 자격증은 서울, 대전, 부산, 광주, 대구 지역에서 치러집니다.
다만 상황에 따라 시험 지역이 변경될 수 있음을 미리 알려 드립니다. 자세한 수험 장소는 시험 전에 홈페이지와 여러 채널을 통해 공지됩니다.

Q : 서비스 전문강사 자격증(CPSI) 시험 접수는 온라인에서만 가능한가요?

A : 예. 서비스 전문강사 자격증(CPSI)에 대한 시험 원서 접수는 오직 KCA 홈페이지에 있는 온라인 접수를 통해서만 가능합니다.

Q : 서비스 전문강사 자격증(CPSI) 시험 일정은 어떻게 되나요?

A : 서비스 전문강사 자격증(CPSI) 시험 일정은 본 교재 또는 KCA 홈페이지를 참고하시기 바랍니다. 서비스 전문강사 자격증(CPSI) 시험은 1년에 3회 정도 치러집니다. 다만 시험 일정은 변경될 수 있으니 반드시 해당 회차 최종 시험 일정은 시험 전 KCA 홈페이지를 참고하시기 바랍니다.

제1영역 서비스 이론과 실무

제2영역 강의 기본 실무

제3영역 강의 기획 실무

제4영역 강사 스킬 실무

제1영역

서비스 이론과 실무

01 | 고객 및 서비스의 이해

(1) 고객의 이해

1) 고객의 정의

① 고객을 의미하는 'Customer'라는 단어는 관습이나 습관을 뜻하는 'Custom'에서 유래하였다.

② 고객은 과거, 현재, 미래에 자사의 상품 및 서비스를 구매하는 사람이다.

③ 반복적인 구매와 상호 작용으로 만들어진다.

④ 조직 및 기업에 고객생애가치의 실현으로 이익을 창출해 줄 수 있는 사람을 말한다.

⑤ 경제에서 창출된 재화와 용역을 구매하는 개인이나 가구를 말한다.

⑥ 소비자는 일반적인 소비의 대상을 뜻하고, 고객은 기업의 입장에서 실제 자사 제품을 구매하거나 구매 의향이 있는 소비자를 의미한다.

⑦ 소비자는 고객보다 더 넓은 불특정 다수를 지칭한다.

2) 고객 개념의 변화

① 시대적 흐름에 따른 고객 개념 변화

시대의 흐름	생산자 중심	판매자 중심	마케팅 중심	고객 중심
고객의 개념	고객 개념 부재	판매자 욕구 지향	고객 관점	고객만족=품질혁신

② 경제적 관점에 따른 고객 개념 변화

경제적 관점	고객의 개념
수요〉공급	기업 우선(고객은 봉)
수요=공급	평범한 서비스(고객은 소비자)
수요〈공급	고객중심/고객만족 서비스(고객은 왕)

3) 고객의 구분

① 형태에 따른 구분

- 내부고객: 기업 내부의 직원으로서 상품 개발 및 제공에 협력하는 조직 내부 구성원
- 외부고객: 이익을 창출하기 위한 실질적 고객으로 서비스 가치를 최종적으로 사용하는 대상

② 마케팅 관점에 따른 구분

마케팅 관점	고객 구분
잠재적 시장	가능고객, 가망고객
불안정한 시장	이탈고객, 신규고객, 불완전고객
안정적 시장	안정적 고객
성숙적 시장	충성고객

- 가능고객: 영업활동 전개전의 공략 대상고객, 고객화할 수 있는 잠재적 시장, 생각 속의 고객
- 가망고객: 구체적 영업활동의 대상, 관리하고 있는 잠재적 고객
- 이탈고객: 자사의 제품이나 서비스를 이용하지 않는 고객, 타사 이탈 고객
- 신규고객: 처음으로 구매하고 난 후의 고객
- 불완전고객: 친숙도가 높지 않은 고객, 이탈 가능성이 있는 고객
- 안정적 고객: 현재 관계가 유지될 수 있는 고객

– 충성고객: 제품(서비스)을 반복적으로 구매하는 고객, 신뢰 및 친숙도가 매우 높은 고객

③ 관계 발전에 따른 구분
  – 의사결정고객: 직접고객(제품 또는 서비스를 구입하는 고객)이 제품을 선택하는 데 돈을 지불하지는 않지만 영향을 미치는 고객
  – 단골고객: 애용가치와 높은 친밀감을 가지고 반복적으로 애용하는 고객
  – 옹호고객: 자사의 제품이나 서비스를 신뢰하여 개인 홍보자(지인 추천, SNS 전파)의 역할을 수행하는 적극성을 띤 고객
  – 한계고객: 자사의 수익 창출을 저해하는 고객으로 자사와의 거래, 활동을 중단할 수 있음

4) 고객의 역할
고객은 스스로 생산자가 되기도 하고, 서비스 품질과 만족에 기여하며, 때로는 직원의 경쟁자 역할도 수행하고 있다.
① 생산자원으로서의 고객은 조직의 생산역량을 키워 주는 인적자원이다.
② 고객자원의 투입은 조직의 생산성에 영향을 미칠 수 있다.
③ 온라인 고객 서비스에서도 고객은 자신의 서비스를 수행하는 부분 직원이 되어 조직의 생산성을 증가시킨다.
④ 서비스 품질 및 만족에 기여하는 공헌자로서의 고객은 고객참여를 통해 고객의 욕구가 충족될 가능성을 증가시켜 준다.
⑤ 고객이 효과적으로 자신의 역할을 수행했다고 믿는 고객일수록 서비스에 더 만족한다.
⑥ 책임을 지는 고객과 고객이 참여하도록 격려하는 서비스 제공자가 함께할수록 높은 수준의 서비스를 창출해 낸다
⑦ 경쟁자로서의 고객은 부분적으로 서비스를 수행하거나, 전체적으로 서비스를 수행

하기도 한다.

⑧ 서비스 제공자가 필요하지 않은 경우의 고객은 경쟁자가 될 수 있다.

(2) 서비스의 이해

1) 서비스의 어원

① 서비스의 어원은 전쟁에 패하고 식민지화되어 정복자에게 끌려가 노예가 된 것에서 유래되었으며 '노예의 상태'라는 의미의 라틴어와 '세르브스(Servus, 노예)'라는 불어에서 유래했다.

② 국어사전에서는 '남의 뜻을 받들어 섬김', '남을 위하여 자신을 돌보지 않고 노력함'의 의미로 사용되며, 영어사전에서는 봉사, 돌봄, 용역, 근무, 접대, 시중 등 다양한 개념으로 사용되고 있다.

③ 시대가 발전하면서 서비스는 봉사적 의미로 발전하여 전 산업 영역에 중심 역할을 수행하는 핵심 개념으로 변화되었다.

④ 현대적 의미의 서비스는 자기의 정성과 노력을 남에게 베풀어 보람과 만족을 주는 유·무형적 행위이다.

2) 서비스의 개념

① 생산과 동시에 전달되는 관계로 저장이 불가능하다. 즉, 재고 상태로 보관할 수 없으며 생산과 동시에 소비된다.

② 가변적이며, 비표준적인 산출물을 생산한다.

③ 전시가 불가능할 뿐만 아니라 제공에 앞서 소비자에게 견본 제시가 불가능하다.

④ 제공받는다고 하더라도 그것은 구체적인 물건을 구입하는 것은 아니다.

⑤ 전달 과정에 고객이 참여하므로 인간적인 교류가 필요하다.

⑥ 제공된 뒤에만 그 품질을 판정할 수 있으며, 좋고 나쁨에 대한 판단은 주관적이다.

⑦ 노동 집약형이다.

⑧ 전달 시스템 없이는 존재할 수 없다.

⑨ 재화와 달리 시간과 공간의 제약을 받는다고 볼 수 있다.

⑩ 대량 생산이 불가능하다.

3) 서비스의 정의

① 서비스에 대한 학자들의 견해는 아주 다양하며 학자들은 서비스를 한층 더 복잡하고 다양하게 정의하고 있다.

학자	정의
미국 마케팅협회 (AMA, 1960)	판매를 위해 제공되거나 상품의 판매와 관련하여 준비되는 제반활동, 편익, 만족이다.
Judd(1964)	서비스는 교환의 대상이 유형의 재화 이외의 거래로서 소유권 이전이 불가능하다.
Rathmell(1966)	시장에서 판매되는 무형의 제품으로 손으로 만질 수 있는지 없는지에 따라 유형의 상품, 무형의 상품으로 구분한다.
Bessom(1973)	자신이 수행할 수 없거나 하지 않는 활동, 만족, 그리고 혜택으로서 판매될 수 있는 것을 말한다.
Berry(1980)	제품은 유형물, 고안물, 객관적 실체인 반면, 서비스는 무형의 활동이나 노력이다.
Stanton(1984)	소비자나 산업 구매자에게 판매될 경우 욕구를 충족시키는 무형의 활동으로 제품이나 다른 서비스의 판매와 연결되지 않고도 개별적으로 확인 가능한 것이다.
Kotler(1988)	서비스는 어떤 사람이 상대방에게 제공할 수 있는 활동이나 혜택으로서 무형적이며, 소유될 수 없는 것으로 유형적 제품과 연계될 수도 있고, 그렇지 않을 수도 있다.
Zeithaml/Bitner (1998)	서비스는 행위(deeds), 과정(processes) 및 결과인 성과(performances)다.

② 서비스의 경제학적 정의

- 서비스를 용역으로 이해, 유형재인 제품과 구분하고 있다.

- 애덤 스미스는 비생산적인 노동이라고 하였고, 세이는 비물질적인 부라고 정의하였다.

- 경제학적 관점에서 서비스는 비생산적인 노동, 비물질적인 제품이다.

③ 서비스의 경영학적 정의

경영학 및 마케팅에서 서비스에 관한 연구가 1960년대부터 시작되어, 1970년대에 와서는 서비스의 특성 및 현상의 기술에 대해 관심이 집중되었고, 1980년대 이후부터는 이론적 체계와 전략적 이슈를 다루고 있다. 이러한 서비스의 정의를 4개의 큰 영역으로 구분하였다.

분류	내용
활동론적 정의	서비스란 판매를 위해 제공되거나 연계되어 제공되는 모든 활동, 편익 및 만족이라고 정의한다.
속성론적 정의	서비스에 있어 무형과 유형의 구분을 손으로 만질 수 있느냐의 여부에 따라 구분하는 정의이다.
봉사론적 정의	서비스 제공자가 서비스 수혜자에게 제공하는 봉사적 혜택을 강조하는 견해이다.
인간 상호관계론적 정의	무형적 성격을 띠는 일련의 활동으로서 고객과 서비스 제공자 간의 상호작용에서 발생하며, 고객의 문제를 해결해 주는 것이다.

4) 서비스의 분류
① 서비스 행위의 성격에 따른 분류

구분	유형적	무형적
사람 대상	호텔, 의료, 여객운송	광고, 컨설팅, 교육
사물 대상	화물운송, 장비수리	은행, 법률서비스

② 고객과의 관계유형에 따른 분류

구분	계속적 제공	단발성 제공
회원 관계	은행, 전화, 보험	국제전화, 정기승차권, 연극회원
공식적인 관계 없음	라디오, 경찰	렌터카, 우편서비스

③ 고객별 서비스의 변화와 재량의 정도에 따른 분류

구분	높은 재량	낮은 재량
높은 변화	의료, 사교육	호텔, 전화, 은행, 고급음식점
낮은 변화	교육, 예방의료	대중운송서비스, 영화관, 패스트푸드

④ 수요와 공급에 따른 분류

구분	피크수요 충족	피크수요 불충족
높은 변동성	전기, 전화, 소방	호텔, 회계, 식당, 극장, 여객운송
낮은 변동성	보험, 법률, 은행, 세탁서비스	위와 비슷하나 기본적으로 불충분한 설비능력을 지님

⑤ 서비스 제공방식에 따른 분류

구분	고객 → 서비스기업	서비스기업→고객
단일입지	극장, 이발소	잔디관리, 택시, 방역
복수입지	버스, 패스트푸드, 레스토랑	우편, 긴급자동차수리

⑥ 서비스 상품의 특성에 따른 분류

구분	사람에 근거한 정도 높음	사람에 근거한 정도 낮음
설비 또는 시설에 대한 근거 높음	고급호텔, 병원	지하철, 렌터카
설비 또는 시설에 대한 근거 낮음	컨설팅, 회계	전화

5) 서비스의 유형

① 기능적, 정서적 서비스

- 기능적 서비스: 많은 사람들로부터 공통적으로 인정받는 '객관성과 안정성이 있는 어떤 편익의 제공'을 의미한다. 일반적으로 유통서비스, 금융서비스, 교통서비스는 기능적 우위에 속한다고 볼 수 있다.

– 정서적 서비스: '서비스의 수행 방법'을 의미하는 것으로 인적인 대응이 이에 속한다. 정서적인 것에 대한 평가는 좋고 나쁨에 대한 주관적인 판정으로서 식음서비스와 숙박서비스가 정서적 우위에 속한다고 볼 수 있다.

② 유형적 서비스
– 비소유 서비스재: 신체에 대한 서비스(병원, 이발소, 헬스클럽)
– 소유 서비스재: 재화나 고객의 유형물에 대한 서비스(소포 발송, 세탁물 보관)

③ 무형적 서비스
– 일반적 서비스: 자산에 대한 서비스(회계, 은행, 보험)
– 인적 서비스: 정신에 대한 서비스(연예, 교육, 공연)

6) 서비스의 주요 특성

서비스의 주요 특성은 아래와 같다.

특성	내용
무형성	• 서비스는 추상적이며, 만지거나 소유할 수 있는 것이 아니다. • 서비스를 받기 전에는 알 수 없고, 경험을 통해 느낀 무형의 가치재이다. • 고객의 주관적인 판단이나 평가에 의존한다.
소멸성	• 서비스는 재고로 보관하거나 재판매할 수 없다. • 과잉생산에 따른 손실과 과소생산으로 인한 기회상실 가능성이 높다. • 서비스는 즉시 사용하지 않으면 사라진다.
비분리성	• 서비스는 생산과 소비가 동시에 일어난다. • 서비스에 대한 품질통제나 대량생산체제 구축이 어렵다. • 서비스 비분리성으로 나타나는 위험요소를 제거하기 위하여 서비스요원의 신중한 선발과 교육에 대한 관심과 투자, 그리고 고객에 대한 교육 및 관리가 중요하다.
이질성	• 서비스는 표준화가 어렵고, 변동적이다. • 사람에 따라 제공되는 서비스의 내용과 질이 동질적이지 않다. • 기업에서는 우수한 직원을 선발하여 훈련 및 표준화를 실행하고, 고객만족조사를 실시하여 이질성을 최소화해야 한다.

7) 서비스 제공의 3단계

공급자와 고객 간의 거래가 발생하는 행위 시점으로 사전에 제공되는 서비스(Before service), 현장 서비스(On service), 사후에 제공되는 서비스(After service)로 분류할 수 있다.

① 사전에 제공되는 서비스(Before service)

  - 거래 전 제공되는 서비스로서 거래를 촉진하는 예약 서비스가 이에 속한다.
  - 고객 접점에서 제공되기 전에 준비하는 단계이다(주차장 안내표지판, 특가상품 게시물 등).

② 현장 서비스(On service)

  - 고객과 서비스 제공자 사이에 직접적으로 상호작용이 이루어지는 서비스의 본질이다.
  - 고객과 접촉하는 순간부터 현장서비스는 시작된다.

③ 사후에 제공되는 서비스(After service)

  - 현장 서비스가 종료된 이후의 유지서비스로 고정고객과 단골고객 확보를 위해 중요한 단계이다.
  - 고객이 제공받은 서비스에 대한 문제가 생겼을 때 사후서비스의 처리속도 및 정확성, 서비스 요원의 태도 등은 고객의 유지 및 잠재고객의 확보 차원에서 매우 중요하다고 할 수 있다.

(3) 고객 서비스 회복 결정 요인 및 회복 전략

1) 서비스 실패(Service failure)의 정의

① 서비스 실패에 대해 학자들은 근본적인 책임소재가 있는 대상으로부터 서비스 과정이나 결과에 따른 과실이라고 정의하기도 한다.

② 서비스 접점과 지원활동을 포함해 고객 불만족을 초래하는 유형의 모든 경험을 의미한다.

③ 서비스 성과가 고객의 인지된 허용영역 이하로 떨어진 상태이다.

④ 고객의 기대 정도 이하로 심각하게 떨어진 상태라고 할 수 있다.

⑤ 고객 유형 및 상황에 따라 차이가 있으며 이에 따라 서비스 회복 전략도 차이가 날 수 있다.

⑥ 서비스 접점에서 고객 불만족을 야기하는 열악한 서비스 경험을 말하는 것으로 서비스 전달 과정에서 발생되는 다양한 실수들, 서비스 약속 위반, 다양한 형태의 서비스 오류 등이 포함된다.

⑦ 고객의 감정적인 측면으로부터 출발하여 서비스 프로세스나 결과에 대해 고객이 부정적인 감정을 갖고 있는 상태이다.

⑧ 서비스 접점에서 고객의 불만족을 야기하는 문제적인 서비스 경험을 의미한다.

2) 서비스 실패의 유형

① 서비스 실패는 서비스 전달시스템의 실패, 고객의 요구와 요청에 대한 직원 반응, 그리고 직원의 잘못된 행동으로 발생한다.

② 서비스 전달시스템의 실패는 서비스 지연, 내부 시설 문제, 재고 부족, 명확하지 않은 고객 정책, 제품 결함, 포장 실수, 불가능한 서비스, 잘못된 정보 및 핵심서비스의 실패들이 포함된다.

③ 고객의 요구와 요청에 대한 직원 반응에 따른 실패에는 주로 고객 개인의 기호와 관련하여 발생하는 실패, 고객의 특별한 요구와 고객에 의한 실수 등이 포함된다.

④ 직원의 행동으로 인한 실패에는 전달되지 않은 주문, 잘못 받은 주문, 계산 착오 등이 포함된다.

⑤ Keaveney(1995)는 핵심 서비스 실패는 서비스 자체와 관련된 실수 또는 기술적 문제를 의미하며, 서비스 접점 실패는 고객과 직원 간의 상호작용에 있어서 발생된 실패를 의미한다고 했다.

⑥ Smith 등(1999)은 결과적 실패와 과정적 실패로 분류하였는데 결과적 실패란 결국 무엇을 제공하였는지에 관한 것이며 과정적 실패란 어떻게 제공하였는지에 관한

것이라고 할 수 있다.

⑦ McCole 외 학자들은 귀인 시각으로부터 출발하여 귀인의 유형에 따라 서비스 실패의 유형을 서비스 제공자에 관한 귀인, 고객에 관한 귀인, 다른 귀인이라는 3개의 주요 유형으로 분류하였다.

3) 서비스 회복의 정의

① 서비스 회복은 서비스 실패 이전의 상태로 복원하는 것을 의미한다.

② 서비스 제공자가 취하는 반응으로 서비스 실패를 수정하기 위해 취하는 일련의 행동이다.

③ 불평처리보다 더 폭 넓은 활동을 일컫는, 서비스 제공자의 전반적인 행동 개념이다.

④ 서비스가 처음 잘못 제공될 때 이러한 문제들을 관리하는 기술이다.

⑤ 제공된 서비스나 상품이 고객의 기대에 부응하지 못해 기업에 대한 불만족을 경험하는 고객들을 만족한 상태로 되돌리는 일련의 과정이다.

⑥ 제공된 서비스에 대한 지각이 고객의 인내영역 이하로 하락한 결과에 대하여 서비스 제공자가 취하는 일련의 활동이다.

4) 서비스 회복의 중요성

① 서비스 회복은 고객을 다시 만족시킬 수 있다.

② 서비스 회복은 고객 충성도와 재구매 의도에 긍정적인 영향을 미칠 수 있다.

③ 서비스 회복은 고객과의 지속적인 관계 유지에 유익하다.

④ 서비스 회복은 기업 서비스 품질의 제고에 유익하다.

⑤ 서비스 회복은 직원의 직무만족과 행위에 영향을 미친다.

⑥ 서비스 회복은 기업 이미지에 영향을 미친다.

5) 서비스 회복 전략 및 유형

① 서비스 실패 시 서비스 회복에 대한 노력 여하에 따라 고객만족과 충성도를 제고할

수 있다.

② 서비스 회복 전략은 크게 반응, 정보, 행동, 보상의 4가지 형태로 분류할 수 있다.

③ 서비스 회복은 고객의 성격은 물론 환경, 서비스 실패의 유형 등 요소가 매우 다양하고 업종의 특성 또한 달라 그 과정이 복잡하다.

④ 일반적으로 가장 많이 행해지는 서비스 회복의 유형은 할인, 교환, 사과, 보상이다.

⑤ 서비스 회복의 유형에는 서비스 실패가 발생하면 곧바로 고객에게 사과, 문제 해결 및 개선, 협조, 응대, 설명 등의 무형적인 회복이 있다.

⑥ 서비스 실패 발생 시 할인이나 무료 혜택, 보상, 상품권 제공이나 환불 및 교환을 해 주는 등의 유형적인 서비스 회복이 있다.

⑦ 유형적인 서비스 회복보다는 무형적인 서비스 회복이 신뢰에 긍정적인 영향을 미친다.

⑧ 고객과의 신뢰와 만족 수준을 향상시키려면 유형적인 서비스 회복보다는 무형적인 서비스 회복이 바람직하다.

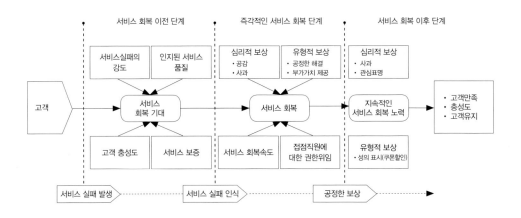

[서비스 회복 프레임워크]

6) 서비스 회복 전략

고객만족전략이나 경영체제를 잘 운영하더라도 제품이나 서비스의 생산 과정이 완벽할 수 없다는 점과 고객 개개인의 니즈나 특성이 상이하다는 점 때문에 서비스의 최초 전달이 100% 완전할 수 없다. 대표적인 서비스 회복 전략은 아래와 같다.

① 고객불만에 대한 선제적인 대응

② 접수된 고객불만의 공정한 처리

③ 고객불만에 대한 신속하고 정확한 처리 및 감성적인 터치(서비스 회복 시간)

④ 고객불만에 대한 차별화된 전략 구사

⑤ 지속적인 프로세스 개선

⑥ 직원들에 대한 지속적인 훈련 및 임파워먼트 부여

7) 서비스 회복의 역설

① 서비스 회복 패러독스는 서비스 실패 후 고객의 만족도(2차 만족도)가 실패 전보다 높다는 사실을 발견해 낸 McCollough와 Bharadwaj가 처음 사용한 용어이다.

② 서비스 실패 후 회복이 효과적으로 이루어진다면 고객들은 실패하지 않았을 때보다 더 높은 만족감을 느끼게 된다는 이론이다.

③ 서비스 회복을 경험한 고객이 서비스 실패를 경험하지 않은 고객보다 오히려 만족도는 물론 충성도까지 높을 수 있다는 것을 의미한다.

④ 서비스 회복의 역설이 의미하는 것은 사후처리 과정의 중요성이라고 할 수 있다.

⑤ 서비스 실패를 두려워하기보다는 그대로 표출되는 실패나 문제점들을 회복시키려는 노력이 오히려 고객만족을 높일 수 있다.

⑥ 서비스 회복을 경험한 고객의 만족도와 재구매율은 그렇지 않은 고객보다 더 높다.

8) 서비스 패러독스의 이해

① 경제적인 풍요는 물론 서비스가 다양해지고 좋아졌는데도 오히려 소비자의 불만의 소리가 높아지는 아이러니한 현상을 '서비스 역설'이라고 한다.

② 모바일 서비스의 확장, 맞춤화 서비스의 극대화 등 고객의 니즈를 충족시키기 위해 다양한 서비스가 제공되지만 고객의 만족도는 오히려 감소하는 것이 대표적이다.

③ 실제 한국소비자원 자료에 의하면 제품에 대한 불만은 90년대 말과 대비해서 12%

감소한 반면 서비스에 대한 불만은 무려 86%나 증가했다는 사실이 이를 방증한다.

④ 서비스 패러독스는 PZB의 서브퀄(SERVQUAL) 모형에서 서비스 품질에 대한 기대와 인식된 서비스 품질 차이에 의해서 만족도가 결정되는 것처럼 고객들의 서비스 기대수준이 높아졌다는 것과 실제 서비스에 의한 성과가 불일치할 때 발생한다.

9) 서비스 패러독스의 발생 원인

① 서비스 패러독스가 발생하는 근본 원인은 서비스의 공업화라고 할 수 있다.

② 서비스의 공업화(Service industrialization)는 효율성 및 비용 절감을 위해 서비스를 사람이 아닌 기계로 대체하거나 제조업에서 자주 활용하는 계획화, 조직, 통제, 관리, 훈련 등을 서비스 활동에 적용하는 것을 의미한다.

③ 서비스 공업화로 인해 아래와 같은 한계와 문제점이 발생한다.

- 인간적 서비스의 결여
- 비용과 효율성의 강조를 통한 서비스의 획일화 → 유연성과 차별성 감소
- 서비스의 인간성 상실
- 기술의 복잡화
- 직원 확보의 어려움 및 교육과 훈련의 부족으로 인한 악순환
- 서비스의 표준화

10) 서비스 패러독스 극복 방안

① 고객에게 진심이 담긴 성의 있는 서비스를 제공한다.

② 직원들을 고객이 원하는 진정한 전문가로 육성한다.

③ 효율성과 비용 절감 중심의 서비스 설계가 아닌 감성 중심의 서비스를 설계한다.

④ 지속적으로 고객 중심적인 서비스 혁신을 통한 서비스 프로세스를 개선한다.

⑤ 고객 개인별로 차별화 및 맞춤화된 서비스를 제공한다.

⑥ 서비스를 제공하는 직원들에게 상황에 맞는 권한을 위임한다.

⑦ 고객 서비스 정책과 관련한 유연한 의사결정을 구축한다.

⑧ 감성 역량이 풍부한 직원의 채용 및 감성역량 향상을 위한 지속적인 교육을 진행한다.

(4) 서비스 품질 측정 모델

1) 서비스 품질 측정의 이해
① 서비스 품질은 기업의 경쟁우위를 결정짓는 주요 요인으로서 그 중요성이 증대되고 있다.
② 서비스 품질에 대한 개선, 향상을 위해서는 정확한 측정이 필요하다.
③ 서비스는 고유한 특성으로 객관적인 품질 측정이 어렵기 때문에 고객은 자신의 주관적 판단에 의해 평가할 수밖에 없다.
④ 서비스 품질을 측정하는 모형에는 SERVQUAL모델, SERVPERF모델, Kano모델 등이 있다.

2) SERVQUAL모델
① 미국의 파라수라만(A. Parasuraman), 자이다믈(V. A. Zeithaml), 베리(Leonard L. Berry) 세 사람의 학자에 의해 개발되었다.
② 서비스 품질 측정 모델 중 가장 널리 사용되고 있는 모델로 품질을 측정하기 위해 22개 항목 5개 차원의 다항목 척도를 개발하였다.
③ 고객의 기대와 서비스 제공에 따른 경험 간의 차이로 정의한다.
④ 기대가치를 먼저 측정한 후 경험가치를 측정하여 격차를 이용하여 서비스 품질을 평가한다.
⑤ 서비스는 표준화가 어렵고, 변동적이다.
⑥ 사람에 따라 제공되는 서비스의 내용과 질이 동질적이지 않다.
⑦ 기업에서는 우수한 직원을 선발하여 훈련 및 표준화를 실행하고, 고객만족조사를 실시하여 이질성을 최소화해야 한다.

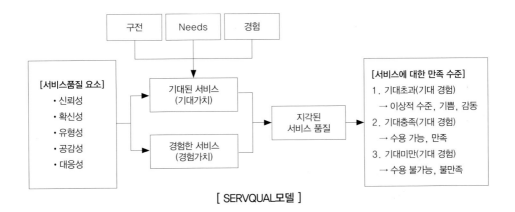

[SERVQUAL모델]

3) SERVPERF모델

① Cronin과 Taylor는 SERVQUAL의 개념화와 조작화는 적절하지 못하며 기대와 성과의 차이를 지지하는 이론적 · 실증적 증거가 없다고 비평하였다.

② SERVQUAL의 대안으로 성과만을 측정하는 SERVPERF를 개발하였다.

③ 성과항목만으로 품질수준을 측정하는 것이 다른 측정항목에 비하여 우수하다고 주장하였다.

④ SERVQUAL에서 사용된 5개 차원을 토대로 성과치만으로 구성된 SERVPERF모델이 서비스 품질 측정모델로 타당하다고 입증하였다.

⑤ SERVQUAL과 SERVPERF의 비교

구분	SERVQUAL	SERVPERF
구성	기대와 성과	성과
기대의 정의	제공해야 할 수준	기대측정 안 함
측정 항목	5개 차원 22개 항목	5개 차원 22개 항목

4) Kano모델

① Noriaki Kano 교수가 개발한 고객만족, 상품 개발에 관한 이론이다.

② 카노모델은 어떤 상품을 기획할 때 각각의 구성 요소에 대해 기능의 충족/불충족과 고객의 만족/불만족을 두 축으로 객관적 관계를 설정하여 설명하는 이론으로 고객

의 만족을 측정하는 데에 활용되고 있는 기법이다.

③ 카노모델은 제품이나 서비스의 품질 속성의 성능 점수와 고객 만족 사이의 관계를 이해하는 프레임워크로 사용된다.

④ 대부분의 고객은 서비스가 미비하면 불만을 갖게 되고, 충분한 경우에는 당연하다고 느낄 뿐 만족감을 갖지 않는다.

⑤ 카노모델은 제품과 서비스에 대해 고객들이 느끼는 만족도를 조사하는데 있어 주관적 품질 인식(사용자의 만족)과 객관적 품질 인식(요구조건과의 일치)의 이원적 인식 방법을 제시하였다.

⑥ 카노모델에서 고객 기대의 품질 요소는 매력적, 일원적, 필수적이며, 잠재적 품질 요소는 무관심, 반대적 품질로 구분하였다.

⑦ **매력적 품질 요소(Attractive Quality Attribute)**는 충족되면 만족감을 주지만 충족되지 않더라도 크게 불만족이 없는 품질 요소로 자동차의 자동주차 기능이나 후방 인식 센서를 통한 주차의 편리함을 강조한 기능이 대표적이라고 할 수 있다.

⑧ **일원적 품질 요소(One Dimensional Quality Attribute)**는 충족되면 만족감을 주지만 충족되지 않으면 고객의 불만을 야기하는 품질 요소로 HDTV가 고화질로 선명하면 만족감을 주지만 노이즈가 발생하거나 흐릿하게 나오면 불만을 야기하는 것과 같다.

⑨ **필수적 품질 요소(Must Have Attribute)**는 당연히 있어야 한다고 생각되는 필수 요소로 충족되지 않으면 불만을 야기하지만 아무리 충족의 정도가 높더라도 너무나 당연한 것이어서 굳이 만족감을 느끼지 않는 요소라고 할 수 있는데 새로 수리한 문이 잘 안 닫히면 불만족스럽지만 잘 닫힌다고 해서 만족감이 높아지는 것이 아닌 당연히 그래야 하는 당연적인 요소라고 할 수 있다.

⑩ **무관심적 품질 요소(Indifferent Quality Attribute)**는 있어도 그만, 없어도 그만인 품질 요소로 필기구에 향기가 나도록 하는 기능이 추가된 것을 예로 든다면 글만 잘 써지면 그만이지 향이 없어도 그만인 품질 요소로 굳이 비용을 들여 제공할 필요는 없는 요소라고 할 수 있다.

⑪ **반대적 품질 요소(Reverse Quality Attribute)**는 제공하면 제공할수록 불만족이 발생
하는 품질 요소로 웹사이트에서 팝업되는 광고가 대표적이라고 할 수 있다. 업체
입장에서는 수익과 관련된 부분이어서 제공한다고 하지만 팝업광고가 많으면 많을
수록 고객은 오히려 짜증이 나는 요소라고 할 수 있다.

02 │ 고객만족 및 고객만족경영의 이해

(1) 고객만족의 이해

1) 고객만족의 정의

① 고객만족이란 고객요구에 대응하는 일련의 기업에서 진행하는 활동의 결과로서 상품 및 서비스의 재구매가 이루어지고, 고객의 신뢰가 연속되는 상태를 말한다.

② 고객이 상품 및 서비스의 구매 전후 상황에서 느끼는 포괄적인 감정을 말한다.

③ 고객만족은 고객의 사전기대치와 사후만족도에 대한 차이에 의해 결정된다.

④ 고객에게 단순한 가치나 효용을 제공하는 것을 넘어 만족을 주는 것을 의미한다.

⑤ 고객이 기대하고 있는 수준 이상의 업무 및 서비스를 고객에게 제공하여 고객으로 하여금 만족감을 느끼게 하고 아울러 고객으로부터 신뢰를 얻는 것이다.

⑥ 고객만족은 서비스 제공자가 통제할 수 없는 요소로 고객의 감정, 주관적인 기대수준에 의해 좌우된다.

⑦ 이외에도 고객만족의 의미를 다양하게 정의하고 있다.

학자	정의
Goodman	'고객만족'이란 비즈니스와 기대에 부응한 결과로서 상품, 서비스의 재구입이 이루어지고 아울러 고객의 신뢰감이 연속되는 상태

Westbrook과 Newman	상품 및 서비스를 구매, 비교, 평가, 선택하는 과정에서 고객이 경험하는 호의적 또는 비호의적인 감정을 고객만족, 불만족으로 구분하여 설명
Anderson	고객의 포괄적인 감정을 프로세스로 고객만족을 설명하는데 고객의 만족불만족을 하나의 과정으로 이해하여 고객의 사용 전 기대와 사용 후 성과를 평가한 결과로 고객만족을 이해
Hempel	소비자가 만족을 기대했던 제품의 효익이 실현되는 정도라고 정의하고 실제 성과와 기대했던 결과 사이의 일치 정도를 나타냄
Miller	소비자 만족 · 불만족은 제품에 대한 기대수준과 지각된 성과 수준과의 상호작용으로부터 발생

2) 고객만족의 구성 요소

① 상품

 - 하드웨어적 요소: 품질, 기능, 성능, 효율적인 가격 등

 - 소프트웨어적 요소: 디자인, 컬러, 상표명, 향기, 소리, 포장, 편리성 등

② 서비스: 판매원의 서비스, 점포 분위기, A/S 등

③ 기업 이미지: 사회공헌도, 환경보호, 고객보호, 사회적 책임 등

3) 고객만족의 효과

① 재구매와 브랜드 애호도

 - 재구매 의사는 상품이나 서비스에 대한 경험 후 다시 구매하고자 하는 감정 상태로 브랜드 충성도까지 포함한 개념이다.

 - 고객의 불만족 경험에 의해 재구매 의사가 매우 낮아지며, 고객의 만족 경험은 재구매 의사 재 구매 행동에 크게 영향을 미친다.

 - 만족을 경험한 고객은 경쟁사 대비 높은 가격을 유지해도 해당 기업의 제품을 지속적으로 이용한다.

② 구전

 - 구전은 소비자들 사이에서 대화를 통해 제품, 서비스에 대한 정보를 공유하는 것을 의미한다.

- 영향력의 특성과 관련된 개인 혹은 집단 간의 영향력이 구전이다.
- 개인의 직접 또는 간접적 경험을 비공식적으로 주고받는 활동이다.
- 매스커뮤니케이션에 의한 효과보다 구전의 효과가 더 크다.
- 구전은 많은 사람에게 빠르게 전파되기 때문에 긍정적 구전은 기업에 이익을 가져오지만 부정적 구전은 기업에 큰 손해를 입힐 수 있다.

③ 비용 절감
- 신규고객을 유치하는 데 많은 비용이 발생하므로 고객만족에 의하여 기존고객을 유지한다면 불필요한 지출을 막을 수 있다.
- 고객의 요구 사항을 사전에 예측하여 반영함으로써 불필요한 지출을 줄일 수 있다.

4) 서비스 수익체인

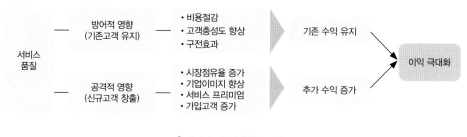

[서비스 수익체인 모델]

① 서비스 수익 체인은 가치를 생성하는 기업 내부(직원) 측면, 가치를 전달하는 접점(서비스전달) 측면, 가치를 구매하는 고객 순으로 표현된다.
② 기업의 성과를 향상시키기 위해서 먼저 내부고객인 직원의 만족도를 향상시켜야 고객에게 좋은 제품과 서비스를 제공할 수 있게 되는 것이다.
③ 서비스 수익 체인 모형에 따른 고객관점의 성과 측정은 조사 결과 연계를 통해 선순환 구조를 갖게 하는 것이 필요하다.

(2) 고객만족경영의 이해

1) 고객만족경영의 의미

① 경영의 모든 부문을 고객의 입장에서 우선적으로 생각함으로써 진정한 의미에서 고객을 만족시켜 기업의 생존을 유지하고자 하는 경영전략이다.

② 상품과 서비스에 대해 고객에게 만족감을 주기 위하여 정기적·정량적으로 측정하고 그 결과에 따라서 제품과 서비스 및 기업 이미지를 조직적이고 지속적으로 개선해 가는 과정이다.

③ 고객만족경영은 회사의 이익 창출 극대화가 목표이며, 마케팅 차원에서 고객만족을 우선순위로 놓고 경영하는 것을 말한다.

④ 고객만족경영을 함으로써 신규고객을 창출하고 충성고객이 늘어나며, 기업 경쟁력이 강화된다.

⑤ 고객만족 경영에서 가장 중요한 개념은 MOT이며 MOT가 일어나는 모든 접점들을 관리하는 것이 고객만족 경영이다.

2) 고객만족경영의 배경

① 경제활동의 중심이 생산자에서 소비자로 변화하였다.

② 공급보다 수요가 감소되는 현상이 나타나고 있다.

③ 통신, 인터넷 발달로 인해 소비자들이 많은 정보를 접하고 권리를 주장하게 되었다.

④ 많은 제품이 생산되고 있지만 비슷한 품질과 가격 등으로 욕구를 충족시키지 못하고 있다.

⑤ 시장이 개방되면서 국내 경쟁시장에서 세계 경쟁시장으로 변화되었다.

⑥ 서비스에 대한 고객의 기대수준이 상승되었다.

3) 고객만족경영의 전략

① 고객만족은 고객만족경영이 회사 전반적인 차원에서 실행되어야만 성공할 수 있다.

② 고객만족경영시스템이 구축되어야만 한다.

③ 고객만족경영시스템이 성공적으로 운영되기 위한 3가지 조건

- 최고경영자의 고객만족경영에 대한 강력한 의지와 참여, 지원 등이 선행되어야 한다.
- 고객만족이 직원만족에서부터 시작됨을 인식하고 성과보상체계에도 힘써야 한다.
- 고객만족에 대한 전사적 차원의 체계적인 교육훈련이 실시되어야 한다.

4) 고객만족경영의 핵심 요소

핵심 요소	내용
비전	전 직원의 고객만족에 대한 장래의 비전, 가능성 등을 공유하여야 한다.
주인의식	전 직원의 고객만족에 대한 업무 및 문제해결 방안에 대한 주인의식을 공유하여야 한다.
조직·업무 프로세스	고객중심적 조직구조와 고객관점의 업무프로세스를 설계하여야 한다.
지식·정보시스템	고객 요구 변화를 예측하고, 업무를 지원하는 지식·정보시스템을 구축하여야 한다.
운영시스템	기업 운영에 고객의 요구를 빠르게 반영시키는 운영지원시스템을 갖추어야 한다.

(3) 고객만족경영의 패러다임

1) 고객만족경영 사조의 발생 배경

① 글로벌 지식 경쟁시대에는 신기술이 끊임없이 도입되고 있다.

② 남보다 빠르고, 지속적으로 변화를 시도하는 것이 혁신능력이자 경쟁력이 되고 있다.

③ 패러다임의 변화로 인해 기존의 방식에서 더 발전적인 모습으로의 새로운 인식 전환이 필요하다.

④ 새로운 경쟁력 창출을 위해 노력하는 기업으로 끊임없이 발돋움해야 한다.

2) 고객만족경영(CSM)

① 최근 기업은 서비스를 제공하고 개선하는 데 있어 점점 까다로워지는 소비자의 만족을 이끌어 내기 어렵게 되었다.

② 고객만족의 총체적 요소를 발현하여 기존의 고객만족경영을 뛰어넘는 혁신이 요구되고 있다.

③ 총체적 고객만족경영의 핵심 요소

구분	내용
내부 핵심역량 측면	비용 절감 및 경영 효율 제고(지식, 정보기술, 프로세스)
시장 경쟁력 측면	고객만족 및 시장성과 창출(가격경쟁력, 브랜드, 이미지)

3) 고객관계관리(CRM)와 고객경험관리(CEM)

① CRM은 장기적인 고객관계 유지를 통해 매출 향상은 물론 마케팅비용 절감을 통해 수익성 개선과 기업의 경영전략을 고객중심적으로 전환하는 경영 혁신 프로그램이다.

② CRM은 고객가치 중심으로 프로세스를 재설계하고 고객을 만족시킬 수 있는 핵심 역량을 강화함으로써 신규고객 유치와 기존 고객 유지를 통해 수익성을 극대화하는 데 목적이 있다.

③ CEM은 기업 또는 상품 및 서비스에 관련한 고객의 전반적인 경험을 전략적으로 관리하는 프로세스로서 결과가 아닌 과정에 초점을 맞춘 고객중심의 경영전략이다.

④ CEM은 상품 판매 전과 후에도 고객에게 정보와 서비스를 제공하는 등 고객과 지속적으로 상호작용을 유도하고 고객이 긍정적인 경험을 할 수 있도록 유도한다.

구분	고객관계관리(CRM)	고객경험관리(CEM)
개념	기업의 입장에서 고객만족도 관리 (고객에 대한 회사의 생각 수집/배포)	고객입장에서 고객만족도 관리 (회사에 대한 고객의 생각수집/배포)
측정 시점	고객접촉의 결과가 기록된 후	고객접촉이 일어나는 순간

측정 방법	POS, 시장조사, 웹클릭, 영업실적 등	설문조사, 특별연구, 고객관찰 등
기대 성과	• 고객 수익성 관리 • 고객의 가치를 기업가치화 • 기업 내부의 효율성 강조 • 논리적이고 기능적인 가치 창조 • 시스템과 거래데이터 역할 강조	• 고객로열티 관리 • 기업의 가치를 고객가치화 • 경쟁사와 차별화된 경험 강조 • 감성적인 가치 강조 • 고객접점의 역할 강조
접근 방향	기업으로부터 고객으로 (Inside-out 전략)	고객으로부터 기업으로 (Outside-in 전략)
업무 범위	기업 전반에 걸쳐 광범위한 개선에 초점	고객의 경험 개선에 초점
데이터	주로 거래데이터 활용	주로 고객의 경험데이터 활용

4) 고객가치경영(CVM)

① 고객가치는 협의로 고객을 위한 가치를 의미하며 기업이 고객을 위해 제공하는 가치이고 고객의 입장에서는 기업에 대한 체감적 가치를 의미한다.

② 고객이 체감하는 가치라는 것은 기업의 제품이나 서비스를 통해 고객의 경험에서 얻어지는 총체적 효익이라고 할 수 있다.

③ 기존의 고객만족경영이 전사 차원의 실질적인 혁신을 이끌어 내지 못함으로써 기업성과와 연계가 불투명했던 반면 고객가치경영은 기업성과와의 연계를 통한 혁신이라고 할 수 있다.

④ 기업은 최고의 가치를 제공하기 위해 상품 및 서비스의 차별화와 체험마케팅에 주력하는 한편, 끊임없이 변화하는 고객의 요구를 측정하고 대응 방안을 마련해야 한다.

⑤ 고객의 가치는 기업이 고객을 기다리기보다 능동적으로 고객을 선택하고 고객가치를 개발하는 것을 의미한다.

⑥ 고객가치경영이 중요한 이유는 고객가치 극대화가 곧 기업가치 및 기업성과 창출의 출발점이며 상품, 서비스 및 이미지에 대한 기업의 차별성을 유도하기 때문이다.

⑦ 마지막으로 고객 접점 중심의 서비스 개선이 아닌 전사 차원의 혁신 프로그램이라는 점이다.

고객가치경영(CVM)	고객만족경영(CSM)
• 고객가치 혁신	• 고객만족 향상이 주요 목표
• 비용 대비 효과 평가에 초점을 맞춤	• 고객만족도 평가에 초점을 맞춤
• 고객에 의한, 고객을 위한, 고객의 가치	• 고객을 위한 가치
• 모든 고객의 가치는 다르다	• 모든 고객은 동일하다.
• 기업이 고객을 선택	• 고객이 기업을 선택
• 고객 라이프사이클 관리	• 고객 접점 관리(MOT)
• 마케팅 도구와의 연계	• 구체적인 실현 툴이 불분명
• 기존고객 + 신규고객	• 기존고객 중심
• 가치의 상호교환	• 가치 제공

03 | 커뮤니케이션

(1) 커뮤니케이션의 이해

1) 커뮤니케이션의 정의

① 커뮤니케이션이란 메시지를 통한 사회적 상호작용으로 정보 전달 및 그에 따른 반응을 이끌어 내는 것이다.

② 커뮤니케이션은 사회조직이나 현상을 바탕으로 사람들 간의 정보나 감정을 교환하는 행위이다. 이는 가장 인간다운 의사소통 과정이다.

③ 타인과의 상호작용에서 사용하며, 말, 글, 제스처, 그림과 같이 공통된 의미를 형성하는 행위다.

2) 커뮤니케이션의 요소

① **송신자**: 메시지를 보내는 사람(정보원, 회자, 필자, 전달자 등)

② **암호화**: 송신자가 전달하고자 하는 메시지의 내용을 수신자가 이해할 수 있도록 바꾸는 과정(글, 말, 눈짓, 표정, 제스처 등)

③ **메시지**: 의사소통의 핵심 과정(언어적 · 비언어적 형태로 표현)

④ **채널**: 수신자에게 메시지를 전달하는 수단(음성, 시각, 신체 접촉, 매스미디어 등)

⑤ **수신자**: 송신자가 보낸 메시지를 받는 사람(청취자, 독자)

⑥ **해독화**: 수신자의 사고 과정에 대한 기술적 용어로, 수신자로부터 받은 메시지의 의미가 이 과정을 거쳐 해석

⑦ **효과·결과**: 송신자의 메시지에 대해 수신자에게 일어나는 변화(만족, 불만족, 대가 등)

⑧ **피드백**: 수신자가 이해한 내용을 다시 전달하는 반응으로 송신자의 의도대로 전달되었는지를 확인하는 과정

⑨ **잡음**: 메시지를 전달하는 데 잡음이 되는 것(조명, 소리, 편견, 은어, 외국어 등)

3) 커뮤니케이션의 특징

① 커뮤니케이션의 기능

- 의사결정에 사용될 수 있는 정보를 제공한다.
- 구성원이 조직목적에 몰입하게 하는 동기부여 기능을 한다.
- 구성원의 의무, 권한, 책임을 명확히 통제한다.
- 구성원의 사회적 욕구에 대한 느낌과 만족을 표현한다.
- 자신의 의사를 상대편에게 바르게 전달하는 기능을 한다.
- 상대편의 생각을 바르게 받아들이는 기능을 한다.

② 커뮤니케이션의 방법

- **언어적 방법**: 직접적인 말을 통한 정보의 교환이나 메시지를 전달하는 구두 커뮤니케이션과 편지, 보고서, 사보, 메뉴얼 등 문서를 통한 문서 커뮤니케이션이 있다.
- **비언어적 방법**: 교통신호, 사이렌, 지위상징 등의 상징적 언어와 안색, 자세, 눈의 움직임 등 의식적·무의식적으로 타인에게 메시지를 전달하는 신체적 언어가 있다.
- **일방적 커뮤니케이션**: 송신자가 수신자에게 정보를 돌려받지 못하는 커뮤니케이션이다.
- **쌍방적 커뮤니케이션**: 송신자와 수신자가 정보를 서로 전달, 확인하는 커뮤니케이션이다.

(2) 커뮤니케이션의 유형

1) 대인 커뮤니케이션

① 둘 이상 소수 개인이 자유롭게 상호작용하는 행위 또는 과정을 말한다.

② 언어적 상징과 함께 목소리, 표정, 제스처 등 다양한 비언어적 상징을 이용한다.

③ 모든 커뮤니케이션 활동의 원형으로서 커뮤니케이션의 본질을 잘 보여 준다.

④ 소수 개인 간에 이루어지는 비조직적이고 비공식적인 상태에서 자유롭게 정보 교환을 한다.

⑤ 정보를 자발적 · 능동적으로 공유하며, 상대방과 상호작용이 솔직하고 공개적일 때 발전한다.

⑥ 커뮤니케이션을 통해 주고받는 정보의 양이나 특성에 따라 각 영역이 변화하고, 대인관계가 발전함에 따라 영역의 크기도 변한다.

⑦ 대인관계의 발전 과정은 접촉→관여→친밀→악화→교정→결별로 진행된다.

2) 조직 내 커뮤니케이션

① 참여자들이 커뮤니케이션을 통해 공동의 목표를 성취하고자 하는 특성을 지닌다.

② 구성원의 소속, 자격 등 범위가 확실하다.

③ 하향적 커뮤니케이션은 상급자에서 하급자에게 전달되는 조직의 위계, 명령, 지시를 포함한다.

④ 상향적 커뮤니케이션은 하급자가 상급자에게 성과, 의견, 태도 등을 전달하는 과정으로 쌍방적 커뮤니케이션을 가능하게 하여 하향적 커뮤니케이션의 단점을 보완할 수 있다.

⑤ 수평적 커뮤니케이션은 동료나 부서 간의 상호작용적 커뮤니케이션을 의미한다.

3) 설득 커뮤니케이션

① 설득 커뮤니케이션이란 효과적인 커뮤니케이션을 통해 다른 사람을 자신이 원하는 방향으로 변화하게 하는 것이다.

② 문제 해결 및 의사결정의 도구로 사용한다.

③ 원인과 처방에 대해 설명하고, 미래의 유사 현상을 예측하여 긍정적인 결과를 얻도록 실증적 자료를 얻는 데 사용한다.

④ 설득 커뮤니케이션의 유형은 아래와 같다.

구분	내용
선전	• 목적 달성을 위한 조직적 행동. • 타 집단 구성원들의 태도를 형성, 통제, 변화시키려는 것에 그 목적이 있음. • 개인보다는 집단을 대상으로 함. • 정해진 상황에서 원하는 반응을 다른 집단으로부터 얻고자 하는 활동.
광고	• 상품 또는 서비스의 판매나 거래를 위해 설득적 전략을 이용하는 것. • 소비자의 태도를 변화시켜 구매 행동을 유발하기 위한 활동. • 불특정 다수에게 전달되는 특징을 가지고 있다.
PR	• 기업체나 정부, 기관 또는 개인이 대중으로 하여금 긍정적이고 호의적인 태도를 형성하도록 도모하는 활동. • 조직이 사회적 환경이 되는 대중과 원활한 관계를 유지하고자 하는 활동.

4) 커뮤니케이션 화법

① 커뮤니케이션 화법으로 편안함과 친근감을 가질 수 있도록 하여 고객감동을 실천해야 한다

② 효과적인 언어 표현

  – 명령형은 의뢰형으로 바꿔서 표현한다.

  – 부정형은 긍정형태로 변경하여 표현한다.

  – 요조체 또는 다까체의 경우 구분해서 사용한다.

  – 비속어, 전문용어, 반토막 용어는 사용하지 않는다.

③ 화법의 종류

구분	내용
긍정화법	• 부정적인 단어를 긍정의 단어로 바꾸어 사용하는 화법이다. ✓ 신분증 사본이 없으면 처리가 불가능합니다. 　→ 신분증 사본을 보내 주셔야 처리가 가능합니다.
쿠션화법	• 무언가 어려운 내용을 전달하고자 할 때 미안함의 마음을 먼저 전하여 사전에 쿠션 역할을 하는 언어이다. ✓ 다시 방문해 주세요 → 번거로우시겠지만, 다시 방문해 주시겠어요? ✓ 전화번호 좀 알려 주세요 → 실례지만 고객님의 전화번호가 어떻게 되세요? ✓ 제품 택배로 보내 드려요? → 괜찮으시다면, 제품 택배 발송해 드릴까요?
공감화법	• 상대의 감정, 의견, 주장 따위에 대하여 자신도 그렇다고 느끼거나 또는 그렇게 느끼는 기분을 표현하는 언어이다. ✓ 고객님, 오래 기다리셨죠?, 고객님, 번거로우셨죠?, ~그러셨어요?, 많이 불편하셨겠습니다, 많이 언짢으셨죠? 저도 그렇게 생각했을 겁니다.
레어드 화법	• 명령형을 청유형으로 바꾸어 정중하게 표현하는 언어이다. ✓ 기다리세요 → 고객님, 죄송하지만 잠시 기다려 주시겠습니까? ✓ OOO으로 바꿔 주세요 → 고객님 괜찮으시다면 OOO은 어떠십니까? ✓ 어떻게 오셨나요? → 안녕하세요. 무엇을 도와드릴까요?
YES/BUT 화법	• 일단 고객의 말을 인정하고 다음 반론이나 대안을 제시하는 화법이다. ✓ 안 됩니다. → 네, 고객님의 의견은 충분히 일리 있습니다. 하지만 (설명) 이기 때문에 어렵습니다.
칭찬화법	• 상대방에게 관심을 가져 주고 상대방의 가치를 인정해 주는 표현이다. • 칭찬은 즉시, 구체적으로, 고객에게 적합하게 하여야 하며, 너무 과장되거나 남발해서는 안 된다. ✓ "고객님 피부톤이 밝으셔서 이런 밝은 컬러도 잘 어울리시네요." ✓ "고객님 얼굴이 갸름하셔서 머리 스타일을 바꾸니까 더 잘 어울리시네요."
맞장구화법	• 맞장구는 무의식적으로 대화를 원하는 방향을 이끌어 내는 데 효과적이다. • 고객의 말에 짧고 긍정적으로 표현한다. ✓ 가벼운 맞장구: "저런…", "그렇습니까?" ✓ 동의 맞장구: "예~ 맞습니다", "저도 그렇게 생각합니다." ✓ 정리 맞장구: "그 말씀은~이라는 것이지요?" ✓ 재촉 맞장구: "그래서 어떻게 되었습니까?"

04 | 고객응대

(1) 고객을 맞이하는 자세

1) 기본 준비 사항

① 고객가치 창출, 고객만족을 향상시키기 위한 원칙과 방향을 명시하여 고객만족경영에 대한 기본 원칙을 규정한다.

② 고객만족경영에 대한 기본 원칙을 준수하고 실천하기 위한 구체적인 서비스 이행 원칙 및 방법을 규정한다.

③ 고객을 맞이하는 자세 예시

구분	고객을 맞이하는 자세
친절, 미소	고객은 언제나 친절한 자세와 밝은 미소로 정성껏 모신다.
경청	고객의 작은 소리도 귀담아들으려고 노력한다.
역지사지	고객의 입장에서 생각하고 감사하는 마음 자세로 행동한다.
해결	고객의 불편 · 불만 사항을 근원적으로 해결하기 위하여 최선을 다한다.
주인정신	내가 우리 기업의 대표라는 정신으로 임한다.

④ 업무처리 자세 예시

구분	업무처리 자세
업무처리	• 투철한 서비스정신 • 해박한 업무 지식 • 친절 · 공손한 태도 • 신속 · 공정한 업무처리
노력	• 고객의 입장과 심리를 이해하려는 노력 • 업무에 관한 지식을 향상시키려는 노력 • 신속 · 정확하게 서비스하려는 노력
마음가짐	• "어서 오십시오"의 환영하는 마음 • "안녕하십니까?"의 밝은 마음 • "예~" 하는 상냥한 마음 • "수고하셨습니다"라고 위로하는 마음 • "미안합니다"라는 겸손한 마음 • "덕택으로~"라는 겸허한 마음 • "하겠습니다"의 봉사하는 마음 • "고맙습니다"하는 감사의 마음

2) 표정

① 표정은 첫인상을 결정짓는 요소이다.

② 상황에 맞은 표정을 지어야 한다.

③ 고객의 얼굴을 민망할 정도로 오랫동안 주시하지 않는다.

④ 고객과 눈이 마주쳤을 경우 밝은 표정을 지어야 한다.

⑤ 눈동자의 항상 정중앙에 위치하도록 한다.

⑥ 곁눈질 또는 상대방을 내려보거나 올려다보지 말아야 한다.

3) 용모와 복장

① 용모와 복장은 자신을 표현하는 방법으로 첫인상을 결정짓는 중요한 요소이다.

② 신뢰를 갖도록 해 주는 중요한 역할을 하므로 항상 단정하고 청결하며 조화로워야 한다.

③ 사람의 몸가짐을 보고 그 사람의 품격과 그 사람이 속한 조직의 이미지를 결정하기도 한다.

④ 기업의 이미지를 대표한다는 마음가짐으로 항상 단정하고 품위 있는 모습으로 고객을 맞이한다.

⑤ 용모 기준 예시

구분	용모 기준
헤어	• 머리는 청결하고 손질이 잘되어 있어야 하며, 튀는 색은 삼간다. • 앞머리는 눈을 가리지 않으며, 요란한 머리 모양은 지양한다. • 머리 액세서리는 너무 화려하지 않아야 한다.
얼굴	• 피부는 청결하며 상쾌하고 생기가 있는 느낌을 주여야 한다. • 면도는 매일 하며 코털은 깔끔하게 정리해 준다. • 식사 후 반드시 양치질하여 구취를 제거해야 한다. • 화장은 너무 화려하지 않고 모노톤으로 한다.
기타	• 손톱 밑부분은 청결해야 하며, 너무 화려한 매니큐어 색상은 지양한다. • 담배 냄새나 술 냄새가 나지 않도록 하며, 진한 향수는 삼간다.

⑥ 복장 기준 예시

구분	용모 기준
복장	• 양복 또는 단정한 옷차림에, 지나치게 유행에 민감한 디자인은 피한다. • 구김이 없으며, 지나치게 화려한 색상은 피한다. • 여성은 유행에 민감하고 야한 디자인은 피한다. • 미니스커트, 드레시한 옷, 속옷이 비치는 옷은 지양한다. • 스타킹은 올이 나가지 않고 망사 및 요란한 무늬의 스타킹은 피한다.
구두	• 구두는 청결해야 하며, 너무 화려한 모양 및 색상은 피한다. • 운동화, 캐주얼화는 가급적 피한다. • 슬리퍼는 자리에 앉아 있을 때만 착용하고, 이석 시에는 반드시 구두를 착용한다.

4) 바른 인사

① 인사는 고객과 만나는 첫걸음이다.

② 인사는 상대방에게 마음을 열고 다가가는 적극적인 마음의 표현이다.

③ 인사는 스스로의 가치를 높이는 것이며, 고객에 대한 서비스정신의 표시이다.

④ 기본인사 요령

- 가슴과 등을 곧게 하고 정면으로 선다.
- 남성은 차렷 자세에서 계란 하나를 쥔 듯 주먹을 쥐고 바지 옆 재봉선에 닿도록 하며, 여성은 자연스럽게 오른손이 위가 되도록 하고 두 손을 아랫배 정도에 모은다.
- 발뒤꿈치는 붙이고 남성은 $30°$, 여성은 $15°$ 각도로 벌리고 양다리에 적당한 힘을 주어서 균형을 유지하도록 한다.

⑤ 인사의 포인트

- 밝은 표정과 명랑한 목소리로 인사한다.
- 시작과 끝에 상대방의 눈을 바라본다.
- 상대방의 이름과 호칭도 함께 부른다.
- 상대방보다 먼저 인사한다.
- 때, 장소, 상황에 맞추어 인사한다.
- 성의 없이 쳐다보며 건성으로 하는 인사 또는 하는 둥 마는 둥 말로만 하는 인사는 지양한다.

⑥ 인사 종류

구분	내용
15°인사 (목례)	• 내·외부 고객과 마주쳤을 경우 혹은 앞을 지나갈 때의 가벼운 인사 • 악수를 나누거나, 명함을 교환할 때 • 자주 만나거나 복도, 실내 등 협소한 장소에서 마주칠 때
30°인사 (보통 인사)	• 정식 인사 • 영접 및 배웅 시
45°인사 (정중한 인사)	• 정중히 사과 또는 감사를 표현할 때

5) 호칭

① 고객에 대한 호칭은 일반적으로 '고객님'이라고 부른다.

② 호명 시에는 OOO 고객님으로 한다.

③ 남자 고객인 경우 '고객님', '선생님', 호칭(직위)에 '님'자를 붙여 부른다.

④ 여성 고객인 경우 '고객님', '사모님', '여사님'이라고 부른다.

⑤ 부부 고객인 경우 '배우자', '남편/아내분', '안어른', '바깥어른'으로 부른다.

⑥ 노인 고객인 경우 '고객님', '할아버님', '할머님', '어르신'으로 부른다.

⑦ 동행자가 있을 경우에는 '같이 오신 분', '동행하신 고객님'으로 부른다.

6) 대화

① 고객의 요청과 질문에 대하여는 "네! 고객님, 제가 곧 확인해 드리겠습니다." 라고 말한다.

② 고객에 대한 요청은 의뢰형, 긍정형으로 표현한다.

③ 고객의 얘기를 들을 때는 중간중간에 가벼운 목례와 함께 공감을 표현한다.

④ 고유명사 또는 숫자나 금액 등 중요한 사항은 복명복창하여 확인한다.

⑤ 대기고객에게는 "고객님, 기다려 주셔서 감사합니다" 또는 "기다리게 해서 죄송합니다"라고 표현한다.

⑥ 업무가 마무리될 때에는 반드시 추가 필요 사항은 없는지 물어본다(더 도와드릴 것이 있으시면 말씀해 주시겠습니까?).

⑦ 고객응대 시에 절대로 부정형 언어표현, 명령어, 지시어는 사용하지 않는다.

⑧ 바람직한 대화 자세와 잘못된 자세

구분	바람직한 자세
말하기	• 상대방이 알아듣기 쉬운 용어를 사용한다(전문용어, 약어 사용 금지). • 발음은 정확하게 밝은 목소리로 한다. • 말의 속도 조절에 유념하며, 강조할 부분에는 악센트를 준다. • 상대방의 관심 분야에 초점을 맞추어 이야기한다. • 말끝을 흐리지 않고 명료하게 전달한다.

듣기	• 상황에 따른 적절한 맞장구를 친다.
	• 상대방의 말을 끊지 않고 끝까지 경청한다.
	• 견해 차이가 있더라도 화내거나 바로 반박하지 않는다.
	• 대화 도중 가끔씩 상대방 편으로 몸을 기울여 관심을 표명한다.

구분	잘못된 자세
말하기	• 전문용어와 외래어를 남발한다.
	• 자기 이야기만 일방적으로 한다.
	• 음성이 너무 높거나 낮다.
	• 말버릇이 좋지 않거나 과장된 몸짓으로 표현한다.
듣기	• 건성으로 듣고 대답이 없다.
	• 눈을 쳐다보지 않고 무관심하다.
	• 팔짱을 끼고 듣거나 손장난을 한다.
	• 말을 중간에 끊거나 말참견을 한다.

7) 자세와 동작

① 고객응대 시 좋은 자세는 고객에게 호감을 준다.

② 보행 시 또는 착석, 기립을 할 때도 항상 고객이 우선한다.

③ 고객응대 시 자세와 동작은 가벼운 목례와 함께 한다.

④ 시선은 고객의 눈썹과 목선을 벗어나지 않는 시선 처리를 하며 5초 이상 쳐다보지 않는다.

⑤ 앉을 때와 일어날 때는 고객보다 나중에 앉고 일어선다.

⑥ 물건을 전달할 때는 반드시 두 손으로 한다.

(2) 비대면 전화응대

1) 전화의 중요성

① 비대면 접촉을 통한 첫인상을 형성한다.

② 고객접촉채널 중 가장 활성화된 채널이다.

③ 고객접점(MOT) 업무 중 가장 많은 비중을 차지한다.

④ 회사의 이미지 및 신뢰도 형성의 판단 기준이 된다.

2) 효과적인 언어 표현

① 명령형은 의뢰형으로 바꿔서 표현한다.

② 부정형은 긍정형태로 변경하여 표현한다.

③ 요조체 또는 다까체의 경우 구분해서 사용한다.

④ 비속어, 전문용어, 반토막 용어는 사용하지 않는다.

3) 경청의 기술

① 고객의 말에 비판하거나 평가하지 않는다.

② 편견을 갖지 않고 고객의 입장에서 듣는다.

③ 고객에게 적절한 반응을 보인다.

④ 주요 내용은 반드시 메모한다.

⑤ 이해하지 못하는 부분은 반드시 질문한다.

⑥ 절대 고객의 말을 가로막지 않는다.

⑦ 속단하지 않고 침착과 냉정을 잃지 않는다.

⑧ 정확한 이해를 위해 주요 내용에 대해서는 반드시 복창한다.

4) 듣기를 방해하는 행위

① 몇 마디 듣고 다음 내용을 미리 속단하는 경우(문제 해결 및 충고)

② 응대 도중 다음에 해야 할 말을 생각하고 있을 경우(자신이 말할 내용에 대한 준비)

③ 특정한 정보만 듣고 다른 정보는 무시할 경우(정보의 선택적 취사)

④ 고객의 반응을 점검하고 자신의 영향력을 점검하고자 할 경우

⑤ 고객의 말에 집중하지 않고 성의 없이 듣거나 지루하다는 표정을 짓는 경우

⑥ 고객에 대해서 어떤 선입견을 가지고 있어 고객의 말에 주의를 기울이지 않는 경우

   (미리 판단)

5) 맞장구치는 법

① 맞장구는 무의식적으로 대화를 원하는 방향으로 이끌어 내는 데 효과적이다.

② 고객과 응대 시 맞장구를 치는 타이밍을 맞추어야 한다.

③ 맞장구를 칠 때는 확실하게 그리고 짧으면서도 감정을 실어야 한다.

④ 맞장구를 치는 시기도 중요하지만 끝내는 시기도 중요하다.

⑤ 맞장구는 과도하지 않게 그리고 상대가 한창 흥에 겨울 때는 잠시 멈추는 것이 바람직하다.

⑥ 자신이 의도하는 내용에 동조할 경우 또는 긍정적인 답변을 얻어 내야 할 경우 맞장구를 친다.

6) 전화응대의 기본자세_전화를 받을 때

① 벨이 울리면 2~3번(10초 이내) 수화기를 든다(4회/10초 이상이면 "늦게 받아서 죄송합니다." 등의 양해 인사를 한다).

② 소속과 이름을 밝힌다.

③ 필요에 따라 5W 1H에 의해 메모하면서 용건을 듣는다.

④ 중요한 내용은 복창(인명, 지명, 연락처 등)하고 고객에게 확인한다.

⑤ 통화 중에 다른 사람과 상의할 일이 발생하면 상대에게 들리지 않도록 송화기를 가리고 말한다.

⑥ 필요시 상대방을 확인한다.

⑦ 상대방이 먼저 끊는 것을 확인하고 1초 후 조용히 수화기를 내려놓는다.

7) 전화응대의 기본자세_전화를 걸 때

① 상대방의 입장(TPO : Time, Place, Occasion)을 고려하여 전화를 걸어도 될지를 생각한다.

② 필요한 자료, 서류를 준비해 두고, 메모용지와 필기구는 옆에 둔다.

③ 바른 자세로 미소를 머금고 통화를 준비한다.

④ 상대방의 수신을 확인한 후 인사말과 함께 자신의 소속과 이름을 밝힌다.

⑤ 통화 중에 전화가 끊기면 곧 다시 걸어 상대방을 기다리지 않게 한다.

⑥ 용건이 복잡할 때는 요점을 재확인한다.

⑦ 전화를 끊을 때 반드시 마무리 인사를 하고 조용히 수화기를 내려놓는다.

(3) 비대면 기타 응대

1) 온라인 응대

① 고객이 궁금해하거나 요구 사항의 처리를 위해 게시판이나 SNS및 블로그 등을 운영하고, 인터넷 이용에 불편함이 없도록 홈페이지를 운영한다.

② 홈페이지나 기타 고객 채널을 통해 문의하는 경우 내부적으로 규정한 원칙에 따라 처리하되 부득이한 사정으로 시간을 요하는 경우에는 처리 기간을 두고 답변한다.

③ 법령 및 자료 확인, 부서 협의 등으로 처리에 시간을 요하는 경우에는 우선 전화, 인터넷 등을 통해 처리 방법을 알리고 신속히 처리한다.

2) email 응대

① 짧은 문장, 논리적 내용, 명확한 표현으로 예의를 지킨다.

② 메일은 최소 하루2회 이상 체크하여 신속하게 답변한다.

③ 내내용을 짐작할 수 있는 제목을 달아 준다.

④ 가급적 첨부파일은 많이 보내지 않는 것이 좋다.

⑤ 읽는 사람이 읽기 편하게 짧고 간결하게 작성한다.

⑥ 이모티콘 사용은 자제한다.

⑦ 얼굴이 보이지 않는 수단이므로 감성적 표현과 문구에 세심한 신경을 쓴다.

3) 서면(우편, 팩스) 응대

① 민원서류 접수 시 담당부서에 전달하여 고객이 원하는 내용을 신속 · 공정 · 정확하

게 처리한다.

② 회신 처리 기한은 업무일 기준 규정한 처리 시간을 원칙으로 하되, 부득이한 사정으로 처리 기간이 경과할 경우 그 이유, 처리 과정, 처리 예정 기한을 알려 준다.

③ 처리 결과는 담당자 실명으로 고객에게 회신하여, 고객이 추가적으로 의문 사항이 있을 경우에는 해당 담당자를 통해 확인 가능하도록 한다.

4) 서면응대 시 주의사항

① 간결하고 예의 바른 언어 표현을 선택한다.

② 서면으로 전달되는 만큼 신중하고 정중한 어휘를 사용하여 상대방에 대한 존중을 표현한다.

③ 현하고자 하는 내용은 최대한 구체적으로 정확하게 제시한다.

④ 고객이 내용을 수용할 수 있도록 감성적인 표현을 사용한다.

⑤ 내용상 이해할 수 없는 지나치게 복잡하고 장황한 내용은 삼간다.

⑥ 정확한 근거를 두지 않은 상태에서 추측성 발언은 삼간다.

⑦ 무시하거나 지시형 표현은 삼간다.

(4) 대면 기본응대

1) 고객을 응대할 경우

① 1층과 각층 별 엘리베이터 앞에 사무실 위치도, 각 사무실 입구에는 담당자 업무가 표시된 좌석배치도, 책상 앞에는 명패를 비치하여 원하는 직원을 손쉽게 찾을 수 있도록 한다.

② 고객을 맞이할 때는 먼저 자신의 이름과 직명을 밝히고 친절한 자세와 존중하는 마음으로 다른 업무에 우선하여 고객 요청 업무를 최우선으로 처리하도록 한다.

③ 담당자를 찾는 고객에 대해서는 양해를 구한 후 담당자를 호출 또는 안내한다.

④ 고객과 상담할 때는 자리를 권한 후 상담을 시작한다.

⑤ 고객이 기다려야 할 경우 지루하지 않도록 읽을 것이나 음료를 준비한다.

⑥ 고객이 요청 사항을 마쳤을 때에는 고객을 맞이할 때보다 더욱 정중하게 배웅하며 끝까지 밝은 표정을 유지한다.

2) 고객응대 포인트

① 고객에게 무관심한 모습은 보이지 않는다.

② 고객을 앞에 두고 양해를 구하지 않은 채 기다리게 하지 않는다.

③ 동료와의 사담은 물론 고객에 대한 비평은 하지 않는다.

④ 고객과 절대로 논쟁하지 않는다.

⑤ 자신과는 관계없는 일은 모르는 것이 당연하다는 얼굴을 하지 않는다.

⑥ 바쁠 때에도 절대 소란스런 모습을 보이지 않는다.

⑦ 몸가짐을 단정히 한다.

3) 고객응대 절차

절차	주요 내용
인사 및 환영	• 시선을 맞춰서 인사한다 • 미소를 반갑게 맞이한다. • 맞이하는 사람이 따로 없을 경우 먼저 본 사람이 나서서 고객에게 인사한다. • 고객이 불필요하게 서성거리지 않도록 배려한다
상대 확인 및 용건 경청	• 고객 확인 후 용건을 확인한다. • 고객이 용건을 말하면 경청을 한다. • 용건에 대한 경청과 함께 해당 내용을 반복 · 확인한다.
판단	• 해당 용건에 대해 정확히 확인한다. • 자신이 해결할 수 있는 문제인지 판단한다. • 자신이 해결하지 못할 경우 해결할 수 있는 방법을 고민한다.
문제 해결 및 처리	• 고객의 용무가 정확하고 신속하게 처리되도록 한다. • 문제 해결에 최선을 다한다. • 고객 업무처리 중에는 업무에만 집중한다.
만족 여부 확인	• 업무 처리가 끝났으면 고객에게 알린다. • 추가적으로 도와드릴 것은 없는지 추가 확인한다(Plus one) • 간단한 용건인 경우엔 잘 처리되었는가를 확인한다.

05 | 고객응대 스크립트

(1) 응대 스크립트의 이해

1) 응대 스크립트의 정의

스크립트의 사전적 정의는 '영화나 방송의 대본과 각본 따위의 방송 원고'이며 라틴어로 Script는 '쓰다'라는 뜻으로 인지 심리학(Cognitive Psychology)에서는 어느 한 사건이 발생했을 때 일반적으로 일어나는 행동의 순서를 의미한다.

① 가장 기본적인 고객 커뮤니케이션 도구

② 고객 응대의 가이드라인

③ 고객과의 응대 시 사전에 필요한 내용을 규격화 및 표준화

④ 서비스의 수준을 균일하게 유지

⑤ 지속적인 보완과 점검을 통해 고객만족과 기업 사업 성과에 기여

2) 응대 스크립트의 목적

① 고객응대의 최종 목적이나 목표를 간과해 버리지 않기 위한 지침

② 응대에 대한 거부감 방지 및 무리 없는 고객 응대 흐름을 지도

③ 신입 직원들의 두려움 제거 및 자신감과 함께 업무 매너리즘 방지

④ 업무 순서의 명확화 및 표준화는 물론 신규 업무 형태에 적응 용이

⑤ 주기적인 점검에 의해 개인의 업무 및 응대스킬 향상에 기여

⑥ 접점 운영의 균질성 및 직원의 응대 능력의 일정 수준 유지

3) 스크립트가 갖추어야 할 조건과 기대효과

갖추어야 할 조건	기대효과
정보와 영향력이 구체적이어야 한다	균일하고 일관된 서비스 가능
핵심 위주로 간결해야 한다.	신속하고 정확한 서비스 가능
신뢰를 줄 수 있어야 한다.	서비스 조직의 운영 효율성 확보
다양하고 정확한 정보를 제공해야 한다.	고객만족 및 직원의 불안감 해소
설득력이 있어야 한다.	서비스 조직의 비전 및 목표 달성
유연한 구조와 상황에 따른 탄력적인 대응이 가능해야 한다.	대고객 서비스 개선점 도출

4) FAQ와 스크립트의 특징

스크립트의 유형은 우리가 자주 보는 FAQ(Frequently Asked Question)와 스크립트(Script)가 대표적이며 FAQ와 스크립트는 형태만 다를 뿐 스크립트와 목적이 동일하기 때문에 보통 이 두 가지의 유형을 스크립트라고 통칭해서 부르기도 한다.

① FAQ의 경우 정형화된 답이 있거나 의사결정이 명확한 경우에 사용

② 보통 어떤 상황에서 요구되는 특정 주제에 대한 질문과 답변이 나열되어 있는 것이 특징

③ 단답형이 주를 이루기 때문에 질문에 대한 답변을 쉽게 이해하고 얻을 수 있음

④ 스크립트의 경우 올바른 정보 제공과 의사결정을 위한 시각적 구조화 형태 유지

⑤ 스크립트는 불확실성이 존재하는 상황하에서 목표와의 상호 연관성을 고려하여 작성

⑥ 스크립트 작성 시 FAQ와 의사결정 트리 구조(Decision tree)의 스크립트를 병행하여 사용

⑦ 올바른 의사결정을 할 수 있도록 상호 간에 질문과 답변을 통한 논리적 구조의 스

크립트 반영

⑧ 판매, 권유, 조사 업무는 철저하게 의사결정 트리에 입각해서 스크립트 개발

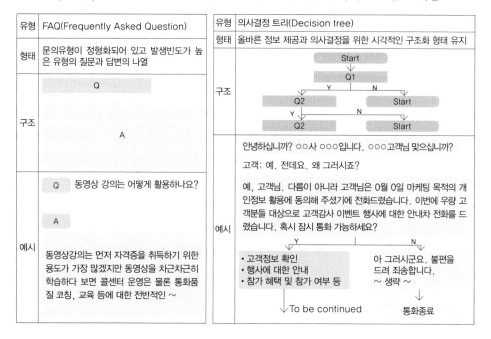

유형	FAQ(Frequently Asked Question)
형태	문의유형이 정형화되어 있고 발생빈도가 높은 유형의 질문과 답변의 나열
구조	Q A
예시	Q 동영상 강의는 어떻게 활용하나요? A 동영상강의는 먼저 자격증을 취득하기 위한 용도가 가장 많겠지만 동영상을 차근차근히 학습하다 보면 콜센터 운영은 물론 통화품질 코칭, 교육 등에 대한 전반적인 ~

유형	의사결정 트리(Decision tree)
형태	올바른 정보 제공과 의사결정을 위한 시각적인 구조화 형태 유지
구조	Start → Q1 → Y: Q2 / N: Start, Y: Q2 / N: Start
예시	안녕하십니까? ○○사 ○○○입니다. ○○○고객님 맞으십니까? 고객: 예. 전데요. 왜 그러시죠? 예, 고객님. 다름이 아니라 고객님은 0월 0일 마케팅 목적의 개인정보 활용에 동의해 주셨기에 전화드렸습니다. 이번에 우량 고객분들 대상으로 고객감사 이벤트 행사에 대한 안내차 전화를 드렸습니다. 혹시 잠시 통화 가능하세요? Y: • 고객정보 확인 • 행사에 대한 안내 • 참가 혜택 및 참가 여부 등 → To be continued N: 아 그러시군요. 불편을 드려 죄송합니다. ~ 생략 ~ → 통화종료

5) 스크립트 개발 프로세스

스크립트 개발은 기업의 중요한 프로세스를 만드는 일이고 이렇게 만들어진 프로세스가 기업을 대표하는 접점직원들의 입을 통해 고객에게 전달되기 때문에 각 부서 간 협업을 통해 이루어져야 한다. 또한 기업의 프로세스가 녹아들어 있는 응대 스크립트를 통해 기업의 주요 업무 프로세스를 검증하는 작업이므로 좀 더 세밀하고 섬세한 접근이 필요하다. 스크립트 개발 프로세스 중 가장 중요한 것은 스크립트 대상 여부를 확인하는 것인데 이때 기준이 되는 것이 바로 '업무처리의 복잡성'과 '발생빈도'이다. 업무처리의 복잡성은 객관화된 수치로 나오지 않으므로 몇 가지 요소들을 고려하여 중요도를 판단하고 발생빈도의 경우 해당 업무가 얼마나 자주 응대되는가에 대한 것이므로 통계를 통해 쉽게 얻을 수 있어 객관화하기 쉽다. 이 두 가지 요소를 매트릭스 분석을 통해 스크립트를 개발할 것인지 여부를 결정한다.

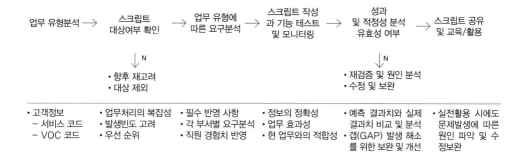

스크립트 개발 프로세스

업무 유형분석 → 스크립트 대상여부 확인 → 업무 유형에 따른 요구분석 → 스크립트 작성과 기능 테스트 및 모니터링 → 성과 및 적정성 분석 유효성 여부 → 스크립트 공유 및 교육/활용

(N) • 향후 재고려 • 대상 제외

(N) • 재검증 및 원인 분석 • 수정 및 보완

• 고객정보
 - 서비스 코드
 - VOC 코드

• 업무처리의 복잡성
• 발생빈도 고려
• 우선 순위

• 필수 반영 사항
• 각 부서별 요구분석
• 직원 경험치 반영

• 정보의 정확성
• 업무 효과성
• 현 업무와의 적합성

• 예측 결과치와 실제 결과치 비교 및 분석
• 갭(GAP) 발생 해소를 위한 보완 및 개선

• 실전활용 시에도 문제발생에 따른 원인 파악 및 수정보완

(2) 스크립트 작성법

응대 스크립트를 작성함에 있어 중요한 것은 바로 이용의 편의성과 신속하고 정확한 정보 제공 그리고 해당 업무를 통해 고객이나 직원에게 어떠한 행위나 행동을 유발하여 목적하는 바를 이루어 낼 수 있도록 스크립트를 작성해야 한다는 점이다.

1) 스크립트의 구성 요소 및 주요 구성 내용

순서	포함되어야 할 내용	작성 시 주의사항
첫인사	인사말	• 고객에게 주는 첫 이미지로 경쾌한 인사와 함께 본인의 소속, 이름을 밝힐 것
본인 소개	회사명, 소속부서와 이름	• 서두는 간결하면서도 고객에게 인상을 남길 수 있는 멘트를 특정 시기마다 반영
고객 니즈 파악	• 고객정보 확인 및 정보 변경 • 친밀감 형성(적절한 응대) • 니즈 파악을 위한 질문	• 경청을 통해 핵심 니즈 파악 • 고객 니즈 구체화를 위해 질문은 명확한 표현 활용 • 호응어는 적절히 활용(과도할 경우 역효과)
해결방안 제시	• 용건과 핵심 내용, 전달 사항 • 고객반응 체크/호응어 구사	• 고객반응은 물론 질문에 따른 대응 • 스크립트 본문 우측에 예상 외 질문 등 FAQ기록 • 간결하고 정확하게 핵심 사항을 전달할 것
반론극복 & 확인	• 예상 고객반론에 대한 답변 • 고객에게 제시한 내용 • 답변에 대한 동의 여부	• 모든 반론을 위한 처리는 별도의 스크립트 준비 • 반론 극복 시 고객불만 발생 예방 → 경청 & 해결책 제시

끝인사	• 상황에 따른 적절한 표현 • 재통화 약속 시 직원 이름 및 고객 정보 확인 내용 • 플러스-원[1] 구사	• 상황에 따른 적절한 표현을 통해 마무리 진행 • 끝인사 부분에 반드시 플러스 원(Plus one)을 구사 예) 더 도와드릴 것은 없으신가요?

2) 스크립트 작성 기법

① 시각적 구조화는 스크립트의 이용 편의성을 위해 스크립트 작성 시 시각적으로 부분적 요소나 내용이 서로 연관되어 있어 통일된 느낌을 주는 기법이나 구조

② 시각적 구조화를 위해 스크립트는 핵심 지침 및 가이드 영역, 주요 상담/응대 영역, 상담/응대 지원 영역 등 3가지 영역으로 구성

③ 목록화는 응대를 위해 필요한 정보나 지식을 한눈에 보고 이해할 수 있도록 정리한 기법

④ 미사여구 및 장문의 응대 스크립트는 오히려 신속하고 정확한 응대를 방해하므로 응대에 필요한 지침이나 내용을 단순화하여 사용자에게 제공하는 기법

⑤ 목록화 기법은 긴 문장을 핵심 키워드나 요약된 문장 또는 명사형으로 종결짓는 기법

⑥ 목록화 기법은 응대 스크립트의 공간성 확보는 물론 응대 시간 절감 및 탄력적 대응 가능

3) 시각적 구조화를 통한 스크립트의 구성

① 효율적이고 체계적인 응대 스크립트 작성을 위해서 스크립트의 이용 편의성은 물론 탄력적인 대응이 가능하도록 설계되어야 한다.

② 언급한 이용 편의성을 위해 스크립트는 시각적 구조화를 고려하여 작성한다.

③ 시각적 구조화의 구성 요소는 핵심 지침 영역, 주요 상담/응대 영역, 상담/응대 지원 영역 등 3가지 영역으로 구성된다.

---

1 고객과 공감을 위해 고객이 하는 말에 초점을 맞추면서 한마디 더 추가하여 만족을 이끌어 내는 기법

주요 구성 영역	주요 내용
핵심 지침 영역	• 목적의 명확화를 위한 핵심 내용을 포함하며 지침 역할을 수행하는 영역
주요 상담/응대 영역	• 고객과의 응대 흐름이나 절차 및 내용이 구체적으로 반영되는 영역 • 핵심 지침 영역에서 제시한 지침에 해당하는 세부 내용이 포함되어 있는 영역
상담/응대 지원 영역	• 주요 상담/응대 영역의 지원 및 부가적인 내용을 보완해 주는 영역 • 예기치 못한 질문, 고객 반론 제기 및 해당 상담 연관 질문에 대한 원활한 응대를 할 수 있도록 지원해 주는 영역

④ 응대 목적의 명확화를 위해 스크립트 상단에 상담 시 주의사항 및 필수사항을 기재하고 스크립트 왼편에는 상담 진행을, 오른편에는 고객응대 시 예상되는 질문에 대한 답변 및 혜택 등을 명시해 신속한 상담이 이루어질 수 있도록 해야 한다.

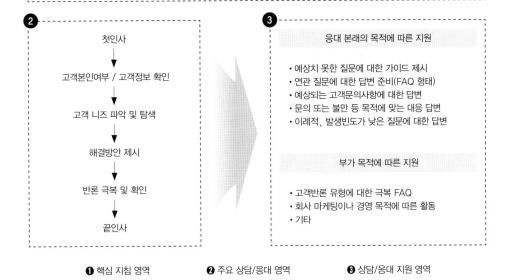

①
• 응대 목적의 명확화 및 스크립트 관리를 위한 핵심 위주의 개요 설명
• 상품이나 서비스에 대해 직원들이 알고 있어야 할 필수 안내 사항
• 오상담, 오안내 발생 가능성이 높은 내용 포함 (업무처리 복잡성)
• 조직의 전략이나 주요 프로세스의 변화 내용 반영

②
첫인사
↓
고객본인여부 / 고객정보 확인
↓
고객 니즈 파악 및 탐색
↓
해결방안 제시
↓
반론 극복 및 확인
↓
끝인사

③
응대 본래의 목적에 따른 지원

• 예상치 못한 질문에 대한 가이드 제시
• 연관 질문에 대한 답변 준비(FAQ 형태)
• 예상되는 고객문의사항에 대한 답변
• 문의 또는 불만 등 목적에 맞는 대응 답변
• 이례적, 발생빈도가 낮은 질문에 대한 답변

부가 목적에 따른 지원

• 고객반론 유형에 대한 극복 FAQ
• 회사 마케팅이나 경영 목적에 따른 활동
• 기타

❶ 핵심 지침 영역　　　❷ 주요 상담/응대 영역　　　❸ 상담/응대 지원 영역

4) 스크립트 작성 지침

스크립트를 작성할 때는 몇 가지 방향성과 원칙을 가지고 작성하여야만 스크립트에 대한 활용도는 물론 본래의 목적에 부합하는 결과물을 도출할 수 있다.

① 이용편의성을 고려한 구조화된 스크립트 작성

② 응대에 필요한 정보와 영향력을 고려하여 작성

③ 간단명료하고 핵심 위주의 작성

④ 귀납이 아닌 연역적인 방식으로 스크립트 전개

⑤ 설득을 이끌어 낼 수 있음은 물론 논리적인 흐름의 전개

5) 스크립트 작성 프로세스

절차	주요 내용
스크립트 작성 계획	• 스크립트 용도 및 목적 (Information과 Influence) • 스크립트 형태(인바운드/아웃바운드)에 따른 주제 선정 • 활용 부서 및 대상자 • 기타 작성 계획에 포함되어야 할 내용 　－ 스크립트를 통해 전달하려는 메시지 / 스크립트 활용 대상 및 목적 　－ 작성 시 유의사항 / 스크립트를 통한 기대효과 　－ 스크립트에 포함되어야 할 핵심 내용
작성에 필요한 정보 수집	• 스크립트 용도에 알맞은 관련 정보 수집 • 제공되어야 할 정보 및 문제 해결을 위한 대안 • 내부 고객정보 및 보고서나 각종 시스템 통해 산출된 데이터 활용 • 관련 부서 및 전문직원 인터뷰
스크립트 개요 및 초안 작성	• 스크립트에 대한 개요 • 스크립트에 반영해야 할 핵심 내용(구성 및 내용) • 영역별 작성 순서 선정 • 스크립트의 구조 또는 상관관계 고려 • 육하원칙에 의거하고 핵심 메시지 위주로 작성
스크립트 작성	• 초안에 근거하여 스크립트 작성 • 용도별 스크립트에 포함되어야 할 내용 반영 • 주요 응대에 관한 화법 및 Soft skill 반영 • 주요 내용 확인

개선, 보완 및 수정	• 주어진 용도나 목적에 맞게 작성되었는지 여부 검토 • 추가적으로 보완해야 할 내용 여부 검토 및 작업 • 잘못 사용된 표현이나 오탈자 수정 • 맞춤법 및 표현의 적절성

6) 간결하고 강력한 스크립트 작성법

간결하고 강력하다는 말은 전달에 초점을 맞춘다는 의미이며 글을 간결하게 쓰는 것과 쉽게 쓰는 것은 스크립트 작성에 있어 가장 핵심이라고 할 수 있다.

① 초등학생이 알아들을 수 있을 만큼 쉬운 단어를 사용한다.

② 해당 업무에 관한 단어나 전문용어는 쉽게 풀어서 사용한다.

③ 응대 흐름에 불필요한 중복은 피한다.

④ 주어와 서술어는 가까워야 한다.

⑤ 맞춤법이나 조사 또는 띄어쓰기도 중요하다.

⑥ 사물존칭과 간접 높임은 구분해서 사용한다.

⑦ 구체적이고 정확한 언어를 사용하고 추상적이고 애매한 언어는 피한다.

⑧ 너무 긴 문장이나 설명을 필요로 하는 것은 목록화한다.

06] 고객불만 및 대응 방안

(1) 고객불만의 이해

1) 고객불만의 정의

① 고객불만은 '컴플레인' 또는 '클레임'이라는 단어로 사용되고 있다.

② 컴플레인(Complaint)은 사전적인 의미로 '불평하다', '한탄하다' 등의 불편을 표현한 다는 의미이다.

③ 클레임(Claim)은 사전적 의미로 '요구하다', '청구하다'라는 의미로 고객의 손해에 대한 권리 및 금전적 배상을 요구하는 것을 말한다.

④ 일반적으로 고객이 불만족스러울 경우 '컴플레인을 제기 또는 건다' 라고 사용되고 있다.

⑤ 고객불만은, 제품 또는 판매·상담 과정, 구매 후 처리 과정에서 발생한 불편이나 문제에 대한 불만의 표시이다.

⑥ 고객불만은 개인과 조직의 문제점 및 취약점을 개선하여 발전할 할 수 있는 기회를 주는 중요한 현상이다.

2) 고객불만의 분류

① 기초적 일반 불만

- 일반적인 고객불만의 원인인 기업의 제품이나, 고객의 오해, 직원의 서비스 태도 등에 대한 불만을 제기
- 고객의 문제 해결 및 사과를 요구

② 상투적 억지 불만(블랙컨슈머)
- 무료 이용이나 상품권, 금전 보상 등의 불순한 목적으로 불만 제기
- 금전적 보상이나 제품 이용의 혜택을 요구

③ 기업을 위한 불만
- 기업에 애정을 가지고 진심을 담아 불만을 제기
- 기업의 서비스 개선 및 제품 개선을 요구

(2) 고객불만의 발생 원인 및 특징

1) 불만 및 불평행동 발생의 원인 및 특징

고객불만의 원인은 제품이나 서비스의 결함, 소비자 단체 기능 강화, 업체 간 과열경쟁, 기업의 개선 노력 부족, 소비자 의식 개선, 기타 사유가 존재한다.

구 분	내 용
기업 원인	경쟁사 대비 수준 이하의 서비스, 제품이나 제도, 프로세스의 결함, 서비스 장애발생, A/S 등의 서비스 이용 불편, 교환 환불 지연, 업무처리 부서 간의 연계 시스템 문제
고객 원인	고객의 오해, 고객 우월주의로 인한 지나친 기대, 고객의 부주의
직원 원인	업무처리 미숙, 서비스마인드 결여(불친절), 예의 없는 태도, 책임 회피, 규정만 내세운 안내, 충분한 설명 미흡, 약속 미이행, 의사소통 미숙, 직원의 용모 및 복장 불결

① 고객불만의 원인은 사소한 것에서부터 발생하는 것이 대부분이므로 기본에 충실하여야 한다.
② 직원의 용모나 복장이 불량한 경우에 발생한다.
③ 직원들의 퉁명스러운 말투 및 언행을 통해서도 발생한다.
④ 약속한 서비스가 지연되거나 회복이 더디게 진행될 경우에도 발생한다.

⑤ 계약 및 거래 시 약속한 행위나 서비스가 이행되지 않았을 경우에 발생한다.

⑥ 애초에 고객이 기대했던 수준에 미치지 못하는 서비스가 제공되었을 때 발생한다.

⑦ 직원의 실수와 무례한 태도로 인해 불만이 발생한다.

2) 소비자 불평행동의 4가지 원인

원인	내용
보상 획득	소비자는 경제적 손실을 만회하거나 해당 서비스를 다시 제공받기 위해 불평을 한다.
분노 표출	일부는 자존심을 회복하기 위해서 또는 자신의 분노와 좌절을 표출하기 위해서 불평을 한다. 서비스 규정이 규정 위주이고 불합리한 경우 직원의 불친절로 인하여 자존심과 공정성에 대해 부정적 영향을 미칠 수 있다.
서비스 개선	소비자가 특정 서비스에 깊이 관여하여 서비스 개선을 위해 자발적으로 기여하고자 적극적으로 피드백을 준다.
타 소비자를 위한 배려	다른 소비자를 위해 자신의 불만을 제기하는 경우가 있는데 불편한 경험이나 문제가 되는 경험을 하지 않기를 원하며, 문제 제기를 통해 서비스가 개선되기를 바란다.

(TAX & Brown 1998)

3) 불만이 발생해도 고객이 불만을 제기하지 않은 이유

① 불만을 제기하기가 귀찮거나 불만을 어디에 제기해야 할지 몰라서

② 제기해도 해결될 것 같지 않아서

③ 귀찮고 손해보고 다시는 거래하지 않으면 된다는 생각을 가져서

④ 고객불만 사안에 따라 시간이 경과되면 증거가 없어지므로

⑤ 불쾌한 것은 빨리 잊고 싶어 하는 성향 때문에

⑥ 고객불만 제기 시 더 큰 불이익을 당할 거라는 우려 때문에

⑦ 악성 고객이라는 나쁜 이미지가 형성될 것이라는 우려 때문에

4) 최근 국내 고객불만의 특징

① 고객불만 건수의 증가 문제가 아닌 해결하기 어려운 고객불만 건이 증가하고 있다.

② 단순한 고객불만이 아닌 복합적인 요인이 얽힌 고객불만 건이 증가하고 있다.

③ 고객불만이 갈수록 극으로 치닫는 원인은 기업과 고객 사이의 신뢰가 무너졌기 때문이다.

④ 단순한 사과만으로는 문제 해결이 어려운 고객불만 건이 증가하고 있다.

⑤ 고객불만 발생 후 기업의 설명이나 변명을 극도로 꺼린다.

⑥ 표면적인 사과 및 대응논리가 아닌 명확한 원인 규명 또는 사후 재발 방지를 요구한다.

⑦ 고객불만 발생 시 정식적인 문서 작성을 통한 커뮤니케이션 요구는 물론 녹취, 녹화, 인터넷 또는 SNS에 공개하겠다는 협박까지 한다.

⑧ 기능적으로 업무를 처리하는 일선 접점직원과의 대화가 아닌 책임자와의 대화를 요구한다.

⑨ 문제 발생 시 기업의 접점채널을 활용하지 않고 직접적으로 공공기관에 해당 사항에 대한 불만을 토로하거나 신고한다(미래부의 신문고, 소비자보호원, 소비자 보호 관련 NGO 등).

⑩ 문제 해결에 소요되는 시간이 길어지고 접점직원의 심적 부담은 가중된다.

5) 국내 기업의 고객불만 처리의 문제점

① 고객접점 중심의 외형적인 면에 치중

② 도급업체에게 클레임 업무 전가로 인한 현업 부서의 무관심 유발 및 자체 처리능력 감소

③ VOC 전담 부서 및 전문가 부재

④ VOC 시스템의 부재 또는 체계적인 활용 미흡

⑤ 고객불만 유형별 대응 매뉴얼의 부재

⑥ 접점직원의 고객불만 처리에 따르는 권한위임의 부재

⑦ 획일적인 CS교육 및 평가 체계의 부재

6) 최근 소비자 불평행동의 특징

최근 인터넷을 기반으로 한 스마트 기기 보급 및 소셜미디어(SNS)가 확산되면서 고객 불만을 제기하는 통로가 다양해졌다. 특히 소셜미디어의 가입자가 많아 고객들이 표출한 불평의 내용들이 빠르게 확산되고 있다. 또한 SNS를 통한 쉬운 불만 표출로 과거 대비 고객불만의 비율도 증가하였으며, 고객들이 온라인 집단화한다는 점도 최근 나타나는 특징이다.

① **불만대상 품목의 다변화**: 스마트폰, 디지털서비스, 콘텐츠, 기기비중의 불만 확대

② **온라인 불만 플랫폼의 확산**: 인터넷, SNS(트위터, 페이스 북 등), 유튜브 등이 불만 표출의 채널로 급부상

③ **불만소비자의 온라인 집단화**: 인터넷 기반의 거대한 가입자를 기반으로 유사 불만 소비자들이 커뮤니티로 집결하여 소비자 분쟁의 파급력 확대

④ **1인 영향력의 증대**: 온라인 빅마우스, 소셜테이너의 확산, 단순 불만을 넘어 특정 기업을 공격하는 디지털 저격수의 등장

(3) 고객불만 대응 방안

1) 고객불만 분류별 응대 프로세스

① 기업의 접점 채널로 유입된 불만 고객의 분류를 응대 프로세스에 적용하여 운영할 필요가 있다.

② 불만고객에 대한 이력 관리를 통해 적절한 응대가 이루어져야 하며, 특히 불만고객의 인지 정보를 확인하는 것은 매우 중요하다.

③ 고객의 인지정보와 고객불만 이력 확인을 통해 불만고객을 분류할 수 있고, 분류된 고객의 유형별로 각호에 해당하는 과정을 이행해야 한다.

④ 일반문의 고객에게는 신속하고 정확한 정보와 서비스를 제공하고, 이행 결과를 고객관리시스템의 상담 정보에 인입 유형과 결과에 대한 VOC코드 기록 후 저장한다.

⑤ 불만고객 응대는 요구 사항에 대한 적절한 안내를 할 수 있는 전담 조직과 담당자

가 별도로 연락을 취할 것을 안내하고 통화 종료 즉시 고객불만 이관 등록을 해야
한다.

⑥ 만일 이관 시스템의 알림 기능이 실시간 적용되지 않는다면, 메신저나 유선전화 등
으로 신속하게 전달해야 하며 1시간 내로 피드백하고 불량고객의 경우 30분 이내
로 설정하여 대응한다.

⑦ 블랙컨슈머의 경우 전담조직으로 이관하거나 지휘보고체계의 책임자에게 보고한다.

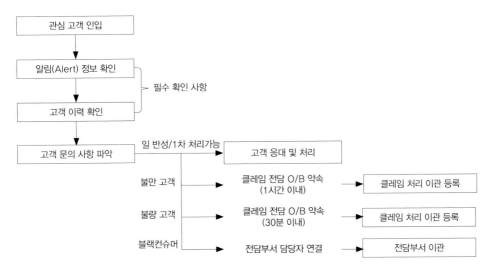

[사전에 불만고객에 대한 유형 분류 및 특성 정의 필요]

2) 불만고객 분류별 대응 및 처리 지침

① 모든 불만고객의 처리는 공감적 경청을 통해 고객의 기분이나 상황을 고려한 케어
에 집중한다.

② 금전적 보상을 요구할 경우 기업의 과실이 명백하고 약관에 준하는 보상 범위에 대
해서는 1차 접점 직원이 직접 처리하는 것이 바람직하다.

③ 과도한 보상 요구 또는 손해 배상 기준이 없거나 고객 과실임을 입증하지 못하는
경우, 사안이 복합적인 강성 민원의 경우에는 전담 조직으로 이관하여 처리한다.

④ 전담조직으로 이관 후에도 보상 처리 기준을 초과하거나 복합적인 사안인 경우 법

무팀 및 유관부서와의 협의를 통해 법리적 검토는 물론 사안별로 대응 지침을 논의한다.

⑤ 최종적으로 협의가 종료되면 통보 및 직접 대면을 통해 의사를 전달하며 고객이 수용하면 합의서 작성은 물론 해당 자료나 증거를 압수하거나 파기한다.

⑥ 모든 접점 직원들을 대상으로 악성 불만고객에 대한 응대 자세 관련 지침 및 가이드를 제공한다.

⑦ 콜센터로 해당 불만고객의 콜이 인입되었을 경우 신속하게 응대해서 추가 불만을 최소화한다.

⑧ 악성 고객의 경우 전담부서 전화번호를 안내하고 직접 전화하도록 하는 편이 바람직하다.

⑨ 통화는 묵음이 발생되면 경청하지 않는 것으로 오해를 받을 수 있는 여지가 있으며 특히 상담 중 보류 기능 사용은 절대 금지하고 필요시 대기 기능을 사용한다.

⑩ 처리가 어려울 경우에는 전담 부서 혹은 담당자에게 이관하되 직접적인 번호전환보다는 전화번호나 주요 내용을 정리 후 전달해서 충분한 검토를 할 수 있는 시간적 여유를 확보하도록 한다.

⑪ 처리 시간 지연 시 심리적 변화로 인해 무리한 요구를 할 수 있으므로 재통화 약속 시 30분 이내로 시간을 엄수하여 처리 과정을 피드백해야 한다.

⑫ 불만고객과의 통화 시 의사 결정할 수 있는 사안이 아니라면 양해를 구하고 내부 검토 후 재연락하는 것이 바람직하다.

⑬ 악성 고객과 직접 대면 시 녹취 및 증거 자료를 확보하여 객관적인 자료로 활용한다(향후 법정 자료 또는 참고 자료로 활용 가능).

⑭ 불만고객에게도 지속적으로 심리적 안정감을 제공하여 2차 불만의 확산을 방지하고 불필요한 갈등을 제거한다(진행 상황 안내).

⑮ 불만 강성고객의 경우 대응 후에도 해피콜 혹은 문자메시지와 같은 수단을 이용하여 사후 고객 관리하는 것이 바람직하다.

3) 고객불만 대응 포인트

① 지역사회 등 이해관계자들과의 우호관계 구축을 통해 고객들의 불만을 사전에 파악하라.

② 첫 대면은 신속하고 감성적으로 처리하며, 첫 대면에서 문제를 해결하라.

③ 고객의 불만을 수용하라.

④ 접수된 불만은 기업과 고객의 입장에서 공정하게 처리하라.

⑤ 고객을 이기려 하지 말라.

⑥ 고객의 입장에서 행동하라.

⑦ 의사소통 전 먼저 고객의 감정으로 정확히 문제를 이해하고 접근하라.

⑧ 기업이 알고 있는 고객불만은 빙산의 일각이라는 것을 알고, 타사와 차별화된 불만 관리를 실시하라.

⑨ 고객불만을 혁신의 기초로 삼아라.

⑩ 고객불만을 축척 정보로 인식하고 빅데이터 분석을 통해 과학적으로 관리하라.

⑪ 불만이 제기되는 상황에 대한 가상훈련을 시행하여 대응력강화 및 위험을 최소화하라.

⑫ 진실성 있는 소통으로 고객불만에 즉각 대처하라.

4) 고객불만 대응에 있어 주의 사항

① 첫 응대가 문제 해결의 핵심이므로 고객에게 정성을 다하고 관심을 적극적으로 표현한다.

　– "고객님, 얼마나 놀라셨어요. 많이 당황하셨겠습니다."

　– "아~ 네 그렇군요. 고객님께 이런 불편을 드려 뭐라고 사죄 말씀을 드려야 할는지요."

　– "저에게 자세히 말씀해 주세요. 제가 해결해 드리겠습니다."

② 불만에 대해 적극적인 자세로 임하고 있다는 믿음을 심어 준다.

　– "이렇게 관심 가지고 직접 말씀해 주셔서 감사합니다."

- "원인 파악을 위해 OO일 이내에 신속하게 알려 드리겠습니다."
- "문제점은 반드시 개선되도록 최선을 다하겠습니다."
- 기술적인 답변: " 어려운 답변을 드려야 되겠습니다만, ~ 한 원인으로 발생된 점 깊은 양해하여 주시면 감사하겠습니다."

③ 변명보다는 고객의 입장에서 신속·정확하게 처리해야 하며 무리한 YES보다 신속한 사후처리 약속 및 대안 제시가 바람직하다.
- 무리한 YES: 진실 왜곡 → 약속 불이행 → 고객불만 증폭 → 회사 이미지 실추
- 사과 및 대안제시: 정중한 사과 → 배려와 이해 → 신속한 대안 제시 → 고객만족

④ 까다로운 고객일수록 요구를 정확히 파악한다. (모든 고객이 보상만을 요구하지 않음)
- "예, 고객님의 문제를 어떻게 하면 해결할 수 있을지 방법을 찾아보겠습니다."
- "일반적인 것은 아니지만 처리할 수 있는 방법을 찾아보겠습니다."
- "다른 부서의 도움이 조금 필요합니다만 제가 끝까지 책임지고 처리하도록 하겠습니다."

⑤ 고객의 상황에 맞는 소재를 찾아 교감 및 커뮤니케이션한다.
- 대형 뉴스, 취미, 가족 이야기 등의 관심사로 긴장감을 해소하고 상호 교감 탐색
- 성별, 연령, 집안 환경 등의 개인적인 이야기로 인간적 공감대 형성

⑥ 고객불만 사항에 대해서는 즉각적이며 완벽하게 일을 처리한다.
- "만사 제쳐 놓고 고객님의 문제를 1순위로 처리하겠습니다."
- "고객님과의 약속은 꼭 지키겠습니다."
- 문제 해결 후 해피콜을 통해: "저희 서비스로 번거롭게 해 드려서 죄송합니다. 이번 일로 불편했던 점이 있다면 사과드리고 고객만족을 위해서 최선을 다하겠습니다."
- "더욱 저희 서비스에 대해 관심 가져 주시고 많은 격려와 질책 부탁드립니다."

5) 논리적인 고객불만에 대한 대응 방법
① 단순한 불만을 토로하는 것이 아닌 논리적인 방식에 의한 고객불만이 가장 다루기

힘들다.

② 논리적인 고객불만에 대한 응대는 다루기 힘들므로 다양한 대응기술이 필요하며 전담조직 구성원뿐만 아니라 일반 직원에 대해서도 고객불만 대처 능력을 향상시킬 수 있는 교육이 필요하다.

③ 논리적인 고객불만을 제기하는 고객에는 두루뭉술하거나 정확하지 않거나 부적절한 설명은 오히려 불만을 가중시키므로 고객불만의 내용을 정확하게 이해하여야 한다.

④ 고객이 주장하는 고객불만의 내용을 명확하게 파악하고 구체적으로 정리한다.

※ 파악해야 할 내용: 고객불만의 대상 및 경중(輕重), 고객의 주장에 근거가 되는 사실(Fact)이나 정황, 고객 요구 사항 파악(보상, 교체, 환불, 사과, 수리, 회수, 판정, 교환 등)

⑤ 상호간에 의심이나 추가적인 문제가 발생하지 않도록 한다.

⑥ 추가적인 사안 발생을 방지하기 위해 매체가 가지는 특성을 고려하여 증거를 확보한다.

※ 매체별 증거 내용: 콜센터의 경우 녹취 내용 및 대응 이력, 오프라인에서 작성된 문서의 경우 관련 내용 누락에 주의하고 원본 확보, 오프라인의 경우 녹화(CCTV) 및 녹취 자료 확보

⑦ 고객불만 대응 시 판단하기가 애매하고 불확실한 사항에 대해서는 즉각적인 답변은 삼간다.

⑧ 고객불만이라 판단하기 애매하고 불확실한 사항은 시간 간격을 두고 재통화 또는 재논의한다.

6) 온라인 불만 대응 방법

① 제품과 서비스에 대한 인터넷상의 고객 의견에 대해 지속적으로 점검한다.

② 회사로 접수되는 불만건 외 SNS를 통해 토로되는 불만건을 능동적으로 찾아 해결한다.

　- 고객이나 언론이 문제를 제기하기 전에 능동적으로 문제를 찾아 해결해야 한다.

③ 기업 블로그를 만들어 고객들과 친밀한 대화를 나눠야 한다.

④ 소비자의 문의, 불만, 제안 등의 행동에 맞춰 즉각적으로 대응한다.

 – 문의: 질문에 대한 답변 및 추가 문의 확인

 – 불만: 고객의 문제를 이해하고 해결하기 위해 노력

 – 제안: 제품과 서비스에 대한 제안에 감사하고, 검토 후 후속조치

⑤ 위기관리 해결을 위해 최고경영자의 적극적 지원이 필요하다.

⑥ 친절한 태도로 즉시 사과한 후 고객의 의견이 서비스와 제품을 개선하는 데 어떻게 활용할지 설명한다.

⑦ 고객의 의견을 개진할 수 있도록 적극적이고 다양하게 소통 경로를 확대한다.

⑧ 지속적인 문의가 발생한다면 FAQ 또는 안내자료를 서비스 이용 초기화면에 추가한다.

7) 불만 처리 시 적극적 경청

① 고객의 요구 사항을 확인할 수 있다.

② 오해와 실수를 예방할 수 있다.

③ 불만 해소를 위한 단서를 얻을 수 있다.

④ 고객과의 신뢰 형성으로 우호관계를 형성할 수 있다.

경청 유형	유형별 경청 방법
집중하여 경청하기	• 고객의 말을 요약, 확인하여 끝까지 경청한다. 예] "네, 잘 들었습니다. 고객님께서 몇 가지 중요한 점을 말씀해 주셨는데요. "제가 정확히 이해하고 있는지 확인해 보겠습니다. 고객님 말씀은 ~~ 이죠?"
복창하며 경청하기	• 고객의 이야기를 들으며 대화에서 중요한 단어나 표현하고자 하는 문장을 복창하며 되물어 준다. 예] "네 급하다는 말씀이시죠?", "00까지 배송을 원한다는 말씀이시죠?"
공감하며 경청하기	• 고객의 입장에서 경청하는 것으로 적극적인 맞장구와 고객의 입장을 이해한다는 표현으로 고객의 감정 공유를 통해 고객에게 심리적인 안정 및 개방적인 의사소통을 하고자 함을 확신시켜 주는 것이다. 예] "네~ 맞습니다.", "그러셨군요.", "많이 불편하셨겠습니다." 등

8) 불만고객 응대 시 피해야 할 자세

① 고객과 함께 흥분하기: "고객이라고 너무 함부로 말하시는 거 아니에요!"

② 고객의 말과 행동을 의심하기: "고객님이 그렇게 우기시니 한번 확인해 볼게요."

③ 책임 회피하기: "제가 할 수 있는 부분은 아닌 것 같은데요."

④ 고객 무시하기: "확인해 보니 고객님이 잘못 알고 계신 것 같은데요."

⑤ 사과만 되풀이하고 대안 제시하지 않기: "죄송합니다" 외에는 어떤 말도 하지 않음

⑥ 지속적이고 반복적인 질문만 하기: "그러니까 ~~~하셨다는 말씀이시죠?"

⑦ 암묵적으로 거절하기: "고객님 죄송합니다"라고 말하지만 표정이 일그러지거나 짜증내는 말투를 구사함

⑧ 고객이 잘못했음을 증명하기: "고객님, 제 말이 맞지 않습니까?", "고객님 말이 틀리잖아요!"

(4) 블랙컨슈머 이해 및 대응

1) 블랙컨슈머의 정의

① 기업을 상대로 구매한 상품이나 서비스에 대하여 보상금 등을 목적으로 의도적인 악성 민원을 제기하는 강성 및 악성 고객을 의미한다.

② 악의적인 행동을 통해 기업에게 금전적·정신적으로 피해를 줌은 물론 다른 소비자의 손실을 초래하는 사람들을 의미한다.

③ 과도하고 부적절한 불만제기행동을 의미하며 악덕소비자, 블랙컨슈머, 비윤리적 소비자불만행동, 소비자 문제행동 등 다양하게 사용되고 있다.

④ 블랙컨슈머라는 용어는 아직까지 사회적으로 합의된 명확한 정의가 존재하지 않으며 악성고객의 행위 또는 행동에 대한 개념적 정의 또한 언론 매체나 기업, 학계에서도 통일되어 사용되고 있지 않다.

⑤ 블랙컨슈머라는 용어는 국제적으로 '흑인 소비자'라는 의미로 사용되고 있어 국내에서처럼 부정적인 의미로 사용되는 것은 인종 또는 문화적 차별로 오해받을 수 있

어 부적절하다.

2) 블랙컨슈머의 판단 기준

① 아직 블랙컨슈머에 대한 명확한 정의는 물론 이들을 구분하기 위한 기준 또한 부재하여 이에 대한 기준이 마련되어야 한다

② 블랙컨슈머에 대한 판단 기준이 없으면 정당한 클레임과의 구분이 쉽지 않아 선의의 피해자가 발생할 수 있다.

③ 블랙컨슈머를 판단할 때 고의성, 기만성, 상습성, 억지성, 과도성, 비윤리성은 기본적인 준거가 될 수 있다.[2]

특성	내용
고의성	• 고객행동이 '계획적인 것'인지에 대한 여부 • 고객이 자신의 행위로 인해 어떠한 결과가 발생할 것이라는 것을 인식하였음에도 불구하고 그러한 행위를 하는 성질 • 자신에게 유리한 방향으로 유도하기 위해 사전에 계획한 의도 및 정황 포함
기만성	• 남을 속여 넘기는 성질을 의미하며 이러한 성질이 의도적으로 드러났는지 여부 • 보통 기만은 숨김과 보여 줌의 교묘한 기술로 정의되는데 자신의 잘못을 감추고 상대방을 속이려는 의도를 가졌는지 여부
상습성	• 어떠한 특정한 행위가 단순히 한 번에 그치지 않고 반복적으로 일어나는 특성 • 과정 또는 결과로서의 교환, 환불, 보상 행위가 반복되는지 여부
억지성	• 정상적인 방법으로는 잘 안될 수 있는 일을 무리하게 해내려는 특성 • 무지 또는 비양심에 기인함 • 고객의 억지 주장이나 생떼의 형태로 발현
과도성	• 정상적인 정도에서 '벗어난' 또는 '지나침'을 의미함 • 흔히 과도한 보상이나 부당한 요구 형태로 발현
비윤리성	• 고객으로서 마땅히 행하거나 지켜야 할 도리를 지키지 못하는 비윤리적 특성 • 타인의 아픔이나 공감능력이 없는 미성숙함 • 폭언, 폭행, 성희롱, 과도한 보상 요구의 형태로 발현

---

2 2013년 이은경, 이은미, 전중옥의 연구논문을 인용하고 박종태가 비윤리성을 추가 특성으로 반영함

3) 블랙컨슈머 발생 원인

소비자 측면	기업 측면
• 서비스/상품에 대한 높은 기대 수준 • 소비자의 개인적인 성향 • 지식의 부족 및 정보의 비대칭성 • 왜곡된 소비자의 권리 의식('고객은 왕')	• 부정확한 정보 제공 • 제품 하자 및 불친절한 서비스 제공 • 블랙컨슈머에 대한 부적절한 대응
정부(공공기관) 측면	사회적 요인
• 관련 정책 및 법규의 미비 • 소비자 교육 및 계몽의 부족 • 상담기관의 부적절한 태도 • 상담 전문가 부족 및 비체계적인 대응	• 매스미디어의 영향 • 인터넷 발전 및 SNS 활성화 • 경제 상황의 악화 • 사회에 대한 불신 팽배 • 소비자 권리의 신장

4) 접점에서 블랙컨슈머 대응 지침

① 초기에 신속하게 대응해야 하고 정황을 포착하거나 증거 확보를 통해 피해를 최소화한다.

② 제2의 민원 제기를 염두에 두고 유발하는 경우가 많으니 동일한 맞대응은 자제한다.

③ 블랙컨슈머에게 유리한 위치를 내주는 행위이므로 필요 이상의 저자세나 굽신거림은 피한다.

④ 보상의 경우 명확하고 절대적인 원칙을 가지고 대응한다.

⑤ 과격한 언행이나 폭력의 경우 녹취 또는 CCTV녹화 등 증거를 확보한다.

⑥ 즉각적인 대응이 아닌 시간적 간격을 두거나 장소를 변경하는 등의 분위기 전환을 시도한다.

⑦ 인터넷이나 SNS 유포 협박에 흔들리지 말고 증거 자료(게시물, 녹취 자료 등)를 확보한다.

5) 블랙컨슈머 응대 기법들

블랙컨슈머의 특징은 감정이 사고를 지배하고 자신의 피해나 손실을 수용하지 않으며 타인과의 공감 능력이 떨어지고 문제점이나 해결책을 제시하면 오히려 책임을 회피하거나 문제 해결에 있어 타인에 의존하는 경향이 있다는 점이다. 욕설이나 폭언 또는 과격하게 화를 내는 블랙컨슈머의 경우 E · A · R 기법을 활용하는 것이 효과적이다. 이와 함께 잘못된 정보에 대한 대응은 물론 흥분한 고객을 진정시키고 잘못된 정보에 대해서 효과적으로 대응하기 위해서는 B · I · F · F기법을 활용하는 것이 바람직하다.

① E · A · R기법이란 'Empathy, Attention, Respect'의 앞 글자를 따서 만든 것이며, 몹시 흥분하거나 감정 조절이 제대로 되지 않는 고객들을 진정시키고 차분히 응대할 수 있도록 해 준다.

② 블랙컨슈머의 심정과 상황을 이해하려는 공감(Empathy)과 함께 경청 및 주의 (Attention)를 기울이고 존중(Respect)하는 태도를 유지함으로써 흥분을 진정시키는 효과를 거둘 수 있다

③ 공감(Empathy)이 필요한 이유는 극도로 흥분한 상태에서는 이성적인 논리나 대안의 검토에 무게를 두기보다는 자신 상황이나 처지에 대해 공감 또는 알아주기를 바라기 때문이다.

④ 흥분한 블랙컨슈머에게 잠시라도 주의(Attention) 및 경청하려는 모습을 보여 주면, 대체로 진정된 모습을 보인다.

⑤ 경청이나 주의를 기울이는 행동 후 자연스럽게 블랙컨슈머로 하여금 존중받는 느낌을 가질 수 있도록 한다.

⑥ B · I · F · F기법은 잘못된 정보에 대한 대응 방법으로 흥분한 고객을 진정시키고 잘못된 정보에 대해서 효과적으로 대응하도록 하는 것이 주 목적이다.

⑦ 직접 대면채널 또는 이메일이나 사회 관계망 서비스(SNS)를 통해 문제 해결에 대한 의지나 목적 없이 직원들에게 공격적인 성향을 보이는 고객에게 효과적이다.

⑧ B · I · F · F기법은 해당 고객을 대상으로 짧게 물어보고 짧게 대답하며(Brief) 정보 위주로 대응하고(Informative) 친근감을 유지하며(Friendly) 언행에 대해서 확고한 자세를 유지할 것(Firm)이다.

⑨ B · I · F · F기법의 기대 효과로는 균형 잡힌 기법 활용을 통한 불필요한 감정 대응

을 최소화하고 감정을 상하지 않게 함으로써 이성적인 접근을 통한 문제 해결이 가능하다.

6) 효과적인 블랙컨슈머 단계별 대응

① 효과적으로 블랙컨슈머에 응대하기 위해서는 아래와 같이 단계별로 대응한다.

② 먼저 E · A · R 기법을 활용한다.

③ 현실적인 대안을 분석하거나 제시한다.

④ 잘못된 정보에 대해서는 철저하게 대응한다.

⑤ 한계선을 정해서 대응한다.

단계별 조치	주요 내용
효과적인 응대	• 적절하게 E · A · R기법 활용 • 심정이나 상황을 이해하려고 노력하는 공감(Empathy) • 경청 및 주의(Attention)를 기울임 • 존중(Respect)하는 태도 및 자세 견지
현실적인 대안 제시	• 현실적이고 실현 가능한 대안 제시 • 대안 제시를 통한 객관적 사고에 집중할 수 있도록 함 • 대안 목록(List) 작성 및 지침 마련 • 대안 제시 및 유형에 대한 분석
잘못된 정보에 대한 대응	• 악성고객이 제기한 정보에 대한 객관적인 비판 및 대응 • 제기된 불만 및 정보에 대한 균형 잡힌 시각이 필요 • B · I · F · F(Brief, Informative, Friendly, Firm) 기법의 활용 • B · I · F · F를 통해 감정적인 대응 최소화
한계선 설정	• 현실적인 결과에 대한 정보 제공 → 한계선 설정 • 기업의 운영 규정이나 정책, 주요 절차 활용 • 보상, 교체, 환불, 사과, 수리, 회수, 판정, 교환의 기준 • 한계선을 설정함으로써 직원의 감정적 소진 유발 방어

(5) 고객불만 사전예방활동 및 사후관리

1) 고객불만관리를 위한 사전예방활동

기업은 고객불만이 발생하여 이를 해결하려는 노력과 비용보다 고객불만을 사전에 예방하는 것이 유리하며, 고객과의 신뢰, 기업의 이미지 제고, 비용적 측면을 고려한다면 위기 상황에 대한 정확하고 신속한 대응, 재발 방지를 위한 시스템 및 교육 반영, VOC 반영, 효과적인 고객 정보 제공, 협력업체와의 협업 등이 함께 유기적으로 운영될 수 있도록 제도적 장치를 마련하고 실행해야 한다.

2) 사전예방을 위한 요건

① 고객불만 예방을 위한 활동계획 수립 및 실행
② 위기관리 및 고객불만 대응 절차 수립 및 실행
③ 고객불만에 대한 사후관리 및 재발 방지 대책 수립 및 실행
④ 제품·서비스 기획 시 고객 참여 및 고객 의견 반영
⑤ 협력업체와 고객 권익 증진 협업 시스템 운영

3) 고객불만관리를 위한 사후관리활동

고객의 불만 예방을 위한 사전예방활동을 시행함에도 불구하고 발생한 고객불만은 신속하고 정확하게 처리하고 체계적인 분석을 통해 개선활동을 전개해야 한다. 고객불만은 내부 접수뿐만 아니라 외부기관에 접수된 것도 포함하여야 하며 고객불만에 대한 모니터링 및 고객만족도를 연계하여 개선하여야 한다.

4) 사후관리를 위한 요건

① 고객불만처리·사후관리를 위한 활동계획 수립 및 실행
② 유형별 고객 불만사항, 처리 내용, 결과 등을 공유
③ 외부기관에 접수된 고객불만을 처리하는 내부 프로세스 마련

④ 고객불만을 통해 개선과제 발굴 및 개선활동 실행

⑤ 고객불만처리에 대한 고객만족도 모니터링 시행

⑥ 온라인 모니터링·불만관리 프로세스 수립 및 실행

⑦ 블랙컨슈머 관리 기준 수립 및 실행

5) 고객불만 처리 후 사후관리 방법

① 모니터링 및 불만처리에 대한 평가가 이루어져야 하며 처리 결과에 대해서는 해피 콜을 시행한다.

② 불만유형별 분석은 물론 대응책을 마련하기 위해 관련 부서와 개선안을 도출한다.

③ 관련 부서와 월별 특이 사항이나 민원 대응 방안 및 계획 등에 대한 논의가 이루어 져야 한다.

④ 정기적으로 주요 VOC를 집중 분석함으로써 전사 공유와 대응책을 마련하여야 한다.

⑤ 고객을 대상으로 주요 VOC를 분석하는 데 다양한 민원 요소들을 체계적으로 분석 한다.

⑥ 불만처리 결과에 대해서는 불만을 제기한 고객에게 만족도 검사를 통해 효과에 대 한 검증을 실시한다(도출된 내용을 개선 방안에 활용).

⑦ 불만고객관리는 주로 KPI반영 및 해피콜 등 사후관리지침을 마련하여야 한다.

⑧ 핵심평가(KPI)항목 중에는 대외 기관 접수 건이나 사후관리 미흡으로 인한 접수 건 에 대해서도 종합적으로 평가를 진행하여야 한다.

⑨ 대내외 민원을 유형별로 분석하여 대응책 마련을 위한 프로세스 운영에 반영하여 야 하며 내부적으로 중점실행 과제화하여 운영한다.

07 | 만족도 조사 유형 및 트랜드

(1) 고객만족도 조사

1) 기존 고객만족도 조사의 문제점

① 기존 CS조사는 고객의 지속적인 이용과 추천하기 같은 직접적인 고객행동과 상관성이 낮다.

② 실제 만족도 조사 결과 높은 점수를 얻고 있으나 이러한 만족도의 결과에 따라 판매액이나 수익은 물론 고객생애가치(Lifetime Value)가 비례적으로 움직이지 않는다.

③ CSI는 사실 고객의 과거 경험에 기반한 인상 부분만을 수치화한 조사 결과이다.

④ 과거 경험에 기반한 조사를 바탕으로 고객의 미래행동을 예상한다는 사실 자체가 불가능하다.

⑤ 접점이 다양화되면서 고객의 충성도를 저하시키는 요인을 찾아내어 개선하는 것이 중요하다.

⑥ 사실 다양한 고객접점에서 개별적인 접점의 최적화를 이룬다고 해도 고객의 충성도를 높이는 것은 어렵다.

⑦ 아래에서 보는 바와 같이 '고객충성도'와 '만족도'의 상관성이 낮은 업종도 있다.

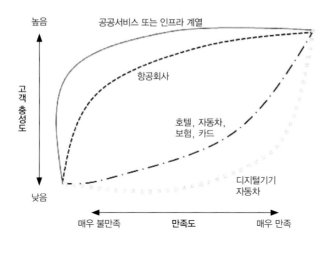

[고객충성도와 만족도의 상관관계]

* 출처 : J.D Power & Associate

⑧ 고객만족도 조사에 공통된 규칙이 없고 실시하는 기업마다 독자적으로 설계되고 있으며 만족도 조사를 진행할 때 강점 중심에 초점을 맞추거나 "굉장히 좋다", "좋다" 등의 상위 2 레벨 비율을 만족하는 고객으로 정의함으로써 왜곡이 심하다.

⑨ 타사와의 비교 시 객관적인 지표가 부재하여 변별력이 떨어지는 한계가 있으며 CSI 조사 결과 경영상의 의사결정을 내리기 어렵다.

(2) NPS(순고객추천지수: Net Promoter Score)

1) NPS의 이해

① 순고객추천지수(Net Promoter Score, 이하 NPS)는 대상 고객에게 '추천 의향'이라는 단 한 개의 질문으로 고객의 충성도를 측정하는 방법이다.

② 대상고객층에 대한 재검증 차원에서 이루어지고 있으며 경영전략상 담당직원들의 기술 측정에도 활용할 수 있는 지표다.

③ 베인&컴퍼니에서 기업 사례를 분석해 고객 로열티의 가치를 계량화한 수치로 나타내는 고객충성지표다.

④ 구매조건이나 판매액 같은 실적과 연동되어 가까운 장래의 계속 이용 또는 추천 및 권장 의향을 가리키는 가능성 높은 측정지표다.

⑤ 브랜드 가치에 대한 평가는 물론 고객접점의 직원들에 대한 직접적인 평가지표이기도 하다.

2) NPS지표의 특징

① 고객 로열티 및 고객 체험의 레벨을 측정하는 대표적인 지표

② 고객 행동 지향적인 질문

③ 설문대상자의 시간을 절약(응답률 향상으로 결과의 편향성을 감소)

④ 조사 비용의 절감(질문의 Depth가 1 또는 2)

⑤ 경제성과 상관관계를 보이는 지표

⑥ 브랜드 전체에 대한 평가는 물론 고객의 미래 행동을 예측하는 지표

3) NPS의 진행 방법

① 고객을 대상으로 기업과 브랜드를 추천하는 사람들의 비율을 나타내는 충성고객 지표이다.

② 단순히 "당신은 우리 회사의 제품과 서비스를 지인 또는 친구에게 추천하겠습니까?"라는 설문에 0~10점의 11단계로 답변을 받는다.

③ 이 설문을 가지고 총 3가지 유형의 고객을 대상으로 해당 상품이나 서비스에 대한 추천 의향을 물어본 결과 9~10점은 추천자 또는 권장자(Promoter), 7~8점은 중립자(Passive), 6점 이하는 비판자(Detractor)로 분류한다.

④ 설문 결과를 토대로 추천자가 차지하는 비율에서 비판자가 차지하는 비율이 바로 NPS이다.

⑤ 추천자가 비판자보다 많으면 플러스(+)가 나오지만 반대인 경우에는 마이너스(-)가 나온다.

4) NPS 활용

① 고객 로열티 관련 문제와 고객 전략의 차이 발생에 대한 원인 파악

② 고객의 잠재 이슈의 파악은 물론 개선 방향 설정

③ 고객 전략 및 운영 프로세스 개선

④ 고객의 만족/불만족의 발생 원인을 다양한 관점에서 심도 있게 분석

⑤ 고객은 물론 새로운 경영개선과제에 대한 인사이트(Insight) 제공

⑥ 고객 세분화에 대한 제고 및 조직 역량에 대한 리뷰

5) NPS 실행을 위한 지침

① 측정 대상의 선정 및 유의미한 샘플 수 확보

② 적정한 응답률(반응률) 확보

③ 상황에 따른 가이드 제공

④ 적절한 직원의 배치 및 투입

⑤ 체계적인 NPS 실행 프로세스 준비

6) NPS의 한계

① 정확한 결과를 도출할 조사 대상군을 찾기가 쉽지 않다.

② 정확한 측정지표를 찾는 데 시간과 비용이 많이 든다.

③ NPS가 높다고 무조건 성장한다고 판단하는 것은 무리가 있다.

④ 비적격자의 응답에 대한 통제가 어렵다.

⑤ 경제적 성과(재무적 성과) 측정이 어렵다.

⑥ 실제 반복구매/추천구매를 트랙킹(Tracking)하기가 어려워 실체가 불투명하다.

⑦ 측정 척도(추천 고객, 중립고객, 비추천 고객)의 기준을 일괄적으로 적용한다.

⑧ 추천 의향이 높다고 반드시 고객만족도와 반복구매 의향이 높지 않다.

⑨ 고객의 추천 의향만으로 추천 행위를 파악하고 관리하기가 어렵다.

(3) 그 외 만족도 조사

1) CES(Customer Effort Score)

① 고객만족도 조사에서 불만고객과 비판자들을 대상으로 전화와 앙케트를 통해 '왜 그렇게 대답했는가?'를 파악하고 로열티의 저하 원인을 수치화하는 조사기법이다.

② CES는 미국 컨설팅 회사인 Cooperation Executive Board(CEB)가 고안한 지표로 "문제를 해결하기 위해 어느 정도의 노력과 수고를 필요로 했는가?"를 5단계로 묻는다.

③ CSI나 NPS지수는 높을수록 좋지만 CES의 경우는 지수가 낮을수록 레벨이 높은 것이 특징이다.

질문	5가지 응답
당신은 문제해결을 위해서 개인적으로 얼마나 노력을 했습니까?	1. 예상보다 훨씬 적게 들였다. 2. 비교적 적게 들었다. 3. 예상과 비슷했다. 4. 예상보다 더 노력을 가해야 했다. 5. 예상보다 훨씬 노력을 가했다.

④ CES의 유효성에서 감동창조에 대한 투자는 투자한 금액만큼 좋은 효과를 기대하기 힘들기 때문에 로열티를 낮추는 요인을 제거하는 것이 바람직하다는 주장을 한다.

⑤ 불필요한 수고 또는 노력의 경우 오히려 고객의 충성도를 떨어뜨린다고 '고객서비스의 역설'에 대한 주장을 지지한다.

⑥ 흔히 '만족'은 '고객의 충성도'를 의미하지 않는데, 해당 시점에서 만족한다고 하더라도 새로운 선택사항이 발생하면 다른 기업으로 바꾸는 고객이 많다고 주장한다.

⑦ NPS가 브랜드 전체 또는 특정 고객접점에서 고객과의 관계성을 측정하는 지표라면 CES는 그 수준을 향상시키고 시행 방법을 선택하기 위한 접근 방법이라고 할 수 있다.

2) ICSI(Internal Customer Satisfaction Index, 부서 간 만족도 조사)

① 내부고객 만족의 결과가 최종 고객접점에서의 고객만족으로 이어진다.

② 기업이 공통된 고객만족 목표를 향하여 유기적으로 움직여야 한다는 관점에서 기업 내 부서 간 업무 협조, 전문성, 성실성 등을 조사한다.

③ 주요 설문 항목

- 기업 내 부서 간 업무 협조의 적극성 정도
- 부서 업무의 고객지향적 태도 및 행동 정도
- 부서의 업무 전문성, 처리 신속성 등의 능력 정도
- 부서의 전사적 목표 달성을 위한 마인드 정도 등

3) COI(Customer Oriented Index, 고객중심지수)

① 기업의 고객지향적 수준을 측정하고 진단한다.

② 고객에게 최선의 서비스를 제공하고자 하는 기업 문화의 수준을 측정한다.

③ 주요 설문 항목

- 조직: 기업이념, 조직구성, 평가제도, 고객지원
- 프로세스: 고객응대 기준, 고객지원조직, 업무프로세스, 고객관리 방법 등
- 임직원: 임직원의 태도, 가치관, 응대 행동 등
- 개인: 개인의 고객 응대 태도, 고객에 대한 가치관, 고객관리 방법 등

4) ESI(Employee Satisfaction Index, 직원 만족도 조사)

① 내부직원만족도 개선으로 기업 내부의 성과와 고객의 만족도를 높일 수 있다.

② 설문을 통해 기업 구성원에게 필요한 교육과 경력개발을 지원할 수 있다.

③ 현재의 인사제도, 복리후생을 개선할 수 있다.

④ 주요 설문 항목

- 인사제도, 평가제도, 복리후생
- 기업 및 경영진 마인드, 기업 및 부서의 성과, 관리자 능력
- 직무만족도, 지속 근무 의향, 타인 추천 의향 등

01. 고객의 정의에 대한 설명으로 바르지 않은 것은?

　　① 고객은 과거, 현재, 미래에 자사의 상품 및 서비스를 구매하는 사람이다.

　　② 고객은 반복적인 구매와 상호작용으로 만들어진다.

　　③ 소비자는 고객과 동일한 개념으로 사용된다.

　　④ 경제에서 창출된 재화나 용역을 구매하는 개인이나 가구를 말한다.

| 해설: 소비자는 고객보다 더 넓은 불특정 다수를 지칭한다.

02. 서비스 개념에 대한 설명으로 바르지 않은 것은?

　　① 생산과 동시에 전달되는 관계로 저장이 불가능하며 생산과 동시에 소비된다.

　　② 가변적이며, 비표준적인 산출물을 생산하는 반면 대량 생산이 가능하다.

　　③ 전시가 불가능할 뿐만 아니라 제공에 앞서 소비자에게 견본 제시가 불가능하다.

　　④ 제공받는다고 하더라도 그것은 구체적인 물건을 구입하는 것은 아니다.

| 해설: 서비스는 대량 생산이 불가능한 특성을 가지고 있다.

03. 다음 중 마케팅 관점에 따른 고객 구분에 대한 설명으로 옳지 못한 것은?

　　① 가망고객이란 구체적 영업활동의 대상이며 관리하고 있는 잠재적 고객을 의미한다.

　　② 신규고객이란 처음으로 구매한 고객을 의미한다.

　　③ 제품이나 서비스를 반복적으로 구매하며 신뢰도가 높은 고객을 충성고객이라 한다.

　　④ 이탈고객은 친숙도가 높지 않으며 이탈 가능성이 있는 고객을 의미한다.

| 해설: 친숙도가 높지 않으며 이탈 가능성이 있는 고객은 '불완전고객'에 대한 설명이다.

04. 다음 내용이 설명하고 있는 서비스의 주요 특성은 무엇인가?

- 서비스는 표준화가 어렵고, 변동적이다.
- 사람에 따라 제공되는 서비스의 내용과 질이 동일하지 않다.
- 기업에서는 우수한 직원을 선발하여 훈련 및 표준화를 실행하고, 고객만족조사를 실시해야 한다.

① 비분리성
② 이질성
③ 소멸성
④ 무형성

05. 서비스 실패에 대한 정의 중 바르지 못한 것은 무엇인가?

① 서비스 성과가 고객의 인지된 허용영역 이하로 떨어진 상태를 의미한다.
② 서비스 접점과 지원활동을 포함하여 고객의 불만족을 초래하는 유형의 모든 경험이다.
③ 고객의 유형 및 상황에 따라 차이가 있으며 이에 따라 서비스 회복전략도 차이가 날 수 있다.
④ 고객의 이성적인 측면을 기반으로 하며 서비스 프로세스나 결과에 대해 가지고 있는 고객의 부정적인 감정 상태를 의미한다.

| 해설: 서비스 실패는 고객의 감정적인 측면으로부터 출발한다.

06. 서비스 회복에 대한 설명 중 바르지 않은 것은?

① 서비스 회복은 서비스 실패 이후 이전에 없던 새로운 상태의 서비스로 복원하는 것을 의미한다.
② 서비스 제공자가 취하는 반응으로 서비스 실패를 수정하기 위해 취하는 일련의 행동

　　이다.

③ 제공된 서비스나 상품이 고객의 기대에 부응하지 못해 기업에 대한 불만족을 경험하는 고객들을 만족한 상태로 되돌리는 일련의 과정이다.

④ 불평처리보다 더 폭넓은 활동을 일컫는, 서비스 제공자의 전반적인 행동개념이다.

| 해설: 서비스 회복은 서비스 실패 이전의 상태로 복원하는 것을 의미한다.

07. 다음이 설명하고 있는 용어는 무엇인가?

• 경제적인 풍요는 물론 서비스가 다양해지고 좋아졌음에도 불구하고 오히려 소비자의 불만의 소리가 높아지는 아이러니한 현상을 의미한다.

• 통계에 의하면 제품에 대한 불만은 90년대 말과 대비해 12% 감소한 반면 서비스에 대한 불만은 무려 86%나 증가했다는 점도 이와 관련이 있다.

• 소비자가 기대하고 있던 서비스와 실제로 인식된 서비스 품질 차이에 의해 만족도가 결정되는 것처럼, 고객의 기대수준이 높아졌으나 실제 서비스에 의한 성과는 이와 불일치할 때 발생한다.

① 서비스 아이러니

② 서비스 실패

③ 서비스 패러독스

④ 서비스 불일치

08. 서비스 품질 측정 모델 SERVQUAL과 SERVPERF의 비교 설명으로 올바른 것은?

① SERVPERF는 서비스품질 측정 모델 중 가장 널리 사용되고 있으며 수정·보완하고 있다.

② SERVQUAL은 성과항목만으로 품질수준을 측정하는 것이 타 측정항목보다 우수하

다고 주장한다.

③ SERVQUAL은 서비스 품질을 고객의 기대와 서비스 제공에 따른 경험 간의 차이로 정의한다.

④ SERVPERF는 5개 차원 22개 항목을 측정자원으로 하여 기대와 성과의 차이를 측정한다.

| 해설: 성과만을 측정하는 것이 우수하다고 하는 것은 SERVPERF모델이다.

09. 효율성 및 비용 절감을 위해 서비스를 사람이 아닌 기계로 대체하거나 제조업에서 자주 활용하는 계획화, 조직, 통제, 관리, 훈련 등을 서비스 활동에 적용하는 것을 의미하는 용어는?

① 서비스 사회화

② 서비스 공업화

③ 서비스 표준화

④ 서비스 효율화

10. 서비스 패러독스 극복 방안으로 바르지 않은 것은?

① 효율성과 비용 절감 중심의 서비스 설계가 아닌 감성 중심의 서비스를 설계한다.

② 고객 개인별로 차별화 및 맞춤화된 서비스를 제공한다.

③ 지속적으로 상품과 기업 중심적인 서비스 혁신을 통한 서비스 프로세스를 개선한다.

④ 고객 서비스 정책과 관련한 적절한 권한위임과 유연한 의사결정을 구축한다.

11. 서비스 회복의 역설에 대한 설명으로 바르지 않은 것은?

① 서비스 회복을 경험한 고객이 서비스 실패를 경험치 않은 고객보다 오히려 만족도는 물론 충성도까지 높을 수 있다.

② 서비스 회복의 역설이 의미하는 것은 사전처리 과정의 중요성이라고 할 수 있다.

③ 서비스 실패 후 회복이 효과적으로 이루어지면 고객들은 실패하지 않았을 때보다 더 높은 만족감을 느끼게 된다는 이론이다.

④ 서비스 회복을 경험한 고객의 만족도와 재구매율은 실제 경험하지 못한 고객의 만족도와 재 구매율보다 더 높다.

12. 서비스 회복 전략 및 유형에 대한 설명으로 바르지 않은 것은?

① 고객의 성격은 물론 환경, 서비스 실패의 유형 등 요소가 매우 다양하며 서비스 회복의 과정 또한 복잡하다.

② 서비스 회복 유형에는 사과, 문제 해결 및 개선, 협조, 응대, 설명 등의 무형적인 회복이 있다.

③ 일반적으로 가장 많이 행해지는 서비스 회복의 유형은 할인, 교환, 사과, 보상이다.

④ 고객 신뢰와 만족 수준을 향상시키려면 무형적인 서비스 회복보다는 유형적인 서비스 회복이 바람직하다.

| 해설: 서비스 회복 전략은 유형적인 서비스보다 무형적인 서비스를 통해 회복하는 것이 바람직하다.

13. 다음이 설명하고 있는 서비스 품질 측정 모델인 Kano 모델의 품질 요소는 무엇인가?

충족이 되면 만족감을 주지만 충족되지 않으면 불만을 야기하는 품질요소로 HDTV가 고화질로 선명하면 만족감을 주지만 노이즈가 발생하거나 흐릿하게 나오면 불만을 야기하는 것과 같다.

① 일원적 품질 요소

② 매력적 품질 요소

③ 필수적 품질 요소

④ 무관심적 품질 요소

14. 아래에서 설명하고 있는 고객만족의 정의 중 바르지 않은 것은?

① 고객이 상품 및 서비스의 구매 전후 상황에서 느끼는 포괄적인 감정을 의미한다.

② 고객에게 단순한 가치나 효용을 제공하는 것을 넘어 만족을 주는 것을 의미한다.

③ 서비스 제공자가 대부분 통제할 수 있으며, 감성과 이성 및 주관적 기대수준에 의해 좌우된다.

④ 고객 요구에 대응하는 일련의 활동 결과로 상품(서비스) 재구매 및 신뢰가 연속되는 상태이다.

| 해설: 고객만족은 서비스 제공자가 통제할 수 없는 요소이며 고객의 감정, 주관적인 기대수준에 의해 좌우된다.

15. 고객만족활동의 결과로 나타나는 '구전'에 대한 설명으로 바르지 않은 것은?

① 구전은 소비자들 사이에서 대화를 통해 제품, 서비스에 대한 정보를 공유하는 것을 의미한다.

② 영향력의 특성과 관련된 개인 혹은 집단 간의 영향력이 바로 구전이다.

③ 개인의 직접 또는 간접적 경험을 비공식적으로 주고받는 활동이다.

④ 구전에 의한 효과적인 측면에서 볼 때 구전보다는 매스커뮤니케이션에 의한 효과가 더 크다.

16. 아래에서 설명하고 있는 경영 혁신 프로그램 중 성격이 다른 하나는 무엇인가?

① 고객의 입장에서 고객만족도를 관리하며 방향은 고객으로부터 기업으로 접근한다.

② 고객의 가치를 기업 가치화하며 주로 거래 데이터를 활용한다.

③ 고객접촉이 일어나는 순간을 측정 시점으로 잡으며 고객의 생각을 수집한다.

④ 접점의 역할을 강조하고 결과보다 과정에 초점을 맞추며 고객과의 상호작용을 중요시한다.

| 해설: 거래 데이터는 CRM에 해당하는 설명이다.

17. 고객가치경영(CVM)에 대한 설명으로 바르지 않은 것은?

① 고객가치는 기업이 고객을 위해 제공하는 가치이고 고객의 입장에서는 기업에 대한 체감적 가치를 의미한다.

② 고객이 체감하는 가치라는 것은 제품이나 서비스를 통해 고객의 경험에서 얻어지는 총체적 효익이라고 할 수 있다.

③ 전사 차원의 서비스 개선이 아닌 고객 접점 중심의 프로세스 개선을 통해서 고객이 기업을 선택하도록 한다.

④ 기업은 최고의 가치를 제공하기 위해 상품 및 서비스의 차별화는 물론 고객의 요구를 측정하고 대응 방안을 마련한다.

| 해설: 고객가치경영은 고객 접점 중심의 서비스 개선이 아닌 전사 차원의 혁신 프로그램이다.

18. 커뮤니케이션 방법에 대한 설명 중 바르지 않은 것은?

① 언어적 방법은 말 또는 교통신호, 안내판을 통한 정보의 교환이나 메시지를 전달하는 방법이다.

② 비언어적 방법은 안색, 자세, 눈의 움직임 등을 통해 타인에게 메시지를 전달하는 방법이다.

③ 일방적 커뮤니케이션은 송신자가 수신자에게 정보를 돌려받지 못하는 커뮤니케이션이다.

④ 쌍방적 커뮤니케이션은 송신자와 수신자가 정보를 서로 전달, 확인하는 커뮤니케이션이다.

| 해설: 교통신호, 안내판은 비언어적 커뮤니케이션이다.

19. 설득 커뮤니케이션의 유형 중 아래에서 설명하고 있는 것은 무엇인가?

- 상품 또는 서비스의 판매나 거래를 위해 설득적 전략을 이용하는 것.
- 소비자의 태도를 변화시켜 구매행동을 유발하기 위한 활동.
- 불특정 다수에게 전달하며 유료 형태의 커뮤니케이션

① 광고

② PR(Public Relation)

③ 선전(Propaganda)

④ 홍보(Promotion)

20. 고객 커뮤니케이션 요소 중 아래 빈칸에 들어갈 용어를 순서대로 나열한 것은?

커뮤니케이션 요소 중 (ⓐ)은/는 송신자가 전달하고자 하는 메시지 내용을 수신자가 이해할 수 있도록 바꾸는 과정(글, 말, 눈짓, 표정, 제스처 등)을 의미하고 (ⓑ)은/는 수신자가 이해한 내용을 다시 전달하는 반응으로 송신자의 의도대로 전달되었는지를 확인하는 과정을 의미한다.

① ⓐ – 메시지 ⓑ – 피드백

② ⓐ – 암호화 ⓑ – 해독화

③ ⓐ – 암호화 ⓑ – 피드백

④ ⓐ – 메시지 ⓑ – 해독화

21. 아래 예시가 나타내는 커뮤니케이션 화법의 종류를 순서대로 짝지은 것은?

(ⓐ)	(ⓑ)
예시) • 기다리세요. → 고객님, 죄송하지만 잠시 기다려 주시겠습니까? • OOO으로 바꿔 주세요. → 고객님, 괜찮으시다면 OOO은 어떠십니까?	예시) • 다시 방문해 주세요. → 번거로우시겠지만, 다시 방문해 주시겠어요? • 제품 택배로 보내 드려요? → 괜찮으시다면, 제품 택배 발송해 드릴까요?

① ⓐ - 레어드 화법　　ⓑ - 쿠션화법

② ⓐ - 쿠션화법　　ⓑ - Yes ~ but 기법

③ ⓐ - 레어드 화법　　ⓑ - Yes ~ but 기법

④ ⓐ - Yes ~ but 기법　　ⓑ - 쿠션화법

22. 고객맞이의 기본 자세에 대한 설명 중 바르지 못한 것은?

① 고객은 언제나 친절한 자세와 밝은 미소로 정성껏 대한다.

② 고객의 입장에서 생각하고 감사하는 마음자세로 행동한다.

③ 고객의 불편, 불만사항에 대한 해결부서가 따로 존재함을 정중하게 안내한다.

④ 고객의 작은 소리도 귀담아들으려고 노력한다.

23. 커뮤니케이션 요소 중 글, 말, 눈짓, 표정, 제스처 등을 사용하여 송신자가 전달하고자 하는 메시지의 내용을 수신자가 이해할 수 있도록 바꾸는 과정을 무엇이라고 하는가?

① 암호화

② 피드백

③ 메시지

④ 해독화

| 해설: 해독화는 수신자의 사고 과정에 대한 기술적 용어로, 수신자로부터 받은 메시지의 의미가 이 과정을 거쳐 해석이 이루어진다.

24. 고객의 불만전화를 받게 되는 경우 올바른 행동으로 보기 어려운 것은?

① 고객의 불만 내용은 끝까지 경청한다.

② 불만의 원인을 찾을 때까지 사과의 멘트는 지양하는 것이 좋다.

③ 설득이 어려운 경우에는 상사나 선배직원에게 도움을 요청하고 전화를 바꾸어 준다.

④ 변명하지 않고 고객의 불만사항을 정리하며 응대한다.

25. 아래 내용이 설명하고 있는 비대면 고객응대의 방법은 무엇인가?

• 짧은 문장, 논리적 내용, 명확한 표현으로 예의를 지켜야 한다.

• 내용을 짐작할 수 있는 제목을 달아 주는 것이 좋다.

• 읽는 사람이 읽기 편하게 짧고 간결하게 작성하며 감성적 표현과 문구에 세심한 신경을 쓴다.

• 최소 하루 2회 이상 체크하여 신속하게 답변한다.

① 우편

② 팩스

③ SNS

④ E-mail

26. 다음 중 서면응대 시 주의사항으로 보기 어려운 것은?

① 간결하고 예의 바른 언어 표현을 선택하여 사용한다.

② 표현하고자 하는 내용은 최대한 구체적으로 정확하게 제시한다.

③ 고객이 내용을 수용할 수 있도록 감성에 호소하기보단 사실을 근거로 한 표현을 사용한다.

④ 상대를 무시하거나 지시하는 것으로 보이는 표현은 삼간다.

| 해설: 고객이 내용을 수용할 수 있도록 감성적인 표현을 사용하는 것이 바람직하다.

27. FAQ와 스크립트의 특징에 대한 설명으로 바르지 않은 것은?

① FAQ의 경우 정형화된 답이 있거나 의사결정이 명확한 경우에 사용한다.

② 스크립트는 확실성이 존재하는 상황하에서 목표와의 상호 연관성을 고려하여 작성한다.

③ 스크립트 작성 시 FAQ와 의사결정 트리구조(Decision tree)의 스크립트를 병행하여 사용한다.

④ 스크립트의 경우 올바른 정보 제공과 의사결정을 위한 시각적 구조화 형태를 유지한다.

| 해설: 스크립트는 비정형화되고 불확실성이 존재하는 상황하에 목표와의 상호 연관성을 고려하여 작성한다.

28. 고객 응대 스크립트 작성 프로세스를 순서대로 바르게 나열한 것은?

(가) 스크립트 작성　　　　　　　(나) 스크립트 대상 여부 확인
(다) 스크립트 공유 및 교육/활용　(라) 테스트 및 모니터링
(마) 업무 유형 분석　　　　　　　(바) 성과 적정성 분석

① (나)-(마)-(가)-(바)-(라)-(다)

② (마)-(나)-(가)-(바)-(라)-(다)

③ (나)-(마)-(가)-(라)-(바)-(다)

④ (마)-(나)-(가)-(라)-(바)-(다)

29. 스크립트의 이용 편의성을 위해 스크립트 작성 시 시각적으로 부분적 요소나 내용이 서로 연관되어 있어 통일된 느낌을 주는 기법이나 구조를 무엇이라고 하는가?

① 시각적 계층화

② 표준화된 시각

③ 시각적 구조화

④ 목록화

| 해설: 목록화는 긴 문장을 핵심 키워드나 요약된 문장 또는 명사형으로 종결짓는 기법이다.

30. 아래 그림은 스크립트 작성 시 가장 핵심이라고 할 수 있는 스크립트 레이아웃이다. 응대 목적의 명확화 및 스크립트 관리를 위한 핵심 위주의 개요를 설명하는 영역은?

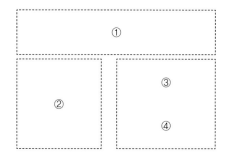

31. 간결하고 강력한 스크립트 작성법에 대한 설명으로 바르지 않은 것은?

① 초등학생이 알아들을 수 있을 만큼 쉬운 단어를 사용한다.

② 해당 업무에 관한 단어나 전문용어는 사용하지 않는다.

③ 구체적이고 정확한 언어를 사용하고 추상적이고 애매한 언어는 피한다.

④ 주어와 서술어는 가까워야 하며 사물존칭과 간접 높임은 구분해서 사용한다.

| 해설: 해당 업무에 관한 단어나 전문용어는 쉽게 풀어서 사용하는 것이 바람직하다.

32. 아래 내용은 고객 응대 스크립트 작성 시 어떤 단계(순서)에 해당하는가?

• 고객반응은 물론 질문에 따른 대응

• 스크립트 본문 우측에 예상 외 질문 등 FAQ 기록

• 간결하고 정확하게 핵심 사항을 전달할 것

　　① 고객 니즈 파악

　　② 해결 방안 제시

　　③ 반론극복

　　④ 요약 및 확인

33. 고객 불만 및 불평행동에 대한 설명으로 보기 어려운 것은?

　　① 경쟁사 대비 수준 이하의 서비스나 프로세스의 결함 등으로 생겨날 수 있다.

　　② 고객 우월주의로 인한 지나친 기대로 발생하는 경우도 있다.

　　③ 기본에 충실하기보다는 새로운 고객 니즈를 빠르게 충족시키는 것이 더욱 중요하다.

　　④ 직원들의 퉁명스러운 말투 및 실수나 무례한 태도도 그 원인될 수 있다.

| 해설: 고객 불만의 원인은 대부분 사소한 것에서부터 발생하므로 기본에 충실하여야 한다.

34. 아래 고객불만의 발생 원인 중 성격이 다른 하나는 무엇인가?

　　① 경쟁사 대비 수준 이하의 서비스

　　② 충분한 설명 미흡 및 책임 회피

　　③ 업무 처리 부서 간의 연계 시스템 문제

　　④ A/S 등의 서비스 이용 불편

| 해설: 충분한 설명이 부족하거나 책임 회피는 직원이 불만 원인으로 작용하는 것이고, 나머지는 기업의 원인에 의해서 불만이 발생하는 것이다.

35. 불만이 발생해도 고객이 불만을 제기하지 않은 이유로 보기 힘든 것은?

　　① 불만을 제기하기가 귀찮거나 불만을 어디에 제기해야 할지 몰라서

　　② 제기하면 해결될 것 같지만 직원이 당할 수 있는 불이익을 생각해서

　　③ 귀찮고 손해 보고 다시는 거래하지 않으면 된다는 생각을 가져서

④ 고객불만 사안에 따라 시간이 경과되면 증거가 없어지므로

36. 다음 중 고객불만 처리 시 주의사항으로 보기 어려운 것은?

① 불만에 대해 적극적인 자세로 임하고 있다는 믿음을 심어 준다.

② 변명보다는 고객 관점에서 신속하게 처리해야 하며, 무리한 요구라고 하더라도 일단
수용 후 반론을 제기하는 YES/BUT 화법을 활용한다.

③ 까다로운 고객일수록 요구를 정확히 이해해야 하며, 보상이 아닌 다른 고객의 요구
가 있는지를 파악해야 한다.

④ 고객의 상황에 맞는 소재를 찾아 교감하고 커뮤니케이션해야 한다.

37. 국내 기업의 고객불만 처리의 문제점으로 보기 어려운 것은?

① 고객접점 중심의 외형적인 면에 치중하며 획일적인 CS교육 및 평가 체계의 부재

② 도급업체에게 클레임 업무 전가로 인한 현업 부서의 무관심 유발 및 자체 처리능력
감소

③ 고객불만 처리에 따르는 권한위임을 제공하지만 접점직원이 제대로 활용하지 못함

④ VOC 시스템의 부재 또는 체계적인 활용 미흡

38. 최근 인터넷을 기반으로 한 스마트 기기 보급 및 소셜미디어가 확산되면서 고객불만을 제기
하는 통로가 다양해졌다. 이러한 환경의 변화로 인해 발생하는 소비자 불평 행동의 특징이
아닌 것은?

① 불만대상 품목의 단순화 – 스마트폰, 디지털서비스, 콘텐츠, 기기 비중의 불만은 감
소 추세

② 온라인 불만 플랫폼의 확산 – 인터넷, SNS(트위터, 페이스 북 등), 유튜브 등이 불
만 표출의 채널로 급부상

③ 불만 소비자의 온라인 집단화 – 인터넷 기반의 거대한 가입자를 기반으로 유사 불만

소비자들이 커뮤니티로 집결하여 소비자 분쟁의 파급력 확대

④ 1인 영향력의 증대 - 온라인 빅마우스, 소셜테이너의 확산, 단순 불만을 넘어 특정 기업을 공격하는 디지털 저격수의 등장

39. 고객불만 관련 대응 지침으로 바르지 않은 것은?

① 지역사회 등 이해관계자들과의 우호관계 구축을 통해 고객들의 불만을 사전에 파악한다.

② 첫 대면은 신속하고 감정적으로 처리하되, 첫 대면에서 문제를 해결한다.

③ 고객의 불만을 수용하되 진실성 있는 소통으로 고객불만에 즉각 대처한다.

④ 접수된 불만은 기업과 고객의 입장에서 공정하게 처리한다.

40. 고객불만 처리 시 주의하여야 할 사항으로 바르지 않은 것은?

① 첫 응대가 문제 해결의 핵심이므로 고객에게 정성을 다하고 관심을 적극적으로 표현한다.

② 불만에 대해 적극적인 자세로 임하고 있다는 믿음을 심어 준다.

③ 까다로운 고객일수록 요구를 정확히 이해하고 응대해야 한다.

④ 대부분의 고객은 보상만을 요구하는 경우가 많으므로 보상에 초점을 맞춰 응대한다.

41. 고객불만 유형에 중 정보 제공 미흡에 따른 처리 방법으로 바르지 않은 것은?

① 주장하는 내용을 경청 후 미흡한 부분이 있으면 먼저 사과하고 한 번 더 검토를 약속한다.

② 문의 내용에 대해 정확한 답변이 어려울 때에는 상위부서에 연결하여 빠른 해결을 돕는다.

③ 직원의 오안내 또는 약속 미이행으로 물질적 피해가 있다면 해당 부서와 협의를 통해 보상한다.

④ 고객이 요구하는 내용을 정확하게 파악한 후 응대해야 한다.

| 해설: 정확한 답변이 어려운 경우는 시간을 갖고 추후 연락해야 한다.

42. 불만고객 응대 시 반드시 파악할 내용과 관련한 설명 중 틀린 것은?

① 고객불만의 대상 및 경중(輕重)

② 고객의 주장에 근거가 되는 사실(Fact)이나 정황

③ 고객 요구 사항 파악(보상, 교체, 환불, 사과, 수리, 회수, 판정, 교환 등)

④ 고객의 성격과 문제 발생 시 증거 확보 방법 확인

43. 블랙컨슈머의 정의에 대한 다양한 설명이다. 바르지 않은 것은?

① 상품(서비스)에 대하여 보상금을 노려 의도적으로 악성 민원을 제기하는 사람들을 의미한다.

② 악의적인 행동을 통해 기업에 금전적·정신적으로 피해를 줌은 물론 다른 소비자의 손실을 초래하는 사람들을 의미한다.

③ 블랙컨슈머라는 용어는 사회적으로 합의된 명확한 정의가 존재하며 과도하고 부적절한 불만 제기 행동을 의미한다.

④ 블랙컨슈머에 대한 개념적 정의는 언론 매체나 기업, 학계에서도 통일되어 사용되고 있지 않다.

| 해설: 블랙컨슈머라는 용어는 아직까지 사회적으로 합의된 명확한 정의가 존재하지 않는다.

44. 블랙컨슈머의 판단기준 중 아래에서 설명하고 있는 것은 어떤 특성에 해당하는가?

  • 고객행동이 '계획적인 것'인지에 대한 여부
  • 자신의 행위로 인해 어떠한 결과가 발생할 것이라는 것을 인식하였음에도 불구하고 그러한 행위를 하는 성질
  • 자신에게 유리한 방향으로 유도하기 위해 사전에 계획한 의도 및 정황 포함

  ① 기만성
  ② 상습성
  ③ 억지성
  ④ 고의성

45. 아래는 블랙컨슈머의 발생 원인에 대한 설명인데 잘못 짝지어진 것은?
  ① 기업 측면 – 제품 하자 및 불친절한 서비스 제공
  ② 정부(공공기관) 측면 – 상담 전문가 부족 및 비체계적인 대응
  ③ 사회적 요인 – 왜곡된 소비자의 권리 의식('고객은 왕')
  ④ 소비자 측면 – 소비자의 개인적인 성향과 서비스/상품에 대한 높은 기대 수준

| 해설 : 왜곡된 소비자의 권리 의식('고객은 왕')은 소비자 측면의 발생 원인이라고 할 수 있다.

46. 블랙컨슈머 응대 기법 중 잘못된 정보에 대한 대응 방법으로, 흥분한 고객을 진정시키고 잘못된 정보에 대해서 효과적으로 대응하도록 하는 것이 주 목적인 기법으로 균형 잡힌 기법 활용을 통한 불필요한 감정 대응을 최소화하고 이성적인 접근을 통한 문제 해결이 가능한 것은 무엇인가?

  ① B · I · F · F기법
  ② E · A · R기법

③ HEAT기법

④ M · T · P기법

47. 고객불만 처리 후 사후관리 방법으로 바른 것은?

① 적극적으로 불만 처리 과정을 진행한 후 고객불만 처리에 대한 만족도 모니터링을 실시한다.

② 불만 유형별 분석은 물론 대응책을 마련하기 위해 관련 부서와 개선안을 도출한다.

③ 제품 기획 시 고객 의견을 반영하고 고객불만 예방을 위한 활동계획을 수립하고 실행에 옮긴다.

④ 정기적으로 주요 VOC를 집중 분석하고 전사 공유 및 대응책을 마련해야 한다.

| 해설: 고객의견 반영 및 고객불만 예방 활동은 사전관리 방법 중에 하나라고 할 수 있다.

48. 만족도 조사 유형 중 하나인 'NPS'에 대한 특징 중 바르지 않은 것은?

① "제품(서비스)을 지인(친구)에게 추천하겠습니까?"라는 설문에 1~10점의 10단계로 답변 받는다.

② 조사비용이 절감되며 실적과 연동되어 가까운 장래의 계속 이용을 파악하는 데 유용하다.

③ 브랜드 평가는 물론 고객의 미래 행동을 예측하는 지표로 브랜드 가치 평가로도 활용된다.

④ 추천자가 비판자보다 많으면 플러스(+)가 나오지만 반대인 경우에는 마이너스(−)가 나온다.

| 해설: NPS는 11점 척도이므로 11단계로 답변을 받는다.

49. 아래에서 설명하고 있는 고객만족도 조사 유형은 무엇인가?

- '문제를 해결하기 위해 어느 정도의 노력과 수고를 필요로 했는가?'를 묻는 방식
- 지수가 낮을수록 레벨이 높은 것이 특징
- 불필요한 수고나 노력은 고객 충성도를 떨어뜨린다고 '고객서비스의 역설'에 대한 주장을 지지
- 브랜드 전체 또는 접점에서 고객과의 관계성 수준을 향상시키기 위한 시행 방법을 선택하기 위한 접근 방식

① ICSI(Internal Customer Satisfaction Index)

② CES(Customer Effort Score)

③ NPS(Net Promoter Score)

④ COI(Customer Oriented Index)

Ⅰ 해설: 고객만족도 조사에서 불만 고객과 NPS 조사에서 비판자들을 대상으로 전화와 앙케트를 통해 '왜 그렇게 대답했는가?'를 파악하고 로열티의 저하 원인을 수치화하는 조사기법이다.

50. 부서 간 만족도 조사(ICSI)를 실행할 때, 고려하는 항목이 아닌 것은?

① 고객불만 처리의 업무 효율성

② 부서의 고객지향적 태도 및 행동 정도

③ 업무 전문성 및 처리에 대한 신속성

④ 전사적 목표 달성을 위한 마인드

Ⅰ 해설: 고객불만 처리는, 기업의 '효율성' 측면보다 고객 관점에서 진행해야 한다.

※ 제1영역 답안

문항	정답	문항	정답	문항	정답	문항	정답	문항	정답
01	③	11	②	21	①	31	②	41	②
02	②	12	④	22	③	32	②	42	④
03	④	13	①	23	①	33	③	43	③
04	②	14	③	24	②	34	②	44	④
05	④	15	④	25	④	35	②	45	③
06	①	16	②	26	③	36	②	46	①
07	③	17	③	27	②	37	③	47	③
08	③	18	①	28	④	38	①	48	①
09	②	19	①	29	③	39	②	49	②
10	③	20	③	30	①	40	④	50	①

강의 기본 실무

01 | 강의와 강사의 이해

(1) 강의에 대한 이해

1) 강의와 강연의 정의

흔히 강의라고 하면 사전적으로 학문이나 기술의 일정한 내용을 체계적으로 설명하여 가르치거나 특정한 과목을 가르치거나 정보를 제시하기 위한 구술 프레젠테이션을 의미한다. 강의의 본질은 강사가 강의 목표에 따라 지식이나 정보를 효율적으로 전달하는 것이라고 할 수 있다.

① '강의'는 중요한 정보나 지식을 전달하는 것이 주요 목적이다.

② '강의'는 학문이나 기술의 일정한 내용을 체계적으로 설명하여 가르치는 행위이다.

③ '강의'는 일정한 주제를 가지고 청중 앞에서 강의 형식으로 말하는 것을 의미한다.

④ '강의'는 듣는 대상이 강의 주제와 관련된 사람들로 이루어져 있다.

⑤ 강연보다 긴 시간이 소요되는 경우, 일방적이지 않고 따분하지 않은 것이 핵심이다.

⑥ '강연'은 특정 주제를 가지고 다수 청중 앞에서 강의 형식을 빌려 말하는 것을 의미한다.

⑦ '강연'은 진행 시간이 짧은 경우가 많아 청중의 이목을 끄는 것이 중요하다.

⑧ 따라서 '강연'은 구체적인 사례와 전달력이 가장 핵심적인 기술이다.

2) 좋은 강의의 조건

좋은 강의란 강의를 듣는 교육생이 만족하는 것을 의미하며 강사가 강의의 목적을 효율적으로 전달하는 것이라고 할 수 있다. 또한 교육생이 강의 주제와 관련하여 관심을 갖고 몰입할 수 있는 동기를 만들어 주는 강의라고도 할 수 있다. 일반적으로 좋은 강의의 조건은 아래와 같다.

① 강의와 관련한 충분한 사전준비가 갖추어져야 한다(강의 운영, 강의 흐름 및 순서 등).
② 강의에 임하는 강사의 태도가 중요하다(자세나 열정, 열의, 교육생에 대한 존중과 배려 등).
③ 강의 대상자가 필요로 하는 지식과 정보를 충분히 전달해야 한다(강의 목표에 도달하는 강의).
④ 전달하고자 하는 내용을 흥미롭고 체계적으로 전달해야 한다(강의 전달력, 소통 능력 등).
⑤ 콘텐츠를 전달하는 강사만이 가지는 전문성이 있어야 한다(충분한 지식과 경험 외).
⑥ 강의를 효과적으로 전달하기 위해 필요한 강의 기법이나 전략을 갖추어야 한다.
⑦ 일방적인 강의가 아닌 교육생의 능동적인 참여와 상호작용이 이루어져야 한다
⑧ 강의 자료는 물론 강의 매체가 잘 갖추어진 상태에서 강의가 이루어져야 한다.

3) 강의의 집중력을 떨어뜨리는 요소들

강의를 진행할 때 중요한 것은 강사가 온전히 강의에 집중하는 것이라고 할 수 있다. 강사가 강의에 집중할 수 없다면 이는 제대로 지식이나 정보를 전달할 수 없다는 것이고, 결국 피해는 고스란히 교육생에게 전가될 수 밖에 없다. 강의력과는 별도로 강의를 진행하는 데 있어 강의 효과를 저하시키는 요소들은 아래와 같다.

① 외부 소음
② 강의장 내부 온도(너무 춥거나 또는 더운 실내 온도)
③ 강의장 용도에 맞지 않는 물건들 적재(박스, 서류, 파티션, 기타 물품 등)
④ 불쾌한 강의장 냄새

⑤ 불안정한 네트워크 환경(인터넷)

⑥ 마이크 또는 스피커 불량

⑦ 강의 중 교육생의 잦은 이석

⑧ 강의 중 핸드폰 울림과 같은 소음 외

⑨ 강의 중 음식물이나 음료 제공

⑩ 너무 먼 강사와 교육생 간의 거리

⑪ 교육생에 비해 너무 넓은 강의장

4) 강의 시 절대 하지 말아야 할 행동들

강사가 강의를 진행할 때 주의하여야 할 점들이 많다. 실제 알고 있어도 실천이 쉽지가 않아 많은 주의가 요구되는 행동들을 정리하였다. 적어도 아래 내용들을 정확히 이해하고 강의 시 활용한다면 부정적인 평가를 받지 않을 것이다. 강의가 업(業)인 강사들이 강의를 할 때 절대 하지 말아야 할 행동들은 아래와 같다.

① 강의 장소에 늦게 도착해 허겁지겁 준비 없이 강의하지 않는다(최소한 강의 10분 전 도착해 대기 또는 준비 및 동선 확인).

② 발표 자료(슬라이드)에 의지해서 강의하지 않는다(강의 자료는 기억을 상기시키는 용도로만 활용).

③ 강의 전 강의 활성화를 위한 사전 활동 없이 강의하지 않는다(라포르 형성, 주의집중, 질문 등).

④ 강의 중 강의 내용을 까먹거나 교육생이 모르는 질문을 하더라도 절대 당황하지 않는다(자연스럽게 넘어가거나 화제 전환을 하거나 모르는 질문은 '확인 후 답변드리겠다' 선에서 마무리).

⑤ 강의 목적이나 주제 또는 초점에서 벗어난 내용으로 빠지지 말 것(강의 중심을 잡고 돌아오거나 순서에 입각하여 강의 진행).

⑥ 교육생의 눈을 피하거나 한곳 또는 특정 교육생을 오래 쳐다보지 말아야 한다(유연한 시선 처리가 중요하며 교육생을 나눠서 보는 연습 필요).

⑦ 정해진 강의 시간은 절대 넘기지 말아야 한다(리허설을 통해 발표 분량 확인은 물론 애초 정해진 시간을 맞추는 연습 필요).

⑧ 교육생을 등지고 칠판만을 보면서 강의하지 말아야 한다(정면에서 45도 정도로 몸을 트는 것이 적당).

⑨ 강사 자신의 단점이나 가치를 떨어뜨리는 말을 사용해 부족함을 드러내지 않는다.

⑩ '의미 없는 말의 사용', '말끝 흐림', '이해하기 어려운 말' 등으로 강의하지 않는다.

⑪ 한곳에 정지해서 움직이지 않거나 너무 과하게 움직이지 않는다(전략적인 움직임 고려).

⑫ 처음부터 끝날 때까지 일방적으로 혼자 떠들지 않는다(교육생들과의 상호작용 필수).

⑬ 너무 많은 내용을 전달하거나 단정적인 말투로 강의를 진행하지 않는다.

(2) 강사에 대한 이해

강사는 사전적으로 익히고 연구하여 상대를 가르치는 스승이라고 정의되고 있다. 강사는 기업의 경영목표를 달성하기 위해 필요한 인적자원에 대한 교육을 담당하는 사람으로, 교육생(직원)이 업무를 수행하는 데에 필요한 지식과 정보를 강의로 전달하고 교육생이 이를 업무에 잘 활용할 수 있도록 돕는다.

일반적으로 강사는 기관이나 기업에서 의뢰를 받아 강의를 하는 사람으로 교육생에게 지식이나 정보를 전달하거나 교육담당자의 니즈(Needs)에 따라 강의를 계획한다. 그뿐만 아니라 기업의 강의 목적을 정확하게 파악하여 강의를 계획하거나 기업과 교육생의 문제점을 발견하고 해결 방안을 강의를 통해 제시하기도 한다. 따라서 강사는 강의를 통해 지식을 전달하는 사람으로서 교육생의 참여도를 높일 수 있는 교수 방법에 대한 연구를 해야 한다.

1) 강사의 역할

강사는 교육생을 대상으로 지식을 전달하는 강의를 주 업무로 하지만 기업 및 교육담당자와의 소통, 교육 준비 등 강의를 진행하기까지 많은 부가적인 일들을 수행해야 한다. 한 번의 강의 진행을 위해 강사가 수행해야 할 역할들은 다양하며 그 역할은 관계를 맺는 대상에 따라 달라진다.

① 교육생과의 관계에 따른 역할

- 교육생을 대상으로 직접 지식을 전달한다.
- 교육생이 업무를 수행하며 설정해 놓은 목표를 달성할 수 있도록 동기를 부여한다.
- 교육생 간의 갈등을 파악하고 조정한다.
- 교육생의 마인드(Mind)를 변화시키는 촉진자의 역할을 한다.

② 교육기관과의 관계에 따른 역할

- 강의프로그램을 계획하여 제공한다.
- 교육생의 출결 및 문의사항 등에 대해 관리한다.
- 교육기관과 교육생 사이를 연결하는 매개자의 역할을 한다.

③ 기업과의 관계에 따른 역할

- 강의 운영 및 프로그램을 계획하여 제공한다.
- 기업의 성과를 이끌어 낼 수 있는 조력자의 역할을 한다.
- 기업과 교육생(직원) 사이를 연결하는 매개자의 역할을 한다.
- 기업의 문제점을 발견하고 해결 방안을 제시한다.

④ 강사와의 관계에 따른 역할

- 강사 섭외를 통해 강의를 제공한다.
- 강사 커뮤니티(Community)를 통해 강사시장에 대한 정보를 공유한다.
- 다수의 강사가 투입되는 강의 진행 시 함께하는 협력자의 역할을 한다.

2) 사내강사와 프리랜서(Freelancer)강사의 특성

강사는 크게 기업에 소속되어 있는 사내강사와 소속되어 있지 않은 프리랜서강사로 구분되어 활동할 수 있다. 사내강사는 기업과의 정규계약을 통해 교육을 담당하는 부서의 직원으로 근무하며, 교육생인 사내직원들을 대상으로 이루어지는 모든 교육을

계획하고 진행하는 업무를 수행한다.

반면 프리랜서강사는 기업에 소속되지 않고 개별적으로 고객사(기관 및 기업)의 의뢰를 받거나 전문 교육회사와의 파트너(Partner) 계약을 통해 소속 강사로 교육을 진행한다. 또한 개인의 영리 목적으로 1인 사업장을 운영해 자체 콘텐츠(Contents)를 개발하여 강연을 하거나 고객사에 강사를 파견하는 업무를 수행할 수도 있다.

강사 구분	주요 특성
사내강사	• 고정적인 수입으로 안정적임 • 익숙한 환경에서 교육 가능 • 주기적인 교육 기회를 통해 강사의 실무 경력을 쌓을 수 있음 • 강사의 개인 사정으로 교육을 하지 못할 경우 대체 가능한 인력 있음 • 교육자료나 교육 내용 중 보완할 부분에 대한 상급자의 피드백(Feedback) 가능 • 기업의 경영 프로세스(Process) 이해 가능 • 근무 시간이 정해져 있어 개인 시간에 대한 계획 수립 용이 • 규칙적인 생활 가능
프리랜서 강사	• 1회 교육 시 책정되는 강사료가 다른 직업에 비해 높은 편 • 개인 일정에 따라 교육 날짜 조율 가능 • 강사가 원하는 방식으로 자유롭게 교육 내용 구성 가능 • 자신 있는 분야에 대한 교육을 선택하여 진행할 수 있음 • 교육생으로 하여금 신선하고 새로운 느낌을 줄 수 있음 • 나이의 제한이 없음 • 강사의 열정만 있다면 정년 없이 오랫동안 활동할 수 있음 • 결혼, 육아로 인한 경력 단절의 불안감이 비교적 적은 편임 • 사업자등록을 통해 1인기업 형태로 운영할 수 있음

3) 강사가 겪을 수 있는 고충과 어려움

다수의 강사들이 자격 취득 후 사내강사와 프리랜서강사 사이에서 활동 경로에 대한 고민을 한다. 강사는 본인의 성향, 현재 상황, 실무 경험 등을 고려하여 선택하여야 한다. 사내강사가 소속되어 있는 기업의 경우 보통 사내강사를 통해 교육을 기획·운영하지만 사내강사가 없거나 사내강사가 소속되어 있어도 교육 주제, 교육생의 교육 참여 유도, 사내강사 역량 강화 등을 위해 프리랜서강사에게 교육 의뢰를 하는 경우도 있다.

이는 사내강사와 프리랜서강사가 보여 주는 교육 방식, 교육생의 태도 등에 차이가 있기 때문이며 교육 담당자의 교육 의도에 따라 섭외되어 진행된다. 사내강사와 프리랜서강사의 특성에 따른 장단점은 다르게 나타나며 아래와 같은 어려움을 겪을 수 있어 리스크 관리가 필요하다.

강사 구분	문제점
사내강사	• 사내 교육 이외의 외부활동에 제한 • 교육운영계획 시 모든 부분에 대해 상급자의 컨펌(Confirm)을 받아야 가능 • 교육생들이 교육 내용에 대해 지루함을 느낄 수 있음 • 강사의 일방적 전달 형태로 이루어지는 경우가 많음 • 같은 교육생을 대상으로 한 반복적인 교육은 매너리즘에 빠지게 함 • 동일한 교육이라도 사내강사 진행 시 신선함이나 교육생에게 미치는 영향도가 낮음 • 교육생이 강사보다 상급자일 경우 교육참여도가 낮을 수 있음 • 교육생이 강사보다 상급자일 경우 강사에 대한 평가 시간으로 변질될 수 있음
프리랜서 강사	• 수입이 일정하지 않음 • 처음 시작할 때 교육 의뢰가 많지 않음 • 경쟁력이 낮거나 남과는 다른 차별화가 없으면 강의 기회가 주어지지 않음 • 프리랜서강사로서 자리를 잡는 데까지 오랜 시간이 걸림 • 교육자료, 교육 시의 보완할 부분에 대한 정확한 피드백 받기 어려움 • 교육 일정에 대한 변동이 생길 수 있기 때문에 개인 일정을 쉽게 계획하기 어려움 • 강사에 대한 교육생들의 교육만족도를 정확하게 파악하기 어려움 • 교육만족도가 낮거나 교육담당자가 원하는 방향으로 교육이 이루어지지 않았을 경우 추가 교육의 기회가 주어지지 않음 • 강사 홍보, 교육 기획, 세금 신고 등 모든 업무를 혼자 수행해야 함

4) 강사 활동의 리스크를 최소화하기 위한 방법

강사 활동의 리스크는 사내강사와 프리랜서 강사의 특성, 주변 환경, 강사 자체의 자질 등에 따라 발생한다. 이러한 문제를 극복하기 위해 아래와 같은 노력을 할 수 있다.

① 외부교육 참여 및 독서 등을 통해 끊임없이 자기계발을 한다.

② 기업에서 사내강사 역량 강화를 위한 교육을 주기적으로 진행한다.

③ 교육생들이 듣고 싶어 하는 교육에 대한 의견을 받는다.

④ 아이스브레이킹(Icebreaking), 도구 등을 활용하여 흥미를 느낄 수 있도록 교육 내

용을 구성한다.

⑤ 질문, 토론 등을 통해 소통할 수 있는 교육 내용으로 구성한다.

⑥ 교육 종료 후 교육생들의 교육만족도 작성을 진행하여 문제점을 파악한다.

⑦ 강사들의 소통 창구를 통해 현재 강사시장의 정보를 수집하고 트렌드(Trend)를 파악한다.

⑧ 강사 실무 경력이 많은 강사 또는 컨설턴트를 통해 교육자료 및 교수법에 대한 코칭을 받는다.

⑨ 분기별로 교육자료를 업데이트(Update)고 자신만의 차별화된 콘텐츠를 개발하기 위해 노력한다.

5) 강사로서 첫걸음을 내딛는 법

많은 교육담당자들이 강사 섭외 시 원활하고 전문적인 강의 진행을 위해 실무 경력이 있는 강사를 선호한다. 강사자격을 갓 취득하여 실무 경력이 많지 않은 강사에게는 첫 강의의 기회가 쉽게 주어지지 않는 이유라고 볼 수 있다. 그래서 경력을 쌓기 위해 사내강사로 활동을 시작하는 강사가 많으며, 프리랜서강사로 시작하는 경우 다른 기관 및 매체들을 통해 자신을 홍보하여 강의의 기회를 얻는다. 강사가 강의를 시작하는 방법은 다음과 같다.

① 기업체 사내강사로 취업

- 강사자격과정을 수료한 교육기관의 추천을 받는다.

- 구직사이트를 통해 기업 정보를 수집하여 지원한다.

- 자격증, 경력, 운전 여부 등의 우대 항목을 확인하여 미리 준비한다.

- 시연강의 주제에 맞춰 강의 자료를 준비하고 시연강의 연습을 한다.

② 교육기관 파트너강사로 계약을 맺어 활동

- 프리랜서강사로서 교육기관과 파트너계약을 맺는다.

- 강사자격과정을 수료한 교육기관에서 파트너강사로 활동할 수 있다.

- 시연강의를 통해 파트너 계약을 맺는 교육기관이 있다.

- 교육기관과 계약을 맺었어도 개인적으로 외부교육을 진행할 수 있다.

③ 보조강사로 활동

- 경력 있는 강사의 보조강사로 함께하며 강의 현장을 경험할 수 있다.
- 강의장 규모가 크거나 교육생의 인원이 많을수록 이를 통솔할 수 있는 보조강사가 필요하다.
- 액티비티(Activity)한 내용의 강의일수록 보조강사가 많이 필요하다.
- 보조하는 현장에서 강의 의뢰로 이어지는 경우가 있다.

④ 강의운영계획 제안

- 외부강사를 섭외하는 기업공고를 확인하여 제안서를 보낸다.
- 제안서를 통해 기업에서 의뢰하고자 했던 주제 외 다른 주제의 강의도 추가의뢰할 수 있다.
- 강의운영계획 및 진행 가능한 강의 주제들을 교육담당자로 하여금 파악하기 쉽게 작성한다.
- 제안서에는 강의 주제, 강의 목표, 강의 내용, 진행 시간, 기대효과, 강사 소개에 대한 내용이 포함된다.

⑤ 강의기부를 통한 경력 개발

- 무상으로 강의를 진행하는 경우 강사료를 받을 때보다 부담감이 덜하다.
- 의료기관, 요양시설 등 봉사가 필요한 곳에서도 강의기부를 할 수 있다.
- 교육생의 앞에 서서 강의를 할 수 있다는 것만으로도 큰 경험이 될 수 있다.
- 강의기부가 기관 및 시설의 강의 의뢰로 이어질 수 있다.

⑥ 소통채널을 통한 강사 홍보

- 요즘 교육담당자들은 온라인 검색을 통해 강사 정보를 얻고 섭외 문의를 한다.
- 개인 블로그(Blog)를 운영하여 홍보할 수 있는 강사 프로필, 강의계획서 등을 게시한다.
- 페이스북, 인스타그램 등의 SNS(Social Network Service) 또는 유튜브에 활동하는 모습을 게시한다.

– 소통채널의 강의 기록, 자료 등의 게시를 통해 홍보 및 경력을 증명할 수 있는 수
단이 된다.

6) 강사의 성수기와 비수기

강사들의 활발한 활동 시기는 성수기와 비수기에 따라 나누어진다. 한 해를 기준으로
강의 의뢰가 가장 많이 들어오는 3~6월, 9~12월은 성수기, 1~2월, 7~8월은 비수기
로 구분되지만 이 시기가 고정적인 것은 아니다. 경기 불황이 올 경우 기업에서 가장
먼저 줄이는 것은 교육예산으로, 이때 강사의 강의 의뢰가 줄어들기도 하며 코로나19
바이러스, 세월호 참사 등과 같이 국가적으로 위기상황이 발생하여 강의를 진행할 수
없는 상황일 경우 강사에게는 예상치 못한 비수기가 찾아오기도 한다.

구분		내용
성수기	3 ~ 6월	• 연초 기업의 인사이동 후 상반기에 계층별 교육에 대한 강의 의뢰가 많음 • 상반기는 기업의 직원 채용 시기로 신입직원을 대상으로 한 강의 의뢰가 많음
	9 ~ 12월	• 연말에는 기업의 남은 예산을 소진하기 위해 강의 일정을 계획하기도 함 • 법정의무교육의 경우 한 해가 끝나 가는 연말에 가장 의뢰가 많음
비수기	1 ~ 2월	• 연초에는 기업에서 연간 계획을 세우는 기간으로 강의 일정을 잡지 않음 • 휴가 및 교육기관의 방학 시즌으로 강의 일정을 잡지 않음
	7 ~ 8월	• 7~8월은 기업에서 상반기 실적을 보고하고 하반기 계획을 세우는 시기

7) 강사의 비수기 활용법

성수기에는 강의 외 다른 일에 집중할 수 없을 정도로 바쁜 반면, 비수기에는 한 달 동
안 강의 일정이 한 개도 잡히지 않는 때가 종종 있다. 이때 강사는 강의를 다니며 돌보
지 못한 체력을 기르며 쉼의 시간을 갖거나 돌아오는 성수기 시즌을 위한 재정비의 시간
을 보내며 비수기를 활용한다. 이 비수기를 어떻게 활용하느냐에 따라 강사 활동을 하
는 데에 있어 도움이 될 수도 있고 그저 무의미한 시간으로 버려질 수도 있다. 따라서
강사는 비수기 기간을 예측하여 어떻게 활용할 것인지 계획을 세우는 것이 중요하다.
① 여행을 하며 개인 휴식의 시간을 갖는다.

② 개인적인 취미활동을 하며 시간을 보낸다.

③ 자격증 공부, 외부강의 청강, 독서 등 강사 활동에 도움이 될 만한 자기계발을 한다.

④ 블로그, SNS 등에 밀린 강의 기록, 자료들을 게시한다.

⑤ 도서 출간을 위한 글을 쓰거나 차별화된 콘텐츠를 찾고 결과물을 내기 위해 노력한다.

⑥ 그동안 미뤄 놓았던 지인들과의 만남 약속을 잡는다.

⑦ 교육자료를 업데이트(Update)하거나 새로운 강의 스킬이나 트렌드를 파악하고 적용한다.

⑧ 블로그나 커뮤니티 활동을 지속적으로 한다.

(3) 강사가 되기 위한 조건

강사는 단순히 말 잘하고 외모가 훌륭하다고 되는 것이 아니다. 단순히 지식 전달에 그치지 않고 행동의 변화는 물론 업무능력을 향상시키는 직간접적인 역할을 수행하기도 하고, 교육생의 삶에 엄청난 영향을 미치기도 한다. 따라서 아무나 강사가 될 수 있는 것은 아니다. 적어도 강사를 꿈꾸는 사람들이라면 몇 가지 조건을 갖추어야 한다.

1) 강사의 매트릭스 분석을 통한 자가진단

말로써 내용을 전달한다는 특성상 교육을 진행하는 데에 있어 강사의 스피치(Speech) 능력이 중요하지만 단순히 스피치 능력이 뛰어나다고 좋은 강사가 될 수 있는 것은 아니다. 한 번의 교육을 진행하기 위해 교육 전후로 강사에게 필요한 역량을 갖추어야 하며 이는 꾸준히 강사 활동을 할 수 있는 원동력이 된다.

아래 내용은 강사로서 자신은 어떠한 유형의 강사인지를 스스로 분석해 볼 수 있도록 하기 위해 만들어 낸 매트릭스 분석차트이다. X축과 Y축은 어떤 유형의 자질을 선택해서 분석하더라도 다양한 유형의 강사가 나올 수 있다.

예를 들어 강사의 전문성과 강사가 가지고 있는 스킬을 가지고 분석할 수도 있고, 강사가 가지고 있는 태도나 강사 스킬을 가지고 분석할 수도 있다. 이외에도 강사의 실무능력과 강사로서의 경험을 가지고 분석할 수도 있고 강의력과 전문 콘텐츠를 가지고 분석할 수도 있다.

사전에 강사의 유형을 구분 짓는 요소가 무엇인지에 대해 정의를 내리고 정의 내린 요소를 근거로 해서 자신이 어떤 유형의 강사인지를 객관적으로 파악할 수 있다.

강사의 전문성을 해당 강사만이 가지고 있는 고유의 콘텐츠라고 정의할 수도 있고, 아니면 해당 업무에 대한 경력이 많은 것이라고 정의할 수도 있다. 강의 스킬의 경우 스팟이나 복장, 목소리, 시선 처리, 강의 전달 능력, 스피치 능력 등으로 정의를 내릴 수도 있을 것이다. 이렇게 자신이나 또는 전문가들이 정의 내려놓은 강사의 유형을 구분 짓는 요소를 가지고 분석하는 것이다.

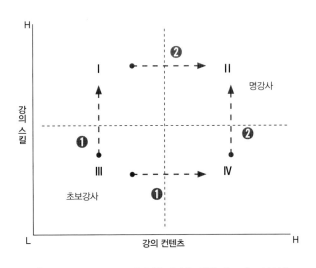

[강의역량에 따른 강사 유형 진단을 위한 매트릭스 분석]

① 위 매트릭스에서 '강의 스킬'과 '강의 콘텐츠'를 가지고 강사 유형을 판단하는 요소로 본다면 사전에 해당 요소의 정의를 내리고 난 뒤 자신이 어디에 속하는 유형인지를 판단하면 된다.

② 'Ⅰ'유형의 경우 강의 스킬은 뛰어난 반면 강의 콘텐츠는 빈약한 유형의 강사라고

할 수 있다.

③ 'Ⅱ'유형의 경우 강의 스킬과 강의 콘텐츠 모두 우수한 강사라고 할 수 있으며 흔히 명강사라고 할 수 있다.

④ 'Ⅲ'유형의 경우 강의 스킬과 강의 콘텐츠 모두 부족한 강사로, 이제 갓 강사의 길로 접어든 초보강사가 여기에 해당한다고 할 수 있다.

⑤ 'Ⅳ'유형의 경우 강의 스킬은 낮으나 강의 콘텐츠는 뛰어난 강사라고 할 수 있다.

⑥ 'Ⅰ'유형에 위치한 강사의 경우 강의 스킬보다는 자신만의 전문성 있는 콘텐츠를 확보를 위해 노력해야 한다.

⑦ 'Ⅳ'유형의 경우 자신만의 전문성 있는 고유 콘텐츠를 가지고 있으나 강의 스킬이 부족하므로 이를 개선하기 위한 노력이 필요하다.

⑧ 'Ⅲ'유형의 경우 강의 스킬이나 고유 콘텐츠를 확보하고 있지 않으므로 방향성을 정하고 전략적인 접근을 통해 자신의 역량을 향상시켜야 한다.

⑨ 'Ⅰ'과 'Ⅳ'를 비교했을 때 어떤 유형의 강사가 좀 더 나은가에 대한 판단은 각양각색이므로 스스로 본인이 판단하여 방향성을 정한다.

⑩ 최종적으로 'Ⅱ'에 목표를 두고 우수한 강의 스킬은 물론 강의 콘텐츠를 확보하기 위해 노력해야 한다.

2) 강사가 갖추어야 할 조건

강사를 희망하는 사람들이 갖추어야 할 조건들은 많지만 가장 핵심적인 조건은 아래와 같다.

조건	주요 내용
직무와 관련한 경험	• 자신이 하고 있는 일에 대한 실무 경험과 경력 • 이론 강의가 아닌 자신의 경험을 강의에 녹여 낼 수 있는 근거가 됨 • 이론보다는 직접적인 실무 지식과 경험을 얻으려는 교육생에게 어필 가능
강사 실무 경력	• 크고 작은 규모로 실제 강의를 한 경험 • 사내 강사 또는 다방면에서 강의를 한 경력 • 해당 분야에서의 강사로 활동한 경력

전문적인 강의훈련	• 전문기관이나 아카데미에서 강의스킬 및 교수법의 체계적 이수 여부 • 강사양성과정이나 교육 프로그램 수료 • 수료 후 지속적인 강의 연습 및 리허설(자가 모니터링 평가, 수정 및 보완 등)
강사로서의 자질	• 강사로서의 강의에 대한 열정 및 절실함 • 전문적인 지식이나 정보 전달 및 이해시킬 수 있는 능력 • 강사로서의 원칙, 소신, 태도(자기관리, 강의 매너 등) • 다양한 상황에 대한 유연함과 적극적이고 긍정적인 사고방식 • 자신의 역량 향상을 위한 끊임없는 연구 개발과 차별화를 위한 노력
자격 보유 여부	• 강의하고자 하는 분야에 필요한 자격증이나 자격 보유 • 해당 분야에서의 수상 경력, 학위 소지 여부
차별화된 콘텐츠	• 자신만의 독특하고 차별화된 콘텐츠 • 자신이 잘할 수 있는 분야의 콘텐츠 • 기존의 강사가 하지 않은 분야의 콘텐츠 • 교육생에게 전달하고자 하는 콘텐츠

3) 강사가 지켜야 할 원칙

강사로 활동하려면 적어도 강사로서 지켜야 할 원칙이라는 것이 있다. 강사라는 직업이 결코 쉽지 않은 것은 바로 이러한 원칙을 지키는 것이 어렵기 때문이다. 지식이나 행동의 변화를 이끌어 내야 하는 강사라면 반드시 지켜야 할 원칙을 정리하자면 아래와 같다.

① '강사는 실력으로 말한다'라는 사실을 잊지 않는다.

② '아는 것을 안다' 하고 '모르는 것을 모른다'고 하는 자세가 필요하다.

③ 정확히 알고 있는 지식이나 정보만을 전달한다(추측이나 특이한 본인만의 경험 전달 금물).

④ 지속적으로 차별화된 콘텐츠를 개발하기 위해 꾸준히 노력하고 실천한다.

⑤ 강의를 듣는 교육생이 이전보다는 나아져야 한다는 사명감을 가지고 강의한다.

⑥ 강의 후 리뷰 또는 모니터링을 통해 더 나은 강의를 위해 노력한다.

⑦ 혼자가 아닌 '여럿이 함께'라는 생각으로 네트워크를 통해 함께 성장한다.

⑧ 자신의 강의 분야에 대한 지속적인 관심과 트렌드를 알고 지속적으로 학습한다.

⑨ 강사로서의 양심을 파는 행위는 하지 않는다(직업윤리, 동업자 정신 등).

⑩ 강사로서의 가치를 향상시키기 위한 지속적인 활동을 한다(글쓰기, 강의 참석, 커뮤니티 활동 외).

⑪ 강사로서의 간절함과 절실함을 갖는다(절실함이 차별화의 원천).

⑫ 자신이 할 수 없는 주제 또는 스스로 부족하다고 느끼는 주제의 강의는 하지 않는다.

⑬ 어떤 일이 있어도 자신을 비하하거나 자신의 가치를 저하시키는 말은 하지 않는다.

(4) 강사의 퍼스널 브랜드 확보 방안

강사는 1인 기업이자 자신만의 고유한 콘텐츠를 가지고 승부를 거는 지식노동자라고 할 수 있다. 또한 끊임없이 자신의 가치를 높이기 위해 노력해야 하는 고독한 직업의 소유자이기도 하고, 디지털이 대세를 이루고 있는 세상에서 자신의 존재 가치를 알리기 위해서 스스로를 담금질하여 끊임없이 이동하는 디지털 노마드이기도 하다.

1) 교육시장 트렌드

① 강사하기 좋은 환경의 도래(온라인 강의, 강의도구, 환경 등)

② 진입장벽이 낮아 다양한 강사들의 유입 심화

③ 콘텐츠 소비 및 유통기간이 획기적으로 짧아짐

④ 독서량은 줄어드는 반면 글 쓰는 인구는 증가(우후죽순 글쓰기 강좌)

⑤ 강사시장에서도 빈익빈 부익부 심화

⑥ 고학력 강사들의 시장 진입과 수년째 제자리인 강사료

⑦ 코로나, 52시간 근무제의 여파로 인해 위축된 강의시장

⑧ 코로나 이후 비대면 온라인 강의의 비약적인 성장

⑨ 텍스트 중심의 강의가 아닌 영상 중심의 강의로의 전환(유튜브 플랫폼 확장)

⑩ MZ세대의 유입으로 인한 강의 방식의 다양성 심화

⑪ 강의 분야의 다양화 및 세분화 가속

2) 퍼스널 브랜드와 퍼스널 브랜딩에 대한 정의

① 강사시장에서 스스로 혼자만의 힘을 가지고 세상에 맞설 수 있는 최소한의 성공 요소이다.

② 퍼스널 브랜드란 개인(Personal)이 가지고 있는 고유한 식별 가치로 개인의 가치관, 비전, 장점, 매력, 재능 등을 브랜드화한 것을 의미한다.

③ 자신의 비전이나 꿈을 이루어 나가는 과정에서 자신의 가치를 높이고 유지하고 관리하는 일련의 활동을 퍼스널 브랜딩이라고 한다.

④ 퍼스널 브랜딩이란 자신을 누구나 한 번에 기억할 수 있는 브랜드로 만들어 가는 과정으로, 자신을 브랜드화하여 어떤 분야에 대체할 수 없는 존재가 되는 과정이라고 할 수 있다.

⑤ 자신만이 가지고 있으며 독특하고 유일한 유무형의 서비스를 제공할 수 있는 독자적인 상품성을 가지는 것을 의미한다.

⑥ 한 개인이 직업적으로든 개인적으로든 자신만의 독특한 가치를 드러냄으로써 남들과 차별화하고, 이렇게 얻은 차별성에 일관된 메시지를 더해 목표를 이루는 수단으로 이용하는 과정이다.

⑦ 퍼스널 브랜드는 개인의 경쟁우위를 결정짓는 중요한 요소로 다른 사람들과 비교되는 차별화된 이미지를 뜻한다.

⑧ 타인과의 차별화를 통해 자신의 가치를 높이기 위한 일련의 활동이나 과정을 퍼스널 브랜딩이라고 할 수 있다.

⑨ 자신만의 강점을 발견하고 또 다른 가치를 발굴해서 차별화함으로써 어떤 분야의 대체할 수 없는 전문가가 되는 과정이 퍼스널 브랜딩이다.

⑩ 개인이 가지고 있는 재능이나 능력 또는 이미지의 총합으로 남과 자신을 구분시켜 주는 핵심가치를 퍼스널 브랜드라고 한다.

⑪ 스스로 자신을 브랜드화하여 특정 분야나 시장 또는 고객을 대상으로 먼저 자신을 떠올릴 수 있도록 만드는 일련의 과정을 퍼스널 브랜드라고 한다.

3) 강사에게 퍼스널 브랜드가 중요한 이유

① 강사로서 자신이 누구인지를 명확하게 객관적으로 정의해 준다.

② 강사로서의 퍼스널 브랜드 자체가 남과의 차별화를 통해 경쟁력을 높여 준다.

③ 신뢰와 믿음을 주고 이를 통해 남과는 다른 보상을 받을 수 있다(몸값, 강사료 등).

④ 긍정적인 반응과 평판을 통해 자신의 가치를 높일 수 있다(더 높은 존재 가치 실현).

⑤ 퍼스널 브랜드 확보만으로도 예상치 못한 다양한 기회가 제공된다.

⑥ 치열한 경쟁시장에서 생존과 직결되는 중요한 요소로 작용한다.

⑦ 강사라는 직업으로서의 전문성 및 가치를 인정받을 수 있는 판단 기준으로 작용한다.

4) 강사의 퍼스널 브랜드 확보하는 법

위에서도 언급하였다시피 강사의 지속성을 위해서는 브랜드 확보가 필수라고 할 수 있다. 브랜드가 있어야 시장에서 살아남을 수 있기 때문이다. 또한 수많은 경쟁자들이 쏟아져 나오는 상황에서 개별 강사의 경쟁 우위를 결정짓는 가장 중요한 요소가 강사의 브랜드라는 점을 잊어서는 안 된다. 아래는 강사의 브랜드를 확보할 수 있는 현실적인 방안들이다.

① 자신이 가장 잘하는 일과 본인 스스로 가장 많이 알려져 있다고 생각하는 분야를 파악한다.

② 이러한 영역을 찾아 선점하는 것이 바로 퍼스널 브랜드를 구축하는 첫 단계라고 할 수 있다.

③ 여러 채널을 통해 자신의 프로필을 어필하거나 구축한다(커뮤니티, SNS, 블로그 등).

④ 자신만의 독특한 경험이나 감정, 역할을 글로 꾸준히 정리해서 장점이나 개선, 보완해야 할 부분을 찾고 그 과정에서 정체성을 확립하고 자신을 표현할 수 있는 키워드를 찾는다.

⑤ 브랜드를 구축할 때 중요한 것은 자기 자신만의 스토리텔링을 만들어 소통하는 것이다.

⑥ 퍼스널 브랜드를 구축하는 데 중요한 것은 자신만의 콘텐츠를 확보 및 축적하는 것이다.

⑦ 축적된 콘텐츠를 지속적으로 홍보하고 공유하며 브랜드를 높이기 위해 지속적으로 소통한다.

⑧ 다양한 채널을 통해 자신을 노출시키고 홍보한다(커뮤니티, 원고 기고, SNS, 방송, 세미나, 책 등).

⑨ 지원자 및 팬을 지속적으로 확보하고 그들과 소통한다(강의, 공동집필, 온·오프라인 활동).

⑩ 자신의 브랜드를 지속적으로 관리한다(평판 관리, 지속적인 역량 축적, 콘텐츠 확보 등).

구성 요소	주요 내용
태도 (Attitude)	• 태도라 함은 자신의 생각이나 신념이 행동으로 구체화된 것을 의미 • 책임감, 도덕성, 진정성, 일관성, 성실함, 지속적인 배움 등이 태도의 유형에 속함 • 강사가 갖추어야 할 태도 중 중요한 것은 바로 '절실함' • 강사로서 살아남아야겠다는 '절실함'이 가장 중요한 태도라고 할 수 있음 • 퍼스널 브랜드 구축 이유도 절실함을 기반으로 반드시 성공하겠다는 의지의 발현 • 강사로서 중요한 차별화는 바로 절실함을 바탕으로 나타남
자기 계발 (Self-development)	• 자신만의 경쟁력을 갖추기 위해 반드시 필요한 요소 • 퍼스널 브랜드에 있어 콘텐츠는 바로 자기 계발로부터 나오는 결과물 • 자신의 전문성과 이미지, 역량 모두 자기 계발과 관련 있는 요소 • 다른 강사와의 차별화도 끊임없는 자기 계발의 결과라고 할 수 있음 • 차별화된 지식과 정보 그리고 경험은 자기 계발로부터 발생
휴먼 네트워킹 (Human networking)	• 훌륭한 멘토 또는 지인들을 확보하는 것이 퍼스널 브랜드를 형성하는 중요 요소 • 인적 네트워크를 형성할 경우 더 큰 기회 제공은 물론 성장을 할 수 있음 • 혼자는 생존하기 힘든 시장에서 타인과의 네트워크는 새로운 기회 제공 • 네트워킹은 깊이(Depth)와 넓이(Width)를 같이 확장하되 진정성을 갖고 접근 • 온라인 또는 오프라인에서 동일한 아이덴티티 및 이미지를 구축하는 것이 중요 • 네트워킹하려는 목적을 분명히 하고 모임에 접근하되 나름대로의 규칙을 정할 것 • 네트워킹 특성상 '접속'보다는 '접촉'에 비중을 두고 접근하는 것이 바람직함 • 자신에 대한 적극적인 홍보 활동 필요(온·오프라인)
커뮤니케이션 (Communication)	• 자기 자신을 홍보하는 것도 커뮤니케이션의 일종 • 브랜드는 자신이 아닌 타인이 나를 판단하는 기준 • 자신의 이미지 또한 퍼스널 브랜드를 확보하기 위한 커뮤니케이션(외모, 행동, 말투, 인상, 표정, 용모, 복장 등) • '접촉'과 '접속'의 특성을 이해하고 적절한 소통 활동 필요 • 다양한 방법으로 꾸준한 커뮤니케이션 활동 병행

5) 강사로서의 퍼스널 브랜드 전략

① 해당 분야의 전문가를 찾아 롤 모델(Role model) 또는 멘토로 삼는다.

② 자신의 퍼스널 브랜드를 각인시켜 줄 이미지를 확보하고 관리한다.

③ 강사로서 퍼스널 브랜드의 가장 큰 핵심은 신뢰와 믿음을 주는 것이다(전문성 확보, 일관된 모습의 유지, 진정성을 바탕으로 한 브랜딩 구축 등).

④ SNS를 적극적으로 활용해서 자신의 생각이나 의견 또는 전문성을 드러낸다(텍스트, 이미지, 영상을 적절히 활용).

⑤ 퍼스널 브랜드 구축 및 관리는 천천히 그리고 꾸준하게(Slow & steady) 한다.

⑥ 자신의 전문 분야에 대해 꾸준히 관심을 가지고 공부한다(독서, 메모 등).

⑦ 퍼스널 브랜딩은 아래 단계를 구체적으로 일관되게 무한 반복(Closed loop) 실행한다.

단계	주요 내용
브랜드 탐색	• 자신에 대한 객관적인 탐색, 분석, 연구(잘하는 일, 좋아하는 일, 가치 있다고 느끼는 일 등) • 벤치마킹을 통해 자신의 콘셉트와 구축하고자 하는 브랜드 이미지 구체화(멘토, 롤모델) • 자신의 브랜드를 알리고자 하는 시장 파악(분야, 목표 고객, 시장, 경쟁자 등) • 시장에서 통할 수 있는 자신만의 콘텐츠는 무엇인지 파악
브랜드 구축	• 분석 후 자신의 브랜드 네이밍, 콘텐츠, 구축 시 활용 채널 선택 및 구축 • 자신만의 콘셉트는 물론 차별화는 무엇인지 구체화하는 활동 병행 • 온라인: 블로그, 홈페이지, 유튜브, SNS, 메일을 통한 뉴스레터 활용 • 오프라인: 멘토, 책 출판, 강사 모임에서의 네트워킹, 관련 분야 프로젝트 참여 • 이미지 결정하는 말투, 옷차림, 태도에 신경을 써야 함
브랜드 확산	• 구축된 브랜드를 메시지화하여 적극적으로 홍보하고 전달 • 자신이 구축한 네트워크와 다양한 채널을 통해 자신의 브랜드(인지도) 확산 활동 • 온라인: SNS를 포함한 다양한 소통채널 활용(인스타그램, 페이스북, 블로그, 유튜브 등) • 오프라인: 모임 주관 또는 참석을 통한 홍보 및 전달(커뮤니티 정모, 행사 등)
브랜드 관리	• 자신의 브랜드에 대한 평판 관리(평생 동안 주기적으로 관리해야 함) • 브랜드에 대한 타인의 반응이나 평가에 대한 분석 및 관리 • 꾸준한 소통을 통해 의견 청취 및 반영은 물론 체계적인 관리 • 집중해야 할 것과 버려야 할 것이 무엇인지 파악하고 개선 및 보완 활동 • 개선 및 보완해야 할 사항이 있다면 이를 브랜드 탐색 단계에 반영(Closed loop)

⑸ 강의료에 대한 이해 및 협상 방법

강사는 다양한 주제를 가지고 강의를 진행하지만 강사의 역량 그리고 교육 내용의 전문성은 물론 경력에 따라 강의료는 천차만별이다. 강사들이 강의료와 관련하여 반드시 알아야 할 기본적인 내용들조차 모르는 경우가 많다. 적어도 아래 내용 정도는 충분히 숙지하고 강의료를 산정하거나 협상하는 데 활용할 수 있어야 한다.

1) 강의료 책정 요소

강의료는 강사에게 있어 무엇보다는 중요한 요소이기도 하다. 기업이나 기관에서 강의료를 책정할 때 기준은 매우 다양하다. 아래는 강의료를 책정하는 가장 기본이 되는 요소이며 아래 요소를 기준으로 강의료가 정해지는 경우가 대부분이다.

① 강의 경력이나 주요 레퍼런스(기업, 기관 등)

② 실무 경험 여부(강의 분야에 대한 전문성 확보)

③ 관련 분야의 콘텐츠 보유 여부(출간된 책, 집필한 책의 권수, 주요 논문 등)

④ 전문 자격증이나 자격 보유 여부

⑤ 학력 및 학위 취득 여부

⑥ 강의 시간 및 강의 난이도

⑦ 강의 분야의 희소성(제한적인 인력풀)

⑧ 강의 방식 또는 교수법(강의식, 워크숍, 액션러닝, 게이미피케이션, 이러닝(사이버 교육) 등)

⑨ TV나 매체 노출에 따른 강사 인지도

⑩ 강의 또는 행사의 규모

2) 강의료 협상 시 사전에 반드시 체크해야 할 사항들

고객사와 강의료를 협상하기 위해서는 반드시 확인 및 파악해야 할 사항들이 있다. 사전에 다양한 정보를 파악하고 인지하여야 제대로 된 강의료를 받을 수 있기 때문이다.

아래 내용을 절대 간과하지 말고 꼭 체크해서 손해를 보는 일이 없도록 해야 한다.

① 시장에 형성된 강의비 기준(기관이나 기업에 따라 다름)

② 강의 유형 파악(특강, 4~8시간 이상 강의(강의 모듈), N차수 강의 등)

③ 책정된 강의료가 얼마인지 파악

④ 강의료가 적은 경우 원고료 추가 지급 여부 확인

⑤ 교구비 및 기타 강의 운영에 필요한 경비 지급 여부

⑥ 교통비 및 숙박비, 여비 등이 포함된 강의료인지 확인(지방 강의인 경우)

⑦ 강의료 입금일과 지급 방법

⑧ 강의료 정산 형태(세금계산서 발행 or 3.3% 원천징수)

3) 강의료 협상 및 제안을 위한 방법

강사가 강의료를 제대로 받기 위해서는 나름대로의 지침이 필요하다. 고객사에서 주는 대로 받는 것은 강사로서의 자격을 스스로 내다 버리는 행위와 같다. 적어도 강의료와 관련하여 협상이나 제안을 하기 위해서는 아래 내용을 반드시 숙지하고 행동하여야 한다.

① 자신만의 기준을 마련하는 것이 중요하다.

② 기준은 적어도 받아야 하는 수준과 양보할 수 있는 최저 강의비 수준을 고려한다.

③ 상황에 따라 먼저 강의료를 밝히는 것보다는 고객사에서 생각하는 강의료를 먼저 물어본다.

④ 강의료를 먼저 밝혀야 할 경우, 비용보다는 조금 높은 수준에서 강의료를 제시한다.

⑤ 강의 주제에 따라 강의료를 차별화한다(희소성이 높으면 높게, 일반강의는 평균 또는 낮게).

⑥ 강의료 협상 시 강의료를 낮춰 줄 때는 반드시 명분을 제시하여야 한다(낮춰 주는 이유 제시).

⑦ 커리어에 도움이 되는 강의라면 강의비를 낮춰서라도 진행하는 것이 바람직하다.

⑧ 초보강사는 강의비에 신경 쓰지 말고 우선은 강의를 할 수 있는 기회가 있음에 감

사하라.

⑨ 자신이 생각한 강의료에 비해 적을 경우 자신의 기준에 따라 진행할지 여부를 결정한다.

⑩ 터무니없는 강의료를 책정했다면 과감하게 거절하는 것도 필요하다.

⑪ 강의료에 차이가 날 경우 갭을 줄이려는 노력과 의지도 필요하다.

예] 강의를 할 때 이 정도를 받고 있는데 그 범위 내에서 맞춰 주시면 감사하겠습니다.

⑫ 강의를 거절을 할 경우에도 감정적인 대응이 아닌 배려하고 신경을 써서 표현한다.

예] 좋은 기회를 주셔서 감사한데 제가 타 고객사와의 형평성 때문에 이번에는 좀 어렵겠습니다. 다음에 다시 한 번 의뢰 주시면 감사하겠습니다.

⑬ 강의가 단발성으로 끝나는 것이 아니라 N차수 강의라면 강의료를 낮춰서 제안한다.

⑭ 처음부터 강의비 협상을 하기는 어려우므로 자신만의 노하우를 축적하기 위해 노력한다.

02 | 분야별 교육 이해

(1) 서비스(Service) 교육

시작되는 4차산업혁명 시대와 세대교체로 기업의 경영환경은 크게 변화하고 있다. 기업만의 고유한 경영스타일이 중요해진 시대에 경쟁기업과는 차별화된 경영 방식을 추구해야 하는 기업의 경영환경 변화에 따라 서비스 패러다임도 변화하고 있다. 정기적인 서비스교육을 통해 정체되어 있는 서비스가 아닌 시대 흐름에 맞춰 고객의 욕구를 충족시킬 수 있는 차별화된 서비스를 발견하고 이를 실행할 수 있도록 해야 한다.

1) 서비스 교육 대상

고객을 상대하는 서비스 산업현장에서 종사하는 직원들을 대상으로 마인드 및 역량 강화를 위한 교육을 주기적으로 진행하거나 서비스 이미지(Image)와 매뉴얼(Manual) 구축을 통해 발전된 서비스를 제공하고자 하는 기업을 대상으로 주로 진행되고 있다.

① 고객접점에서 근무하는 서비스직 종사자

② 서비스직종으로 입사하였거나 이직한 종사자

③ 고객센터에서 고객의 민원을 담당하는 종사자

④ 기업 내 서비스평가에서 낮은 점수를 받은 종사자

⑤ 고객에게 불친절 관련 민원을 많이 받는 기업 또는 종사자

서비스 전문강사 자격증 CPSI 필기

⑥ 차별화된 서비스 방법을 터득하기 위한 기업 또는 종사자

2) 서비스 교육 주요 주제

교육 구분	내 용
이미지 메이킹 (Image making)	고객에게 보이는 자신의 이미지를 점검하고 개인 및 직무의 특성에 따라 고객에게 호감적으로 보일 수 있는 헤어스타일(Hairstyle), 화장, 표정, 옷차림 등의 이미지를 연출한다.
전화 응대	비대면 서비스의 특성상 발생할 수 있는 문제 상황을 파악하고, 실제 전화응대 상황을 토대로 실습해 보며 고객과의 효율적인 통화를 진행하기 위한 방법을 터득한다.
고객 응대	고객 접점에서 고객에게 쉽고 정확하게 내용을 전달하고 불만을 제기하는 고객에 대해 자신의 감정을 조절하며 응대하는 능력을 키운다.
고객 접점관리	접점 별로 발생될 수 있는 문제 상황 파악을 통해 미리 대비할 수 있는 매뉴얼(Manual)을 구축하고 이미지 구축, 응대법 등의 서비스 스킬(Skill)을 습득한다.
서비스 마인드 (Service Mind)	현 시대 고객 서비스 패러다임을 이해하고 고객만족을 실현하기 위해 자신의 현 서비스 상태를 파악하고 고객에게 진정성 있는 서비스 제공을 위한 마인드(Mind)를 갖춘다.
스트레스 예방	서비스직종에서 감정노동을 하는 종사자들의 정서 관리를 위해 진행되는 교육으로 정신적·육체적 상태를 점검하고 긍정적인 마음을 다질 수 있도록 한다.

3) 교육 전 점검해야 할 사항

서비스교육 진행 시 기본적인 서비스마인드 고취에 대한 내용뿐만 아니라 현재 이루어지고 있는 기업 서비스의 문제점을 발견하고 이를 개선하기 위한 서비스 컨설팅도 함께 진행되어야 한다. 따라서 서비스 분야에 대한 강사의 전문성이 필요하며, 교육과 컨설팅을 진행하기 전 아래의 사항들을 미리 점검해야 한다.

① 기업 및 종사자에 대한 고객의 서비스만족도

② 서비스 과정 중 발생되는 직원들의 불만 사항

③ 모니터링(Monitoring)을 통한 서비스 문제점 발견

④ 고객의 주요 민원 내용

⑤ 이전에 진행했던 서비스교육 내용

(2) 사내교육

내부직원의 역량, 지식, 자질을 향상시키기 위한 목적으로 기업에서 진행하는 교육이며 조직과 개인의 성장을 위해 교육 대상이나 내용에 따라 계층별·직능별로 나누어 진행하고 있다.

- 계층별 교육: 각 계층(직급)별로 필요한 능력을 중심으로 진행되는 교육
- 직능별 교육: 직원이 담당하고 있는 직무, 역할에 따라 일을 수행함에 있어 필요한 전문적인 지식을 갖출 수 있도록 진행되는 교육

1) 사내교육의 필요성

빠르게 발전하는 기술에 따라 이를 수용하는 인재의 능력이 요구되고 있다. 치열한 경쟁사회에서 인적자원의 차별화된 사고와 기업의 경영 과정에서 발생되는 문제점을 발견하고 해결해 내는 과정은 사람만이 할 수 있기 때문이다. 기업에서는 인재 육성을 위해 다양한 방식으로 지원하고 있으며 그중 하나가 사내교육이다.

① 직무에 대한 정확한 이해를 통해 효율적인 업무 수행

② 내부 직원들 간의 원활한 소통을 통한 갈등 해소 및 정보 공유

③ 업무 수행 중 발생되는 문제에 대한 해결법 터득

④ 직원 스스로 본인 직무에 대한 자부심 증대

⑤ 기업에 대한 직원의 주인의식 고취

2) 기업에서의 사내교육 진행 형태

사내교육은 기업에 소속되어 있는 사내강사가 있을 경우 자체적으로 진행되며, 사내강사가 없거나 특별한 형태의 교육을 원하는 경우 외부강사를 초빙하여 진행할 수 있다.

① 부서의 관리자가 해당 부서직원을 직접 교육

② 전 직원을 대상으로 정기적 교육

③ 인사이동이 발생했을 경우 해당 직원을 대상으로 교육

④ 외부강사 초빙을 통한 특별강연 진행

⑤ 연수원에서의 일정기간 합숙을 통한 교육

3) 사내교육 주요 주제

기본적으로 직원들이 반드시 숙지해야 하는 기업의 정보와 직무를 수행하기 위해 필요한 역량을 기준으로 교육이 이루어진다. 최근에는 직무와 직접적인 관련이 없어도 직원들의 사기 진작 및 동기부여를 위해 직원들이 희망하는 교육에 대한 의견을 받아 다양한 주제로 진행되고 있다.

유형	주요 내용
OJT(On the Job Training)	신입직원을 대상으로 기업에 대한 이해와 직무 수행에 있어 반드시 숙지해야 하는 내용을 다루고 있으며, 부서 내 상급자가 직접 1대1로 진행하거나 일정 기간 모든 신입직원이 함께 훈련을 받는 형태로 진행
리더십	리더는 비전과 목표를 달성하기 위해 조직을 이끌어 나가는 위치에서 조직원들이 동기부여 할 수 있도록 방향을 제시해 주는 사람으로서 리더십교육을 통해 각 계층(직급)별로 갖추어야 하는 책임과 역할, 능력을 향상
조직활성화	직원들이 일에 대한 자부심을 느끼고 원활한 소통을 통해 공동의 목표를 달성할 수 있도록 진행되는 교육으로, 직원들의 팀워크를 향상시키고 긍정적 마인드로 업무에 임할 수 있도록 함
세일즈십	변화하는 트렌드(Trend)와 고객의 욕구에 따라 세일즈십을 향상시켜 기업과 고객 사이를 연결하는 역할을 수행할 수 있도록 함

(3) 법정의무교육

기업, 공공기관, 의료기관 및 5인 이상 전 직종의 모든 기업에서 전 직원들을 대상으로 연 1회 이상 의무적으로 시행해야 하는 의무교육을 의미한다. 또한, 사업장에서 발생할 수 있는 다양한 문제에 대하여 근로자 보호를 위해 직장인들이 필수적으로 알아두어야 하는 기본적인 교육을 의미한다.

1) 법정의무교육의 종류

직장 내 성희롱 예방교육, 산업안전보건 교육, 개인정보 보호교육, 퇴직연금 교육, 직장 내 괴롭힘 방지법, 장애인 인식개선교육, 4대 폭력 예방교육, 금연 및 금주교육, 부정청탁 및 금품수수 금지법(김영란법) 등이 있으며 자세한 사항은 아래 내용을 참고하기 바란다.

교육 종류	주요 내용	관련 법령
직장 내 성희롱 예방교육	사업주는 직장 내 성희롱을 예방하고 근로자가 안전한 근로환경에서 일할 수 있는 여건을 조성하기 위하여 직장 내 성희롱 예방교육을 매년 실시하여야 함	남녀고용평등과 일·가정 양립 지원에 관한 법률
산업안전보건 교육	근로자가 유해위험요인 등 안전보건에 관한 지식을 습득해 적절한 대응 능력을 배양함으로써 산업재해를 예방하기 위한 차원으로 사업주에게 근로자에 대한 각종 안전보건교육을 시키도록 의무화하고 있음	산업안전보건법 제31조
개인정보 보호교육	개인정보 보호법에 따라 업무를 목적으로 개인정보파일을 운용하는 사업자, 단체 및 개인은 개인정보의 적정한 취급을 보장하기 위하여 개인정보취급자를 대상으로 교육을 실시하여야 함	개인정보 보호법 제28조
장애인 인식 개선교육	사업주는 장애인에 대한 직장 내 편견을 제거함으로써 장애인 근로자의 안정적인 근무 여건을 조성하고 장애인 근로자 채용이 확대될 수 있도록 직장 내 장애인 인식개선 교육을 실시하여야 함	장애인고용촉진 및 직업재활법 제86조
퇴직연금 교육	퇴직연금제도는 사용자 또는 근로자가 퇴직급여 재원을 직접 운용하므로, 금융 및 투자지식에 대한 이해가 필요한데 사용자는 가입자가 자신에게 맞는 현명한 노후 준비를 할 수 있도록 퇴직연금 가입자 교육을 연 1회 이상 실시해야 함	근로자 퇴직급여 보장법 제 32조
4대 폭력 예방교육	국가기관, 지방자치단체, 공직유관단체, 각급 학교에서 성희롱 방지조치, 성매매 예방교육, 성폭력 예방교육, 가정폭력 예방교육을 통해 왜곡된 성 인식 및 문화 개선과 안전한 사회를 조성하기 위해 각 연 1회 1시간 이상 실시하여야 함	양성평등기본법 제31조
부정청탁 및 금품수수 금지법	공공기관의 장은 공직자 등에게 부정청탁 금지 및 금품 등의 수수 금지에 관한 내용의 교육을 연 1회 이상 실시하여야 하고, 부정청탁 금지 및 금품 등 수수의 금지에 관한 법령을 준수할 것을 약속하는 서약서를 신규채용 시 받아야 함	부정청탁 및 금품 수수 금지법 19조

직장 내 괴롭힘 방지법	사업장 상황에 맞게 직장 내 괴롭힘 예방 및 발생 시 조치에 관한 취업규칙 반영이 의무화 되어 있음. 고용노동부에서 발표한 취업규칙 표준안에서는 직장 내 괴롭힘 예방교육을 1년에 1회 실시하도록 되어 있음	근로기준법 제76조

2) 5대 법정의무교육

모든 법정의무교육은 교육일지 및 참석자 명단 작성이 필수적이며 이때에 반드시 교육에 참석한 근로자의 서명도 포함되어야 한다. 대개 많은 회사에서 이 부분을 놓치는 경우가 많으므로 교육일지, 참석자 명단을 작성하고 강의 사진 등을 보관해 증빙자료를 3년간 보관해야 한다는 점을 반드시 사전에 안내해 주어야 한다. 아래 내용은 국내 5대 법정의무교육을 한눈에 볼 수 있도록 정리한 표이므로 참고하기 바란다.

교육 종류	대상	교육 시간	과태료	소관
직장 내 성희롱 예방교육	근로자를 사용하는 모든 사업장 또는 상시근로자 10인 미만 사업장, 또는 어느 한 성(性)으로만 구성된 사업장은 교육자료, 홍보물 게시 및 배포 방법으로 가능	연 1회 1시간 이상	500만 원 이하의 과태료	고용노동부
산업안전 보건 교육	5인 이상 사업장 (일부 업종 제외)	매분기 6시간 이상 *사무직/판매직은 매분기 3시간 이상	500만 원 이하의 과태료	고용노동부
개인정보 보호 교육	개인정보를 처리하는 자	연 1~2회 (권고)	미실시 제재 없음 사건사고 발생 시 최대 5억 원 이하의 과징금	행정안전부 (한국인터넷진흥원)
장애인 인식개선 교육	사업주 및 모든 근로자 (50인 미만 간이교육 가능) 간이교육자료 게시배포 등	연 1회 1시간 이상	300만 원 이하의 과태료	고용노동부 (한국장애인고용공단)
퇴직연금 교육	퇴직연금제도 가입자	연 1회 이상	1천만 원 이하 과태료	고용노동부 (근로복지공단)

3) 국내 법정의무교육의 문제점

① 전문성을 갖추지 못한 함량 미달의 강사 난립

② 현장 상황을 반영하지 않은 일방적인 강의

③ 업데이트되지 않은 정보로 이루어지는 부실한 강의

④ 해당 법정의무교육과 맞지 않은 부실한 강의 자료

⑤ 성의 없는 강의 태도와 강의와는 관련 없는 행위

⑥ 강의 자료나 교재 없이 이루어지는 강의

⑦ 해당 법정의무교육과는 전혀 무관한 이력이나 경험이 전무한 강사의 강의

⑧ 돈벌이를 위해 부실한 강의 후 수료증 남발하는 교육업체

⑨ 부실한 교육업체나 강사를 제재할 수 있는 방안의 부재(법적 단속 조항의 부재)

⑩ 정부산하기관이라고 속이고 법정의무교육 유도하는 교육업체나 강사

4) 법정의무교육 강사가 되기 위한 조건

법정의무교육 강사의 조건은 고객사에서 자체적으로 진행할 경우 사내직원의 강사 자격 기준은 없으나 산업안전보건교육은 강사의 자격을 갖춘 직원이 교육을 해야 인정된다. 다음은 교육 종류별로 강사가 갖추어야 할 조건을 정리한 것이다.

교육 종류	조건	비고
직장 내 성희롱 예방교육	• 별도의 강사 자격을 규정하고 있지 않음 • 고충 처리 절차와 가해자 징계 절차를 이해하고 있는 부서장급 이상에게 교육을 권하고 있음	미실시 500만 원 이하 과태료
산업안전보건 교육	• 연간 16시간 관리 감독자 교육을 이수하면 자격이 주어짐 • 사업장 소속 관리 책임자, 산업안전지도사 및 산업위생지도사 • 안전보건교육위탁기관, 공단강사요원교육과정이수자 • 안전보건관리담당자, 안전보건책임자 외	미실시 500만 원 이하 과태료
개인정보 보호교육	• 별도의 강사 자격을 규정하고 있지 않음 • 개인정보보호 교육 전문강사 자격의 경우, 실무 경력 5년, 강의 경력 3년간 10회 이상으로 강화됨	미실시 제재 없음

장애인 인식개선교육	• 한국장애인고용공단에서 진행하는 강사양성과정을 이수해야 자격이 주어짐 • 고용노동부 지정 위탁교육기관인지 확인이 되어야만 인정 • 지정된 기관은 한국장애인고용공단 사이트에서 확인 가능	미실시 300만 원 이하 과태료
퇴직연금 교육	• 별도의 강사 자격을 규정하고 있지 않음 • 퇴직연금 사업자 또는 금융, 노무 등 퇴직연금 관련 전문가	미실시 1천만 원 이하 과태료

5) 법정의무교육 강사가 준비해야 할 것들

법정의무교육을 하는 강사가 강의를 하기 위해 준비해야 할 것들은 아래와 같다.

① 법정의무교육에 대한 명확한 이해 및 주요 정보나 지식 보유(취지나 목적, 미이수 시
   불이익 등)

② 정확한 법령의 이해와 해당 교육과 관련한 구체적인 사례(최신 사례 중심)

③ 해당 교육과 관련한 교안 및 강의 스킬

④ 해당 교육과 관련한 최신 강의 자료(교육 및 강의 자료는 관련 기관에서 다운로드 가능)

⑤ 사전에 해당 교육과 관련한 자격 및 조건 갖추기

⑥ 법정의무교육 필수서식(해당 기관이나 업체에서 준비하기도 하나 없을 경우 서식 제공)

⑦ 사전에 예상 질문 파악 및 대응 답변 또는 근거가 되는 자료 준비

6) 법정교육 진행 시 사전에 파악해야 할 사항

법정교육은 정부에서 규정해 놓은 법령을 기준으로 매년 의무적으로 진행되는 교육이
기에 교육을 진행하는 사업장과 교육생의 태도가 비협조적이거나 다소 경직된 분위기
가 연출될 수 있다. 형식적인 교육이지만 법정교육의 중요성을 인지하고 교육에 적극
적으로 참여할 수 있도록 기존에 정부에서 배포되는 자료뿐만 아니라, 실교육에 앞서
교육담당자에게 아래와 관련된 사항을 전달받아 교육을 진행하게 되는 사업장의 특성
을 고려하여 차별화된 내용으로 준비하여야 한다.

① 법정의무교육 대상 기업 또는 기관인지 여부 파악

② 직종에 대한 이해

③ 법정의무교육 대상자와 필수로 받아야 할 대상 파악

④ 교육 회수 및 과태료 여부

⑤ 교육생(종사자)에 대한 특성 파악

⑥ 사업장에서 정해 놓은 기준 및 매뉴얼

⑦ 교육 주제와 관련된 사업장에서의 문제 상황

7) 법정의무교육 시 강사가 반드시 알고 있어야 할 내용들

법정의무교육과 관련하여 강사들이 반드시 알고 있어야 할 사항들을 정리하면 아래와 같다.

① 모든 교육이 법정 의무사항은 아니므로 유의한다(직장 내 괴롭힘 예방 교육은 의무교육이 아님).

② 외부 전문강사를 통해서 받아야 하는 것도 있지만 자체적으로 교육이 가능한 것도 있다.

③ 해당 기관에서 제공하는 온라인교육으로도 가능하다.

④ 법에서 정하는 교육 내용이 온라인교육 시에도 반드시 전달되어야 한다.

⑤ 교육대상 규모에 따라 교육을 받지 않고 교육자료를 배포하는 것만으로도 교육을 실시한 것으로 간주하는 경우도 있다(직장 내 장애인 인식개선교육의 경우 50명 미만).

⑥ 근무 장소와 관계없이 근로시간 도중에 온라인교육을 실시한 것이면, 해당 시간도 근무한 것으로 처리되어야 한다.

⑦ 지정받지 않은 교육기관으로부터 교육을 받은 경우, 교육이 인정되지 않는다.

⑧ 법정의무교육 후 교육을 실시하였음을 증명할 수 있는 증빙자료를 보관하도록 안내해야 한다.

⑨ 법정의무교육을 미이수하거나 불참한 직원이 있다면 추가교육을 실시하여야 한다.

⑩ 사업장 행정점검 시 교육 미실시로 인해 적발되어 과태료 부과될 수 있음을 안내해야 한다.

⑪ 미실시했다고 해서 모든 법정의무교육이 무조건 과태료가 부과되는 것은 아니다(개

인정보보호교육의 경우 실시하지 않았다고 과태료를 부과하는 등의 제재는 없지만 사건사고 발생 시 최대 5억 원 이하의 과징금 부과).

⑫ 교육은 사내(자체)교육, 온라인교육, 위탁교육, 외부강사 초빙 교육 등 해당 기관 (기업)의 상황을 고려하여 선택이 가능하다.

8) 의무교육을 빙자한 상품판매 행위에 대한 처벌 규정

법정의무교육과 관련하여 자격도 없고 지정받지 않은 업체에서 기업이나 기관에 연락하여 공단을 사칭하며 잘못된 교육 방법을 안내하는 사례가 증가하고 있다. 따라서 법정의무교육에 대한 잘못된 안내를 하고 있는 불법 홍보 및 유사 교육 업체에 주의하여야 한다. 그뿐만 아니라 반복적인 영업 전화, 허위 안내, 협박·강요 등의 피해가 발생한 경우 피해 사실을 입증할 수 있는 증빙자료(녹취 등)를 확보한 후 가까운 경찰서로 신고하여야 한다. 아래는 법정의무교육을 빙자한 상품판매 행위에 대한 처벌 규정을 정리한 것이다.

위법행위	관계법령 / 처벌 내용	신고 및 주관기관
허위의 사실을 유포하거나 기타 위계로써 사람의 신용을 훼손	• 형법 제313조(신용훼손) • 1천 5백만 원 이하의 벌금	경찰서
제313조의 방법 또는 위력으로써 사람의 업무를 방해	• 형법 제314조(업무방해) • 5년 이하의 징역 또는 1천500만 원 이하 벌금	경찰서
기만적 방법을 사용하여 소비자를 유인 또는 거래하는 행위	• 방문판매 등에 관한 법률 • 2년 이하의 징역 또는 5천만 원 이하의 벌금	공정거래위원회, 관할 시, 군, 구청
수신자 동의 없이 영리 목적의 광고성 정보를 전화 또는 모사전송	• 정보통신망 이용촉진 및 정보보호 등에 관한 법률 • 3천만 원 이하의 과태료	미래 창조 과학부 전파관리소
고용노동부 로고를 무단으로 사용할 경우 상표권 침해 – 고용노동부 로고와 같은 '업무 표장'도 상표에 관한 규정 적용	• 상표법 • 7년 이하의 징역 또는 1억 원 이하의 벌금	특허청

9) 법정의무교육 필수서식

법정의무교육 필수서식은 아래 4가지를 포함하여야 한다. 작성된 서식은 보관하거나 요청 시 해당 기관에 제출한다. 필수서식을 준비하고 작성하는 것은 교육이 제대로 이루어졌는지를 보고하고 추후 기관으로부터 교육을 실시했는지 여부를 확인할 때 증거자료로 활용할 수 있다. 교육을 이수했다는 것을 증명할 수 있는 서류(참석자 명단, 사진, 수료증, 보고서 등)는 교육일로부터 3년간 보관해야 한다.

주요 서식	주요 내용
교육계획안	• 회사 기본 사항을 먼저 기재 • 교육 일자 및 교육 관련 목차, 교육 내용 등을 기록 • 보통 교육 진행 전 계획을 수립하는 단계에서 사용
교육일지	교육 내용을 중심으로 기록하며 아래 내용을 반영하여 자세하게 작성 • 법정의무교육 유형 체크 • 교육 참여 인원 • 교육 과목 및 제목 • 주요 교육 내용 • 교육 장소 및 일시 • 특이사항 • 참석자 명단 및 강의 사진
교육보고서	교육 전반에 대한 내용을 기록하는 문서(최종 보고서 성격) • 교육 작성자 인적 사항(소속, 성명, 직급, 작성일자) • 교육 개요(교육명, 교육 장소, 교육 일시, 강사명 등) • 주요 교육 내용, 질의응답 내용 • 교육 증빙 사진 • 교육 효과 및 소감 등
교육참석자 명단	• 교육 참석자 확인을 위해 필요한 문서 • 교육 참가자는 소속 및 직급 등을 기록하고 서명날인
교육 증빙 사진	• 교육 대상자가 교육을 받고 있는 사진 • 강사는 물론 교육생, 교육 내용이 나올 수 있도록 촬영

10) 법정의무교육 교육자료 얻는 방법

법정의무교육자료는 교육을 주관하는 기관 홈페이지 및 다양한 통로를 통해서 구할 수 있으며 대부분 해당 기관 홈페이지 자료실에 가면 표준강의안 등의 자료는 물론 매뉴얼, 동영상, 리플릿이나 홍보자료 등을 구할 수 있으니 활용하기 바란다.

교육 종류	교육 및 참고자료 얻는 곳
직장 내 성희롱 예방교육	• 직장 내 성희롱 예방교육 자료(리플릿), 대응 매뉴얼 • 사내비치용 또는 자체교육자료로 사용 가능 　http://www.moel.go.kr/info/publict/publictDataView.do?bbs_ 　seq=20200800569 • 여성가족부 홈페이지 • 교육정보〉교육자료실〉폭력예방교육자료 동영상 및 표준강의안 등 자료 　http://www.mogef.go.kr/oe/olb/oe_olb_s002.do?mid=etc605&div2=405
산업안전보건 교육	• 산업안전보건교육 가이드북 　http://www.moel.go.kr/info/publict/publictDataView.do?bbs_ 　seq=20190100021 • 산업안전보건교육 교육자료 　http://www.kosha.or.kr/mediaBank.do?menuId=7849
개인정보 보호교육	• 개인정보보호종합포털에서 인터넷으로 무료수강이 가능 • 수강 후 수료증 발급 • 자료마당에 홍보자료 및 교육자료 활용 　https://www.privacy.go.kr/edu/ttb/selectBoardList.do
장애인 인식개선 교육	• 한국장애인고용공단 홈페이지에서 관련 자료 참고 • 교육자료 및 교육일지 등 교육 관련 내용 참조 　https://www.kead.or.kr/view/service/service04_17_01.jsp.
퇴직연금 교육	• 퇴직연금교육 교육자료 • 근로복지공단 홈페이지 퇴직연금 교육자료실 　http://pension.kcomwel.or.kr/websquare/?w2xPath=/pages/ 　edu/HP03040100.xml

03 | 강의 운영

(1) 강의 준비 체크리스트

강의 전에 강의와 관련된 준비물이나 활동을 점검하고 체크하는 것은 강의 도중에 발생할 수 있는 다양한 리스크를 사전에 예방하고 원활한 강의가 진행될 수 있도록 도와준다. 강의를 위한 점검은 크게 5가지로 분류하여 사전에 체크하는 것이 바람직하다. 강의를 하면서 경력이 쌓이면 대부분 갖출 수 있는 사항들이지만 오랜 강의를 해 온 강사들도 가끔 실수하는 것들이 있다. 강의 준비를 위해 사전에 점검해야 할 것들은 아래와 같다.

1) 강의 운영
강의를 진행하는 데 있어 사전에 점검해야 할 사항은 아래와 같다.
① 공개강의인 경우 강의장 위치, 출입 방법 등을 안내하는 문자나 메일을 사전에 보낸다.
② 강의장 위치를 안내하는 이정표를 강의장 입구에 부착해서 혼선이 없도록 한다.
③ 강의와 관련된 준비물을 확인한다(명찰, 강의교재, 교자재, 다과, 수료증 등).
④ 강의교안 및 강사 소개를 위한 프로필을 준비한다(출강인 경우 사전에 강의교안 발송 확인).

⑤ 공개강의의 경우 인원 수보다는 2~3명분 정도 여유 있게 준비한다.

⑥ 강의교재는 링제본이나 무선제본이 나으며 바인더 형식은 지양한다.

⑦ 강의와 관련한 기자재 및 설비 이상 유무를 점검한다(노트북, 빔프로젝트, 프리젠터 등).

⑧ 강의장 노트북에 문제가 발생할 경우 대신할 수 있는 강의 노트북을 준비한다.

⑨ 노트북 부팅 후 강의 관련 프로그램 설치 여부를 확인한다(동영상, PDF/한글 뷰어, 폰트 지원 등).

⑩ 식당은 미리 예약하고 식사 후 입실과 관련된 시간을 명확히 전달하여 시간 엄수토록 한다.

⑪ 강의 도중 발생할 수 있는 다양한 문제 상황에 대비한다.

2) 강사

강의를 제안하고 제안이 받아들여져서 강의를 진행하거나 적정한 인원이 구성되었으면 여러 가지 준비해야 할 것들이 있다.

① 출강 전이라면 프로필이나 강의계획서, 준비물이나 강의실 배치에 관련한 정보를 주고받는다.

② 출강인 경우 강의와 필요한 사항들을 정리해서 사전에 전달한다.

③ 강의장 위치나 교통 및 이동 관련 정보를 사전에 확인하고 적어도 10~20분 전에는 도착한다.

④ 출강 당일에는 강의 전에 준비하지 못했던 서류나 자료를 전달한다.

⑤ 교육생 명단이나 조 편성과 관련된 정보를 확인하고 강의 시 고객사측 필요사항을 확인한다.

⑥ 교자재는 물론 강의 관련된 사전 시설이나 장비를 확인한다(노트북 연결, 음향시설, 마이크 등).

⑦ 강의 종료 후에는 비용 정산을 위한 서류를 준비한다(통장사본, 신분증, 사업자등록증 등).

⑧ 공개강의인 경우 사전 결제하지 않은 교육생을 고려해 현장에 카드단말기를 준비하거나 계좌를 안내한다.

3) 강의장

① 강의장 관련해서는 사전에 전달한 방식으로 배치되었는지 확인한다.

② 노트북을 지참할 경우 빔 프로젝트 단자를 확인한다(HDMI, RGB 등).

③ 빔 프로젝트의 경우 노트북과의 호환성은 물론 화면 상태, 리모컨 상태를 확인한다.

④ 빔 프로젝트의 리모컨 중 'Off' 또는 'Mute' 기능을 미리 익히고 활용한다.

⑤ 마이크를 사전 점검한다(하울링이나 볼륨 크기 설정 등).

⑥ 빔 프로젝트와 함께 스크린도 사전에 점검한다(제대로 강의 내용이 투사되는지 여부).

⑦ 기타 강의를 지원하는 도구나 교자재를 확인한다.
 - A4용지, 매직, 전지, 네임펜, 포스트 잇, 가위, 칼 등 기타
 - 강사의 경우 화이트보드 정리 및 보드 마카를 색깔별로 준비

(2) 강의 도구

1) 마이크 사용법

① 마이크는 강의 시작 전에 음향은 물론 볼륨을 사전에 조절해 놓는다.

② 중간에 강의가 끊기지 않게 예비 마이크를 확보해 놓는다.

③ 마이크를 사용하지 않을 경우에는 반드시 오프(off) 모드로 전환해서 잡음이 들리지 않도록 한다.

④ 마이크 테스트를 할 때는 손으로 마이크 헤드를 톡톡 2~3회 두드리거나 "마이크 테스트 중입니다"라고 말을 해 제대로 소리가 나오는지 확인한다.

⑤ 마이크 볼륨을 너무 높일 경우, 음향기기와 접촉 시 큰 잡음이 발생하므로 주의한다.

⑥ 마이크는 하울링(울림현상)이 발생하므로 절대 헤드 부분을 잡으면 안 된다.

⑦ 마이크를 잡을 때는 마이크 헤드 부분을 입에서 45도 정도 기울여서 사용한다.

⑧ 마이크는 음향 상태에 따라 다르지만 보통 입에서 5~10㎝ 정도 거리가 적당하다.

⑨ 마이크 테스트를 할 때 적정 소리 크기는 맨 뒤에 위치한 교육생이 들릴 정도면 충분하다.

⑩ 마이크는 본인 취향에 맞게 활용하되 강의 시간을 고려하여 선택한다(유선, 무선, 핀(Pin)마이크).

2) 프리젠터 사용법

① 프리젠터는 자신의 손에 맞는 그립감이 좋은 제품을 선택한다.

② 프리젠터 연결 수신 상태를 확인한다.

③ 강의 전 프리젠터의 기능을 테스트 한다(기능 정상 작동 여부, 화면 전환 및 전환의 감도, 슬라이드 쇼 확장 여부, 다음 페이지, 쇼 마침 등).

④ 강의 유형에 맞는 포인터(점, 라인, 면 또는 원, 사각형)를 선택해서 사용한다.

⑤ 프리젠터의 포인터는 강의 화면을 벗어난 곳을 향하지 않도록 주의한다(교육생 얼굴).

⑥ 배터리는 충분한지 확인하고 만약을 대비해서 여분의 프리젠터를 확보 및 준비한다.

(3) 강의실과 자리 배치

강의가 이루어지는 강의실에서 자리를 어떻게 배치하느냐에 따라 강의 분위기는 물론 성과까지 바뀔 수 있다는 사실을 알고 있는 사람들은 드물다. 강의 환경의 중요성은 아무리 강조해도 지나치지 않다. 따라서 강사 입장에서는 강의가 이루어지기 전에 교육생들이 강의에 집중할 수 있는 환경을 마련하는 것이 매우 중요하다고 할 수 있다.

1) 강의실과 자리 배치와 관련된 문제점

① 강의의 특성을 고려하지 않음(토론참여식, 실습식, 강의식 등)

② 교육대상자를 고려하지 않음(학생, 성인, 노년층, 임원, 신입사원 등)

③ 강의 시간을 고려하지 않은 자리 배치

– 시각자료가 많은 2~3시간 특강에 워크숍 형태의 자리 배치

– 6시간 이상의 워크숍에 1자형 자리 배치

④ 교육에 참석하는 인원(수)과는 맞지 않은 강의장 규모

– 대상자가 10명인 강의에 200명 수용이 가능한 대강당에서의 강의

– 대상자가 30명인 강의에 25명 수용이 가능한 좁은 강의장에서의 강의

⑤ 소통이 필요한 강사와 교육생의 거리를 고려하지 않음(심리적 또는 물리적 거리)

⑥ 강의 시 동선을 고려하지 않은 자리 배치(쉬는 시간이나 발표 시간 등)

2) 좋은 강의실의 조건

① 교통이 편리한 지역에 위치해야 한다.

② 찾기에 쉽고 접근성이 좋아야 한다.

③ 주변 소음이 없는 조용한 장소여야 한다.

④ 어둡지 않고 채광이 비교적 잘 들어야 한다.

⑤ 환기는 물론 쾌적한 상태가 유지되어야 한다.

⑥ 교육생을 충분히 수용할 수 있는 공간이 확보되어야 한다.

⑦ 시설 및 기자재가 확보되어 있어야 한다(빔프로젝트, 마이크, 프리젠터, 칠판, 네트워크 등).

⑧ 강의의 특성을 고려한 자리 배치의 유연성이 확보되어야 한다.

(4) 강의실 형태 및 특징

강의실 형태는 매우 다양한 형태로 존재하는데, 강의 유형에 따라 강의실 형태도 달라져야 한다. 아래는 강의실 형태에 따른 특징을 설명한 것이다.

1) 교실형 강의실

① 가장 일반적이고 전통적인 형태의 강의실(교실 또는 강당 활용, 세미나, 컨퍼런스 등)

② 교실형은 강사와 교육생과 거리감이 존재하고 형태만으로도 위계가 존재한다.

③ 강사는 지식과 정보를 전달하고 교육생은 강의를 듣는 형식의 일방향성이 존재한다.

④ 소통이 제한적이고 일방향적인 강의를 할 수밖에 없는 한계가 있다.

⑤ 인원의 많고 적음에 상관없이 지식과 정보를 전달하거나 제한된 시간에 많은 양의 교육을 진행할 때 효과를 볼 수 있는 강의실 형태이다.

⑥ 교육생 간의 소통이 어렵고 활동이 제한적이어서 활동성이 떨어진다.

2) 원형극장형 강의실

① 토론식 강의에 적합한 강의실이며 대학원 MBA과정에서 많이 활용한다.

② 일반적인 교실형 강의실보다는 강사와 교육생, 교육생과 교육생 간 소통이 원활하다.

③ 많은 인원이 참여 가능하며 모든 교육생이 빠지지 않고 토론 참여가 가능하다.

④ 계단식으로 되어 있어 강사의 움직임이나 판서 내용을 확인하기 위한 시야 확보가 가능하다.

⑤ 다양한 장점에도 불구하고 교육생 간 다양한 활동(Activity)이 제한적이라는 점이 한계다.

3) T자형 강의실

① 가장 범용성이 뛰어난 강의실 형태로 많은 장점을 가지고 있다.

② 평상시에는 교실형으로 활용하다가 토론 및 활동이 필요할 경우 그룹형으로 변경이 가능하다.

③ 이러한 강의 구성상의 유연성으로 인해 기업교육에서 가장 많이 활용된다.

④ 강의에 집중할 수 있고 위치를 변경하지 않고도 다양한 활동을 병행할 수 있다.

⑤ 소규모 그룹 또는 대규모로 워크숍을 진행할 때도 활용이 가능하다(대규모는 보조강사 필요).

4) 라운드 테이블형 강의실

① 라운드 테이블(Roundtable)형의 강의장으로 T자형 테이블 강의실과 유사하지만 차이가 있다.

② 강의 유형에 따른 테이블 구성의 유연성이 T자형 테이블 강의실보다는 떨어진다.

③ 보통 식사를 하면서 회의를 하거나 조찬 간담회를 개최할 때 많이 활용한다.

서비스 전문강사 자격증 CPSI 필기

④ 워크숍이나 집단 토론을 할 때는 유리한 형태지만 강의를 할 경우에는 집중하기 힘들다.

⑤ 중앙에 화면이 있을 경우 교육생의 위치에 따라 사각지대가 발생한다.

⑥ 교육생의 경우, 강의나 기타 활동이 중앙을 중심으로 이루어질 시 자세가 매우 불편하다.

(5) 강의장 자리 배치

강의를 진행하는 데 있어서 강의장 자리 배치를 어떻게 하느냐가 매우 중요하다. 강의의 특성이 단순히 정보나 지식을 전달하는 데 그치는지 아니면 협업이나 토론이 필요한지에 따라 다르다. 소통에 중점을 두는 경우 그리고 다양한 활동을 통해 결과물을 내야 하는지 여부에 따라 강의장 자리 배치를 어떤 식으로 해야 할지를 고민해야 한다.

1) 정보나 지식을 전달하기 위한 자리 배치

① 강사가 교육생에게 정보를 전달하는 경우는 전통적인 방식인 교실형의 좌석 배치가 안정적이다.

② 강사는 앞쪽 전면 중앙에 위치하고 교육생은 줄과 열을 맞춰 일정 간격을 유지하며 3~4줄 정도 좌석을 배치하여 집중할 수 있도록 한다.

③ 교실형은 많은 정보를 전달하는 데 효율적이지만 강의 시 활동이나 커뮤니케이션이 어려워 강의 참여가 제한적인 단점이 있다.

④ 세미나형은 교실형과 유사하며 이러한 형태의 자리 배치는 사실상 정보를 전달하는 형태의 강의 외에는 거의 효과를 내기 힘들다.

⑤ 교실형은 완전히 구조화된 교육만 가능하며 단시간 내에 준비한 강의 내용만 정확히 전달하는 데 유용한 자리 배치라고 할 수 있다.

⑥ 세미나형의 경우 교실형과 마찬가지로 이러한 자리 배치는 일방적인 정보 전달에 효과가 있으나 상호 간의 소통이나 토론은 어렵다.

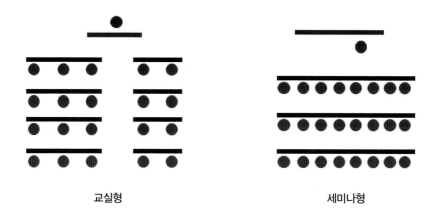

교실형   세미나형

2) 의사소통을 원활하게 하기 위한 자리 배치

① 원활한 소통이 필요한 강의라면 서로가 마주 볼 수 있도록 자리를 배치하는 것이 중요하다.

② 마주 보게 함으로써 서로가 참여하고 있다는 느낌과 함께 개방적인 느낌이 들도록 배치한다.

③ 소통은 원활하지만 팀 단위의 활동(Activity)이 제한적이고 결과물을 내야 하는 워크숍에는 적합하지 않다.

④ 가장 일반적인 배치 형태가 U자형(U-Type)인데 의사소통은 원활하지만 처음 만난 교육생의 경우 부담을 느낄 수 있다.

⑤ 타원형(Elliptical type)의 경우 U자형에 비해서 훨씬 개방적이며 토론이나 소통에 있어서 최적의 좌석 배치라고 할 수 있다.

⑥ 반면 강의를 진행할 경우 사각지대가 발생하고 강의가 중앙에서 이루어질 경우 교육생이 집중하기 힘든 좌석 배치이다.

⑦ 사각형은 강사나 교육생 모두 토론 참여 및 소통이 가능하지만 동시에 교육을 병행하기 힘들다.

⑧ 토론이나 소통이 원활하다는 장점이 있는 반면 상호 간의 의견이 다를 경우 통제하기 어렵다.

⑨ 반타원형(Semicircular type)의 경우 교육생들이 칠판이나 빔 프로젝트 내용을 보면

서 강의가 이루어지는 개방형 자리 배치이다.

⑩ 반타원형의 경우 강사를 중심으로 주의가 집중되고 소통이 원활하게 이루어지는 장점이 있다.

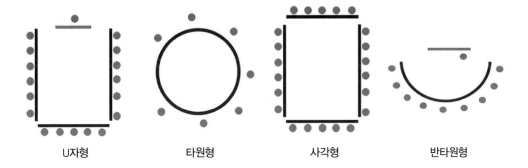

| U자형 | 타원형 | 사각형 | 반타원 |

3) 교육생의 참여 및 다양한 활동 지원을 위한 강의 배치

① 교육생의 참여는 물론 다양한 활동(Activity)을 가능하게 하는 자리 배치가 이루어져야 한다.

② 교육생의 참여율을 높이기 위해서는 서로 마주 보는 소모임 형태의 자리 배치가 안정적이다.

③ 원활한 소규모 활동과 참여율을 위해 교육생 움직임이 비교적 자유로운 형태의 자리 배치가 가능하다.

④ 강의의 집중도는 물론 긴장감 확보를 위한 강사의 동선 확보가 가능하다.

⑤ 교육생 참여와 활동을 가능하게 하는 강의 배치는 다양한 형태로 확장 또는 변형이 가능하다.

⑥ 다른 형태의 자리 배치보다 실습, 토론 등 다양한 활동이 가능해 역동성이 뛰어나다.

⑦ 가장 많이 활용되는 Type A형의 경우 강의는 물론 토론도 가능하며 조별 활동도 활발하게 이루어질 수 있고 소모임별로 경쟁심을 유발하는 효과를 낼 수 있다.

⑧ 강사가 제시한 과제나 결과물에 대한 발표 및 확인이 신속하게 이루어질 수 있으며 자리 배치 변형을 통해 전체적으로 해당 소모임에 대한 집중도를 높일 수 있다.

⑨ 강의가 원활이 운영되지 않으면 집중력이 떨어지고 어수선해지며 컨트롤하기 어렵다.

⑩ Type B의 경우 강의는 물론 전체 토론에 강한 자리 배치 형태이다

⑪ 자체의 독립성이 보장되면서도 소모임 활동은 물론 전체 토론이 가능하다.

⑫ Type C의 경우 소모임 활동은 물론 전체 토론으로의 전환이 가능하다.

⑬ 다른 자리 배치와 동일하게 잘못 리드를 할 경우 분위기가 어수선해지고 집중하기 어렵기 때문에 강의 운영이 중요하다.

⑭ Type A~C 강의 배치의 단점은 강의에 참석하는 교육생이 많거나 강의 장소가 좁은 경우 배치하기 어렵다는 점이다.

⑮ 판서를 위한 칠판의 경우 사방의 벽을 적절히 활용하면 강의 효과를 높일 수 있다.

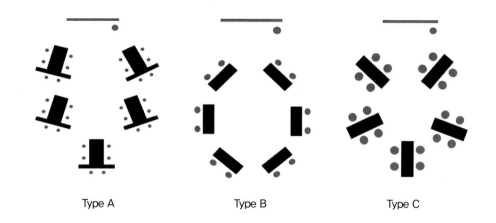

Type A   Type B   Type C

⑹ 강의 시간 관리하기

강사에게 있어 강의 시간을 관리하는 것은 참으로 어려운 일임에도 불구하고 가장 중요한 것이기도 하다. 대부분 강의 시간은 정시에 끝나는 경우도 있지만 너무 일찍 끝내거나 시간을 초과해서 끝내는 경우가 많다. 강의 시간 관리가 중요한 것은 교육생과의 약속이기도 하지만 강사 자신과의 약속이기도 하기 때문이다. 강의가 강의계획에 따라 순서대로 잘 이루어졌다면 성공적인 강의라고 할 수 있는데, 그만큼 강의를 철저히 준비했다는 반증이기도 하다.

① 강사는 적어도 10분 전에는 강의장에 도착해서 대기하거나 사전 준비한다.

② 강의 시작 전 강의 시간, 휴식 시간은 물론 강의 시작 전에는 반드시 착석할 것 등을 안내한다.

③ 강의 시간 관리를 위해 사전에 벽시계 위치를 점검하거나 강사 자신이 시계를 준비한다.

④ 팀 활동(Activity) 시 타이머 등을 활용하여 마무리 시간을 모두가 인지할 수 있도록 한다.

⑤ 50분 수업에 10분 휴식을 주는 것이 적당하며 강의는 예정된 시간보다는 5분~10분 정도 일찍 끝내는 것이 바람직하다.

⑥ 강의 시간은 보통 1시간 강의를 기준으로 40분 정도의 강의 분량을 준비한다.

⑦ 40분 정도 강의 분량 중 10분 정도는 질의나 부가적인 설명에 소요되는 시간을 고려한 것이다.

⑧ 강의 시간이 남을 경우 조금 일찍 휴식 시간을 제공하거나, 내용 요약 및 확인, 퀴즈, 간단한 영상을 준비해 보여 준다.

⑨ 시간이 부족할 경우 반드시 전달해야 할 내용만을 요약해서 전달하고 필요에 따라 생략한다.

⑩ 시간 부족으로 인해 소화하기 힘든 내용을 억지로 전달하려고 하지 말고 대안을 제시한다(추가 프린트물(Print out) 제공, 요약자료 제공, 관련 콘텐츠 참고 영상 또는 사이트 공유, 기타).

⑪ 강사가 시계를 자주 보는 것은 교육생의 집중력을 저하시키는 요소로 작용하므로 주의한다.

⑫ 강의 시간은 지속적으로 일관된 패턴을 유지하는 것이 바람직하다.

⑬ 좋은 강의 내용이라고 해도 정해진 시간을 지키는 것이 교육생에 대한 배려라는 점을 기억한다.

(7) 강의 도중 문제 발생 시 대처 방안

강의를 진행하다 보면 예상치 않은 일들이 발생하기 마련이다. 강사로서는 이러한 상황을 접하면 당황하기 마련인데, 이럴 때는 절대 당황하지 말고 문제 해결에 집중하는 것이 바람직하다. 강의 도중 발생하는 문제와 관련하여 가장 고민해야 할 부분은 교육생의 강의에 대한 태도나 자세 그리고 강의를 전달하는 데 있어 본질이라고 할 수 있는 교육생의 이해도라고 할 수 있다. 강의 도중 발생할 수 있는 문제 발생 유형과 대처법은 아래와 같다.

1) 교육생 간 수준 차이가 많이 나는 경우
① 동일한 내용을 반복해서 설명하게 되면 다른 교육생에게 피해가 발생한다.
② 사전에 교육생의 수준을 파악하여 강의 수준이나 난이도를 조정한다.
③ 중간 난이도의 강의를 진행하면서 수준을 고려하여 중간중간 난이도 높은 내용을 반영한다.
④ 사례 위주와 시사점 중심으로 설명하는 것이 바람직하다.

2) 집중 안 하고 잡담을 하면서 강의를 방해하는 경우
① 강의를 방해하는 행위에 대해서는 반드시 주의 환기가 필요하다.
② 강의 도중 잠시 침묵을 해서 강의에 집중하도록 한다.
③ 강사가 직접 잡담하는 교육생 근처로 이동하거나 접근한다.
④ 사전에 강의 중 하지 말아야 할 행위(강의 방해 등)에 대한 고지가 필요하다.

3) 교육생이 강의 내용을 제대로 이해하지 못하는 경우
① 교육생이 이해하지 못한 부분을 구체적으로 파악한다.
② 이해를 위한 과정 설명이나 사례 없이 강의를 진행했는지 여부를 확인한다.
③ 해당 부분 파악 후 요약·반복을 통해 교육생이 이해 못한 부분을 확인한다.
④ 구체적인 사례와 함께 이해 여부를 확인하며 재설명한다.
⑤ 다른 교육생이 모두 이해했는데 해당 교육생만 이해를 못한 경우 재설명하되 시간이 길어질 경우 쉬는 시간을 이용한다.

4) 외부 소음 발생으로 강의가 어려울 경우

① 소음 정도에 따라 강의 중단이나 계속 진행할 것인지 여부를 판단한다.

② 작은 소음이 발생했을 경우 계속 강의를 진행한다면 교육생들에게 사전 양해를 구한다.

③ 외부 소음이 너무 심하면 휴식을 앞당기거나 강의 중단 및 문제 해결 후 강의를 진행한다.

④ 사전에 강의 장소는 강의하기에 알맞은 장소로 선택한다.

5) 강의와 무관한 질문을 하거나 악의적인 행동을 보일 경우

① 질문의 의도를 파악하되 강의와의 관련성 또는 악의의 정도에 따라 강의 진행 또는 주의를 줘야 하는지 여부를 파악한다.

② 강의에 미칠 파급이 작거나 웃어넘길 수 있는 상황이면 강의를 지속한다.

③ 강의와 관련 없는 질문이라면 답하지 않겠다는 의도를 전달한다.

④ 이때 교육생이 무안하지 않도록 표현에 주의하여야 한다.

6) 지루하거나 따분해할 경우

① 교육생이 따분해하는 것은 전적으로 강사의 책임이다.

② 이럴 때는 억양을 바꾸거나 소리의 고저를 조절해 주의를 환기한다.

③ 잠시 휴식 시간을 제공하거나 스트레칭이나 간단한 퀴즈, 토론을 진행한다.

④ 강의에 집중하기 위해 강의와 관련된 사례나 경험, 자료를 공유한다.

⑤ 지루해하거나 따분해할 때 강의를 지속하면 오히려 역효과가 발생한다.

⑥ 지루하거나 따분하지 않게 적절한 유머를 섞어 가며 강의를 진행한다.

7) 마무리할 시간인데 질문을 던지는 경우

① 마무리 흐름을 끊지 않고 타 교육생의 입장도 고려하는 것이 바람직하다.

② 당황하지 말고 간단하게 답할 수 있는 경우 질문에 답을 해 준다.

③ 시간이 걸리는 경우 강의 종료 후 별도로 질문해 줄 것을 요청한다.

8) 강의 시간이 예상보다 늦어질 경우
① 전달하고자 하는 콘텐츠를 우선 순위화한다.
② 반드시 전달해야 하거나 강의 목표에 부합하는 콘텐츠를 선별한다.
③ 알아야 할 지식과 정보 위주로 강의를 진행하고, 알면 좋은 지식이나 정보의 경우 핵심과는 거리가 있으므로 이러한 내용은 과감하게 생략한다.
④ 내용이 길어질 경우 핵심 위주로만 요약해서 설명하고 보조자료를 제공한다.
⑤ 미리 공지를 통해 강의가 10분 전후로 일찍 끝나거나 늦어질 수 있음을 공지한다.

9) 휴대폰 사용 등 집중하지 않고 수업을 방해하는 경우
① 강의 전에 휴대폰 사용과 관련한 규칙을 미리 설명한다.
② 가급적 휴대폰은 꺼 놓은 상태에서 수강할 수 있도록 안내한다(진동모드).
③ 잦은 휴대폰 사용으로 강의가 지장을 받고 있음을 명확하게 밝힌다.
④ 휴대폰 사용은 반드시 휴식 시간을 활용할 것을 당부한다.
⑤ 직설적인 표현보다는 있는 사실 그대로 표현하는 것이 바람직하다.

10) 수시로 강의장에서 이석 또는 자리를 비우는 경우
① 전체를 대상으로 이석 또는 자리 비우는 일이 없도록 협조를 당부한다.
② 강의 중 이석을 함으로써 강의 분위기에 영향을 줄 수 있음을 안내한다.
③ 잦은 이석은 강의 분위기를 망치고 타 교육생에게 피해를 주는 행위이므로 단호하게 대처한다.
④ 전체를 대상으로 협조 당부 후에도 동일한 일이 발생 시 해당 교육생을 대상으로 해당 내용 안내 및 협조를 당부한다(객관적인 사실에 근거해서 전달).
⑤ 업무로 인한 잦은 이석의 경우 사전에 담당자로부터 해당 정보를 입수하여 교육생의 자리를 뒷문이나 방해되지 않는 출구 근처로 배치하여 수업 방해를 최소화한다.

04) 비대면 온라인 강의

(1) 비대면 온라인 강의의 이해

1) 비대면 온라인 강의의 정의

① 일반적으로 '원격강의'라는 용어로 활용되기도 하며 각기 다른 장소와 시간에서 이루어지는 수업 형태로 정의된다.

② 대면강의와는 반대되는 의미로 온라인에서 이루어지는 강의를 의미한다.

③ 비대면 강의, 화상강의, 디지털 강의 등과 같은 의미로 쓰인다.

④ 시간과 장소의 특성에 따라 실시간 또는 동시에 이루어지는 강의를 비대면 강의라고 하고 시간에 구애받지 않고 비실시간적으로 이루어지는 강의를 이러닝(e-Learning)이라고 한다.

⑤ 상호작용의 필요성이나 콘텐츠 중요도에 따라 다양한 방식의 비대면 온라인 강의가 존재한다.

2) 비대면 온라인 강의의 특징

① 공간의 제약이 적고 지리적인 한계를 극복할 수 있다(비용 절약).

② 실시간 소통하면서 즉각적인 피드백을 받을 수 있다(실시간 채팅).

③ 자율성이 극대화되고 자기주도적인 학습이 가능하다.

④ 실시간으로 이루어지지만 녹화된 영상이나 업로드된 자료로 효과적인 반복학습이 가능하다.

⑤ 온라인 강의 도구의 활용을 통해 강의의 효율성이 높아진다.

⑥ 많은 인원이 동시에 접속 가능하며 제한적이지만 특정 그룹별로 소통이 가능하다.

⑦ 오프라인 강의보다 비용이 저렴하다.

⑧ 소통에 대한 부담감이 오프라인보다는 덜하고 상대방의 얘기에 더욱 집중할 수 있다.

3) 비대면 온라인 강의의 단점

① 오프라인에 비해 현장감 또는 실재감이 부족하다.

② 대면에 비해 강의에 대한 통제가 느슨하다.

③ 현장감 및 집중력이 대면 강의에 비해 떨어진다.

④ 시스템 활용법에 따라 강의의 질이나 참여도의 차이가 크다.

⑤ 강의를 듣는 사람의 반응이나 이해 정도를 파악하기 어렵다.

⑥ 그룹별 활동(Activity)의 제약으로 인해 상호작용이 결여되어 학습 촉진에 한계가 발생한다.

⑦ 네트워크 환경에 따라 강의의 질이 결정된다(영상/음성).

4) 비대면 강의가 실패하는 원인

코로나로 인해 비대면 강의가 활성화되고 있는 시점에 이를 준비하거나 이미 시행하고 있는 강사들이 실패하는 이유가 무엇인지를 정리해 보면 아래와 같다.

① 사전에 철저하지 못한 강의 준비(온라인 강의 사전 체크리스트, 리허설 부족 등)

② 체계적이지 못한 교육 및 강의 설계

③ 오프라인에서의 강의 방식 고수(오프라인 교육이 온라인화)

④ 온라인 강의와 관련한 시스템이나 프로그램 사용 미숙

⑤ 다양한 강의 도구는 물론 교수법을 제대로 활용하지 못함

⑥ 신뢰를 저하시키는 강사의 말과 표현 그리고 자세

5) 비대면 온라인 강의 성공 요소

① 온라인 특성을 고려한 교육 및 강의 설계

② 교육생의 참여도를 높이는 강의 활동(퍼실리테이션)

③ 사전에 발생할 문제점들에 대한 철저한 준비(비대면 강의에 대한 위험관리)

④ 안정적인 강의를 위한 환경 마련(네트워크 접속 및 장비(SW 또는 HW), 장소 등)

⑤ 강의 도구 및 강의 교수법을 통한 현장과의 괴리 최소화

⑥ 사전에 교육생들에 대한 강의 안내(강의 가이드, 비대면 강의 시 Dos & Don'ts)

⑦ 강사의 강의 역량 및 수강생 니즈에 부합하는 콘텐츠

(2) 온라인 비대면 과정 설계

온라인 강의를 진행할 때는 반드시 아래와 같은 절차를 거쳐 과정을 설계하여야 한다. 우리가 집을 지을 때 설계도가 필요하듯이 온라인 과정을 개설할 때도 설계도가 필요한데, 이를 교수설계(Instructional System Design)라고 한다.

온라인 비대면 강의 과정의 핵심은 전달하고자 하는 내용을 효과적으로 그리고 효율적으로 전달하는 데 목적이 있다. 이렇게 핵심적인 것을 전달하려면 반드시 정보로 알아야 할 정보나 지식과 알면 좋은 정보를 구분하는 것이 선행되어야 한다. 과감하게 뺄 것은 빼고 핵심 위주로 전달할 내용을 선별하면 효율성과 효과성을 기대할 수 있다. 알아야 할 지식과 정보는 10분 이내에서 설명이 가능해야 하며, 단순히 설명보다는 실전적인 경험을 중심으로 기법화해서 전달해야 한다. 또한 이렇게 기법화한 내용은 직접 실습하도록 하는 것이 바람직하다.

반면 단순히 알면 좋은 지식이나 정보의 경우, 핵심과는 거리가 있으므로 이러한 내용은 과감하게 생략하는 것이 바람직하며 교육생이 참여한 소모임에서 부가적인 주제로 논의할 수 있도록 하는 것이 좋다. 온라인 강의 설계는 핵심에 집중하는 것이라고 해도 과언이 아니다.

온라인과 관련한 교육과정에 대한 모델이 별도로 존재하지 않으나 온라인 강의의 특

성과 활용되어야 할 도구에 초점을 맞추면 아래와 같은 절차를 거쳐 강의를 설계할 수 있다.

1) 온라인 과정 설계 프로세스

절차	주요 내용
강의 목표 (Goal)	• 구체적인 강의 목표 수립(지식 및 정보 제공, 경험 공유, 스킬 확보) • 추상적인 표현보다는 구체적인 단어와 표현 활용 • 측정 가능한 목표 또는 강의를 통해 얻을 수 있는 구체적인 결과물
강의 방식 선택(Type)	• 강의 목표 달성에 적합한 온라인 강의 도구 선택 • 고려 사항: 기기 조작 용이성, 교육생 규모 및 특성, 환경, 접속의 용이성 등
주요 콘텐츠 (Contents)	• 가장 핵심이 되는 콘텐츠로 전달하고자 하는 핵심 내용과 메시지 • 오프라인에 비해 단시간에 효과적으로 전달하고자 하는 메시지 • 전달하고자 하는 콘텐츠의 우선순위화 • 반드시 전달해야 하거나 강의 목표에 부합하는 콘텐츠 선별
활동 (Activity)	• 강의 목표에도 부합하고 교육생의 참여도를 향상시킬 수 있는 강의 도구 활용 • 패들릿, 슬라이도, 카훗, 잼보드, 뮤랄과 같이 교육생의 참여 유도는 물론 효율적인 • 강의를 지원해 주는 소프트웨어 또는 App 활용 • 정보와 지식을 전달하더라도 'Fun'적인 요소 가미
점검 (Check)	• 위 과정을 거쳤을 때 교육생 입장에서의 생각과 느낌, 경험에 대한 예측 및 점검 • 교육생 관점의 경험 관리(교육생의 터치포인트 점검) – 강의 목표에 부합하는지 여부, 교육생의 참여도가 높은지 여부 • 시스템, 절차, 강사 및 강사 지원 인력, 커뮤니케이션 점검

2) 온라인 강의 설계 시 고려 사항

온라인 강의를 설계할 때는 반드시 고려해야 할 사항들이 있다. 크게 보면 시스템, 절차(Process), 사람(강사, 교육생, 보조운영자 등)의 관점에서 구분할 수 있으며 오프라인에서 이루어지는 강의와 공통되는 요소도 있으나 온라인 강의를 할 때 특이한 사항을 고려하여 설계하여야 한다.

① 교육생이 진짜로 필요로 하는 내용을 다루고 있는지 여부

② 교육생이 적극적으로 참여하는 쌍방향적인 내용과 방식으로 강의가 진행되는지 여부

③ 강의 시간은 교육생의 집중도를 고려하여 적절하게 설계하였는지 여부

④ 강의할 내용의 우선순위는 정해졌는지 여부

⑤ 교육생의 흥미 유발 및 지루함을 극복할 수 있는 시각화된 자료가 준비되었는지 여부

⑥ 강의 중간 쉬는 시간은 충분히 제공하고 있는지 여부

⑦ 교육생이 참여할 수 있는 빈도수와 시간은 적정한지 여부

⑧ 교육생이 스스로 리뷰하고 정리하고 생각할 수 있는 시간은 충분히 제공되는지 여부

⑨ 강사가 쫓기듯이 강의하지 않고 시간적 여유를 확보한 상태에서 강의가 이루어지는지 여부

⑩ 온라인 강의에 활용하는 도구의 적절성 여부

⑪ 강의와 관련하여 적절하게 피드백이 이루어지고 있는지 여부

3) 체계적인 온라인 강의를 위한 조건

온라인을 통해 강의가 성공적으로 이루어지려면 아래의 5가지 조건을 충족시켜야 한다.

구분	주요내용
강의 내용(콘텐츠)	• 교육생에게 실질적인 도움을 줄 수 있는 강의 콘텐츠 • 강의 목표나 목적에 부합하는 콘텐츠 • 강의 내용의 구조와 우선순위(강의 내용 전달의 구조화)
강사의 역량	• 온라인 강의를 진행하는 강사의 역량 • 강사의 설명과 전달(온라인 강의 스킬) • 온라인 강의 도중 발생할 수 있는 문제 행동에 대처할 수 있는 대응력
균형 잡힌 강의	• 집중할 수 있는 시간을 고려하여 강의, 휴식 시간의 적절한 배분 • 시각적 구조화에 따른 강의 교재 배부 및 핵심 위주의 강의 진행 • 반드시 알아야 할 정보(지식)과 알고 있으면 좋은 정보(지식) 구분 • 강의-학습-평가로 이어지는 균형 잡힌 강의 유지
시스템 환경	• 교육 운영 장비는 철저하게 준비(SW/HW, 강의 플랫폼, 디바이스 등) • 어떠한 상황에서도 안정적인 시스템 및 네트워크 유지 • 온라인 강의의 효과를 향상시킬 수 있는 도구 선정 및 활용(클릭커, 온라인전지)
교육생의 참여	• 교육생의 적극적인 참여 유도가 핵심 • 수동적인 콘텐츠 전달이 아닌 능동적인 강의 참여 유도 • 교육생의 체험과 학습이 이루어지기 위한 충분한 시간 확보

4) 온라인 강의에 있어 강사의 실재감 이해 및 구성 요소

교육생과 상호작용을 높인다는 말은 강사의 실재감(Presence)과 연관된 말이나 다름없다. 강사의 실재감이 높다는 것은 오프라인에서 강사를 보는 것과 같은 느낌을 주거나 강사의 존재감을 드러낸다는 말과 일맥상통한다. 흔히 실재감이라는 것은 무언가 어딘가에 존재한다는 느낌(The sense of being there)을 말한다. 따라서 강사의 실재감이라는 것은 교육생에게 강의를 하는 강사가 실제 눈앞에 있는 것처럼 느껴지는 것이라고 할 수 있다.

강사 실재감은 대면 강의에서도 중요하지만 온라인 강의에서도 매우 중요하다. 강사 실재감은 교육생들의 강의에 대한 효과와 만족도에 큰 영향을 미친다. 따라서 온라인 강의를 진행하는 데 있어 강사는 물론 강의가 실재감이 높다는 것은 그만큼 강의의 목표나 목적을 달성할 수 있는 가능성이 높다는 것으로 해석될 수 있다. 아래는 '수업과 성장연구소'의 실제 온라인 강의 상황에서 강사의 실재감을 구현하는 원리(BEING)[3] 4가지를 설명한 것이다.

구성요소	주요 내용
연결되는 관계 만들기	• 온라인 수업을 시작했을 때 가장 우선적으로 필요한 원리 • 아직 강사와 친숙하기 전 단계로 낯설고 심리적으로 거리감을 느낄 가능성 높음 • 이러한 이유로 온라인 강의에서는 더욱 연결되는 관계 만들기가 중요
존재감 나타내기	• 강의 설계는 물론 촉진을 통해서 온라인에서도 자신의 존재감을 드러냄 • 이를 통해 강사의 의도는 물론 대체될 수 없는 강의에 초대된 느낌을 가짐
강의 흐름 이끌기	• 강의 목표를 달성하기 위해 강의 내용과 활동을 이끄는 과정을 진행 • 강의 진행 과정에서 상황을 파악하게 되고 교육생 수준에 맞는 강의 설계 변경 • 대면보다 더욱 구체적으로 강의 전략에 대한 소개와 수행 강조할 필요성 발생
피드백으로 다가가기	• 대면보다는 파악할 수 있는 정보와 지식을 얻기 힘듦 • 자신의 의견이나 생각을 확장할 수 있는 상호작용적 경험이 제한적임 • 따라서 강사의 피드백이 온라인 강의에서는 매우 중요함

---

3 신을진(2020), "온라인 수업과 교사 실재감", 「코로나19 온라인 개학 시대, 우리 교육에서 놓치지 말아야 할 것은?」, 좋은교사운동 온라인 정책 토론회(2020.4.27)에 나온 내용을 참고하였으며 본문에서는 '교사'라고 나온 것을 집필 과정에서 '강사'로 변경하였음

5) 온라인 강의 과정에서 교육생들에게 안내해야 할 사항

온라인 강의는 강사만이 아닌 교육생들도 사전에 준비해야 할 것들이 있다. 오프라인에서는 간단한 필기구만 준비하면 되지만, 온라인 강의의 원활한 수강을 위해서 사전에 준비해야 할 것과 교육을 진행하는 과정에서 해야 할 활동 그리고 마지막으로 강의가 종료된 후에 해야 할 일들을 정리하면 아래와 같다.

시점	주요 내용
강의 전	• 사전에 강의안내문 참고 및 교육자료 확인(수령 또는 다운로드 확인) • 교육안내문: 교육일자와 일시, 접속주소나 비밀번호, 수강 관련 가이드 　　　　　　　강의 도구와 관련하여 사전에 설치해야 할 프로그램 안내 　　　　　　　ZOOM의 경우 크롬, 엣지 브라우저 설치 필수 　　　　　　　ZOOM 접속 속도, 화면 점검, 비디오 점검, 오디오 점검 • 강의 환경 점검 　– 스피커, 마이크, 네트워크, 웹캠, 강의 플랫폼 활용 가능 여부 확인 　– 노트북 or 웹캠이 달린 데스크톱, 스마트폰 접속 가능 여부 　– 특히 외부장소에서 접속할 경우 수신강도 확인(사전에 속도 측정사이트 활용) 　– 장소: 집중이 잘되는 곳, 조명의 밝기가 충분한 곳, WIFI 수신이 양호한 장소 외 • 강의 시작 15분 전 접속해서 점검 후 5분 후에는 착석
강의 중	• 가장 중요한 것은 강의 몰입 및 적극적인 참여 • 능동적인 참여와 함께 질문과 호응(채팅, 음성, 질문 요청, 스티커 활용) • 문제 발생 시 즉시 강사 또는 담당자에게 연락하여 문제 해결 • 온라인 강의 시 에티켓 준수 　– 강의 흐름 방해, 상황에 따른 음성 및 영상 ON/OFF, 음식물 취식 금지 　– 얼굴이 제대로 보이도록 웹캠이나 카메라는 정방향 세팅 　– 휴식 후 강의 5분 전에는 미리 입장해서 착석 　– 강의 시간 중 딴짓하지 않기, 강의와 관련 없는 채팅글 남기지 않기 　– 타인을 배려하는 소통 (질문 또는 회의, 의견 교환 시)
강의 후	• 강의 평가(만족도) 참여, 강의만족도 및 강의 관련 의견 • 강의를 통해 얻은 것과 느낀 점 리뷰 • 리뷰를 통해 궁금한 점은 강사에게 질문하고 피드백받기

(3) 비대면 강의 자료 제작 스킬

비대면 강의의 경우 강사와 교육생이 마주하지 않은 상태에서 강의가 진행되기 때문

에 교육생의 집중력이 쉽게 떨어질 수 있다. 이에 교육생의 집중력을 높이고 상호작용을 하기 위한 노력으로 비대면 강의용 자료 제작에 주의를 기울여야 한다. 또한 비대면 강의 환경은 대면 강의 시의 환경과는 다른 특성을 지니므로, 그 특성에 맞게 강의 교안을 적절히 변형해야 한다. 강의 내용을 효과적으로 전달하고 교육생의 집중을 이끄는 강의 자료 제작 스킬은 다음과 같다.

1) 시각 자료의 활용
① 사진, 동영상 등의 시각 자료 활용은 교육생의 집중도를 높인다.
② 교육생의 모니터 화면 크기를 고려해 슬라이드 내 너무 많은 텍스트를 담지 않으며, 핵심 내용 위주로 작성한다.
③ 세부 설명이 필요한 경우 자세한 내용은 별도의 읽기 자료로 배포한다.
④ 강의 내용과 무관한 글자, 그림, 사운드는 배제하며, 문어체보다 대화체를 사용한다.
⑤ 파워포인트를 활용한 자료 제작 시, 슬라이드 크기를 4:3 비율로 설정할 경우 강의 화면 좌우에 검정색의 빈 공간이 생기게 된다. 이에 슬라이드 비율은 가급적 16:9로 설정한다.
⑥ 비대면 강의의 경우 텍스트의 가독성이 다른 매체들에 비해 떨어진다는 것을 인지하고, 가독성을 높일 수 있는 폰트를 사용한다.
⑦ 폰트 크기는 최소 12pt 이상으로 설정하고, 단락이 길 경우 단어가 잘리지 않도록 설정한다.

2) 시각 자료 활용 시 강의 구조 및 위치 정보 제공
① 표지에는 강의 제목을 기재하며, 여러 주차로 나눠서 진행하는 강의일 경우 몇 번째 강의인지 또한 기재한다.
② 교육생이 강의 내용을 구조적으로 이해할 수 있도록 목차를 삽입한다.
③ 교재와 강의 영상의 제목이 다를 경우, 교재상의 챕터명과 페이지 정보를 함께 기재한다.

④ 챕터 전환 시 간지를 넣어 주의를 환기하고, 교육생의 학습 동기를 높인다.

⑤ 고정된 위치 페이지별 챕터 및 제목을 삽입해 교육생이 강의의 흐름을 놓치지 않도록 한다.

3) 동영상 강의 자료 제작 팁

① 강의 내용을 도입, 전개, 마무리로 구성하되, 교육생 집중 가능 시간(15~20분)을 고려한다.

② 전달해야 하는 내용이 많을 경우 나누어서 촬영할 수 있도록 한다.

③ 교육생이 보다 강의에 집중할 수 있도록 강의 화면에 강사의 얼굴이 나오도록 설정한다.

④ 파워포인트를 활용해 동영상을 제작하는 경우, 화면 오른쪽이나 왼쪽 하단에 얼굴이 들어갈 공간을 미리 확보한다.

⑤ 스튜디오에서 강의 장면을 녹화할 경우, 강의 내용은 가급적 왼쪽 화면에 담길 수 있도록 하고, 오른쪽 빈 공간에 강사가 들어갈 수 있도록 한다.

⑥ 강의 전에 미리 원고를 작성한 뒤 활용할 경우 습관적으로 사용하는 말들의 사용 및 실수를 줄일 수 있다.

(4) 온라인 강의 진행

온라인 강의를 설계하였으면 설계된 내용에 따라 강의를 진행하여야 한다. 온라인 강의를 진행할 때 가장 기본이 되는 실행지침이나 실전 팁은 물론 사전에 체크해야 할 사항, 실전 온라인 강의 방법, 교육생의 강의 참여 유도 및 활성화 방법 그리고 온라인 강의 문제발생 시 대처법 등 아래 설명하는 지침에 입각해서 진행해야 위험을 최소화할 수 있다.

1) 온라인 강의 시 주의할 점_태도 및 기본자세

비대면 강의가 점차적으로 증가할 것으로 예상이 되는 상황에서 강사가 온라인 강의를 할 때 반드시 주의하여야 할 기본자세를 정리하면 아래와 같다.

① 시선은 카메라를 응시해 교육생들과의 아이콘택트(Eye contact)를 활성화한다.

② 몸과 얼굴의 근육 이완을 통해 전달이 잘되는 목소리를 구사한다(정확하고 또렷한 목소리).

③ 잦은 움직임보다 절제된 제스처를 통해 몰입도를 높인다.

④ 아래와 같이 강사로서 신뢰감을 저하시키는 말이나 행동은 지양한다.
  – 온라인 강의의 효용성이나 효과성이 그다지 뛰어나지는 않다
  – COVID19로 인해 대체재로서 온라인 강의를 진행하는 것이 아쉽다.
  – 오프라인 강의라면 좀 더 생동감 있고 더 신나는 강의가 이뤄질 수 있을 텐데 아쉽다.
  – 비대면 강의여서 좀 힘들겠지만 참아 달라.
  – 온라인으로 강의하는 것은 처음이어서 잘할 수 있을지 모르겠다.

⑤ 강의 전에 수많은 연습을 통해 온라인 강의에 익숙할 정도의 강의 실력을 키운다.

⑥ 강의 관련 기본적인 기기 조작법 정도는 알고 강의를 진행한다.

⑦ 온라인 강의의 특성을 고려하여 일방향이 아닌 쌍방향 강의가 이루어지도록 강의를 진행한다.

⑧ 교육생의 참여를 유도할 수 있는 다양한 온라인 도구 및 기법을 활용한다.

⑨ 온라인 강의의 특성을 이해하고 정확한 발음과 자신감 있는 목소리를 갖춘다(사전 온라인 도구를 통해 모니터링 및 체크).

⑩ 강사의 구체적인 경험과 직관적인 정보를 제공할 수 있도록 강의 전달과 소통을 위해 노력한다.

2) 온라인 강의 사전 리허설 시 체크해야 할 사항들

① 온라인 강의 환경에 맞춘 강의안 순서 확인(녹화 강의, 실시간 강의)

② 온라인 강의실 예약 여부 확인(예약일자, 시간, 초대 링크주소 또는 QR코드, 암호 등)

③ 네트워크 정상 작동 여부 확인

④ 사전에 강의 도구 및 장비 정상 가동 여부 모니터링

   – 강의 도구, 노트북 및 주변 기기, 스마트폰, 채팅창, 타블렛, 강의 콘텐츠와 강의
도구 연동 외

⑤ 사전에 익힌 기기조작법 확인(기기조작은 기능 위주로 하되 사전에 특이사항 숙지)

⑥ 음향 세팅(마이크, 스피커), 화면 전환 및 음소거, 녹화 기능 등 정상 가동 여부

⑦ 교육생들에게 사전에 보낼 안내문 내용 확인

   – 공개 채팅방 주소, 사전에 인터넷 속도 측정(벤치비, 한국정보화진흥원(NIA) 등)

   – 강의 날짜와 시간, 온라인 강의 장소 접속 및 입장 안내 방법, 필수 설치 프로그
램 외

   – 온라인 강의를 위한 준비 사항 : 인터넷 속도, 노트북, 웹캠, 헤드셋이나 이어폰 등

⑧ 강의 중 문제 발생 시 대처 방법에 대한 숙지

⑨ 온라인 강의 시 사용할 플랫폼 선택 및 사용법 숙지

   – 강의 도구: ZOOM, 웨비나, 리모트 미팅, OBS 스튜디오, MOOC, 유튜브 등

   – 온라인 소통 도구: 패들렛, 슬라이도, 카훗, 멘티미터 등

⑩ 온라인 강의 예상 진행 및 종료 시간은 물론 휴식 시간 체크

⑪ 강의교재 화면 공유 및 다운로드 가능 여부 확인

3) 효율적인 온라인 강의를 위한 실전 팁

온라인 강의를 진행할 때 강사가 반드시 알고 실행에 옮기면 좋을 실전 팁은 아래와
같다.

① 온라인 강의 시작 전 강의와 관련해 반드시 사전에 해야 할 일이나 준비 사항들을 고
지 및 안내(이메일, 오픈채팅방, 전화 등)하여 불필요한 지연이 발생하지 않도록 한다.

② 온라인 강의와 관련해 반드시 지켜야 할 온라인 강의 수칙이나 규칙을 사전에 공유
하고 강의 시작 전에도 다시 한 번 환기시킨다.

③ 강의 집중을 위해 강사를 제외한 교육생들은 조별 활동을 제외하고는 모두 음소거 상태를 유지하도록 한다.

④ 강의 유형에 따라 다르기는 하지만 자기소개와 라포르 형성을 마치면 강의 자료를 공유 상태로 유지하여 강의에 집중할 수 있도록 한다.

⑤ 강의 실재감 저하 또는 사각지대 예방 및 교육생의 반응 확인을 위해서 중간중간 교육생이 전체 화면에 보일 수 있도록 비디오를 설정한다.

⑥ 상호도구를 활용해서 주기적으로 교육생의 참여를 유도한다(퀴즈, 질문, 설문조사, 피드백 등).

⑦ 강의를 마치고 다음 강의로 이어질 때는 반드시 알아야 할 내용에 대해 간단한 리뷰를 한다(5분 정도 리뷰 또는 사전에 파워포인트 녹화 기능을 활용해 사전 강의 동영상 제작).

⑧ 강의 시간은 모듈마다 40분~45분이 적당하고 휴식은 오프강의보다는 피로도가 높으므로 15분 이상은 줄 수 있도록 한다.

⑨ 강의 마지막에는 반드시 Q&A를 진행하고 채팅이나 기타 도구를 통해 질문할 수 있도록 한다.

⑩ 강의 녹화가 필요한 경우 사전에 녹화 사실을 고지하고, 공유가 필요하다면 녹화된 강의 링크와 관련 자료를 강의 후 이메일이나 톡을 통해 공유한다.

⑪ 사전에 강의를 방해하는 문제행동(예: 줌바밍(Zoombombing), 욕설, 강의와는 상관없는 내용의 공유 등) 유발 시 '음소거' 또는 '비디오 중지'를 할 수 있고 경고 없이 강의실에서 강퇴시킬 수 있음을 고지한다.

※ 줌바밍(Zoombombing) : 온라인 강의도구 플랫폼인 '줌(Zoom)'과 폭탄 또는 폭격을 의미하는 '바밍(bombing)'의 합성어로, 줌을 이용해서 수업 또는 회의를 진행하는 도중 음란물을 투척하거나 욕설 또는 강의와는 상관없는 내용을 지속적으로 올리는 등 강의나 회의를 방해하는 행위

4) 실전 온라인 강의 진행 방법

온라인 강의는 여러 장점에도 불구하고 오랫동안 오프라인 강의에 익숙한 교육생이나 강사에게는 아직까지 익숙한 강의 방법은 아니다. 그러나 짧은 시간에 순도가 높은 온라인 강의를 진행하려면 몇 가지 지켜야 할 사항이 있다.

① 온라인 강의를 진행하다 보면 교육생들의 주의를 분산시키는 위험 요소가 많으므로 주의를 환기할 수 있는 기회를 자주 제공한다.

② 수동적인 강의보다는 교육생이 직접 강의에 참여할 수 있는 활동을 중간중간에 반영한다.

③ 강의는 45분 수업에 15분 휴식을 주는 것이 적당하다(오프라인보다는 좀 더 여유 있게 제공).

④ 교육생들을 대상으로 소모임 활동을 제공하는 것도 좋은데 10~20분 정도의 시간이 적정하다.

⑤ 다양한 지식과 정보를 전달하기보다는 핵심적인 내용을 중심으로 강의를 진행한다.

⑥ 사전에 핵심목표 또는 강의에서 다룰 내용에 대해서 요약하고 안내한다.

⑦ 강의는 핵심적인 내용을 중심으로 하고, 알면 좋은 내용은 과감하게 제외한다.

⑧ 강의는 텍스트보다는 이미지나 영상을 통해 지속적인 흥미 및 이목을 집중하게 한다.
  – 온라인 강의 도구의 경우, 오프라인 강의 도구보다 크기가 제한적이어서 텍스트가 많은 것은 강의를 방해하는 요소로 작용함

⑨ 강의 종료 후에는 오늘 강의에서 반드시 기억해야 할 핵심 내용을 요약 및 마무리한다.

⑩ 강의 마무리는 새로운 정보나 메시지 전달이 아닌 짧고 굵은 메시지를 시각화하여 보여 준다.

5) 교육생의 강의 참여 유도 및 활성화 방법

① 강의 시작 전에 교육생의 참여를 유도하는 활동을 진행한다.

② 자기소개나 강의와 관련된 활동은 온라인 상호도구(패들렛, Slido, 카훗 등)를 활용한다.

③ 온라인 강의 도구 플랫폼의 기능을 적극적으로 활용한다(채팅, 화이트보드, 화면 공유 등).

④ 강의 시간에 주기적으로 집중할 수 있는 이슈나 환기할 수 있는 활동을 병행한다.

⑤ 교육생 자신이 스스로 강의를 리뷰하고 정리할 수 있는 시간을 적절히 제공한다.

⑥ 소회의실 기능을 적절히 활용해서 교육생의 참여를 유도한다.

⑦ 강의 중간에 스마트폰이나 디바이스 활용을 통한 검색을 통해 개인 발표 및 토의를 진행한다.

구분	주요 내용
강의 시작 전	– 인사 및 간단한 아이스 브레이킹 – 교육생 본인 소개(하는 일, 온라인 강의에 임하는 자세, 바라는 효과나 기대 등) – 강의 관련 수준 파악(퀴즈나 설문 도구 활용)
강의 중	– 강의와 관련한 질문이나 돌발 퀴즈 – 강의 내용과 관련한 소프트한 질문(채팅 또는 음성으로 응답 유도) – 단답형 질문 또는 이모티콘을 활용한 단순 반응형 질문 활용 – 강의 중 소회의실 활용 　방장 선정, 회의실명, 각자 역할 분담 등 　회의 주제, 도출해야 할 결과, 회의 방식, 마감 시간 등 지침 제공 필요
강의 후	– 강의 소감 및 리뷰 – 현장에 적용 가능한 방법 및 개별 인사이트 발표 기회 제공 – 강의에 대한 만족도 조사(구글독스, 네이버폼, 멍키서베이 등)

6) 온라인 강의 문제 발생 시 대처법

온라인 강의를 진행하다 보면 여러 가지 문제가 발생한다. 강의하는 것에 집중해도 시간이 모자를 판에 여기저기서 문제가 터지면 난감하기 이를 데가 없다. 대표적인 것이 바로 음질, 음향, 소음, 끊김 문제(S/W 문제), PC, 모바일 연결의 어려움 등의 문제라고 할 수 있다. 오프라인이라면 어떻게든 해 볼 텐데 온라인 강의는 전혀 다른 환경이기 때문에 이러한 문제가 발생했을 때 대응하는 법에 대해서 고민을 많이 해야 한다. 아래 내용은 온라인 강의를 진행할 때 돌발적으로 문제가 발생했을 경우 대처할 수 있는 방법을 소개한다.

① 사전에 안내문을 통해서 발생할 수 문제와 이에 대한 대처 방법을 안내한다.

② 이러한 돌발적인 상황을 고려하여 운영자(강의지원 인력)를 두고 강의를 진행하는 것이 좋다.

③ 사전에 돌발적인 상황이 발생했을 경우 해야 할 일들에 대해서 역할을 분담한다. 만

일 시급하고 당장 해결할 수 없는 문제라면 운영자(강의지원 인력)와 조율하도록 한다.

④ 문제 발생 시 가장 중요한 것은 당황하지 않고 차분히 문제 해결을 위해 노력하는 것이다.

⑤ 어떤 문제가 발생했는지 유형을 파악한다(시스템, 네트워크, 온라인 강의 도구, 절차상 문제 등).

⑥ 문제 발생 시 다른 교육생들은 문제가 없는지 확인한다(전체의 문제 or 개인의 문제인지 파악).

⑦ 전체 교육생의 문제라면 잠시 양해 후 조치를 하는 동안 휴식을 제공한다.

⑧ 교육생 개인의 문제라면 강사가 간단한 조치는 할 수 있으나 그래도 해결이 되지 않을 경우 운영자가 대응할 수 있도록 한다.

⑨ 일단 온라인 강의상 충분히 일어날 수 있는 일이라고 교육생을 안심시킨다.
  - 교육생 당사자: "온라인 강의하다 보면 흔히 있는 일입니다. 저랑 함께 해결해 보도록 하겠습니다."
  - 교육생들: "잠시 연결이 매끄럽지 않았던 점 죄송합니다. 다시 강의를 진행하도록 하겠습니다."

⑩ 마이크의 경우 음소거 중지, 마이크 선택, 이어폰 분리 후 다시 연결 등의 순으로 조치한다.

⑪ 소리가 나오지 않을 경우 나갔다가 다시 입장하거나 스마트폰 이용 시 오디오 연결 클릭 후 인터넷 전화 선택하기 순으로 조치를 취한다.

⑫ 강의 도중 인터넷 연결이 끊어지거나 연결이 안 될 경우를 대비해 오픈채팅방을 개설해 놓고 문제 발생 시 채팅방을 통해 소통하며 재빨리 회의실 개설 후 링크 전송해서 재입장할 수 있도록 한다.

⑬ 검은 화면만 보이고 아무것도 재생되지 않을 경우 브라우저 환경을 점검해 줘야 하는데, 간단한 사항이면 교육생과 같이 문제를 해결하고 시간이 걸릴 경우 운영자가 처리할 수 있도록 한다.

⑭ 심각한 문제가 발생했을 경우 오픈 채팅방에 이슈를 공유하고 해당 문제를 해결되

는 과정을 중간중간에 알리는 것이 바람직하며 결과를 공유해 주는 절차를 거치도록 한다.

⑮ 긴급 상황이 발생했을 경우 교육생을 안심시키고 안정적인 분위기를 유지할 수 있도록 순발력 발휘가 필요하다(지연에 따른 사과와 교육생의 부정적인 감정과 불편함 해소를 위한 노력).

(5) 온라인 강의 도구 플랫폼 유형

온라인 강의 도구는 다양한 형태로 출시되어 현장에서 활용되고 있다. 강의 도구 플랫폼은 강의 방식이나 규모에 따라 다양한 기능을 제공하는 것이 좋으며 기능 외에도 지원 가능한 범위나 영상 품질에 따라 강사의 기호에 맞는 플랫폼을 활용하는 것이 좋다. 이외에도 기기 조작이 간편하고 접근성이 뛰어나며 집중도와 편의성이 뛰어나야 교육생 입장에서도 편안하게 강의에 집중할 수 있다.

1) ZOOM
① 국내에서 가장 많이 활용되는 온라인 강의 도구 플랫폼 중 하나이다.
② URL주소나 메일, 톡으로 손쉽게 회의 참여를 유도할 수 있다.
③ 무료로 100인 미만 강의를 진행할 수 있으며 40분의 시간 제한이 있다.
④ 유료로 이용할 경우 다양한 기능과 시간에 구애받지 않고 사용할 수 있다.
⑤ 보안 취약점과 개인정보 유출 등도 문제로 지적되고 있다.
⑥ 로그인하지 않아도 초대를 통해 입장이 가능하며 쉽게 사용할 수 있는 장점이 있다.

2) WEBEX
① 시스코에서 개발한 온라인 강의 도구로, 고화질 영상 제공과 함께 네트워크 안정성이 높다.
② 다양한 기능을 제공하고 있으며 웹 기반 로그인 방식으로 기능한다.

③ 25명 영상 분할 기능을 제공하며 대용량 파일 전송을 지원한다.

④ 최대 접속 인원은 100명이나 유료는 최대 200명 정도까지 가능하다(기업용 최대 1,000명).

⑤ 서비스 안정성 및 보안성이 우수한 편이다.

⑥ PC 사용 시 크롬에 최적화되어 있으며 개설 후 링크를 통해 교육생을 초대한다.

⑦ 사용자가 선호하는 화면이나 환경에서 강의 참여가 가능하고 개별 참석자를 지정해서 채팅 또는 스크린을 공유할 수 있다.

⑧ 강의 중 문제 발생 시 로그 기록을 통해 즉각적인 문제 해결을 지원한다.

3) 리모트 미팅(Remote meeting)

① 국내 기업에서 개발한 화상회의 및 강의 도구 플랫폼이다.

② 웹 기반 로그인 방식이며 HD화질 및 음성을 제공한다.

③ 직관적인 화면 구성과 간단한 조작은 물론 다양한 기능을 제공하는 것이 장점이다

④ 프로그램 설치가 필요 없으며 100명 이상 대규모 인원 입장이 어려운 점이 단점이다.

⑤ 시스템 장비 구축 및 프로그램 설치가 필요 없으며 강의 내용을 실시간 편집해서 공유 가능하다.

⑥ 종량제 및 정액제로 운영하고 있으며 30명 영상 분할 기능도 제공한다.

4) 구글 미트(Google meet)

① 구글에서 개발한 강의 도구 플랫폼으로 별도의 프로그램 설치 없이 브라우저에서 실행 가능하다.

② 다른 강의 도구 플랫폼보다 기능이 단순하다(웹 브라우저에서 이용 가능).

③ 구글 계정으로 로그인을 하면 누구나 무료로 이용 가능하다.

④ 사용법이 간단하고 ZOOM에 비해 보안이 우수하다.

⑤ 최대 60분까지 무료 이용이 가능하고 고사양의 화질과 마이크 통신을 제공한다.

⑥ 강사가 구글 계정을 통해 로그인 후 교육생이 참석하는 형태로 이용이 가능하다.

⑦ 구글의 특성이 그대로 드러나는 직관적인 유저 인터페이스를 통해 접근이 용이한 편이다.

5) 구루미 비즈(Gooroomee)

① 국내 기업에서 개발한 화상회의 및 강의 도구 플랫폼으로 최근에는 화상 면접도 가능하다.
② 별도의 앱 설치가 필요 없고 웹에서 초대하는 방식으로 링크 주소만 클릭하면 참여가 가능하다.
③ 판서, 실시간 퀴즈, 그룹 토의 등의 기능을 사용해서 온라인으로 강의가 가능하다.
④ 강사가 별도의 로그인 없이 클릭 한 번으로 강의실 개설이 가능하다.
⑤ 웹브라우저에서 바로 이용이 가능하며 1:1강의는 무제한으로 이용이 가능하고 문서 공유는 물론 화이트보드 기능 사용이 가능하다.
⑥ 화면 공유 기능은 직관적이고 간단하게 조작이 가능하다.

(6) 온라인 강의를 위한 소통 및 협업 지원 도구

온라인 강의를 진행하는 데 단순히 음성과 텍스트를 이용해 일방적으로 이루어지는 강의가 제대로 된 강의라고 할 수 없다. 대면이 아닌 온라인 비대면 강의의 특성을 고려해서 1차원적인 일방향 소통이 아닌 상호작용을 할 수 있는 소통 도구가 필요하다. 강사 입장에서는 교육생의 강의 참여 유도는 물론 쌍방향 소통을 가능하게 하는 온라인 소통 지원 도구를 정확히 이해하고 이를 강의에 적극 활용할 수 있어야 한다.

도구	특징 및 주요 기능
소크라티브 (socrative.com)	• 교육생의 의견이나 생각을 실시간 확인 가능한 플랫폼(Clicker) • 가장 단순한 형태의 도구이며 웹과 앱을 통해 활용이 가능 • PC, 스마트폰, 태블릿 등 각종 디바이스 사용 가능 • 객관식, OX, 주관식 문항 작성 가능하며 성적 보고서 이메일 발송 가능 • 팀 단위로 경쟁이 가능한 모드 제공, 팀 단위로 진행되는 강의에 적절

sli.do 슬라이도 (slido.com)	• 교육생들과 상호 작용이나 반응 확인 가능한 플랫폼(Clicker) • 무료로 3개까지 질문 생성이 가능하고 100명까지 참여 가능 • 앱을 설치하지 않고도 모바일 웹 브라우저로 참여 가능 • 사용법이 간단하고 pdf 또는 Excel 내보내기 기능 제공 • 객관식, 주관식, 단어 표현(Cloud형태), 별점 Rating 수치표현, 퀴즈 제공
Mentimeter 멘티미터 (mentimeter.com)	• 교육생들이 접속해 설문 후 제출하면 결과를 바로 확인 해주는 도구 • 강사와 교육생 간 다양한 소통 및 상호작용을 지원해 주는 Clicker • 별도의 앱을 설치하지 않고도 브라우저에 접속해서 소통 가능 • 별도의 IT도구 없이 쉽고 빠르게 의견 수렴은 물론 생각 공유 가 가능
Kahoot! 카훗(kahoot.it)	• 온라인 퀴즈도구로 강의 도중 실시간으로 퀴즈 제공(반응형 플랫폼) • 객관식, OX, 퍼즐형, 단답형 등 다양한 형태의 퀴즈 제공 • 자신이 낸 퀴즈를 공유하거나 다른 사용자의 퀴즈 사용 가능 • 문제별 정답률 및 개별 성적 등의 리포트 제공 • 까다로운 절차 없이 퀴즈 참여가 가능하고 소통이 용이(접근성이 뛰어남)
Jamboard 구글 잼보드	• 구글의 전자칠판으로 화이트보드처럼 활용이 가능(슬라이드형) • 각종 디지털 디바이스들과 구글 드라이브 연동되어 이용이 쉬움 • 쉽게 글을 쓰고 그림은 물론 도표 첨부 가능해 원활한 소통에 기여 • 기본적인 메모 기능 이외에 다양한 협업 기능 지원 • 구글 독스, 구글 시트, 구글 포토 등의 서비스 곧바로 이용 가능
BeeCanvas 비캔버스 (beecanvas.com)	• 클라우드 기반 화이트보드 형태의 온라인 협업 도구(슬라이드형) • 자유롭고 쉽게 활용이 가능하고 협업을 통해 아이디어 공유 지원 • 내장된 저작도구를 활용해 다양한 포맷의 자료를 기록 및 정리 가능 • 직관적으로 강사와 교육생 또는 교육생 간 소통을 지원하고 업로드가 빠름 • 유튜브 등 외부 App. 연동하여 캔버스에 기록할 수 있는 기능
MURAL 뮤랄 (mural.co)	• 공동작업이 가능한 화이트보드 형태의 온라인 협업 도구(전지형) • 포스트잇(Post-it)플러스와 연동시켜 몰입도와 참여도를 높임 • 크롬, 엣지에서 최적화되어 있으며 다양한 템플릿 제공 • 검색 기능이 없어 유튜브 활용 시 url 복사 후 활용이 가능 • 화면 전체 줌인, 줌아웃이 가능하고 디자인 씽킹 기능 사고력 활용 가능 • 기능을 익히는 데 시간이 걸리는 점이 활용성 측면에서 단점임
padlet 패들렛 (padlet.com)	• 교육생들이 생각이나 의견을 기록 및 공유할 수 있는 화이트보드 형태의 온라인 협업 도구(전지형) • 어플 설치 없이 스마트폰 브라우저에서 활용 가능하며 다양한 템플릿 제공 • 유저 인터페이스(UI)가 매우 직관적이어서 사용이 편리 • 다양한 게시판 종류를 선택해서 활용 가능(Wall, Grid, Shelf, Timeline 외) • 로그인하지 않고도 콘텐츠 생성이 가능(익명으로 작성 가능) • 게시판, 블로그, 포트폴리오 등 다양한 형식으로 제작이 가능 • 내용물은 정리해서 한눈에 볼 수 있으며 PDF파일로 변경 가능

(7) 비대면 온라인 강의 저작권

1) 온라인 강의 저작권 관련 주요 이슈

코로나로 촉발된 언택트 문화가 전방위적으로 확산되면서 교육 및 강의 분야에 있어서도 비대면 온라인 강의가 새로운 교육 방식으로 확산을 거듭하는 가운데 서서히 자리를 잡아 가고 있다. 이러한 현상과 함께 최근 화두가 되고 있는 것이 바로 비대면 온라인 강의의 저작권과 관련된 이슈라고 할 수 있다.

① 강의 자료를 만들기 위해 개인용 무료 라이선스 프로그램 설치 및 사용
 - 시중에 유통되고 있는 대부분의 프로그램은 개인용인 경우 무료로 이용할 수 있으나 강의 자료를 만들기 위해 프로그램을 다운로드받는 행위는 기업용(업무)에 해당하므로 유료버전 이용

② 공표된 저작물이나 이를 이용하여 작성한 강의 자료를 온라인을 통해 교육생에게 전송하는 경우
 - 저작권법 제25조 제3항 단서는 '공표된 저작물의 성질이나 그 이용의 목적 및 형태 등에 비추어 해당 저작물의 전부를 복제 등을 하는 것이 부득이한 경우 전부 복제가 가능하다'고 규정하고 있으므로, 부득이한 경우가 아니라면 저작물의 전부가 아닌 '일부분'만을 이용하여야 한다.

③ 위 공표된 저작물 또는 이를 이용한 강의 자료를 교육생이 타인에게 공유하는 경우
 - 강의 자료는 원작자의 허락 없이 웹(게시판, SNS, 블로그 등)에 공개 불가
 - 사전에 동의 없이 영상 촬영 및 녹화 또는 녹음 불가

④ 온라인 강의 중 음악이나 BGM을 활용하는 경우
 - 배경음악으로 음원 사용 시 저작권이 만료되거나 자유롭게 사용이 가능한 '공유저작물' 활용

2) 비대면 온라인 강의 저작권 관련 유의 사항

강사가 온라인 강의에서 사용하는 PPT, 동영상 등 모든 자료는 강사가 작성한 저작물

이거나 타인의 저작물로서 저작권법으로 보호되는 것이 일반적이다. 온라인 강의에 사용하는 동영상 교재를 만들고 강의하는 주체는 강사이며 강사 자신이 저작권자라고 할 수 있다. 강사가 강의를 목적으로 직접 개발한 교재를 활용하는 행위는 문제가 없다. 다만 저작권법을 위반해 강의 자료를 무단 사용하거나 사전에 허가 또는 허락을 받지 않은 저작물을 활용할 경우 민·형사상 책임을 질 수 있으니 다음 사항에 유의하여야 한다.

[비대면 온라인 강의 관련 저작권 유의 사항]

구분	주의 사항

PPT	• 이미지와 폰트 사용 시 저작권에 유의할 것
	  – 이미지 : 직접 촬영한 사진 혹은 직접 그린 이미지가 아닌 경우, 반드시 출처 명시(저작권법 제37조). 또한 CCO라이센스를 가진 이미지의 사용 권장
	  – 폰트 : 상업적 용도로 사용이 허용된 무료 폰트 사용
	• CCO라이센스는 위키미디어 커먼스(wikimedia commons) 등의 자료 활용 권장
	
	※ 'CCO라이센스'란 원저작물에 대하여 저작권자가 그 권리를 포기하거나 기부한 저작물을 의미

동영상 자료	• 동영상 강의 개발 시, 영상 내 저작권이 있는 영상 혹은 이미지 사용 시 유의할 것 • 직접 개발하지 않은 콘텐츠 활용 시, 영상을 제공하는 플랫폼의 원본 링크 탑재 후 링크를 통해 공유하고 영상 시청이 가능하도록 제작할 것 • 상업적 목적(영화나 드라마, 기타 교육방송 등)으로 사용되는 콘텐츠는 절대 동영상 탑재 불가(Non-DRM 영상도 탑재 불가) • 영상 내에 사용되는 음악은 저작권이 없는 음원 사용할 것 – 유튜브 오디오 라이브러리, Free Music Archive, Artlist 등 • 음원 파일을 구매했다고 하더라도 본인의 영상 콘텐츠 내에 탑재하는 것은 저작권에 위배될 수 있으니 유의할 것
출판사 교재 PPT 동영상 제작 활용	• 출판사에서 제공한 PPT 자료 활용 시 PPT 자료 이용 범위와 출판사가 제시한 이용 범위 내(예시: 비영리적, 교육 목적으로 사용 가능)에서 자유롭게 이용 가능 • 출판사 자료에 별도 이용 범위가 표시되어 있지 않거나 활용 금지 시 일부 이용 가능

외국 저작물 이용	• 외국 저작물의 경우, 베른협약 제5조 제1항과 제2항에 의거한 내국민대우 원칙과 보호국법주의 원칙, 우리 저작권법 제25조에 의하여 국내 수업목적 이용 외국저작물에 대해 해당 외국 저작권자의 국제저작권분쟁이 제기될 경우에 우리나라 저작권법의 적용을 받게 됨 • 저작권법상 저작재산권제한 규정인 수업목적보상금제도 내 저작권자의 개별 저작 재산권 행사는 제한되므로, 이용 허락 없이도 공표된 저작물의 일부분 이용이 가능함 • 외국저작물 또한 대한민국이 가입 또는 체결한 조약과 관련 법령에 따라 가이드라인 요건 준수하에 국내 저작물과 동일하게 이용 가능함

※ (저작권법 제136조의 벌칙) 저작재산권 그 밖에 저작권법에 따라 보호되는 재산적 권리를 복제, 공중송신, 배포, 대여, 2차 저작물 작성의 방법으로 침해한 자에게는 5년 이하의 징역 또는 5천만 원 이하의 벌금에 처하거나 이를 부과할 수 있다.

3) 저작권 관련 교육생 주의 사항

온라인 강의를 듣는 교육생의 경우에도 저작권과 관련하여 주의하여야 할 사항들이 있으며 강사는 저작권과 관련하여 아래 내용을 반드시 교육생에게 전달하고 해당 사항을 지켜 줄 것을 요청해야 한다. 아래 내용을 지키지 않는 것은 불법이며 관계 법령 위반 및 저작권 침해를 사유로 인해 민형사상 소송과 처벌을 받을 수 있다는 점도 반드시 고지해야 한다.

① 강사가 진행하는 온라인 수업에서 활용하는 PPT 강의 자료, 동영상을 포함한 각종 강의 자료는 강사 고유의 저작물 또는 타인의 저작물로서 저작권법으로 보호된다는 사실을 고지할 것

② 강의 내용 및 각종 자료는 원작자(강사)의 사전 허락을 받지 않고 게시판, 웹사이트, 블로그와 같은 SNS에 공개하지 말 것

③ 원작자가 있는 강의 내용 및 각종 자료에 대한 허락을 얻지 않고 무단으로 사내에 공유하는 것도 저작권 침해이므로 이를 지킬 것

④ 사전에 강사의 동의를 얻지 않고 무단으로 강의 영상을 촬영하거나 녹음하는 행위는 불법이므로 해당 행위를 하지 말 것

⑤ 부득이하거나 특수한 사유(예: 장애)로 강의 촬영·녹음을 해야 한다면 사전에 강사의 동의를 얻을 것

⑥ 어떤 경우라도 원작자의 허락을 얻은 후 자료의 2차 사용이 가능하며 반드시 출처를 밝힐 것

⑦ 무단 복제 및 공유 자료를 교육생 본인 외 제3자에게 배포하거나 전송 또는 공유하지 말 것

4) 온라인 강의 시 저작물 이용 기준

강사들이 온라인 강의를 할 때 저작물 이용과 관련하여 저작권법을 충분히 이해하고 대처할 수 있어야 한다. 저작물의 올바른 이용을 활성화함은 물론 저작권 분쟁을 예방할 수 있어야 하는데, 온라인 강의를 위한 저작물 이용 기준은 아래와 같다. 다만 아래 사례는 저작물의 공정 이용 내에서의 기준으로, 실제 저작물의 이용 방법에 따라 다르게 해석될 수 있다

저작물 이용사례	사전 동의	비고
1. 'ICT활용 수업'을 위한 저작물의 이용	불필요	접근 제한 등의 조치 필요
2. '원격학습'을 위한 저작물의 이용	불필요	
3. 강의를 위한 카페, 블로그 등에서의 저작물 이용	불필요	
4. 강의를 위한 교과서 사진, 그림 등의 인터넷 이용	불필요	
5. 강의 자료 BGM으로 음원파일 이용	동의 필요	–
6. 강의 자료에 무료·유료 폰트파일 이용	동의 필요	

* 출처: 한국교육학술정보원(2020). 「교육기관 '원격 수업 및 학습'을 위한 저작권 FAQ」

공유 저작물 제공 사이트

– 공유마당 : https:gongu.copyright.or.kr
– 유튜브 오디오 라이브러리 : https://www.youtube.com/audiolibrary/music?nv=1
– 자멘도 : https://www.jamendo.com
– 프리뮤직아카이브 : https://freemusicarchive.org/static
– 프리사운드 : http://freesound.org
– 씨씨믹스터 : http://ccmixter.org/
– 플래티콘 : https:www.flaticon.com
– 픽사베이 : https://pixabay.com/ko

01. 강의와 강연에 대한 설명으로 바르지 않은 것은?

　① '강의'는 중요한 정보나 지식을 전달하는 것이 주요 목적이다.

　② '강의'는 학문이나 기술의 일정한 내용을 체계적으로 설명하여 가르치는 행위이다.

　③ '강의'는 구체적인 사례와 전달력이 가장 핵심적인 기술이다.

　④ 강연보다는 긴 시간이 소요되는 경우 일방적이지 않고 따분하지 않은 것이 핵심이다.

| 해설: 구체적인 사례와 전달력이 핵심인 것은 강연에 대한 설명이다.

02. 강의의 집중력을 떨어뜨리는 요소라고 보기 어려운 것은?

　① 외부 소음이나 불쾌한 강의장 냄새

　② 강의 중 교육생의 잦은 이석

　③ 강의장에 용도에 맞지 않는 물건들 적재

　④ 강의 도중 돌발 퀴즈나 중요 내용 리뷰

03. 강의를 할 때 절대 하지 말아야 할 행동들에 대한 설명으로 바르지 않은 것은?

　① 강의 장소에 늦게 도착해 허겁지겁 준비 없이 강의하지 않는다.

　② 교육생에게 많은 내용을 전달하기 위해 노력하고 단정적인 말투로 강의를 진행한다.

　③ 교육생을 등지고 칠판만을 보면서 강의하지 말아야 한다.

　④ 교육생의 눈을 피하거나 한곳 또는 특정 교육생을 오래 쳐다보지 말아야 한다.

04. 강사의 역할 중 '기업과의 관계에 따른 역할'에 대한 설명으로 바르지 않은 것은?

　① 설정해 놓은 목표를 달성할 수 있도록 동기를 부여한다.

　② 강의 운영 및 프로그램을 계획하여 제공한다.

　③ 성과를 이끌어 낼 수 있는 조력자의 역할을 한다.

　④ 기업의 문제점을 발견하고 해결방안을 제시한다.

| 해설: 동기부여는 교육생과의 관계에 따른 역할이다.

05. 사내강사에 대한 설명으로 바르지 않은 것은?

① 주기적인 교육 기회를 통해 강사의 실무 경력을 쌓을 수 있다.

② 교육자료, 교육 시의 보완할 부분에 대한 상급자의 피드백(Feedback)이 가능하다.

③ 열정만 있다면 정년 없이 오랫동안 활동할 수 있다.

④ 고정적인 수입으로 안정적이며 익숙한 환경에서 교육이 가능하다.

06. 프리랜서 강사가 겪을 수 있는 고충이나 어려움에 대한 설명으로 바르지 않은 것은?

① 경쟁력이 낮거나 남과는 다른 차별화가 없으면 강의 기회가 주어지지 않는다.

② 교육자료, 교육 시의 보완할 부분에 대한 정확한 피드백을 받기 어렵다.

③ 강사에 대한 교육생들의 교육만족도를 정확하게 파악하기 어렵다.

④ 동일한 교육이라도 보통 신선함이나 교육생에게 미치는 영향도가 낮은 편이다.

| 해설: 사내강사의 경우, 자신의 신분이나 콘텐츠 내용이 자주 노출되어 신선함이나 교육생에게 미치는 영향 정도가 낮은 편이라고 할 수 있다.

07. 강사로 활동하는 데 있어서 리스크를 최소화하기 위한 방법으로 바르지 않은 것은?

① 분기별로 교육자료를 업데이트하고 자신만의 차별화된 콘텐츠를 개발하기 위해 노력한다.

② 질문, 토론 중심의 소통보다는 즉각적인 효과가 큰 지시적인 내용으로 강의를 구성한다.

③ 강사들의 소통창구를 통해 현재 강사시장의 정보를 수집하고 트렌드(Trend)를 파악한다.

④ 실무 경력이 많은 강사 또는 컨설턴트를 통해 교육자료 및 교수법에 대한 코칭을 받는다.

08. 비수기를 맞이했을 때 적절히 해당 기간을 활용하기 위한 활동으로 바르지 않은 것은?

　① 자격증 공부, 외부강의 청강, 독서 등 강사 활동에 도움이 될 만한 자기계발을 한다.

　② 블로그, SNS 등에 밀린 강의기록, 자료들을 게시한다.

　③ 해당 기간에 강의 수주를 위해 꾸준히 영업 활동(제안서 발송, 방문 약속)을 지속한다.

　④ 교육자료를 업데이트하거나 새로운 강의 스킬이나 트렌드를 파악하고 적용한다.

09. 강사의 매트릭스 분석을 통한 자가진단 중 강의 스킬은 낮으나 강의 콘텐츠는 뛰어난 강사
　　라고 할 수 있으며 자신만의 전문성 있는 고유 콘텐츠를 가지고 있으나 강의 스킬이 부족하
　　므로 이를 개선하기 위한 노력이 필요한 강사는 어떤 영역에 위치하는가?

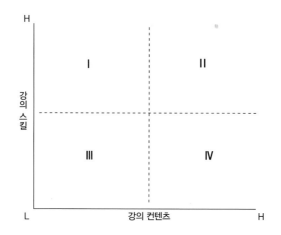

　① I 영역　　　　② II 영역　　　　③ III 영역　　　　④ IV영역

10. 초보강사로서 처음 강의를 시작하는 방법으로 바르지 않은 것은?

　① 기업체 사내강사로 취업해서 강사 경력을 넓힌다.

　② 교육기관 파트너강사로 계약을 맺어 활동한다.

　③ 소통채널을 활용한 강사 홍보를 통해 공개 강의 또는 출강한다.

　④ 경력 있는 강사의 보조강사로 함께하며 강의 경험을 쌓는다.

| 해설: 소통채널을 활용한 강사 홍보는 어떤 분야에 전문가이거나 해당 콘텐츠에 대한 경험이 많은 강사가 꾸준히 역량을 향상시키거나 경력을 쌓았을 경우에 가능하다.

11. 강사가 갖추어야 할 조건으로 바르지 않은 것은?

① 자신의 경험보다는 이론 강의를 현장에 녹여 낼 수 있는 콘텐츠를 확보하고 있다.

② 현장 실무 경험을 바탕으로 크고 작은 규모의 강의에서 실제 강의 경력을 축적하고 있다.

③ 강의 분야에 필요한 자격을 확보하고 자신이 잘할 수 있는 분야의 콘텐츠를 갖추고 있다.

④ 전문적인 강의훈련 및 강사로서의 원칙과 소신은 물론 강의에 대한 열정 및 절실함을 갖추고 있다.

12. 강사가 지켜야 할 원칙으로 바른 것은?

① 다른 강사와의 네트워크를 통한 성장보다는 처세에 능할 수 있도록 노력한다.

② 모르는 것을 '모른다'고 하는 자세는 강사로서의 바람직한 자세가 아니다.

③ 강사로서의 간절함과 절실함을 갖기보다는 수동적인 자세로 위험을 최대한 회피한다.

④ 자신의 강의 분야에 대한 지속적인 관심과 트랜드를 알고 지속적으로 학습한다.

13. 강사시장에서 스스로 혼자만의 힘을 가지고 세상에 맞설 수 있는 최소한의 성공 요소이며 자신의 비전이나 꿈을 이루어 나가는 과정에서 자신의 가치를 높이고 유지하고 관리하는 일련의 활동을 무엇이라고 하는가?

① 직무역량(Job competency)

② 퍼스널 브랜딩(Personal branding)

③ 이미지 메이킹(Image making)

④ 퍼스널라이제이션(Personalization)

14. 강사의 퍼스널 브랜드를 확보하는 방법으로 바르지 않은 것은?

　① 자신이 가장 잘하는 일보다는 최신 트렌드를 따라 퍼스널 브랜드를 확보한다.

　② 브랜드를 구축할 때 중요한 것은 자기 자신만의 스토리텔링을 만들어 소통하는 것이다.

　③ 축적된 콘텐츠를 지속적으로 홍보하고 공유하며 브랜드를 높이기 위해 지속적으로 소통한다.

　④ 다양한 채널을 통해 자신을 노출시키고 홍보한다(커뮤니티, 원고 기고, SNS, 방송, 세미나, 책 등).

15. 아래에서 설명하고 있는 것은 퍼스널 브랜드 전략 중 어떤 단계에 해당하는 전략인가?

　• 자산에 대한 객관화(잘하는 일, 좋아하는 일, 가치 있다고 느끼는 일 등)

　• 벤치마킹을 통해 자신의 콘셉트와 구축하고자 하는 브랜드 이미지 구체화(멘토, 롤모델)

　• 자신의 브랜드를 알리고자 하는 시장 파악(분야, 목표 고객, 시장, 경쟁자 등)

　• 시장에서 통할 수 있는 자신만의 콘텐츠는 무엇인지 파악

　① 브랜드 탐색

　② 브랜드 관리

　③ 브랜드 구축

　④ 브랜드 확산

16. 강의료 책정 요소로 보기 힘든 것은?

　① 강의 장소나 주요 업체 제안 회수(기업, 기관 등)

　② 실무 경험 여부와 강의 분야의 희소성(강의 분야에 대한 전문성 확보)

　③ 관련 분야의 콘텐츠 보유 여부(출간된 책, 집필한 책의 권수, 주요 논문 등)

　④ 강의 방식 또는 교수법(강의식, 워크숍, 액션러닝, 게이미피케이션, 이러닝(사이버 교육) 등)

17. 강의료 협상 및 제안을 위한 방법 중 바른 것은?

    ① 자신만의 기준보다는 고객사의 기준에 맞추어서 강의료를 협상한다.

    ② 강의료를 먼저 밝혀야 할 경우 비용보다는 조금 낮은 수준에서 강의료를 제시한다.

    ③ 강의 주제에 따라 강의료를 차별화하는 것보다는 동일한 수준에서 협상하는 것이 바람직하다.

    ④ 강의료 협상 시 강의료를 낮춰 줄 때는 반드시 명분을 제시하여야 한다.

| 해설: 강의료는 강의 주제에 따라 희소성이 높으면 높게, 일반강의는 평균 또는 낮게 정하는 것이 바람직하다.

18. 사내교육의 필요성에 대한 설명으로 바르지 않은 것은?

    ① 직무에 대한 정확한 이해를 통해 효율적인 업무 수행

    ② 내부 직원들 간의 원활한 소통을 통한 갈등 해소 및 정보 공유

    ③ 업무 수행 중 발생되는 문제에 대한 해결법 터득

    ④ 강의료 절감과 강사의 역량 평가 및 퇴출 등을 통한 인적자원관리

19. 아래 내용은 강사의 퍼스널 브랜드 확보 요소 중 어느 요소에 해당하는 것인가?

    • 자신만의 경쟁력을 갖추기 위해 반드시 필요한 요소
    • 퍼스널 브랜드에 있어 콘텐츠는 해당 요소가 만들어 내는 결과물이라고 할 수 있음
    • 자신의 전문성과 이미지, 역량 모두와 관련 있는 요소
    • 차별화된 지식과 정보 그리고 경험도 해당

    ① 휴먼 네트워킹(Human networking)

    ② 자기계발(Self-development)

    ③ 커뮤니케이션(Communication)

    ④ 태도(Attitude)

20. 신입직원을 대상으로 기업에 대한 이해와 직무 수행에 있어 반드시 숙지해야 하는 내용을 다루고 있으며, 부서 내 상급자가 직접 1대1로 진행하거나 일정 기간 모든 신입직원이 함께 훈련을 받는 형태로 진행하는 교육 유형을 무엇이라고 하는가?

① 멘토링(Mentoring)

② OJT(On the Job Training)

③ 퍼실리테이션(Facilitation)

④ 게이미피케이션(Gamification)

21. 기업, 공공기관, 의료기관 및 5인 이상 전 직종의 모든 기업에서 전 직원들을 대상으로 연 1회 이상 의무적으로 시행해야 하는 교육으로, 사업장에서 발생할 수 있는 다양한 문제에 대하여 근로자 보호를 위해 직장인들이 필수적으로 알아 두어야 하는 기본적인 교육을 무엇이라고 하는가?

① 법정의무교육

② 현장 중심 직무교육

③ 국가직무능력표준교육

④ 직업기초 직무수행능력 교육

22. 아래 교육 중 법정의무교육이 아닌 것은?

① 직장 내 성희롱 예방 교육

② 개인정보 보호 교육

③ 산업안전보건 교육

④ 직장 내 괴롭힘 예방 교육

| 해설: 직장 내 괴롭힘 예방 교육은 회사에서 직장 내 괴롭힘 예방을 위한 조치의 일환으로 고려할 수 있는 요소이지, 법정의무교육은 아니다.

23. 아래 법정의무교육 중 산업안전보건 교육 강사의 조건에 대한 설명으로 바르지 않은 것은?

　　① 한국산업안전보건공단에서 실시하는 해당 분야 강사요원 교육과정 이수한 자

　　② 관리감독자의 경우 해당 직위에 발령이 되어 자격(증) 또는 강사교육을 별도로 이수한 자

　　③ 안전보건 교육기관 및 직무교육기관의 강사와 같은 등급 이상의 자격을 가진 사람

　　④ 소방공무원 및 응급구조사 국가자격 취득자로서 실무경력이 3년 이상인 사람

| 해설: 통상 관리감독자의 경우 해당 직위에 발령되면 그날로 자동 강사 자격이 부여되는 당연 강사직으로 자격
(증) 또는 강사교육 등이 필요하지 않다.

24. 법정의무교육 필수서식에 해당하지 않는 것은?

　　① 교육제안서 및 계획안

　　② 교육참석자 명단

　　③ 교육일지 및 교육보고서

　　④ 교육 증빙 사진

25. 법정의무교육 시 강사가 반드시 알고 있어야 하는 내용에 해당하지 않는 것은?

　　① 해당기관에서 제공하는 온라인 교육으로도 가능하다.

　　② 지정받지 않은 교육기관으로부터 교육을 받은 경우 교육이 인정되지 않는다.

　　③ 법정으로 규정된 교육이기 때문에 미실시했을 시 무조건 과태료가 부과된다.

　　④ 교육은 사내(자체)교육, 온라인교육, 위탁교육, 외부강사 초빙 교육 등 해당 기관(기업)의 상황을 고려하여 선택이 가능하다.

| 해설: 개인정보보호교육의 경우 교육 미실시에 대한 과태료가 아닌 사건사고 발생 시 최대 5억 원 이하의 과징금을 부과한다.

26. 강의 진행하는 데 있어 사전에 점검해야 할 사항으로 바르지 않은 것은?

   ① 강의와 관련된 기자재 및 설비 이상 유무를 점검한다.

   ② 강의교재는 바인더 형식이 보기 좋으며 링제본이나 무선제본은 지양한다.

   ③ 노트북 부팅 후 강의와 관련된 프로그램 설치 여부를 확인한다.

   ④ 공개 강의인 경우 강의장 위치, 출입 방법 등을 안내하는 문자나 메일을 사전에 보
   낸다.

┃ 해설: 바인더 형식보다 링제본이나 무선제본의 교재가 보기 편하고 교육생의 필기가 용이하다.

27. 강의 진행 시 마이크 사용법에 대한 내용으로 잘못된 것은?

   ① 마이크를 잡을 때는 마이크 헤드 부분을 입에서 45도 정도 기울여서 사용한다.

   ② 중간에 강의가 끊기지 않게 예비 마이크를 확보해 놓는다.

   ③ 마이크는 강의 시간을 고려해 유선, 무선, 핀(Pin)마이크 중 선택하여 사용한다.

   ④ 맨 뒤에 위치한 교육생에게도 잘 들릴 수 있도록 마이크 볼륨은 테스트할 때보다 높
   게 하는 것이 좋다.

┃ 해설: 마이크 볼륨을 너무 높일 경우, 음향기기와 접촉 시 큰 잡음이 발생할 수 있다.

28. 강의를 진행하는 데 있어 좋은 강의실의 조건에 해당하지 않는 것은?

   ① 빔프로젝트, 마이크, 칠판 등의 시설 및 기자개가 확보되어 있어야 한다.

   ② 원활한 강의 진행을 위해 자리 배치는 고정적이어야 한다.

   ③ 환기는 물론 쾌적한 상태가 유지되어야 한다.

   ④ 교육생을 수용하기 충분한 공간이 확보되어야 한다.

┃ 해설: 강의의 특성에 따라 자리 배치를 유연하게 변경할 수 있는 강의실이어야 한다.

29. 아래 설명은 강의실의 형태 중 어느 형태에 해당하는 것인가?

- 강의에 집중할 수 있고 위치를 변경하지 않고도 다양한 활동을 병행할 수 있음
- 소규모 그룹 또는 대규모로 워크숍을 진행할 때 활용이 가능함
- 기업교육에서 가장 많이 활용함
- 토론 및 활동이 필요할 경우 활용하기 좋음

① 원형극장형 강의실

② 교실형 강의실

③ 라운드 테이블형 강의실

④ T자형 강의실

30. 교육생의 참여 및 다양한 활동 지원을 위한 강의 배치에 대한 내용으로 바르지 않은 것은?

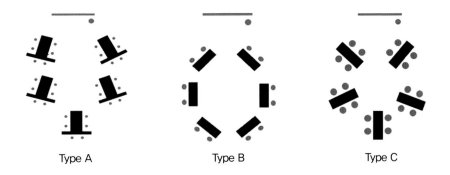

Type A   Type B   Type C

① Type A~C 강의 배치는 교육생이 많거나 강의 장소가 좁은 경우 활용하기 좋은 배치 형태이다.

② Type B의 경우 강의는 물론 전체 토론에 강한 자리 배치 형태이다.

③ Type C의 경우 소모임 활동은 물론 전체 토론으로의 전환이 가능하다.

④ 강의의 집중도는 물론 긴장감 확보를 위한 강사의 동선 확보가 가능하다.

| 해설: 강의에 참석하는 교육생이 많거나 강의 장소가 좁은 경우 배치하기가 어렵다는 것이 Type A~C 강의 배치의 단점이다.

31. 강의 시간 관리 방법으로 바르지 않은 것은?

　① 팀 활동(Activity) 시 타이머 등을 활용하여 마무리 시간을 모두가 인지할 수 있도록 한다.

　② 강사는 적어도 10분전 에는 강의장에 도착해서 대기하거나 사전 준비한다.

　③ 강의 진행 시간은 상황에 따라 강사가 유연하게 활용할 수 있도록 한다.

　④ 강사가 시계를 자주 보는 것은 교육생의 집중력을 저하시키는 요소로 작용하므로 주의한다.

| 해설: 강의는 50분 수업에 10분 휴식을 주는 것이 적당하며 강의시간은 지속적으로 일관된 패턴을 유지하는 것이 바람직하다.

32. 강의 진행 시 교육생이 강의 내용을 제대로 이해하지 못하는 경우 올바르지 않은 대처법은?

　① 다른 교육생이 모두 이해를 하고 해당 교육생만 이해를 못한 경우 재설명하되 시간이 길어질 경우에는 다른 교육생에게 물어볼 것을 안내한다.

　② 해당 부분을 파악한 후 요약, 반복을 통해 교육생이 이해 못한 부분을 확인한다.

　③ 구체적인 사례와 함께 이해 여부를 확인하며 재설명한다.

　④ 교육생이 이해하지 못한 부분을 구제적으로 파악한다.

| 해설: 시간이 길어져 설명을 하지 못한 경우 쉬는 시간을 이용해 재설명한다.

33. 비대면 온라인 강의의 특징으로 보기 어려운 것은?

　① 오프라인 강의보다 비용이 저렴하다.

　② 공간의 제약이 적고 지리적인 한계를 극복할 수 있다.

　③ 많은 인원이 동시에 접속 가능하며 제한적이지만 특정 그룹별로 소통이 가능하다.

　④ 온라인이라는 특성상 실시간 소통과 즉각적인 피드백이 어렵다

| 해설: 실시간 채팅 기능을 통해 소통과 즉각적인 피드백이 가능하다.

34. 비대면 강의가 실패하는 원인으로 보기 어려운 것은?

    ① 다양한 강의 도구는 물론 교수법을 제대로 활용하기 어려움

    ② 교육생의 자율성 저하에 따른 참여 저조

    ③ 온라인강의와 관련한 시스템이나 프로그램 사용의 미숙

    ④ 오프라인에서의 강의 방식 고수

| 해설: 비대면 강의 진행 시 교육생의 자율성이 오히려 극대화된다.

35. 온라인 과정 설계 프로세스 중 강의목표에도 부합하고 교육생의 참여도를 향상시킬 수 있는
    강의 도구를 활용하는 절차는 무엇인가?

    ① 주요 콘텐츠(Contents)

    ② 활동(Activity)

    ③ 강의목표(Goal)

    ④ 강의선택방식(Type)

36. 온라인 강의 설계 시 고려해야 할 사항으로 바르지 않은 것은?

    ① 온라인 강의에 활용하는 도구의 적절성 여부

    ② 교육생의 흥미 유발 및 지루함을 극복할 수 있는 시각화된 자료가 준비되었는지 여부

    ③ 강의와 관련하여 적절하게 피드백이 이루어지고 있는지 여부

    ④ 주어진 강의 시간에 딱 맞게 강의가 이루어지는지 여부

| 해설: 강사가 쫓기듯이 강의하지 않도록 시간적 여유를 확보한 상태에서 강의가 이루어지는 것이 바람직하다.

37. 온라인을 통한 강의가 성공적으로 이루어지기 위해 충족되어야 하는 조건에 해당하지 않는 것은?

① 강사의 역량

② 균형 잡힌 강의

③ 강의 시간

④ 교육생의 참여

| 해설: 성공적인 온라인 강의를 위해 필요한 조건은 강의 내용, 강사의 역량, 균형 잡힌 강의, 시스템 및 환경, 교육생의 참여로 5가지이다.

38. 온라인 강의에 있어 강사의 실재감을 구현하는 원리 중 아래의 내용에 해당하는 구성 요소는 무엇인가?

• 강의 목표를 달성하기 위해 강의 내용과 활동을 이끄는 과정을 진행
• 강의 진행 과정에서 상황을 파악하게 되고 교육생 수준에 맞는 강의 설계 변경
• 대면보다 구체적으로 강의 전략에 대한 소개와 수행 강조할 필요성 발생

① 강의 흐름 이끌기

② 연결되는 관계 만들기

③ 존재감 나타내기

④ 피드백으로 다가가기

39. 온라인 강의 과정에서 교육생들에게 안내해야 할 사항으로 바르지 않은 것은?

① 강의 전 사전에 강의안내문 참고 및 교육 자료를 확인

② 강의 중 문제 발생 시 즉시 강사 또는 담당자에게 연락하여 문제 해결

③ 강의 중 궁금한 점은 강사에게 질문하고 피드백받기

④ 강의 후 강의 평가(만족도) 참여, 강의만족도 및 강의 관련 의견

| 해설: 강의 중 생긴 궁금한 점은 강의가 끝난 후 질문한다.

40. 비대면 강의 진행 시 시각 자료의 활용으로 바르지 않은 것은?

　① 세부 설명이 필요한 경우 자세한 내용은 별도의 읽기 자료로 배포한다.

　② 파워포인트를 활용한 자료 제작 시, 슬라이드 크기는 4:3 비율로 설정한다.

　③ 사진, 동영상 등의 시각 자료 활용은 교육생의 집중도를 높인다.

　④ 폰트 크기는 최소 12pt 이상으로 설정하고, 단락이 길 경우 단어가 잘리지 않도록 설정한다.

| 해설: 4:3 비율로 설정 시, 강의 화면 좌우에 검정색의 빈 공간이 생기게 되므로 슬라이드 비율은 가급적 16:9로 설정한다.

41. 동영상 강의 자료 제작 시 바르지 않은 것은?

　① 전달해야 하는 내용이 많을 경우 영상을 하나로 촬영하여 한 번에 볼 수 있도록 한다.

　② 강의 전 미리 원고를 작성한 뒤 활용할 경우 습관적으로 사용하는 말들의 사용 및 실수를 줄일 수 있다.

　③ 스튜디오에서 강의 장면을 녹화할 경우 강의 내용은 가급적 왼쪽 화면에 담길 수 있도록 하고, 오른쪽 빈 공간에 강사가 들어갈 수 있도록 한다.

　④ 교육생이 보다 강의에 집중할 수 있도록 강의 화면에 강사의 얼굴이 나오도록 설정한다.

| 해설: 전달해야 하는 내용이 많을 경우 교육생의 집중 가능 시간(15~20분)을 고려하여 나누어서 촬영할 수 있도록 한다.

42. 효과적인 온라인 강의를 위한 내용으로 바르지 않은 것은?

　① 퀴즈, 질문 등의 상호도구를 활용해서 주기적으로 교육생의 참여를 유도한다.

　② 온라인 강의와 관련해 반드시 지켜야 할 온라인 강의 수칙이나 규칙을 사전에 공유하고 강의 시작 전에도 다시 한 번 환기시킨다.

③ 강의를 마치고 다음 강의로 이어질 때 반드시 알아야 할 내용에 대해서 간단한 리뷰를 한다.

④ 강사와 교육생의 소통을 위해 모두 음소거를 해제한 후 교육을 진행한다.

| 해설: 조별 활동을 제외하고는 강의 집중을 위해 강사를 제외한 교육생들은 모두 음소거 상태를 유지해야 한다.

43. 교육생의 강의 참여 유도 및 활성화를 위한 방법으로 바르지 않은 것은?

① 강의 시작 전에 교육생의 참여를 유도하는 활동을 진행한다.

② 강의 중 소회의실의 활용은 교육생의 집중력을 저하시킬 수 있다.

③ 강의 중간에 스마트폰이나 디바이스 활용을 통한 검색을 통해 개인 발표 및 토의를 진행한다.

④ 온라인 강의 도구 플랫폼의 기능을 적극적으로 활용한다.

| 해설: 소회의실의 활용은 교육생의 집중과 참여도를 높일 수 있으며 조별 활동을 하는 데에 있어 유용하다.

44. 온라인 강의 중 문제 발생 시 대처법으로 바르지 않은 것은?

① 문제가 발생한 교육생의 문제를 해결하는 동안 다른 교육생들의 혼란을 막기 위해 알리지 않고 강의를 그대로 진행한다.

② 소리가 나오지 않을 경우 나갔다가 다시 입장하거나 스마트폰 이용 시 오디오 연결 클릭 후 인터넷 전화 선택하기 순으로 조치를 취한다.

③ 전체 교육생의 문제라면 잠시 양해를 구한 후 조치를 취하는 동안 휴식을 제공한다.

④ 돌발적인 상황을 고려하여 운영자를 두고 강의를 진행하는 것이 좋다.

| 해설: 교육생에게 문제 발생 시 다른 교육생들은 문제가 없는지 확인하여 전체의 문제인지, 아니면 개인의 문제인지를 파악해야 한다.

45. 국내에서 가장 많이 활용되는 온라인 강의 도구 플랫폼 중 하나로 로그인을 하지 않아도 초대를 통해 입장이 가능해 쉽게 사용할 수 있는 장점이 있는 온라인 강의 도구 플랫폼은 무엇인가?

① WEBEX

② 리모트 미팅(Remote meeting)

③ ZOOM

④ 구루미 비즈(Gooroomee)

46. 온라인 강의 도구 플랫폼인 구글 미트(Goole meet)에 대한 설명으로 바르지 않은 것은?

① 사용법이 간단하고 보안이 우수하다.

② 별도의 결제 없이 사용이 가능하고 고사양의 화질과 마이크 통신을 제공한다.

③ 별도의 프로그램 설치 없이 브라우저에서 실행이 가능하다.

④ 다른 강의 도구 플랫폼보다 기능이 단순하다.

| 해설: 최대 60분까지만 무료로 이용이 가능하다.

47. 온라인 강의를 위한 소통 및 협업 지원 도구 중 슬라이도(Slido)에 대한 설명으로 바르지 않은 것은?

① 앱을 설치해야 사용이 가능하다.

② 무료로 3개까지 질문생성이 가능하고 100명까지 참여가 가능하다.

③ 객관식, 주관식, 단어 표현, 별점, 퀴즈 등의 기능을 제공한다.

④ 교육생들과 상호 작용이나 반응 확인이 가능한 플랫폼이다.

| 해설: 앱을 설치하지 않고도 모바일 웹 브라우저로 참여가 가능하다.

48. 교육생들의 생각이나 의견을 기록 및 공유할 수 있는 화이트보드 형태의 온라인 협업 도구로 게시판, 블로그, 포트폴리오 등 다양한 형식으로 제작이 가능하며 PDF파일로 변경이 가능한 온라인 소통 및 협업 지원 도구는 무엇인가?

① 카훗(Kahoot)

② 뮤랄(Mural)

③ 구글 잼보드(Jamboard)

④ 패들렛(Padlet)

49. 비대면 온라인 강의 저작권과 관련한 내용으로 바르지 않은 것은?

① 배경음악으로 음원 사용 시 저작권 만료 또는 자유롭게 사용 가능한 '공유저작물'을 활용한다.

② 교육생이 개인적으로 강의 내용 복습을 위해 영상 촬영 및 녹화, 녹음을 하는 것은 사전동의 없이도 가능하다.

③ 강의 자료는 원작자의 허락 없이 게시판, SNS, 블로그 등에 공개가 불가하다.

④ 강의 자료로 만들기 위해 프로그램을 다운로드 받는 행위는 기업용(업무)에 해당하므로 유료 버전을 이용해야 한다.

| 해설: 어떤 목적이든 사전 동의 없이 영상 촬영 및 녹화, 녹음을 하는 것은 저작권을 침해하는 행위이다.

50. 온라인 강의를 위한 저작물 이용 기준이 바르게 연결된 것은?

① 강의를 위한 카페, 블로그 등에서의 저작물 이용 - 사전동의 필요

② 강의자료에 무료, 유료 폰트 파일 이용 - 사전동의 불필요

③ 강의자료 BGM으로 음원 파일 이용 - 사전동의 필요

④ '원격학습'을 위한 저작물의 이용 - 사전동의 필요

※ 제2영역 답안

문항	정답	문항	정답	문항	정답	문항	정답	문항	정답
01	③	11	①	21	①	31	③	41	①
02	④	12	④	22	④	32	①	42	④
03	②	13	②	23	②	33	④	43	②
04	①	14	①	24	①	34	②	44	①
05	③	15	①	25	③	35	②	45	③
06	④	16	①	26	②	36	④	46	②
07	②	17	④	27	④	37	③	47	①
08	③	18	④	28	②	38	①	48	④
09	④	19	②	29	④	39	③	49	②
10	③	20	②	30	①	40	②	50	③

제3영역

강의 기획 실무

01 | 교수설계 기본

(1) 교수설계의 이해

튼튼한 집을 짓기 위해서는 기초공사가 잘되어야 하는 것처럼, 좋은 강의를 위해 가장 먼저 선행되어야 할 것이 바로 교수[4]설계이다. 교수설계란 교수와 학습의 과정을 최적화하기 위한 활동으로, 가르치고 배우는 과정을 좀 더 체계적으로 설계할 수 있도록 돕는다. 또한, 교수설계는 학습 요구와 목적을 분석한 뒤 목표 달성을 위해 전략을 개발하는 전체 과정이며, '무엇을 가르칠 것인가?'(내용)와 '어떻게 가르칠 것인가?'(방법)의 큰 요인으로 구분할 수 있다. 더불어 교육훈련 효과를 높일 수 있는 최적의 교수 방법이 무엇인지 찾아가는 조직적 절차이므로, 학교 교육뿐 아니라 기업교육, 평생교육, 원격교육, 성인교육 등 다양한 교육 현장에서 효과적으로 적용된다.

1) 교수설계의 의의

① 특정 강의 내용을 전달하는 데 있어 최적의 교수 방법이 무엇인지를 결정해 나가는 과정이다.

② 교육생이 강의 목표에 효과적으로 도달할 수 있도록 계획하는 일련의 활동이다.

③ 강의 목표, 내용, 방법 및 평가에 이르기까지 교수체계의 기본 틀을 제공하는 절차

---

4   학문이나 기예 등을 가르쳐 교육생의 모든 능력을 자극함으로써 의도적 · 비의도적인 변화를 이끄는 행위

서비스 전문강사 자격증 CPSI 필기

이며, 강의의 모든 구성 요소를 적절히 조직화하는 과정이다

④ 문제를 분석하고, 문제 해결을 위한 방안을 설계 · 개발 · 실행 · 평가하는 과정이다.

⑤ 강의와 관련된 모든 요소들을 빠짐없이 고려해 강의가 원래 목표했던 바를 달성할 수 있도록 설계하는 것이다.

⑥ 교육생의 특성과 강의 내용에 맞는 교수법을 고려해 최대의 효과를 보려는 노력의 과정이다.

2) 교수설계의 특징

① 결과보다는 수단에 초점을 두며, 설계지향적이다.

② 학습을 지원하고 촉진하는 방법과 그 방법이 사용되어야 할 상황을 규명한다.

③ 여러 가지 요소들로 구성되어 있으므로 요소적이라고 할 수 있다.

④ 설계 내용에 따라 적절한 학습 방식을 실행했을 때, 기대하는 수업과 결과 간의 개연성이 높아진다.

3) 교수설계가 필요한 이유

강사는 교육생에게 학습 내용을 전달하는 것에 그치는 것이 아니라 교육생의 성장과 발전을 도와야 하기 때문에 짜임새 있는 강의로 교육생의 성장과 발전, 변화를 이끌어 내야 한다. 따라서 교수설계를 통해 '누구에게', '무엇을', '어떻게' 가르칠지에 집중해야 하며, 철저히 계획되고 준비된 강의를 진행해야 한다. 또한, 교수설계가 필요한 이유는 다음과 같다.

① 강의 또는 학습의 효과를 극대화한다.

② 강의 목표가 구체화되며, 목표 달성을 위한 전략을 수립할 수 있다.

③ 강의를 진행하는 데 있어 효율성을 높일 수 있다.

④ 강의 순서와 내용에 맞춰 전략적으로 자료를 활용할 수 있다.

⑤ 교육생들의 학습에 대한 동기부여를 자극한다.

⑥ 강의를 진행하는 데 있어서 일관성을 유지할 수 있다.

⑦ 다양한 분석을 통해 효과적인 강의 개선 및 보완이 이루어질 수 있다.

(2) 교수설계모형과 체제적 접근

1) 교수설계모형

교수설계모형은 교육 연구와 이론에서 도출된 원리들을 일정한 절차에 따라 배열한 것이다. 다양한 교수모형들은 모형이 적용되는 상황과 설계 전략, 검증 등의 측면에서 다소 차이가 있다. 그러나 절차적인 측면에서는 분석(Analysis), 설계(Design), 개발(Development), 실행(Implementation), 평가(Evaluation) 단계를 거치며, 이러한 표준교수설계모형을 ADDIE 모형이라고 한다. 또한, 교수설계모형은 효과적인 교수설계를 위한 알고리즘을 제시함과 동시에 모형을 활용하는 사람의 융통성을 필요로 한다.

단계		세부 내용
분석 (Analysis)	교육 목적	• 강의 이후 교육생에게 기대되는 모습
	분석	• 교육생의 사전 학습 정도, 학습 동기, 요구 사항 등 파악
설계 (Design)	강의 목표 진술	• 학습 후의 성과를 행동 동사로 표현
	평가계획 설계	• 강의 목표 달성 여부를 측정 및 평가할지에 대한 계획 수립
	학습 내용 결정	• 강의 목표 달성을 위해 배워야 할 학습 유형 및 내용 결정
	교수전략설계	• 내용을 효율적으로 전달하기 위한 교수법 및 교수 매체 선정
개발 (Development)	교수 매체 선정	• 효율적인 강의 진행을 돕고 강의 내용을 제시해 주는 도구 선정
	교수 자료 개발	• 학습 성과를 높이는 다양한 교수 자료 개발
실행((Implementation)		• 교육 프로그램을 적용한 뒤, 그 결과를 유지 · 관리하는 활동
평가(Evaluation)		• 강의에 따른 학습 성과를 종합적으로 평가하여 가치를 결정 • 평가 내용을 토대로 수정 계획 수립 및 실행

[ADDIE 모형]

2) 교수설계의 체제적 접근

'체제'란 '공통된 목적을 위해 각 요소들이 배열된 것' 혹은 '변화의 영향을 주고받으며 기능적·유기적으로 결합되어 있는 집합체'를 말한다. 교수설계에서의 '체제적 접근'이란 교수–학습 과정에 영향을 미칠 수 있는 모든 요인을 고려하는 것을 의미한다. 또한, 체제적 접근은 강의 목표 달성을 위해 체제를 구성하는 요소들이 비선형·역동적·순환적으로 반복되는 과정을 뜻한다.

3) 체제적 접근의 장점

① 효과성: 더욱 많은 학습자들이 강의 목표를 성취할 수 있다.

② 효율성: 보다 적은 비용으로 기대하는 목표를 성취할 수 있다.

③ 매력성: 교육생의 흥미를 유발할 수 있다.

④ 관련성: 교육생들이 요구하는 지식, 기능, 태도의 획득이 목적이다.

⑤ 일관성: 교수 목적, 방법, 평가 등이 상호보완적으로 잘 이루어지도록 한다.

4) 교수설계 시 고려 사항

① 강사는 교육생과 함께 문제를 탐구하는 동시에 경험을 공유하며 강의를 이끌어야 한다.

② 교육생의 요구와 관심을 반영한 내용으로 강의를 설계한다.

③ 교육생이 다양한 경험을 할 수 있도록 환경을 구축한다.

④ 교육생의 다양한 특성을 충분히 고려해 설계한다.

⑤ 사전에 충분히 발생할 수 있는 강의의 오류나 실수를 감안해 설계한다.

⑥ 강의 과정에서의 불필요한 부분을 제거함으로써, 주어진 시간을 효율적으로 관리한다.

⑦ 강의 매체 및 활용 계획에 대해 철저하게 준비해 효율적인 강의를 진행할 수 있도록 한다.

⑧ 교육생의 학습 동기를 유발해 교육생이 강의에 집중할 수 있도록 하며, 강의 이후 얻는 성과에 대해 자신감과 만족감을 가질 수 있도록 설계한다.

02 ┃ 교수설계 단계별 주요 활동

위에서 설명한 ADDIE모형을 근거로 교수설계를 하는 데 있어 단계별 주요 활동을 설명하고자 한다. ADDIE 모형은 강의 목표를 달성하고자 할 경우 어떤 순서와 절차에 입각해 어떻게 개발하고 가르쳐야 하는지를 정의하는 가장 일반적이고 널리 사용되는 교수 설계 모형으로, 각 단계별 특성과 고려하여야 할 사항들은 다음과 같다.

(1) 분석 단계

교수설계 시 분석이란 강의에 들어가기에 앞서 반드시 선행되어야 하는 활동 중에 하나이다. 강의에 대한 수요를 진단하고 분석하는 과정이라고 할 수 있는데, 강의의 방향성을 설정하는 데 있어 중요한 역할을 한다.

1) 분석해야 할 요소

보통 분석 단계에서는 교육생에 대한 분석이 주로 이루어지지만 이외에도 함께 병행해서 분석이 이루어져야 할 요소들은 아래와 같다.

구분	주요 내용
강의 관련 요구 분석	• 현재 상태와 향후 바람직하다고 생각되는 상태를 분석 • 강의를 통해서 개선될 수 있는 문제가 무엇인지 명확히 규명 가능

교육생 분석	• 교육생의 성향, 학습내용과 연계된 특성 및 학습 집단의 특성 분석 • 교육생의 연령, 배경, 흥미, 동기, 학습 능력, 학습 방식 등 다양한 측면에서 파악
직무 및 역량 분석	• 어떤 직무를 수행하고 있고 직무 수행 과정에서 어떤 문제가 있는지 파악 • 강의를 통해 해결할 수 있는 문제나 이슈를 추출해 강의 목표나 목적 설정 • 강의 목표나 목적을 달성하기 위해 갖추어야 할 지식, 스킬, 태도 분석 (역량)
환경분석	• 강의가 이루어지는 여러 가지 환경에 대한 요소를 분석 • 물리적 공간 외에 인적, 물적, 시간적인 자원 분석 • 교육장 규모, 시설, 강의 시간, 교수 매체, 진행 인력, 비대면(온라인), 대면 등

2) 교육생 분석 시 포함되어야 하는 사항

교육생 분석 기준에는 교육생의 일반적 특성, 경험 및 지식 수준, 선호하는 학습법 등
이 포함된다. 이러한 정보들은 교육생의 주변 인물 및 이해관계자(경영진 혹은 교육 운
영자), 교육생과 관련된 자료 등을 통해 파악할 수 있다. 또한 보다 구체적으로 교육생
에 대해 분석한 뒤, 해당 내용을 활용할수록 맞춤식 강의를 제공할 수 있다.

	분석 내용	관련 사항
인구통계학적 특성	연령, 학력, 직위, 문화, 사회, 경제적 요인 등	• 참석 인원 수, 남녀 비율 • 교육생의 연령 및 직무 수행 기간 • 교육생의 직무와 역할
교육생 수	강의를 수강하는 인원 수	• 한 과정 당 참석 인원
교육 요구	교육생의 삶이나 직무 수행에 요구되는 지식, 기술, 태도 관련 요구 및 기대 수준 (To be)과 현재 수준(As is) 간의 차이	• 교육생이 강의에 참여하는 이유 • 교육생이 강의를 통해 얻고자 하는 것 (기술, 지식, 태도) • 교육생에게 가장 중요하고 시급한 문제
태도	강의 주제 및 강사, 강의 진행 여부에 대 한 교육생의 태도	• 강사 및 강의 주제에 대한 호감도
지식 수준	교육생의 교육 및 지식 수준	• 강의 주제에 대한 지식 및 경험 수준 • 학력에 따른 교육생의 지식 수준
기타	강의 준비를 위해 사전에 파악해야 하는 정보 및 기타 이해관계자(경영진, 교육 담 당자 등)의 요구	• 특정 교육 과정에 포함되는지 여부 • 비슷한 주제의 강의 수강 경험 여부 • 기타 이해관계자의 기대 사항

3) 교육생 정보 수집 방법

강의 전에 교육생에 대한 정보가 많으면 많을수록 강의의 내용이 풍부해지고 강의만족도가 높아질 수 있다. 사전에 교육생에 대한 정보 파악이 정확히 이루어지면 최적의 강의 방식, 강의 내용은 물론 강의 자료나 준비해야 할 내용이 좀 더 명확해진다. 객관적인 정보에 기반한 현황 파악이 이루어질수록 강의에 대한 교육 효과나 만족도가 높아질 수 있다.

① 사전에 조를 짜 주고 포스트잇이나 메모지를 활용하여 작성하도록 한다.

② 전지에 해당 내용을 포스팅하게 하고 관련 내용을 취합하여 공유한다.

③ 패들렛(Padlet)이나 멘티미터(Mentimeter) 또는 뮤랄(Mural) 같은 온라인 협업 도구를 활용해서 수집한다.

④ 취조하듯이 딱딱하게 진행하지 않고 협업 도구를 통해 재미와 참여를 유도한다.

⑤ 소극적인 경우, 직접 질문을 통해 물어보는 것도 좋다.

⑥ 모둠 활동에 부담을 느끼는 교육생을 위해서 온라인 협업 도구를 이용하는 것도 바람직하다.

⑦ 강의계획서나 안내서를 발송하고 이를 통해 관련 정보를 파악한다.

⑧ 문서 작성에 부담을 느끼는 교육생이 있을 경우 구글독스, 네이버폼과 같은 도구를 활용해 관련 정보를 파악하는 것도 좋은 방법이다.

(2) 설계 단계

분석을 통해 나온 결과를 근거로 하여 강의의 전반적인 사항을 설계해야 한다. 흔히 강의계획서라는 것은 설계 단계에서 나오는 결과물이라고 할 수 있는데, 이때 고려해야 할 사항들은 아래와 같다.

1) 설계 단계에서 결정되어야 할 것들

① 강의를 통해 달성하고자 하는 목표

② 목표 달성 여부를 평가할 수 있는 평가 도구

③ 강의 목표를 달성하기 위한 콘텐츠 유형 및 내용 결정

④ 학습 내용을 효과적으로 전달하기 위한 교수 방법과 매체 결정(교수전략 설계)

2) 설계 단계 세부 결정 요소 및 주요 내용

단계	주요 내용
강의 목표 설계	• 강의를 통해 수행해야 할 목표나 성과가 구체적으로 무엇인지 기술
평가 도구 설계	• 강의 목표 도달 및 달성 여부를 어떻게 측정할 것인지 계획 수립 • 강의의 효과성 판단 및 강의 개선 또는 지속 운영 여부 결정을 위해 실시
콘텐츠 설계	• 강의 목표 달성을 위한 강의 유형 및 내용 결정(구체적인 활동 및 운영 방법) • 강의 내용 구조화 및 어떤 순서에 입각해서 제시할 것인지 설계
교수 방법 및 매체 결정	• 강의 내용 및 교육생 특성을 감안해 최적의 교수 방법과 매체 결정 – 강의식, 토론식, 액션러닝, 시뮬레이션 게임, 플립러닝, 게이미피케이션 등 교수 방법 및 매체 결정 후 소요되는 시간 추정 후 강의 단위별로 배분

(3) 개발 단계

개발은 설계를 통해서 결정된 교수 설계에 따라 나온 계획을 바탕으로 학습할 내용을 모듈화하여 강의 자료나 프로그램 형태로 구체화하는 단계라고 할 수 있다. 가장 중요한 것은 효율적인 강의 진행을 돕고 강의 내용을 제시해 주는 도구를 선정하는 것이며, 강의를 통한 효과를 높이는 다양한 교수 자료를 개발하는 것이 중요하다.

1) 개발되어야 할 결과물

유형	주요 내용
교재	• 전달할 강의 내용을 포함 • 강의교재, 인쇄물(Hand out), 교과서

강의 매뉴얼	• 강의와 운영과 관련한 지침 포함 • 강의 방법, 강의 안내, 평가 • 온라인의 경우 접속 방법이나 출석 방법, 교육생 관리 등
교육 매체	• 미디어를 활용하여 전달할 학습 내용 • 디지털 라이브러리(시청각 자료) 활용 가능 • 온라인의 경우 강의 지원 도구
평가 도구	• 교육생 평가 도구, 설문지, 강의 평가 도구 등

2) 개발과 관련한 반드시 알고 있어야 할 사항들

① 개발 과정에서 매뉴얼은 물론 강의 자료, 강의 보조 자료 및 시청각 자료 등이 개발 된다.

② 개발 과정에서 개념들의 위계는 아래와 같다.

과정(Course) → 모듈(Module) → 강의 과목(Lesson) → 강의 주제(Subject)

- 과정: 강의 목표 달성

- 모듈: 과정 목표 달성

- 강의 과목: 실행 목표 달성

③ 강의용 자료를 개발할 경우 대부분 강사가 개발하지만 간혹 콘텐츠 개발자와 협업 을 통해 진행하는 경우도 있다.

④ 협업을 할 경우에는 명확한 책임과 권한을 설정하고 확인 및 결과물 산출 전에 사 전 평가 과정을 거친다.

⑤ 개발한 자료들은 반드시 확인 과정이 필요하며 사전평가를 거쳐 누락되거나 미흡 또는 수정 및 보완하는 과정을 거쳐야 한다.

⑥ 교육 과정이나 모듈이 확정되려면 사전에 파일럿 테스트를 통해 적합한지 여부 등 을 최종 결정한다(미흡할 경우 수정 및 보완 후 재실행).

⑦ 콘텐츠 제작 시 저작권 관련 법령에 위배되는 자료의 무단 복사나 활용은 하지 않 는다.

(4) 실행 단계

선정된 교육 프로그램을 실제 교육생에게 적용한 뒤, 그 결과를 지속적으로 유지하고 관리하는 활동으로 강의 준비, 강의 진행, 정리 및 결과 보고 등의 순서로 진행한다.

(5) 평가 단계

평가는 강의를 진행한 후에 강의에 대한 효과성이나 효율성 등을 포함하여 강의 목표 달성 여부 등을 확인하는 단계라고 할 수 있다. 평가 단계는 향후 더 나은 양질의 강의를 위해 중요한 단계이기도 하며 단순히 강사 및 강의에 대한 평가만이 아니라 강의 목표 달성 여부는 물론 강의기법이나 교수매체, 강의 자료 등 강의 전반에 걸친 내용을 평가한다.

1) 강의평가 항목

목적에 따라 다양한 평가가 이루어질 수 있지만 아래 내용은 강의 전반에 걸쳐 이루어져야 할 평가 항목을 나열한 것이다.

① 강의에서 활용한 교수법(강의 기법)

② 강의 매체의 적합성이나 적절성

③ 교육생들의 반응(참여도, 몰입도 등)

④ 강의 진행과정상에서 발견된 오류나 문제

⑤ 강사와 교육생의 상호작용

⑥ 강의 목표 달성 정도

⑦ 강의에 대한 전반적인 만족도

⑧ 기타

2) 강의평가 방법

① 교육생 대상 만족도 조사

② 강의 진행 과정에서 교육생 반응 관찰

③ 강사와 교육생 사이의 토론 결과

④ 강사의 자가 체크 리스트(녹화된 강의 모니터링, 셀프(Self) 체크리스트 활용)

⑤ 강의 후 사전에 설정한 강의 목표 도달 여부(테스트를 통한 결과 확인)

⑥ 외부 전문가(전문 평가위원)에 의한 결과 평가

3) 강의에 대한 자가평가 점검 항목

강의를 마치고 강의에 대해서 스스로 객관적인 자가 평가 및 분석을 통해 장점을 강화하고 단점은 보완하여야 한다. 일반적으로 자신의 강의를 촬영한 후 스스로 자신의 강의를 모니터링과 함께 평가한다. 아래 내용은 강의에 대한 자가평가 점검 항목이다.

① 강의 결과에 따라 향후 시급히 개선되어야 할 부분은 무엇인가?

② 강의 목표를 달성하기 위해 추가되어야 할 내용은 무엇인가?

③ 교육생의 참여와 몰입도를 높이기 위해 필요한 강의 전략은 무엇인가?

④ 강의에 활용했던 교수 기법이나 매체 및 자료에서 개선 및 보완되어야 할 점은 무엇인가?

⑤ 강의를 진행하는 과정에서의 기본 자세나 강의 시간 및 강의 구성은 적절하였는가?

⑥ 강의 콘텐츠 중 재구성 또는 보완해야 할 부분은 무엇인가?

03 교수설계 및 개발과 관련한 구체적인 활동

(1) 강의 목표 설정하기

강의 목표는 교육생이 강의를 통해 도달해야 하는 지식과 기능, 태도의 수준이나 상태를 의미한다. 명확한 강의 목표는 강의의 설계 및 시행 전 가이드라인을 제공한다. 그러나 강의 목표가 없거나 명확하지 않은 경우 강의 목표가 달성되었는지에 대한 측정이 어려워진다. 따라서 반드시 강의 목표를 구체화하고, 그에 입각한 강의를 구성함으로써 강의의 일관성과 완성도를 높여야 한다.

1) 강의 목표의 역할

① 교수설계 과정의 방향을 제시한다.

② 교수설계 일련의 과정 간의 교류를 촉진해 효과성 및 효율성을 높인다.

③ 명확한 강의 목표는 전체 교수 활동의 일관성을 유지시킨다.

④ 교육생은 강의 목표의 인식을 통해 학습 동기를 높이고, 학습 방향을 설정할 수 있다.

⑤ 교수 평가의 내용, 방법, 절차의 기준을 제공한다.

⑥ 강의 내용, 교수 전략, 매체 선정의 지침을 제공한다.

2) 강의 목표를 구체화시키는 법[5]

강의 목표는 측정 가능한 행동 동사를 사용해 진술해야 하며, 행위가 일어나는 조건과 수준이 구체적으로 수립되어야 한다. 또한, 잘 설명된 강의 목표는 교육생(Audience)에게 기대하는 구체적인 행동 변화(Behavior)가 어떠한 조건(Condition)에서 어느 수준(Degree)으로 나타나기를 원하는지를 담고 있어야 한다. 이를 '목표 진술의 ABCD 법칙'이라고 한다.

구성 요소	목표 설정 내용	강의 목표 예시
교육생 (Audience)	• 목표를 달성하는 대상 설정	• 이 강의를 수강한 교육생은~
행동 변화 (Behavior)	• 강의 이후 교육생이 보여야 하는 행동 • 관찰 가능한 수행을 의미하는 동사로 표현	• 강의를 통해 얻을 수 있는 이익이 명시된 강의 목표를 설정할 수 있다.
조건 (Condition)	• 특정 조건에서 행동 발현에 대한 기대 • 상황, 조건, 도구 및 기자재	• 교육 대상자별 특성에 맞춰~ • 구체적으로 ~을 활용해서
수준 (Degree)	• 교육생이 어느 정도의 수준을 가질 때 목표가 달성된 것으로 보는지에 대한 기준 • 수준, 만족도, 효율성, 현업 활용도 등	• 강의 목표를 본 누구라도 강의를 수강했을 때 얻는 이익을 파악할 수 있다면 성공적이다.

3) 강의 목표의 구체적 진술

강의목표는 지식과 관련된 것(인지적 학습영역), 태도와 관련된 것(정의적 학습영역), 육체적 기능과 관련된 것(심리운동적 학습영역)으로 구분할 수 있다. 구체적으로 강의목표를 진술하기 위해 먼저 교육생이 성취해야 하는 목표가 무엇인지를 확인한 뒤, 교육생이 학습해야 할 내용(주제)과 도착점 행동[6]을 나타내는 동사로 표현한다. 또한, 강의목표 설정 시 다음과 같은 영역별 행동 동사를 활용할 경우 강의 내용과 방법 선정이 보다 용이해진다.

---

5 행동적 학습목표 기술의 대표적인 방법은 메이거(Mager)가 제안한 'audience, behavior, condition, degree'(ABCD)의 원칙에 따른 기술 방법이 지금도 가장 많이 활용되고 있다. 본문에서는 메이거의 ABCD 원칙을 그대로 차용하여 사용하였다.

6 한 수업단위가 끝날 때에 교육생이 성취해야 한다고 기대되는 행동

구분		동사
인지적 영역	지식	• 정의하다, 묘사하다, 확인하다, 명칭을 붙이다, 목록을 만들다, 이름을 대다, 진술하다
	이해	• 비교하다, 토의하다, 식별하다, 그리다, 스스로 설명하다, 예를 들다, 해석하다
	적용	• 풀다, 계산하다, 사용하다, 연습하다, 작성하다, 시범 보이다, 적용하다
	분석	• 배열하다, 발견하다, 분류하다, 관련시키다, 추론하다, 변환시키다
	종합	• 조정하다, 개발하다, 연구하다, 결합하다, 구성하다, 공식화하다, 설계하다, 일반화하다, 통합하다, 조직하다, 만들다, 모으다
	평가	• 감정하다, 등급 매기다, 시험해보다, 판단하다, 권장하다, 비평하다, 결정하다
정의적 영역		• 선택하다, 조직하다, 참가하다, 감상하다, 완성하다
신체적 영역		• 조립하다, 분해하다, 고정하다
강의 목표 예시		• 명확한 강의목표를 작성할 수 있다. • 교수의 기본 원리 다섯 가지를 진술할 수 있다. • 직무 전문 강사의 역할을 정의 내릴 수 있다. • 교수 매체 선정 체크 리스트를 활용할 수 있다.

4) 명확한 강의 목표 설정을 위한 팁

① 누구라도 들으면 알 수 있는 표현으로 진술한다.

② 추상적인 표현이 아닌, 관찰 가능한 동사를 사용한다.

③ 교육생의 동작이 주체가 되는 문장으로 표현한다.

④ 하나의 목표에 하나의 행동만이 포함되게 진술한다.

⑤ 일상적인 표현이 강의 목표로 사용되는 경우, 조금 더 정교하고 구체적으로 표현한다.

⑥ 강의 목표가 강의에 대한 교육생의 기대수준과 연결된다는 점을 인지하고, 행동의 특성 및 어떠한 수준을 요구하는가에 주의하여 진술한다.

(2) 학습 내용 선정하기

학습 내용 선정 시에는 교육생 중심 및 차별화의 관점 두 가지를 고려한 뒤, 강의 주제와 세부 내용에 대한 선정을 해야 한다.

관점	고려 사항
교육생 중심	• 강의를 수강해야 하는 이유 • 해당 강의를 수강했을 때 교육생이 얻게 되는 부분 • 강의에서 습득한 지식 및 스킬(Skill)을 활용할 때의 이점
차별화	• 다른 강의에서는 들을 수 없는 새로운 정보 및 이론 전달 • 같은 내용이라도 효과적으로 전달할 수 있는 참신한 사례 및 예시, 비유 활용

1) 강의 주제 선정

교육생 분석 이후 교육생의 집중을 높이고 동기 부여를 이끌 수 있는 매력적인 주제 선정이 필요하다. 한편, 교수법 자체가 강의 콘텐츠가 되는 경우도 있으며, 퍼실리테이션(Facillitation), 문제중심학습(Problem-Based Learning), 액션 러닝(Action Learning)이 대표적인 예이다.

2) 강의 주제 탐색 방법

① 특정 분야의 전문 지식 활용

② 강사 본인의 경험, 자신만의 스토리 활용

③ 강사의 방식으로 재해석한 기존의 콘텐츠

④ 강의 진행 시기의 트렌드(Trend)에 맞는 콘텐츠

⑤ 강사가 잘 소화할 수 있고 본인의 강점을 가장 잘 살릴 수 있는 콘텐츠

⑥ 평소에 관심을 가지고 있던 분야 중 강사의 전문성을 드러낼 수 있는 분야

3) 강의 주제 및 콘텐츠

주제	분야 및 콘텐츠
동기부여 (마인드 관리)	• 변화 관리, 변화 혁신, 전략적 사고, 위기 관리, 갈등 관리, 스트레스 관리, 미래 설계, 동기 부여, 창의적 사고, 혁신, 도전, 열정, 성공학
리더십 교육	• 경영혁신 전반, 비전 경영, 창조 경영, FUN 경영, 리더의 전략, 팀 리더십, 셀프 리더십, 세일즈 리더십, 여성 리더십

직무 교육	• 사내 교육(계층, 직능별), 팀 빌딩, 기업 문화, 조직 활성화, 액션러닝, 컴퓨터활용 능력, 자기관리 및 직업의식, 직장 예절
자기계발	• 소통 및 커뮤니케이션, 스피치&프레젠테이션, 보이스트레이닝, 글쓰기, 기획력, 문서 작성, 외국어, 시간 및 일정 관리, 퍼스널브랜딩, 멘토링
CS교육	• 고객만족(CS)경영, 고객 심리, 감성서비스, 컴플레인 응대, DiSC 활용 유형별 고객 응대, 고객 접점(MOT), 전화 응대, 비즈니스 매너, 글로벌 매너, 이미지메이킹, 불만고객응대, 스트레스 관리
취업,청소년 교육	• 면접, 진로 적성, 학교폭력 예방교육, 취업 및 진로 컨설팅, 취업 역량강화, 입사지원서 작성 및 면접 전략, 면접 이미지메이킹, 대학 생활 관리 및 커리어 로드맵
시니어,창업 교육	• 세컨트 라이프(Second life) 성공 전략, 인생 이모작, 은퇴 설계, 재테크 및 금융 경제, 창업 컨설팅, 시니어 창업, 청년 창업 실무
의무 교육 및 기타	• 직장 내 성희롱, 성폭력 예방교육, 개인정보보호교육, 응급처치교육, 생명존중자살 예방, 안전관리, 감정노동자 보호
특강	• 교양(역사·예술·인문·문학), 자녀교육, 학부모 교육, 부부 행복, 심리 상담, 웃음 치료, 강사 양성, 젠더 관련, 다문화, 4차 산업혁명

* 출처: 오상익, 『강연의 시대』, 책비

4) 매력적인 강의 주제를 선정하는 법

① 평소 주변 사물을 다양한 시각에서 바라보는 습관을 가진다.

② 다양한 사람들과 교류하며 대화 속에서 콘텐츠를 찾는다.

③ 강사 본인만이 아닌, 교육생들 또한 관심을 가질 수 있는 콘텐츠가 맞는지 고민한다.

④ 콘텐츠와 함께 활용할 다양한 에피소드를 함께 탐색한다.

⑤ 교육생들의 집중도와 설득력을 높일 수 있는 강사의 경험이 담긴 콘텐츠를 선정한다.

⑥ 교육생의 눈높이에 맞는 콘텐츠 중 공감을 이끌 수 있는 것으로 선정한다.

⑦ 어디서나 볼 수 있는 콘텐츠가 되지 않도록 강사 나름대로의 관점과 해석을 더한다.

5) 세부 내용 선정

강의 주제 선정 이후에는 강의를 구성하는 세부 내용을 선정해야 한다. 세부 내용은 학습 주제를 뒷받침하는 구체적인 입증 자료들을 의미하며, 학습 주제별 하위 내용은

3~5개 이내로 구성하는 것이 좋다.

(3) 교수 매체 선정하기

교수 매체란 강의를 지원해 주는 각종 기자재를 포함해 시각 정보나 언어정보를 재현시키는 데 쓰이는 전자 및 기계적 수단을 의미한다. 대표적으로는 칠판, 화이트보드, 플립 차트 및 전지, 색지 등과 같은 기록용 교수 매체와 노트북, 빔 프로젝터, OHP(Overhead Projector)비디오, 컴퓨터 등과 같은 시청각 기자재가 있다. 과거에는 내용 전달을 위한 보조 도구 정도로 교수 매체가 활용되었다면, 최근에는 교수 및 학습의 필수 요소이자 강사와 교육생, 교육생과 교육생을 연결하는 역할 또한 담당한다.

1) 교수 매체의 역할

기능	역할
매개적 보조 기능	• 강의 보조 수단으로 매체를 사용하는 것으로, 매체를 사용하지 않을 때보다 학습 효과를 높일 수 있다. • 강사는 교육생과 매체를 통해 보다 원활하게 의사소통을 할 수 있고, 학습 시간을 줄일 수 있다.
정보 전달 기능	• 많은 교육생을 대상으로 정보를 전달해야 하는 상황에서 효과적이다. • 인쇄매체는 많은 정보를 담을 수 있음과 동시에 쉽게 사용할 수 있어서 중요한 매개 수단의 하나이다. • 텔레비전, 컴퓨터, 멀티미디어와 같은 정보통신매체의 경우 다감각적인 정보를 보다 신속하고 효과적으로 전달할 수 있다.
학습 경험 구성 기능	• 교수 매체는 그 자체가 학습 경험을 구성하는 기능을 가진다. • 학습 경험 구성을 돕는 대표적 매체인 컴퓨터, 피아노, 사진기 등의 경우 학습 내용이 됨과 동시에 기능을 경험하게 하는 매체가 된다.
교수 기능	• 매체를 효과적으로 활용해 교육생의 지적 능력을 계발시키는 것을 의미한다. • 교수 매체는 교육생의 주의 집중과 동기 유발을 돕고, 학습을 촉진시켜 지적 활동을 원활하게 해야 한다.

2) 교수 매체 선택 원리

① 어떤 특정 매체만이 최선이 될 수는 없으므로 적절한 매체를 고려한다.

② 매체는 학습 목표에 맞게 사용되어야 한다.

③ 목적에 맞는 매체를 활용하기 위해서는 해당 매체에 대해 철저히 알고 있어야 한다.

④ 선택된 강의 형태에 적합한 매체인지 고려해야 한다.

⑤ 개인의 선호도에 따라 특정 매체를 선택하거나 활용해서는 안 된다.

⑥ 최고의 매체라 할지라도 열악한 환경에서는 적합하지 않은 매체가 될 수도 있음을 인식한다.

⑦ 교육생의 경험, 선호도, 개인의 관심, 능력 및 학습 스타일 등이 매체 활용에 따른 결과에 영향을 미칠 수도 있음을 깨달아야 한다.

⑷ 교수 자료 선정

교수 자료는 교육생용 교재 및 워크북, 시각 자료, 강의 진행을 돕는 보조 자료(handout), 참고 자료 등 강의 시 활용되는 모든 자료를 말한다.

1) 교육생용 교재

교육생용 교재는 가장 기본적인 강의 자료이자, 강의 이후 교육생이 언제라도 활용할 수 있는 참고 자료이다. 이에 강의 내용에 맞는 정확한 내용 및 학습에 도움이 되는 실질적인 내용으로 구성되어야 하며, 교재 작성 시에는 다음의 사항을 고려한다.

① 표지에는 강의 제목을 기재한다.

② 강의 교안의 체계와 같은 순서 및 형식으로 교재를 구성한다.

③ 교재의 용지 방향을 통일한다.

④ 제목 및 강의 주제, 세부 내용의 폰트와 폰트 크기를 달리하되, 동일 개체는 일관성을 유지한다.

⑤ 교육생의 연령대를 고려해 폰트 크기를 선정한다.

2) 시각 자료

보다 효과적인 강의를 위해서는 전달하고자 하는 내용을 간단명료하게 요약한 시각 자료 개발이 필수적이다. 어떤 대상의 특성이나 모양에 대해 설명할 때, 말로 설명하는 것에 그치지 않고 대상을 실제로 보여 주는 경우 교육생의 이해를 돕는 데 더욱 효과적이기 때문이다. 또한, 교육생이 실제 눈으로 확인한 내용들은 기억에 오래 남을 수 있고, 교육생의 흥미 유발에도 도움이 된다.

종류	구체적 활용
실물	• 특정 대상에 대한 정보 전달
모형	• 직접적으로 대상을 보여 주기 어려운 경우 활용
사진	• 이동이 불가능하거나, 일시적인 움직임을 보여 주는 것이 필요한 경우
그래프	• 통계나 수치의 분포를 보여 주는 경우 활용 － 꺾은선그래프: 시간의 흐름에 따른 추이를 보여 줄 때 효과적이며, 3개 이하의 선을 사용하는 것이 좋다. － 막대그래프: 항목 간의 크기 및 집단의 속성을 비교할 때 사용하며, 크기나 계열의 가나다 순에 따라 막대를 정렬한다. 또한 눈금을 표시하거나 막대 끝에 값을 넣어 구체적인 수치를 알게 한다. － 원그래프: 각종 분포를 한눈에 보여 줄 때 활용하며, 중요한 부분을 12시 방향에 배치한다. 파이의 수치가 너무 작은 경우 '기타'로 묶어서 표시한다.

3) 핸드아웃

핸드아웃(Handout)은 강의 중요 내용을 요약해 교육생들의 이해를 높이거나 학습 내용의 보강을 목적으로 사용한다. 핸드아웃을 미리 배포할 경우 교육생의 주의가 분산될 수 있으므로, 본격적인 강의 전에는 핸드아웃을 미리 배포하지 않는 것이 좋다. 또한, 강의 이후에는 추가 자료나 보조 내용에 관한 유인물을 배포한다.

4) 교수 자료 선정 시 주의 사항

① 활용할 자료가 강의 내용에 부합한지 고려한다.
② 해당 자료가 현실성 있는 자료인지 파악한다.

③ 자료가 분명하고 정확한 내용을 담고 있는지 확인한다.

④ 자료의 품질 및 기술 지원 역할로서 적합한지의 여부를 확인한다.

⑤ 논란이 될 만한 내용을 담고 있지 않은지 한 번 더 확인한다.

⑥ 자료가 윤리적인 문제 혹은 지적재산권에 저촉되지 않는지 확인한다.

04 | 강의계획서 작성

(1) 강의계획서의 이해

강사가 강의를 실행하기 전 준비 과정에 대해 계획한 내용을 일목요연하게 정리한 문서를 '강의계획서'라고 하며 이는 강사 스스로 자신의 강의 준비에 대한 체계적인 점검을 가능하게 한다. 또한, 강의에 필요한 핵심 항목들로 구성된 내용을 통해 강사뿐만 아니라 교육생도 강의 내용과 흐름을 수강 전에 파악할 수 있다는 장점이 있어 학습 참여 준비에 효과적이다.

1) 강의계획서의 개념

강의계획서는 교육 과정에 포함된 각각의 모듈(Module)이나 교과목에 전반적인 기획 내용을 정리한 양식으로 강의 개요, 학습 목표 및 강의 내용 등을 상세히 기록하는 문서이다. 강사가 향후 진행할 강의를 계획한 내용 전반이 정리된 양식이므로 강사는 물론 교육수요업체, 교육생 등 누구의 입장에서 보더라도 그 해석을 달리하지 않도록 강의의 목적과 방향성이 명확히 전달되어야 한다.

① 강의에 대한 계획을 수립하여 기록하는 문서다.

② 강의 실행 전 제작을 완료하여 교육생 및 교육수요 담당자에게 강의 전반을 소개할 수 있다.

③ 강의를 계획한 과정 전반에 대해 진단 및 점검을 하는 데 도움이 된다.

④ 교육생들은 강의계획서를 통해 강의에 대한 준비를 할 수 있다.

⑤ 강사가 직접 작성하는 것이 기본이다.

⑥ 강의 주제에 따라 명확한 학습 목표를 설정하는 것이 중요하다.

⑦ 학습 목표 달성을 위한 내용과 교수 방법 등이 포함된다.

2) 강의계획서가 필요한 이유

모든 강의는 계획을 통해 실행되며 어떤 내용으로 어떠한 대상에게 어떻게 진행할지를 계획하고 이를 공식적인 형식을 활용해 작성하게 된다. 문서화의 작업을 거치며 한쪽에 치우치지 않는 공통된 쓰임의 형식을 만들게 되는데, 이와 같은 공식적 강의계획서 작성이 필요한 이유는 다음과 같다.

① 강사(또는 교육업체)와 교육생(또는 교육수요업체)이 사전에 의견을 조율할 수 있다.

 - 교육장 형태 및 규모와 적합한 교수 방법을 맞추기 위한 조율

 - 교육대상자 특성과 적절한 교육 내용 선정을 위한 조율

② 강의 시간을 컨트롤할 수 있다.

 - 강의 진행 중 현장 업무 이슈(Issue) 발생 시 시간 단축

 - 교육생들의 이해력 부족에 의한 교육 내용 구간별 시간 배분 조절

③ 강의 후 개선 작업이 쉬워진다.

 - 강의 실행 중 교육생들의 호응이 저조한 경우

 - 강의 시간이 부족한 경우

 - 교육생들의 이해도가 떨어진 경우

 - 교육 자료의 활용도가 좋지 못한 경우

④ 강의의 방향성을 유지할 수 있다.

 - 계획된 내용이 시작부터 마무리까지 문서로 정리되어 설계도와 같은 도면 역할

 - 강의의 순서나 진행 시간 안배의 혼선을 줄임

3) 강의계획서 작성을 위한 준비 업무

강의계획서를 작성하는 것은 말 그대로 계획서에 기입할 내용에 대해 일정 부분의 구상이 이루어 진 이후여야 진행이 가능한 작업이다. 가장 작은 단위의 세분화되어 있는 내용들은 차후 강의교안에 기재할 부분이나 최소한 보는 사람이 누가 어떤 목적으로 무슨 내용을 어떻게 실행하는 강의인지 인지할 수 있을 정도의 구성을 갖출 수 있어야 강의계획서의 역할을 할 수 있다.

① 강의 주제에 대한 기본적인 이해
 - 해당 강의의 필요 이유 분석
 - 강의 취지에 맞는 학습 목표 설정
 - 강의 주제를 돋보이게 하는 강의명(과정명) 구상

② 강의 내용 선정
 - 강의 주제에 맞는 체계적인 내용 선정
 - 총 강의 시간을 고려한 모듈(Module) 분리
 - 내용 전달에 효과적인 교수법 선정
 - 교육생들의 학습 효과를 높이는 내용 전개 구상
 - 교육생들의 실무(현업)를 반영할 수 있는 내용 구성 적극 활용

③ 교육대상자 분석
 - 교육생 요구 사항 파악
 - 교육생 현장 실무와 강의 주제 연계성 파악
 - 직무교육 등 이론 위주의 강의 시 교육대상 그룹의 지식 수준 파악

④ 강의 방법 및 자료 선택
 - 교육생들의 수준을 고려한 방법 선택
 - 교육생들의 실무(현업)를 반영할 수 있는 내용 구성이 가능하면 적극 활용
 - 교육생의 이해를 돕기 위한 사례와 시청각 자료 선정
 - 강의에 활용할 교보재 선별

⑤ 강의 환경 점검

- 강의가 진행될 장소(강의실)의 특성 점검
- 시청각 및 오디오 시설의 기능 등을 점검
- 좌석 배치의 제한 사항 점검
- 조명 및 냉·난방 시설 점검
- 교육장 규모 및 교육대상 인원 수 비교

4) 강의계획서의 활용

강의계획서는 매우 다양한 목적으로 활용된다. 여러 대상에게 공유하는 것을 목적으로 작성되는 문서이므로 각기 다른 입장의 상대방에게 내용을 전달하는 수단으로 많이 활용되며, 활용 목적을 제대로 이해하고 작성해야 올바른 강의계획서를 작성할 수 있다.

① 강의의 기본 정보에 대해 알려 준다.

② 강의에 활용할 자료를 제공한다.

③ 교육생이 성공적인 교육 이수를 위해 어떻게 해야 하는지를 알려 준다.

④ 교육생은 강의에 대해 준비 사항을 알 수 있다.

⑤ 강의 내용의 개념적인 틀을 제공한다.

⑥ 강의 내용을 수정할 때 기준이 된다.

⑦ 강의 시간 배분을 조율할 때 기준을 제공한다.

⑧ 교육 주관부서에 강의 정보 제출 자료로 활용된다.

⑨ 강사가 자신의 강의를 소개하는 제공 자료로 활용된다.

5) 강의계획서 점검을 위한 체크리스트

강의계획서는 강사 개인이 강의에 활용하기 위한 단순 목적의 문서가 아니다. 강사 본인은 물론, 교육생 및 교육수요업체 담당자, 혹은 강사가 속한 기업체 HRD담당자, 더 나아가서는 기업체의 대표이사에게까지도 공개되는 공식적인 문서이다. 그만큼 강의계획서는 실수 없이 작성하는 것이 매우 중요하다. 강의계획서를 작성한 후 작성한 내용에 대해 다시 한 번 점검 후 공지하는 것이 기본이며, 실수 없는 강의계획서 작성을 위해 강의계획서 점검표 등을 만들어 활용하는 것이 도움이 된다.

① 강의명과 개요 및 목적 점검

② 학습 목표 점검

③ 교육생 관련 점검

④ 강의 일정 및 시간 점검

⑤ 강의 내용 및 교수 방법 점검

⑥ 강의계획서 점검표 예시

구분	확정	미정	수정 보완	불필요	현장 조율
강의명(교과목명)					
강의 시간					
강사					
강의 일정					
강사 일정					
강의 주제					
강의 목표(학습 목표)					
교재 정보					
교수 방법					
교육생 참여 방법					
평가 방법					

단순 점검 항목별 체크리스트 예시(항목별 점검표)

점검 항목	항목별 점검 세부 내용	충족(O)	미흡(X)
강의개요 및 목적	강의명은 강의 주제와 목적을 담는 명칭인가?		
	강의 개요 및 목적이 강의 주제의 방향성과 일치하는가?		
학습목표 점검	강사가 아닌 교육생이 보여 줄 행동 변화인가?		
	평가에 의한 달성 여부를 확인할 수 있는가?		
	과정이 아닌 학습의 결과를 기술하였는가?		
	누가 보아도 그 해석이 동일한가?		

서비스 전문강사 자격증 CPSI 필기

교육생	교육대상자의 특성 및 공통점 등은 무엇인가? (부서, 업무, 회사, 연령대, 소득 등)		
	교육대상자의 특성에 맞춰 볼 때 이 강의가 왜 필요한가?		
강의일정	교육수요업체 또는 기업체 교육대상자 그룹과 협의되었는가?		
	강사의 다른 강의 일정과 중복되지 않았는가?		
	강의교안 및 자료, 교보재 등의 제작 및 준비 기간을 고려했는가?		
강의내용 및 교수방법 점검	강의 내용의 순서를 정확히 명시했는가?		
	교육생의 학습에 초점을 맞춰 작성하였는가?		
	강의에 활용할 자료 정보를 제공하였는가?		
	교육생의 참여 방법을 명시하였는가?		

점검 사항을 항목별 질문 형식으로 점검하는 양식(질문형 점검표 예시)

(2) 강의계획서 작성하기

강의계획서는 그 주제나 내용의 특성에 따라 작성 방법을 달리하는데, 이것은 작성자의 판단에 따라 결정되는 것이 일반적이다. 단, 기업체 사내강사의 경우 보고 대상과 제출부서가 지정되어 있어 회사의 정해진 양식에 맞춰 작성해야 하는 경우도 있다. 하지만 강의계획서의 문서 형태와 양식에 관계없이 기본적으로 '강의계획서'가 반드시 담고 있어야 하는 필수적인 기재 항목이 존재한다. 강사는 강의계획서에 필수적으로 포함되어야 할 구성 항목을 인지하고 있어야 다양한 형식의 문서 형태를 자유롭게 선택할 수 있다.

1) 강의계획서 구성 항목의 이해

성공적인 강의를 실행하기 위해 준비하고 계획한 내용을 알아보기 쉽고 간결하게 정리한 문서에서 반드시 포함하고 있어야 할 내용을 누락하지 않아야 강의계획서가 그 역할을 다할 수 있으며, 이를 위해 강사는 강의계획서를 구성하는 필수적인 작성 항목들을 명확히 인지하고 있어야 한다.

구분	세부 선정 기준			비고
강의명 (교과목명)	• 강의 주제에 맞는 교과목 범위를 인지 후 작성 • 이해나 해석이 쉬운 표현으로 작성			

강의종류	강의주제	교과목
마인드	리더십	셀프리더십, 행동리더십, 관계리더십, 팀리더십 등
	자기계발	보고서 작성, 프리젠테이션 스킬, 성과관리 등
	고객만족	전화응대, 친절교육, CS마인드, 민원응대스킬 등
직무교육	영업세일즈	설득스킬, 화법스킬, 보이스 트레이닝, 판매상품 등
	전문인력양성	사내강사 양성, 전산(사내프로그램) 활용, 기술직 과정, 재무 등

구분	세부 선정 기준	비고
강사	교과목의 종류와 특성에 따라 자격과 경험을 갖춘 강사 배정	
학습 목표	• 각기 다른 난이도의 연계성 있는 목표를 제시(상위 목표부터 하위 목표로 세분화) • 교과목의 목적과 일치하는 구체적인 표현을 사용한 기준 제시 • 교육생 대상자 그룹의 특성을 고려하여 설정 • 교육생 입장에서 실현 가능한 목표 제시	
강의 내용	• 학습목표를 달성 기준을 골자로 내용 구성 • 교육생 상황과 특성을 고려한 다양한 방법을 활용 • 효과적인 내용 전달을 위한 학습활동 개발 • 학습에 필요한 자료와 교재 등도 개발이 필요	강의 내용 구간별 소요 시간
교육 방법	• 강의 내용 작성 시 함께 작성하는 것이 기본 • 하나의 강의에 여러 가지 교수법을 활용 • 학습 내용에 따라 다양한 교수법을 활용	
교육 대상	• 교육생의 담당 업무 및 직급으로 분류 및 분석 • 담당 업무나 상황별 특성을 고려한 교육수요 인원 산출 • 직무교육 시 교육생의 직무 지식 수준 • 학력 및 경력 등을 반영한 학습 및 습득 역량 파악 • 교육생의 교육 참여 태도 등	

기준 구분	교육대상자 선정 및 분석 기준 예시
근속기간	신규입사자, 저차월자(3개월↓, 6개월↓), 장기근속자 등
직무내용	관리사무직, CS담당직, 현장생산직, 영업직, 인사총무 등
태도 및 성향	학습태도 불량, 근태불량, 직무평가 하위자, 실적부진자 등
업적평가 및 직위	부진자, 상위자, 대리, 과장, 직위별 승진자 등

| 교육
장소 | • 강의 특성(토론 참여 형태, 실습 형태, 그룹발표 형태 등)을 고려
• 교육대상자의 특성을 반영
　예) 고령이나 임원직, IT 관련직 종사자 등은 교육장 매체를 꼼꼼하게
　점검하고 고려
• 강의 소요 시간을 감안
• 교육 대상 인원 수를 반영한 강의실 규모
• 기업 강의 시 사내 지정된 강의실 사용 조건의 제약이 있을 시 강의 유
　형에 적합한 교육환경 조성을 위해 강의실內 좌석 배치 적절히 활용 | • 강의 소요 시간을 고
려하여 교육생이 참
여에 집중할 수 있는
가장 적합한 교육환
경 제공.
• 교육생 특성에 따라
강의실 매체의 성능
또한 중요한 기준 |

2) 강의계획서 작성 예시

강의 종류나 기업체의 업무 기준 또는 강사의 성향에 따라 강의계획서는 각기 다른 스타일로 작성할 수 있다. 가장 기본적인 작성 틀은 2난식으로 좌측열에 기재할 항목을 구분하고, 우측열에 그 세부 내용을 기재하는 형식이다.

① 교육과정 종합계획

과정명	근속 연수가 짧은 근무사원 양성 과정
학습 목표	• 자신의 직무계획 및 목표를 스스로 세울 수 있다. • 전화상담 시 상담 내용에 맞는 음성 연출을 할 수 있다. • 설득의 기술을 활용한 설득화법을 구사할 수 있다. • 결합상품의 특징과 장점을 자신 있게 설명할 수 있다.
강의 내용	• 과정1: 하루 계획 / 하루 관리(2.0H) • 과정2: 사연 있는 보이스 트레이닝(1.0H) • 과정3: 설득의 기술(3.0H) • 과정4: 결합상품 광고 제작(2.0H)
교육 대상	입사 2개월~ 4개월 미만 근속 저차월자
교육 방법	내용 설명, 사례 제시, 토론 및 실습, 발표 등
교육 시간	총 8시간
교육 장소	○○㈜ 인수동 소재 연수원 제3교육장(대관료 별첨)
교육 일정	○○년 ○○월 ○○일(09시~18시)
강사	홍미경

② 교육 내용 과정별 세부계획

교과목	세부내용 및 방법
하루 계획, 하루 관리	진행 시간 2.0H (설명, 사례 제시, 토의&발표) • 입사 당시 각자의 3개월 후 목표 확인(입문교육 당시 타임캡슐) • 목표 달성을 위한 실행 계획 유무 진단 • 본인이 세운 계획의 단위에 대한 오차범위 파악(사례 제시) • 데이플랜(Day Plan) 세우기 • 데이플랜(Day Plan)의 최대 장점과 강사의 성공 사례 공개 • 본인의 목표 수립 및 하루 계획 정리

사연 있는
보이스
트레이닝
	진행시간 1.0H (설명, 사례연구, 실습, 발표)
	• 음성 연출의 중요성 설명
	• 잘못된 음성 연출이 가져온 나쁜 결과 사례 공유
	• 사례별 설명 및 실습
	  – 과실 인정 등 안 좋은 내용 전달할 때
	  – 발음이 까다로운 문장 구사
	  – 바쁠 때 빠른 상담 진행이 용이한 음성 연출 등

설득의
기술
	진행시간 3.0H (설명, 사례연구, 조별실습, 발표)
	• 설득의 6가지 법칙 (상호성의 법칙, 일관성의 법칙, 사회적 증거의 법칙, 호감의 법칙, 권위의 법칙, 희귀성의 법칙) 정리
	• 설득의 법칙을 활용한 설득 성공 사례 공유
	• TV방송 프로그램에 소개된 설득 관찰카메라 영상 시청각
	(실습 과정)
	① 상황 설정(낯선 사람에게 차비 빌리기) 역할연기
	   교육생 중 5명에게 행인 역할 지정(종이돈 1천 원권 3장 제공)
	   나머지 교육생 전원은 행인을 상대로 돈을 빌리기 위한 설득 시도
	② 성공한 교육생은 강단에서 발표를 통한 설득 방법 공개
	③ 행인 역할자는 왜 설득을 당했는지 느낌을 발표
	• 영업에 필요한 설득기술과 연계성 있는 포인트 정리
	• 스크립트 상품 설명 멘트 예시로 설득의 법칙 접목한 편집 연습

결합상품 광고 제작	진행시간 2.0H (설명, 조별실습, 조별발표) • 주력상품 영업 활성화가 회사와 우리(교육생들)에게 미치는 영향 • 주력상품 장점 및 특징에 대한 정리 • 주력상품 CF광고 제작(조별 활동) • 결과물 발표 및 강사 피드백

③ 교육 시간표

시간	과목	비고
09:00~10:00	하루 계획, 하루 관리(2.0H)	신입 입문교육 당시 타임캡슐 당사자 직접 오픈
10:00~11:00		
11:00~12:00	사연 있는 보이스 트레이닝(1.0H)	마이크 강사용 셔 여유분 2개 확인
12:00~13:00	중식	
13:00~14:00	설득의 기술 Ⅰ (2.0H)	조별 토론 및 발표 준비 좌석 배치 변경
14:00~15:00		
15:00~16:00	설득의 기술 Ⅱ (1.0H)	
16:00~17:00	결합상품 광고 제작(2.0H)	조별 준비물 크레파스 2세트, 색연필 2세트, 색종이, 가위, 나비넥타이, 리본헤어밴드
17:00~18:00		

05 | 강의교안 작성

(1) 교안 작성의 이해

1) 강의교안의 개념

① 강의계획서의 기본 틀을 바탕으로 강의 진행 순서와 세부 내용을 작성하는 양식이다.

② 강의계획서보다 구체적인 상세 내용을 기록한다.

③ 강의 내용, 항목별 진행 시간, 사용되는 자료가 포함되어야 한다.

④ 진행 강사의 교육 방식이 상세히 들어간 내용으로 강사 개인의 개성이 반영된다.

⑤ 내부적으로 동료 강사들에게 업무 인수인계를 위한 자료로 활용한다.

⑥ 교육 목표에 맞는 학습이 실행될 수 있도록 강의 내용에 일관성을 유지해야 한다.

⑦ 강의에 적절한 시간 안배를 위해 필요하다.

⑧ 강의 실행을 통해 강의 내용이나 교수설계의 보완이 필요할 때 활용한다.

2) 강의교안이 필요한 이유

① 강의 시간의 낭비가 없고 강사에게 강의에 대한 자신감을 준다.

② 학습 목표에 적합한 강의를 할 수 있다.

③ 일관성 있는 강의로 교육생에게 훌륭한 학습 효과를 줄 수 있다.

④ 강의 흐름을 깨지 않고 다양한 개선 시도가 가능하다.

⑤ 강의 순서와 시간 조절이 쉬워지고 강의 마무리를 잘할 수 있다.

⑥ 강사와 학습 내용을 평가할 수 있는 근거가 된다.

⑦ 대체강사 활용 시 인수인계 자료로 활용된다.

⑧ 세분화된 계획대로 리허설을 통한 교육 완성도를 높일 수 있다.

⑨ 강의 실행 후 과정별 개선이 수월하다.

⑩ 학습 목표의 점검 및 교육생 수준에 따른 강의가 될 수 있다.

3) 교안 논리구성 3단계의 이해

교안 작성 시 체계적인 내용 정리를 위해 도입, 전개, 종결 또는 서론, 본론, 결론으로 논리구성의 단계를 나누어 작성하는 것이 기본이다.

도입(서론)	전개(본론)	종결(결론)
• 주의를 집중 • 동기부여 • 학습 개요 설명	• 학습 주요 내용 진행 • 이론 및 실습 • 교육생 학습 과정 전개	• 요약 및 복습 • 재동기 • 결어

① 도입(서론) 단계

– 강의 개요, 중요성, 교육에 관심을 갖도록 유도하는 단계이다.

– 강의 주제에 관해 주의를 이끄는 단계이다.

– 수업의 전개 방향을 제시하는 매우 중요한 단계이다.

– 교육생과 강사 간에 공통된 기반을 형성하는 단계이다.

– 교육생들의 주의력과 관심을 포착, 제시해서 학습 분위기를 형성한다.

– 강의 유형에 따라 총 학습 시간의 5%~10%를 점유한다.

– 도입(서론) 단계는 다시 3가지 세분화된 단계로 나뉜다.

도입 단계 內 세부 단계 구분	세부 단계의 역할
주의집중 단계 (Attention)	• 교육생으로 하여금 학습에 대한 주의를 집중시키는 단계 • 강사는 주제에 관한 이야기, 강의 배경 등에 대해 설명 • 자기소개, 주제 판서, 긴장 풀기 등의 과정

동기부여 단계 (Motivation)	• 문제를 해결하고 배워야겠다는 학습 동기를 일으키는 단계 • 중요성 강조, 알고 있는 것 질문 등의 과정 • 배우고 싶은 의욕을 불러일으키는 단계 • 도입 부분뿐만 아니라 강의 중간중간에 중요성 언급
학습개요 단계 (Overview)	• 수업의 전개 방향을 제시해 주는 단계 • 내용 요약, 교육 배경, 범위 설명 등의 과정 • 교육의 범위를 알려 줌: 시각적인 보조 자료 활용 • 명확한 강의 개요 → 강의 본론에 적극 참여 유도

② 전개(본론) 단계

도입 단계에서 제시한 학습개요의 순서에 따라 문제를 구체적으로 설명하고 입증하며 규명하는 단계로, 다음의 유의사항을 기반으로 작성하는 것이 중요하다.

- 학습 난이도가 쉬운 내용으로 시작해서 어려운 것으로 진입해야 한다.
- 주의집중을 위해 여러 기술을 사용한다(예: 15분 이상 집중이 힘들 때 질문, 유머 등을 사용).
- 내용은 논리적이고 체계화된 순서로 설명해야 한다.
- 보조 자료, 경험사례, 화이트 보드판 등을 적극 활용한다.
- 부연 설명에 치중하여 중요한 학습 내용의 강조 효과를 감소시키지 말아야 한다.
- 주제의 연결 단계가 매끄러워야 한다.
- 전개의 마무리 단계에서 교육생의 의문점 해소를 위한 질의응답 시간을 마련하여야 한다.
- 강사는 질문 등을 통해 수강생의 이해도를 측정할 수 있어야 한다.
- 전개의 마무리 단계에서 질문을 받는다.
  → 종결 단계 이전에 질의응답 시간을 마련하여 교육생의 의문점을 해소한다.
- 총 학습 시간의 80~90%를 점유한다.
- 기본적으로 꼭 다뤄져야 하는 세분화된 단계들을 실행한다.

전개 단계 內 세부 단계	세부 단계의 역할
설명 단계	학습할 내용들을 해설하는 단계
시범 단계	중요한 내용을 강조하는 단계
실습 단계	교육생들이 직접 시행하는 단계
감독 단계	교육생들의 집중 및 이해도 등을 관찰하는 단계
평가 단계	'효과적인가' 여부를 반복적으로 행하는 단계

③ 종결(결론) 단계

- 전개 단계에서 집중적으로 설명했던 내용들을 요약하는 단계이다.

- 학습 내용 전개 순서에 따라 간략하게 간추리는 단계이다.

- 전개 단계에서 언급되지 않은 새로운 사실을 유발해서는 안 된다.

- 슬라이드나 차트 등으로 요약하면 좋다.

- 질문을 통해서 요약하는 것도 좋은 방법이다.

- 긴 시간을 사용하여 지루하지 않는 것이 좋다.

- 총 학습 시간의 5%~10%를 점유한다.

- 종결단계의 세부 단계 구성에 맞춰 실행한다

종결 단계 內 세부 단계	세부 단계의 역할
복습/요약 (Review/Summary)	• 전체 내용을 요약하여 교육생의 기억을 돕는다. • 전개 단계의 설명 내용 중 핵심 사항을 간추려서 강조한다. • 지나친 구체적 언급을 피한다(요약의 초점이 흐려진다). • 토론식 진행은 피한다(방향성을 잃을 수 있다). • 새로운 내용은 언급하지 않는다.
재동기부여 (Remotivation)	• 학습한 내용의 중요성을 강조한다. • 학습한 내용을 '실제 업무에 활용해 보고 싶다'는 욕구를 불러일으킨다.
결어 (Closure)	• 학습에 참여한 교육생들을 격려한다. • 관련 자료나 참고 서적 등을 소개한다. • 강사의 개인적인 이야기 등을 할 수도 있다. • 교육 참여에 대한 감사 인사와 과목을 끝내는 메시지를 전달한다.

4) 교안 작성의 5가지 원칙

구분	특성
구체성	• 교수 내용은 구체적으로 작성해야 한다. • 강의 시간에 실행되는 모든 내용을 기입하여 충실하게 작성한다.
명확성	• 확실하게 알아볼 수 있도록 간결하게 작성한다. • 강의 진행 도중에도 교안을 쉽게 보고 식별할 수 있어야 한다. • 강의 중 신속한 식별을 위해 장문 형식은 피한다.
실용성	• 교수 활동에 실질적으로 사용될 수 있도록 작성한다. • 기입 내용과 배열이 교수 활동을 효과적으로 수행하도록 맞춰져야 한다. • 교수 활동을 진행하는 순서대로 작성하여야 한다.
평이성	• 교안은 쉽게 이해할 수 있도록 작성해야 한다. • 교육생의 수준을 고려하여 애매한 언어 사용을 피해야 한다. • 강사 자신도 이해가 어려운 용어나 자신 없는 내용은 신뢰성을 상실할 수 있다.
논리성	• 짜임새 있는 구성에 맞춰 논리적으로 작성되어야 한다. • 객관적인 입장을 유지하며 작성한다. • 교안의 내용 서술은 곧 강의와 마찬가지다.

(2) 강의교안 작성법

강의교안은 정해져 있는 틀의 형식이 없다. 어떠한 형태로든 강사가 활용하기 쉽도록 구성된 내용을 쉽게 작성하는 것이 핵심이다. 그러나 아직 교안 작성의 경험이 많지 않은 강사의 경우 교안 작성 시 강의 교안 문서의 기본 구성과 교안 제작 틀의 특성을 이해하면 교안 제작에 큰 도움이 된다.

1) 교안 문서의 기본 구성

교안의 주요 사용처는 강사 본인의 강의 실행에 기반한다. 하지만, 외부에 공유하거나 결재, 보고의 수단으로 활용되는 경우도 있어 항시 모든 문서 작성의 기본은 해당 문서의 표지 제작을 염두에 두고 함께 작성해 두는 것이 필요하다.

① 교안 표지

교안
• 과목명 : ○○○ • 과정명 : ○○○ • 강사명 : ○○○

② 교수 계획의 서술란

• 학습 목적: • 학습 성과: • 교육 보조 자료: • 교육생 준비물: • 참고 서적:

③ 학습 지도 계획

학습 단계	지도 내용
도입 단계	
전개 단계	
종결 단계	

2) 교안 사용 목적에 따른 종류

흔히들 강의교안은 강사 개인이 강의를 진행할 때 참고하는 용도로만 활용되는 문서로 착각하는 경우가 있다. 강의교안은 생각보다 다양한 용도로 활용되며, 교안을 작성할 때 내용의 구성이나 문서의 형태 등은 사용 목적을 고려하는 것이 바람직하다.

내부용	교육부서 內 강사 공유(담당 강사의 강의 진행을 대행할 때 활용)를 목적으로 사용되며 담당 강사의 부재 시 강의 진행을 대행할 수 있도록 하기 위함이다. 담당하는 강의가 비정기 과정인 경우, 부득이 강의 참여가 불가한 경우 등의 상황에서 동료 강사 등을 통해 강의 전담의 부담을 감소할 수 있다.

보고용	교육 책임자 or HRD담당자 검수 용도의 보고자료로 쓰이며, HRD담당자의 경우 특정 교과목의 교육 전반에 대한 진단 시 강의 청강이 여의치 않을 경우 강의 진단 및 평가의 지표로 활용한다. 또한 교육파트 부서장이나 교육 기획 담당자가 교육계획 최종 단계에서 교육 실행을 허가받기 위해 제출되는 용도로 쓰인다.
강사 교육용	신입 강사 or 후임 강사 강의 진행 훈련에 활용된다. 경험이 많지 않은 신임 강사에게 교육 정규 과정을 맡기게 되는 경우 등에 사용되며, 실전강의 전 교안을 통한 훈련 및 시연을 위해 사용된다.
강의용	강사가 강의 진행을 목적으로 작성하며 학습 목표 달성을 위해 필요한 활동을 빠짐없이 실행할 수 있도록 작성하여 활용한다. 가장 개인적인 특성이 많이 반영되는 용도이다.

3) 교안 제작 틀(형태)의 종류

구분	활용 시 주의 사항
백지식 교안	• 문제와 조건을 구비하고 질문과 답변을 교육생이 주도하는 방식이다. • 강사는 자문에 응하기만 하면 된다. • 교육생의 기본 자질을 갖추었을 때 활용이 가능하다 • 구체적인 문제 진술과 사실 제기의 방법이 고도화되어야 한다. • 사고력, 조직력이 활발해지고 참여 의식과 창의성이 개발된다. • 경영자 및 관리자 교육에 적합하다. 학습 지도 내용
이난식 교안 (Two Columns)	• 강의식 교안에 적합하여 이해를 목적으로 한 학습 활동에 적합하다. • 짧은 시간에 많은 내용을 전달 시 적절하다. • 기능, 태도, 감상 등의 내용에는 부적절하다. 강의 내용 / 보조 자료 사용 계획

삼란식 교안 (Three Columns)	• 유도 논문식에 적합하다. • 결론을 예상할 수 있는 문제의 해결을 교육생이 하도록 유도하는 방법이다. • 강사는 질문을 하고 토론에 참여하여 진행을 맡는 형식에 적절하다. • 각 질문에 대한 예상 답변을 사전에 예측한다. • 답변을 예측하여 학습 효과의 방향으로 유도하는 질문을 한다.		
	학습 성과	교육생의 활동	강사의 활동

사란식 교안 (Four Columns)	• 시범 실습식에 적합하다.			
	항목	시간 및 방법	강의 내용	비고

4) 교안 작성 모델

교안 작성 모델로는 가장 많이 알려진 3단계 모델과 ROPES모델 두 종류가 있다.

① 3단계 모델

3단계 모델		
서론	본론	결론
• 주의집중 • 동기부여 • 학습 개요 소개	• 강의 내용 구성 원칙 • 강의내용선정 • 강의 내용 조직화 • 법칙, 예시, 회상, 연습	• 요약 • 재동기부여 • 결어

② ROPES모델

ROPES모델				
검토 (Review)	개요 파악 (Overview)	내용 제시 (Presentation)	연습 (Exercise)	요약 정리 (Summary)

• 강의 주제 소개
• 주제 관련 학습
  자의 공유
• 학습 자원 파악
	• 학습 개요 소개
	• 학습 목표 제시
	• 학습의 중요성
	  강조
		• 설명
		• 예시
			• 연습
			• 학습자의 수행
			  에 대한 피드백
				• 강의 핵심 내용
				  요약
				• 질의응답
				• 결어

5) 교안 작성 모델을 활용한 작성 예시

많은 경험을 축적한 강사들은 교안 작성 시 제출 용도나 제3자와의 공유 목적이 전제하지 않는 경우 교안 작성의 틀이나 교안모델을 적용하지 않고도 강의 내용의 핵심만 자신이 알아볼 수 있는 수기 형식으로 제작 및 활용이 가능하다. 그러나 이러한 경우는 강의 내용이나 교안 작성이 무수히 반복되어 매우 숙련된 강사들의 익숙한 강의주제 활용 시 해당되는 부분이다. 어떠한 일이라도 완벽을 추구하는 가장 첫걸음은 기본을 준수하는 것이라 할 수 있다. 강의 실행에 있어 완성도를 높이는 가장 기본 조건은 꼼꼼하게 잘 작성된 강의 교안이라 할 수 있다. 가장 대표적인 3단계 모델 구성을 골자로 작성하면 강의의 방향성을 유지할 수 있다. 이때 작성하는 형식은 강의 주제와 교수 방법에 따라 강의를 진행하는 강사가 알아보기 쉬운 형태로 자유롭게 한다.

[영업부진자 성과 향상 과정] 3단계 모델을 활용한 백지식 교안 틀 활용

3단계 모델		교안작성 예시
서론	• 주의집중 • 동기부여 • 학습 개요 소개	• 강사 소개(5분) – PPT자료, 급여통장 사진 – 영업 경력 강조. – 입사 후 6개월 급여 변천사(급여통장 공개) • 돌발퀴즈(5분) –영업력 향상의 비밀은? 정답: 집중 분석 후 따라쟁이 변신

		• 실적 편차에 따른 소득 격차(5분)
		  – 당사 영업직 상위자 10% & 하위 10% 소득 격차 확인
		    (실적 그래프, 소득 그래프 활용한 자료 제시)
		• 학습 목표 설명(3분)
		  – '그룹별 공통점을 알면 원하는 그룹의 소득을 따라잡는다.'
		  – 부러운 그룹의 공통분모를 찾아 내 것으로 만들 수 있다.

본론	• 강의 주제 전달
	• 학습 내용 전개
	• 교육생 참여활동
	• 게임, 영상, 사례 등
	• 상호 피드백
		• 우리의 목표는? (20분)
		  – PPT자료, 그룹별 실적데이터
		  – '소득 격차를 줄이자' 어떻게?
		  – 두 개의(교육생&상위자) 비공개그룹
		  – 실적데이터 공개(일별·주별·월별 판매 수량 및 상품 종류)
		  – 조별 토론 형식, 두 그룹의 차이점 분석 후 발표
		
		• 생각 전환(10분)
		  – PPT자료, 그룹별 공통점 정리
		  – 두 그룹의 출처 공개, 그룹별 공통점 정리
		
		• 질문&답변 취합 후 피드백 (25분)
		  – PPT자료, 포스트잇
		  – 소득을 낮추는 우리의 습관에는 어떤 이유가?
		  – 3가지 습관 중 자신이 해당되는 습관선택
		  – 해당 번호를 쓰고, 왜 그런 습관이 생겼는지 이유를 10자 이내로
		    작성(포스트잇 작성 후 취합해서 보드에 부착)
		  – 1번 저가상품을 우선 안내
		  – 2번 항상 단품 영업 성사된 후 추가 권유
		  – 3번 프로모션 미활용

결론	• 요약 정리
	• 재동기부여
	• 결어
		• 당장 실행할 우리의 각오(2분)
		  – 강사 선창/교육생 복창
		  – 수량보다 단가 중시
		  – 단품보다 결합상품
		  – 프로모션 적극 활용
		
		• 재동기부여 마무리(3분)
		  – 다짐한 각오를 실행하는 순간부터
		  – 습관의 근원이 되었던 이유들은 무의미!
		
		• 감사인사

06 │ 강의제안서 작성

(1) 강의제안서의 이해

교육 관련직에 종사하는 사람이라면 제안서 작성 업무에 큰 노력이 투입되게 된다. 이때, 교육담당자는 교육제안서를, 강사는 강의제안서를 주로 작성하게 되는데, 두 가지 양식 모두 '제안서'라는 기본 골자를 바탕으로 나뉜다. 강사는 자신이 직접 수행하게 될 강의제안서 작성 업무에 앞서 각 문서의 개념을 이해하는 것이 바람직하다.

1) 제안서 구분에 따른 개념

제안서의 맥락으로 그 범위를 따져 볼 때, '제안서〉교육제안서〉강의제안서' 순서로 그 영역의 크기를 나눌 수 있다. 강의제안서는 위탁사(또는 교육 수요대상 그룹)에게 필요한 역량을 진단하고 보완할 수 있는 교육을 계획하여 강의로 실행할 것을 제안하는 문서이다. 여러 기업체들의 교육에 대한 관심이 높아졌고, 정부 차원의 법정필수교육 의무화 등으로 시장이 넓어진 것은 사실이나 그만큼 최근 교육시장의 발전과 더불어 교육전문업체 및 프리랜서 강사들의 경쟁 또한 치열해진 것이 오늘날의 현실이다. '강사'라면 자신이 실행할 강의가 더욱 특별하고 필요한 교육으로 보일 수 있는 '강의제안서'를 작성할 수 있어야 한다.

구분	종류별 개념
제안서	• 경영 활동의 일환으로 사업 계획의 발전 및 개선안을 제안하기 위해 작성하는 양식. • 발주사와 제안사의 일치된 의견 형성을 위한 도구로 활용되는 문서 • 고객사의 발전모델 및 미래모델을 제시할 때 활용되는 문서 • 진행 중인 사업의 실현을 위한 기획서 또는 계획서의 일환으로 활용되는 문서
교육제안서	• 특정 교육 사업의 투자 유치를 하거나 사업 제안을 할 때 작성하는 제안서 • 특정한 지식과 기술을 가르치고자 투자 제안이나 사업 제안을 할 때 작성 • 오프라인 및 온라인을 통해 교육 사업을 창업하고자 할 경우 작성
강의제안서	• 회사에서 세운 목표 달성을 위해 계획한 교육의 실행 강의를 제안 • 회사가 지향하는 개선 방향에 도움을 주는 교육 활동의 강의를 제안 • 계획한 강의를 소개하고 기대효과를 설명하는 내용으로 작성 • 위탁사의 요청에 의한 작업 시 '위탁사 맞춤형'으로 작성 • 여러 수탁사 중 위탁업체 선정 시 평가 및 검토 자료로 활용

2) 강의제안서의 작성 목적

강의계획서나 교안, 강의제안서 등 각 문서에서 다루는 대다수의 내용은 거의 유사하다고 할 수 있으나, 문서별 서식과 명칭을 달리하고 작성 방법 또한 차이를 두는 이유는 저마다 상이한 그 쓰임새에 있다. 성공적인 강의를 위해서는 훌륭한 강의를 개발하고 실행하는 것뿐만 아니라 강의의 수요자인 '위탁사'의 선택을 받아야 하며, 이때 가장 큰 역할을 하는 것이 바로 '강의제안서' 이다. 때문에 충분한 준비와 전략으로 임해야 하며 그 목적을 정리하자면 다음과 같다.

① 위탁사와 제안사(강사) 간의 일치된 의견 형성

② 전략적인 강의계약 체결

③ 새로운 고객사(위탁사) 창출

④ 제안사(또는 강사)의 홍보 및 마케팅 목적

⑤ 교육 콘텐츠 개발 투자 유치

3) 강의제안서 구성 항목

강의제안서를 구성하는 항목은 다양하다. 제안자의 입장(강사개인 또는 강사가 소속된 교육업체)에 따라, 제안하는 강의의 단위(단일 과정의 강의 또는 여러 강의가 포함된 교육 프로그램)에 따라, 제안 시 강조할 주요 사항에 따라 제안 효과를 극대화할 수 있는 항목들로 가감하여 작성한다. 다만 대부분 강의제안서 목차는 아래와 같다.

구성 항목	주요 내용
제안 개요	제안 목표, 범위, 전제 조건, 주요 제안 사항 및 특징 요약
제안사 소개	• 제안사 일반 현황: 일반 현황 및 주요 연혁, 신용등급 등 • 조직 및 인원: 전담 인력 구성 방안, 투입 인력 및 역량(전담 인력은 본문에 작성, 참여 인력 이력 사항은 별첨) • 운영 실적: 최근 3개년간 실적(사업 실적은 본문, 실적증명서는 별첨)
제안 배경	• 교육 운영 및 환경 분석 • 고객사 요구 사항 및 이해 • 고객사의 필수 요구 사항 및 제안사 이해 정도 반영
제안 내용	• 교육운영전략: 사업추진전략 및 운영 프로세스, 교육생 관리방안 등 • 구성: 교육 제안 세부 내용(맞춤화 교육) • 기타 지원 방안: 교육 관련 지원 방안, 문제 발생 시 대응 방안 등 • 운영 능력: 인력 구성 및 역량, 교육 진행 시 강점 및 경험 등 구체화, 교육만족도 조사 및 결과 보고 등 • 보안 및 유지 보수: 유지보수, 관련 조직 및 인력 현황
견적	• 별도로 제출 • 고객사의 요구가 없는 한 세분화된 정보 불필요 • 구체적인 지급 방법 명기(제안요청서 참고, 추후 오해 요소 제거) • 지급 시기와 관련해 세부적인 내용 명시(계약금, 중도금, 잔액 등)

4) 강의제안서 작성을 위한 필수 요건

강의제안서 작성 시 위탁사가 기대하는 교육 효과에 최적화된 강의제안서를 작성하기 위해 사전에 강사(제안자)가 갖춰야 할 요건은 다음과 같다.

① 교육수요의 명확한 이해

② 위탁사가 제시하는 문제에 대해 제시할 해결책 모색

③ 효과적인 교수설계 및 교수방법 선정

④ 실행능력과 맞춤형 자세

서비스 전문강사 자격증 CPSI 필기

⑤ 위탁사의 요구 변화에 따른 계획 수정 능력

(2) 강의제안서 작성법

강의제안서는 단순히 글을 잘 쓰거나, 문서를 단정하게 작성하는 기술로 완성도를 높일 수 있는 문서와는 다른 기준으로 접근하는 것이 중요하다. 어디에 쓰이는 문서인지, 무엇을 위해 작성하는 문서인지, 이 문서 하나로 어떤 결과를 얻어 낼 수 있는지를 생각해 보면 얼마나 중요한 과정인지 이해할 수 있을 것이다. 강의제안서를 작성하는 절차와 작성 시 종종 발생되는 실수를 줄일 수 있는 주의 사항들을 짚어 보고, 각각의 항목을 페이지 영역으로 나누어 다루어야 할 내용에 대해 이해하면서 강의제안서 작성법을 익히도록 한다.

1) 강의제안서 작성 절차

① RFP[7]분석 및 기초자료 수집

　－ 일반적으로 교육제안서는 프리랜서 강사들의 주요 업무 중 하나이며 고객사의 의사결정을 위해 '교육제안서' 또는 '강의제안서'라는 명칭으로 문서화되어 제출된다.

　－ 고객사의 현재 운영 이슈를 고려한 교육 과정을 선정 후 기초 자료를 수집한다.

　－ 강의제안서의 교육 계획 및 일정을 수립한다.

　－ 제안서상의 계획과 일정에 맞춰 정보, 자료, 기타 서류 등을 준비한다.

② 강의제안서의 구성 설계

제안서를 작성할 때 위탁사가 이해할 수 있는 범위 내에서 목차를 정리하는데, 가장 큰 범위 위주로 설명해 줘야 한다. 아래의 영역으로 나누는 것이 가장 기본적이며 이 범주 내에서 부가적으로 필요한 목차를 늘려 나가면 된다. 강의제안서를 구성하는 기본 목차의 정립이 완료되면 아래와 같은 순서로 제안서 내용을 작성한다.

7　제안요청서(RFP, Request For Proposal)는 발주자(고객사)가 특정 과제의 수행을 위해 필요한 요구 사항을 체계적으로 정리하여 제시함으로써 제안자가 제안서를 작성하는 데 도움을 주기 위한 문서

- 회사 소개 영역

- 강사 소개 영역

- 강의 개요 영역

- 강의 내용 및 비용 견적에 대한 영역

③ 제안서의 내용 작성

- 강의 개요: 강의 제안의 목적과 강의에서 다루는 차별화 요인을 작성(장점, 기대효과)

- 회사 소개: 위탁사의 요구 사항에 적합한 경험과 역량을 서술

- 인력 구성: 강의 역량을 갖춘 보유인력(강사진)들의 프로필을 기술

- 교육 능력: 제안사가 가진 교육 역량과 자체 개발 프로그램 등을 서술

④ 강의제안서의 제출(인쇄물)

- 대부분의 강의제안서는 파워포인트로 제작하여 파일 형태로 제출

- 관공서나 기타 공공기관의 경우 hwp(한글) 프로그램의 지정된 문서양식을 요구하기도 함

- 제안자 개별양식 작성파일 제출 시 PDF로 변환하여 제출

- 인쇄물로 제출할 경우 제본하여 제출

⑤ 제안 설명(프레젠테이션)

강의제안서는 공모를 통해 문서파일로 제안을 하는 경우와 달리 위탁사에서 수탁 후 보사들을 먼저 여러 곳 선점하고, 제안 설명을 요구하는 경우도 있다. 고객사를 직접 만나 설명할 수 있는 기회를 갖게 되는 것을 뜻하며 실수 없는 진행을 위해 철저한 사전준비가 매우 중요하다.

- 일반적으로 PT, 출력된 인쇄물, 기타자료 등을 토대로 설명

- 돌발 질문에 대한 예측 및 답변을 준비

- 강의를 통해 위탁사에서 얻을 수 있는 긍정적인 효과를 명확하게 설명

- 프레젠테이션 발표자는 현장 분위기에 동요되지 않도록 주의

- 제출용 제안서를 바탕으로 PT용 제안서를 따로 만들어 PT(프레젠테이션) 준비

2) 성공적인 강의제안서 작성법

① 쉬운 용어와 표현을 활용하고 오·탈자가 없어야 하며 전문용어 사용 시 각주를 단다.

② 제안 내용 작성 시 '가능하다', '동의한다', '고려한다' 등의 애매한 표현은 평가 시 불가능한 것으로 간주하므로 명확한 용어를 사용하여 표현한다.

③ 도입부의 경우 제안 내용에 관심 및 매력을 느낄 수 있을 내용을 반영하여 작성한다.

④ 제안 내용과 관련하여 논리의 흐름이 자연스럽고 페이지 간의 연결이 잘 이어져야 한다.

⑤ 계약 체결의 욕심이 앞서 기대효과를 과장하거나 주관적인 판단기준이 개입되지 않도록 한다.

⑥ 고객사의 요구 사항을 충실히 표현하되 실현 가능성이 높고 현실적인 제안으로 신뢰를 얻는다.

⑦ 강의제안서에 회사나 강사의 홍보를 위한 욕심이 과하게 표출되지 않도록 한다.

⑧ 강의제안서의 핵심인 제안 내용 중심으로 디테일하고 핵심 위주로 설명한다.

⑨ 목차 순서대로 진행하되 제안 사항을 제외한 나머지 항목은 편중되지 않도록 분산한다.

⑩ 꼭 들어가야 할 내용이 많은 경우 도표나 그래프, 이미지를 활용하여 내용을 적절히 구성한다.

⑪ 보통 강의제안서 발표는 20분 정도 주어지므로 발표 시간을 고려하여 내용을 구성한다.

⑫ 텍스트가 많은 것보다는 핵심 위주로 시각화 및 구조화하여 제안서를 작성하고 정리한다.

⑬ 수치나 통계 또는 비율 및 전체 트렌드(Trend)를 설명하는 경우 그래프화해서 작성한다.

⑭ 강의제안서 각 항목의 핵심 포인트는 3가지로 압축해서 작성한다.

⑮ 관련 정보는 적극적으로 기술하되 제안요청서에 제시된 작성 기준에 맞춰 작성한다.

3) 강의제안서 항목별 페이지 구성

① 표지 페이지

 – 고객사 로고 or 회사명 삽입

 – 강의 주제 및 부주제 작성

 – 제안사명

 – 제안 일자

② 목차 페이지

목차 페이지는 작성 시 강사의 성향에 따라 변형해서 사용이 가능하고, 세부적인 항목을 구분하여 작성하기도 하며 매우 간략한 구성으로 작성하기도 한다.

 – 강의 개요, 강사 프로필, 강의 내용, 강의 후기, 비용, 마무리

 – 제안 개요, 제안 배경, 교수설계, 교육 차별 요소, 세부 교육 내용, 제안사 특장점, 견적서

 – 회사 소개, 사업 영역, 운영실적, 교육 내용, 강사진 소개, 강의료

 – 회사 소개, 교육 과정 및 세부 커리큘럼, 강사진 소개, 가격 제안

③ 강의 개요 페이지

전체적인 내용을 요약정리 하는 역할을 담당하는 구간으로 강의유형이나 강사의 개성에 따라 각자의 스타일을 반영해서 작성하면 된다.

④ 강사 프로필 페이지

 – 성명, 생년월일, 소속기관, 전문 분야, 학력 사항, 경력 사항, 강의계약 체결 실적 등

 – 강사의 프로필 사진이 포함되는 것이 기본

⑤ 강의 내용 페이지

 – 강의 주제, 강의 시간, 상세 내용

 – 강의 목표와 기대효과

 – 위탁사에 제안하는 이유(맞춤형 강의 프로그램 제작 느낌 전달)

 – 본 강의만의 독창성 강조

⑥ 강의 후기 페이지

  − 수강생들의 후기 및 피드백 입력

  − 수기로 작성한 후기를 이미지로 삽입

  − 홈페이지 후기 입력 사례 이미지 삽입

  − 강의 재계약 체결건과 연계한 내용도 효과적

⑦ 비용 안내 페이지

  − 견적 내역(강사료, 제비용, 기타, 총합계)

  − 결제 방법(지급 방법, 금액)

  − 시간당 강의료 산정액 제시

  − 교육생 인원별 강의료 산정액 제시

⑧ 마무리 페이지(나만의 공간으로 교육담당자를 유도, 웹사이트, 블로그, 트위터, 페이스
  북 등)

  − 강의 선택의 결정을 유도하는 공간으로 활용

  − 담당자가 강의 및 강사의 홍보 공간에 접속할 수 있도록 유도

  − 제안업체 또는 강사 개인의 웹사이트, 플로그, 페이스북, 트위터 등

  − 회사 정보(회사명, 대표자, 주소, 연락처)

07 | 퍼실리테이션 (Facilitation)

퍼실리테이션은 프로젝트 또는 워크샵 등에서 참가자들의 자발적인 참여를 유도하여 창의성을 기반으로 한 합의를 이끌어 내는 과정을 의미하며, 퍼실리테이터는 이러한 퍼실리테이션을 성공적으로 이끄는 사람을 의미한다. 퍼실리테이션 스킬은 조직원을 통솔하고 조직을 이끌어 가기 위한 리더의 덕목으로서 각광받고 있으며, 적절한 의사소통의 도구로 자주 활용되고 있는 추세이다.

(1) 퍼실리테이션의 이해

1) 퍼실리테이션의 정의와 특징

① 어떠한 일을 쉽고 용이하게 하는 것으로 '쉽다'라는 뜻을 가진 라틴어 'Facilis'에서 유래되었다.

② 학습자들에게 질문을 던지고 스스로 생각하게 하여 회의 등에 참여를 유도하게 하는 기법이다.

③ 회의나 워크샵 또는 토론의 진행 형식을 일컫는 '미팅 퍼실리테이션(Meeting facilitation)'과 퍼실리테이션을 강의에 접목한 '러닝 퍼실리테이션(Learning facilitation)' 등으로 구분할 수 있다.

④ 합의와 문제 해결을 목표로 하는 강의 진행 시, 강사는 퍼실리테이터 역할을 수행

하기도 한다.

⑤ 커뮤니케이션 및 지식 관리를 통하여 커뮤니티와 조직이 견고하게 형성되도록 돕는 활동이다.

⑥ 아이디어 도출 및 최상의 의사결정과 아이디어를 이끌어 낼 수 있도록 하는 것을 의미한다.

⑦ 지식 습득 및 행동 변화를 목적으로 한다면 퍼실리테이션이 아닌 다른 교육 방식이 적용되어야 한다.

2) 퍼실리테이션의 필요성

① 누구나 쉽게 참여할 수 있는 소통의 계기와 장을 마련할 수 있다.

② 교육생들이 스스로의 의견을 자유롭게 개진하고 합리적인 의사결정을 할 수 있도록 돕는다.

③ 솔루션을 제시하는 방법보다 상호 의견 공유를 통한 합의의 경우 실행력을 더욱 높일 수 있다.

④ 목표를 추진하는 과정에서 발생 가능한 갈등이나 문제를 사전에 예방할 수 있다.

⑤ 정보 및 지식 전달 위주의 강의라 할지라도 효과적인 강의 진행을 위해 강의의 일부를 퍼실리테이션으로 기획하고 실행할 수 있다.

3) 퍼실리테이터의 이해 및 주요 역할

퍼실리테이션 진행 과정에서 가장 중요한 것은 단연 진행자인 퍼실리테이터의 역할이다. 퍼실리테이터는 정확히 어떠한 역할을 수행해야 하는지, 진행자로서 필요한 기본적인 역량과 자세에는 어떠한 것들이 있는지 충분히 학습되어 있어야 효과적인 강의에의 활용이 가능하다.

① 퍼실리테이터(Facilitator)는 퍼실리테이션을 성공적으로 이끄는 학습촉진자의 역할을 의미한다.

② 회의나 워크숍 또는 토론회 등의 기획 및 진행자를 의미하기도 한다.

③ 강의와 활동의 주제를 명확화하며, 학습자의 관점에서 좀 더 쉬운 학습을 진행할 수 있도록 지원하는 역할을 수행한다.

④ 내용을 직접 알려 주는 것이 아닌 목표 달성을 위한 방법을 알려 주는 역할을 하며, 구성원들의 아이디어를 모아 이를 통해 합의를 도출할 수 있도록 돕는다.

⑤ 관리자의 역할보다는 분위기를 리드하고 이끄는 역할을 해야 하며, 세부적 활동 전개에 적극적으로 개입하는 진행자의 역할을 수행한다.

⑥ 정해진 순서로 미팅 또는 워크숍 등을 진행하는 역할을 하며 이때 시간에 제한을 두고 준수할 수 있도록 돕는 역할을 수행하기도 한다.

⑦ 조직의 갈등을 관리하고 편안한 분위기 및 활력을 조성하는 역할을 한다.

구분	일반 강사	퍼실리테이터
강의 목표	지식과 스킬의 습득	문제의 해결
중점 사항	지식 전달 내용	프로세스
전문성을 보유한 사람	강사	학습자
소통 방식	강사 주도	학습자 간 양방향

4) 퍼실리테이터로서 주의하여야 할 사항

① 참여를 적극적으로 이끌어 내도록 하며 모두가 의견을 말할 수 있도록 분위기를 조성한다.

② 참여자 각자의 의견들과 잠재력을 이끌어 내기 위한 스킬(Skill)을 함양해야 한다.

③ 프로세스를 이끌어 주며 가이드를 제시하는 전문가로서 활약해야 하며, 실전을 위한 철저한 기획과 설계 준비 단계가 필요하다.

④ 방대한 양의 전문지식까지는 어려울 수 있으나, 참여자 전반에 대한 배경지식 습득이 필수적으로 선행되어야 한다.

⑤ 한쪽으로 의견이 치우치지 않도록 주의하고, 중립적 위치에서 의견을 수렴할 수 있도록 한다.

⑥ 정확한 시간을 준수할 수 있도록 한다.

⑦ 참여자들의 의견을 경청하고 참여로의 동기부여를 할 수 있도록 역량과 자세를 구축한다.

⑧ 다양한 위기 상황에서도 퍼실리테이터는 슬기롭게 전략을 짜고 매끄러운 진행을 해야 한다.

(2) 퍼실리테이션 단계별 실전 활용법

1) 오프닝(Opening)

진행 초반 어떠한 분위기를 조성하느냐에 따라 참가자들의 참여 의지 그리고 동기부여 수준에 커다란 영향을 미치게 되므로, 아래의 기법들을 활용해 보다 효과적인 오프닝 시나리오(Scenario)를 설계할 수 있다.

절차	주요 내용
환영과 감사의 인사	시간을 내어 회의에 참석해 준 의미와 가치를 지닐 수 있도록 진행자의 입장에서 환영과 감사의 인사를 하며 목적 설명
아이스브레이킹 (Ice Breaking)	서먹서먹함을 누그러뜨리기 위해 오프닝 초반 5분 정도는 서먹함을 깨고 활기찬 분위기를 조성
기본 규칙 만들기 (Ground Rule)	순서와 진행을 위한 기본 규칙은 진행자가 제시하거나 참가자들의 의견을 수렴해서 정함 → 함께할 수 있는 토론 분위기 조성
기대 사항 공유하기	• 교육생들이 기대하고 있는 바를 공유할 수 있는 질문을 준비하여 의견 공유 • 준비가 부족한 상태로 참여하는 참가자들이 생각을 정리할 수 있게 도움 • 실제 토론에서도 부드러운 분위기를 연출할 수 있도록 도움을 줌

2) 아이디어 공유

발언에 대한 두려움을 제거하며 참가자들의 자발적 참여를 통한 효과적 아이디어 공유를 위해 아래의 기법들을 활용할 수 있다.

유형	주요 내용
브레인스토밍 (Brain Storming)	• 집단을 대상으로 한 창의적 발상 기법 • 자발적으로 제시된 아이디어 목록을 통해 특정 문제에 대한 해답을 찾는 것 • 상호 비판과 편승을 지양하고 자유분방한 분위기 속에서 도출되는 아이디어 모두를 경청하고 의견 합의 및 도출
브레인라이팅 (Brain Writing)	• 아이디어를 고민할 때 조용히 글로 쓰게 하여 내놓게 하는 기법 • 브레인스토밍과 비슷하나 말이 아닌 글로 진행한다는 점에서 차이점이 존재 • 내향적인 성격이거나 토론문화가 아직은 익숙하지 않은 조직에 적합 • 기록한 내용들은 서로가 교환하여 검토 가능
스캠퍼(Scamper) 기법	• 창의적 사고 원칙을 활용해 개선하고자 하는 대상을 선택한 후 새로운 것을 덧붙이거나 수정하여 결과물을 만들어 내는 기법
일화 말하기 (Anecdote Circles)	• 포커스 그룹 인터뷰(Focus Group Interview)와 비슷하나 의견이 아닌 각자의 경험을 말하도록 하는 것에 차이가 있음 • 근본적인 문제 상황들을 표출하고 공유하는 데에 유용한 기법
강제연상 (Random Word)	• 주제와 관련이 없는 일상적 단어들에 대해 브레인 스토밍을 실시한 후 도출되는 특성들과 회의의 주제를 강제로 연상시키는 기법 • 창의적 아이디어를 도출하는 데 효과적임

3) 분류 및 분석

아이디어들을 모아 이를 분류하고 분석하는 과정을 의미하며, 그룹핑(Grouping)을 통해 구성 항목을 파악하고 전체적인 구조를 보기 쉽게 정리하는 과정으로 이 단계에서 활용할 수 있는 효과적인 방법은 다음과 같다.

유형	주요 내용	예시
스토리 보딩 (Story boarding)	• 브레인스토밍(Brainstorming)을 통해 모아진 아이디어들을 포스트잇을 활용해 벽이나 패널 등에 붙이고 범주화하여 분류하는 방법 • 기본 아이디어를 정하고 그 아래 세부적인 내용을 첨가시키는 방식으로 진행 • 아이디어를 분석하고 난 뒤 해당 아이디어를 3개 정도의 카테고리로 분류	Idea, Idea, Idea / Idea / Idea, Idea / Category Category Category — Idea Idea Idea / Idea Idea Idea / Idea Idea Idea / Idea Idea Idea / Idea Idea Idea / Idea

로직 트리 (Logic Tree)	• 보다 논리적인 분석을 위해 주요 항목을 나무 형태로 분해하고 전개해 나가는 기법 • 과제를 선정하거나 그 원인을 찾고 구체적인 해결 방안을 모색할 때 활용하는 방법	
피쉬본 (Fishbone)	• 문제의 결과가 어떠한 원인 때문에 일어나는지 그 인과 관계를 살펴보고 도식화하여 문제점을 파악하고 해결하는 기법 • 인과관계의 계층을 파악하여 원인에 해당하는 내용은 작은 가지에 배치하고, 토의를 통해 중심 원인 분석 가능	
티차트 (T-chart)	• 한 주제의 두 가지 측면을 나열하고 검토함으로써 시각적으로 두 측면을 비교하고 개념을 명확하게 정리할 수 있도록 도와줌 • 장·단점이나 찬성·반대 등 명확히 구분되는 두 개의 의견과 내용을 한눈에 볼 수 있음	

4) 평가 및 결정

모아진 아이디어를 구성원들이 다양한 직접 평가하고 이를 통해 궁극적인 의사결정을 할 수 있도록 돕는 퍼실리테이터의 역할이 필요하다. 이를 위하여 다음과 같은 방법들을 활용할 수 있다.

유형	주요 내용
다수결 결정	• 투표에 의하여 과반수 이상이 찬성한 대안을 선택하는 의사결정 방법 • 1/2 이상을 기준으로 하는 단순 다수, 2/3 또는 3/4와 같은 절대 다수를 기준으로 하는 초(初)다수 등의 방법이 있음
다중 투표	• 다수결로 의견을 정하되 1개의 아이디어만이 아니라 다수 아이디어에 동시 투표 • 해당 아이디어 중 가장 선호도가 높은 아이디어를 고를 수 있도록 하는 방법 • 스티커를 주어 투표하고자 하는 의견에 표시할 수 있도록 함
합의 결정	• 참여자 전원이 받아들일 만한 대안으로 정하여 인정하고 결정하는 방법 • 완전한 동의 만장일치와는 그 성격이 다름 • 모두가 최대한 만족할 수 있도록 의사결정을 다듬고 보완하여 결과물을 만듦

디시즌 그리드 (Decision Grid)	• 대안으로 제시된 평가요소를 세분화해서 각 요소를 평가하도록 하는 방법 • 복잡하고 중대한 문제의 해결 방안에 대해 현명하게 결정을 내리도록 돕는 방법 • 한 축에는 대안 배치, 다른 한 축에는 대안의 우수성에 대한 평가 기준 배치 • 격자형 도표로 만들어 한눈에 대안의 장단점을 파악 및 분석 가능(직관적임) • 한번에 다른 대안과의 비교가 가능해 의사결정을 내리는 데 도움을 줌
성과 노력 대비도 (Pay-off/ effort Matrix)	• 해결해야 할 과제의 특성이나 유형을 성과 및 노력의 크기라는 2가지 기준으로 구분 • 선정된 기준을 매트릭스로 분석해서 우선순위화하고자 할 때 적용하는 기법 • 평가 기준은 다양한 형태로 응용해서 사용이 가능하며 매우 직관적임

08 | 강의 홍보

아무리 좋은 강의라도 홍보가 되지 않으면 교육생을 모집하기 어려우며, 특히 공개 강의 형태라면 홍보 활동이 더욱 필수적이라 할 수 있다. 강의를 기획하고 기타 강의와 관련된 활동이 완성 되었다면 구체적으로 어떻게 홍보해야 할지를 고민해야 한다. 또한 어디에 종속되지 않고 스스로를 교육생을 모집할 수 있다면 비로소 프로강사로서 자리매김할 수 있다.

(1) 강의 홍보를 하기 전 고려 사항

① 강의 홍보를 하기 전 홍보할 수 있는 매체는 확보하고 있는지 여부를 확인한다.

② 홍보 매체를 가지고 있다고 하더라도 꾸준한 활동을 하고 있는지 여부도 확인한다.

③ 홍보 매체가 강의를 홍보하기에 적절한 것인지도 확인해야 한다.

④ 홍보에 적절한 회원이나 가입자가 확보되었는지도 확인해야 한다.

⑤ 매체가 회원이나 가입자를 유인할 수 있는 콘텐츠를 충분히 가지고 있는지 확인한다.

⑥ 홍보가 정확히 강의를 필요로 하는 사람들을 대상으로 타깃팅 되었는지 확인한다.

⑦ 스마트폰 활용도가 높은 타깃층이 접근하기 쉬운 디지털 콘텐츠를 제작하여 소통한다.

⑧ 연령을 고려하여 일러스트 디자인이나 시각적으로 뛰어난 사진을 적절히 활용한다.

⑨ 하나의 채널을 고집할 것이 아니라 복수 채널을 홍보 채널로 활용하는 것이 바람직하다.

⑩ 모든 홍보 채널을 활용하려 하지 말고 핵심적인 한두 가지 채널에 집중하고 주력한다.

⑪ 온라인에서 강의와 관련된 연관 검색어나 검색량을 파악하여 태그를 적극적으로 활용한다.

⑫ 검색엔진에 등록하되 필요시 전문가를 활용하는 것이 비용 대비 효과적이다.

⑬ 각 홍보매체에 대한 충분한 이해를 바탕으로 주력 매체에 대한 꾸준한 학습이 필요하다.

(2) 다양한 매체를 통한 홍보

강의를 위한 고려 사항에 입각해서 매체를 선택한 후 홍보를 진행한다. 중요한 것은 모든 매체를 활용하는 것이 아닌 강의에 대한 홍보 효과가 좋은 매체를 선택해서 집중적으로 활용하는 것이다. 다만 매체를 통해 홍보를 하려면 강의 홍보에만 그칠 것이 아니라 홈페이지와의 연동을 통해 전체적인 강의나 자신이 하는 사업을 홍보하는 수단으로 활용해야 한다. 강의는 물론 강사가 수행하는 사업을 전체적으로 홍보할 수 있는 채널을 소개하면 아래와 같다.

1) 소셜미디어(SNS)를 통한 홍보

비용이 들지 않으면서도 효과가 큰 것이 바로 SNS를 통한 홍보라고 할 수 있다. 페이스북이나 블로그 또는 유튜브나 밴드, 인스타그램 등을 활용하는 방법이 대표적이라고 할 수 있다.

① 가장 대표적인 것은 블로그를 통해 홍보하는 방법이다.

② 소셜미디어 활성화를 위해서는 꾸준한 활동이 필요하며 시간이 많이 소요된다.

③ 블로그의 경우 꾸준하게 관심을 가질 만한 정보를 지속적으로 업데이트한다.

④ 중요한 것은 해당 키워드가 포털에 노출되어야 하므로 이에 대한 학습 및 분석이 필요하다.

⑤ 블로그에 등록한 포스트가 상위에 노출되기 위해서 어떤 글을 등록해야 하는지를 고민한다.

⑥ 소셜미디어에 올린 내용이 자신이 운영하는 홈페이지로 유입되도록 링크를 활용한다.

⑦ 블로그에 올릴 경우 노출이 잘될 만한 키워드는 무엇인지를 확인하고 이를 포함해 포스팅(Posting)한다.

⑧ 인스타그램이나 페이스북의 경우 연령에 따른 타깃이 명확해 강의 홍보에 적절한지를 고민한다.

⑨ 텍스트(Text)보다는 가급적인 사진과 동영상 등 시각적인 것들을 활용해 적절히 배치한다.

⑩ 블로그를 제외한 다른 채널의 경우 타깃팅이 명확하지 않아 효과가 적을 수 있다.

2) 뉴스레터(News letter)를 통한 홍보

① 홈페이지 또는 커뮤니티를 통해 확보한 회원들을 대상으로 꾸준히 발송한다.

② 새로운 트렌드나 도움이 되는 뉴스나 정보 등 최신 소식을 꾸준히 제공한다.

③ 본질에서 벗어난 뉴스레터는 스팸 처리될 확률이 높으므로 주의하여야 한다.

④ 친근하고 개인적인 느낌이 들 수 있도록 뉴스레터를 구성한다.

⑤ 3분 이내에 읽을 수 있는 분량으로 가치를 제공할 수 있는 콘텐츠가 가장 좋다.

⑥ 꾸준한 발송이 핵심이며 초심을 잃지 않고 솔직한 소통을 위해 노력해야 효과를 볼 수 있다.

⑦ 한꺼번에 2~3회 이상 중복해서 보내지 않는다.

⑧ 뉴스나 정보를 제공하면서 중간중간에 이미지를 삽입하고 강의 페이지로 자연스럽게 유도한다.

⑨ 강의 관련 정보를 직접적으로 보낼 경우는 발송 회수에 주의한다(잦을 경우 반감 및

스팸 처리).

⑩ 콘텐츠는 물론 적절한 프로모션이나 혜택 등을 제공한다.

3) 홈페이지를 통한 홍보

① 초기에 비용이 소요되고 장기간 개설 후 꾸준한 업데이트가 필요하다.

② 중요한 내용이나 관심이 있을 만한 콘텐츠를 제공하고 가입을 유도하여 회원을 확보한다.

③ 홈페이지 개설 후 주요 포털에 검색 등록을 반드시 한다.

④ 강의 관련 배너를 유명 강의 사이트에 비용을 지불하고 게재한다.

⑤ 포털사이트에 키워드광고, SNS광고를 활용하는 것도 방법이지만 비용이 든다는 단점이 있다.

⑥ 회원가입 시 회원 연락처를 확보한다(메일 주소, 전화번호 등).

⑦ 확보한 회원 정보를 통해 이메일(E-mail)이나 메시지 발송을 통해 강의를 홍보할 수 있다.

⑧ 강의 홍보를 할 때는 홈페이지 접속 시 자동 팝업이 되게 하고 공지사항에도 등록한다.

4) 커뮤니티를 통한 홍보

① 포털사이트나 기타 커뮤니티를 구축 후 활용한다.

② 꾸준한 활동과 함께 도움이 될 만한 자료를 올리고 회원 가입을 유도해 회원을 확보한다.

③ 활용하기에는 시간이 많이 걸리는 단점이 있으나 타깃팅이 명확하다.

④ 회원의 꾸준한 방문을 유도할 수 있도록 지속적인 운영이 잘되어야 한다.

⑤ 쪽지나 단체메일을 활용해서 강의를 안내 및 홍보한다.

⑥ 자신이 운영하는 커뮤니티가 아니면 운영진에게 일정 비용을 지불하고 홍보하는 방법도 있다.

⑦ 커뮤니티에 홍보할 경우 커뮤니티의 활동성과 운영 지속성 여부, 가입자 수 등을 고려한다.

5) 언론을 통한 홍보

① 프리랜서 사이트에서 기사 송출은 물론 홍보를 활용한다.

② 타 채널에 비해서 노출과 접근성이 뛰어나며 본인이 직접 기사 작성이 어려울 경우 기사 작성도 의뢰할 수 있다.

③ 언론기사 송출의 경우 콘텐츠만 확실하다면 주요 포털에 노출되어 비용 대비 효과가 크다.

④ 포털에 노출된 기사의 경우 홈페이지, 블로그, 커뮤니티 등에 공유한다.

⑤ 홍보 채널에 공유할 때 태그를 반드시 활용한다.

⑥ 광고성 짙은 문구나, 전화번호, URL은 직접 보도자료, 뉴스기사에 넣을 수 없다.

⑦ 칼럼이나 기고 또는 관련 기사가 강의와 연관성 있음을 보여 주는 기사를 통해 홈페이지에 유입될 수 있도록 한다.

6) 전문업체 웹사이트를 통한 홍보(온오프믹스, 이벤터스 등)

① 일정 수수료를 받고 홍보 활동을 대행하는 업체를 활용한다.

② 자신의 강의를 홍보할 수 있는 매체를 가지고 있지 않은 강사에게 적합하다.

③ 각 업체마다 가입 절차가 간단하고 교육생 모집과 관리는 물론 신청·결제 업무까지 대행한다.

④ 교육생 타깃팅이 쉽지 않은 단점이 있다.

⑤ 홍보 및 교육생 모집에 따른 비용 및 수수료가 든다.

7) 책을 통한 홍보

① 자신의 전문 분야에 대한 내용을 책으로 집필한다.

② 강의를 하고자 하는 주제일 경우 연락처(소통 공간)를 책에 반영한다.

- 연락처, 홈페이지, 블로그, 유튜브, 페이스북 등

③ 주요 커리큘럼을 부록에 반영하거나 별도의 리플릿(Leaflet)을 제작해 책에 꽂아 놓는다.

④ 책 내용의 일부를 블로그나 커뮤니티, 홈페이지 공유를 통해 구독자를 유도하고 공유된 글 사이에 강의와 관련된 내용을 삽입하거나 링크를 연결시켜 놓는다.

8) 유튜브를 통한 홍보

① 자신의 콘텐츠를 소개하면서 강의와 관련된 영상을 만들어 홍보할 수 있다.

② 영상에 익숙한 세대에 접근하기 가장 쉬운 매체라고 할 수 있다.

③ 꾸준한 업데이트와 차별화된 콘텐츠의 업로드가 필요하다.

④ 다른 채널들과의 링크가 원활해 홍보 효과가 크다.

⑤ 직접적인 강의 홍보도 좋지만 중간에 링크나 간접적인 홍보를 통한 홈페이지 유도가 바람직하다.

⑥ 다른 채널과 동일하게 홍보 채널로 활용하려면 구독자 수를 늘려야 하는 한계가 있다.

⑦ 짧은 시간에 필요한 지식과 정보, 재미를 제공해야 하고 간단하지만 편집기술도 필요하다.

9) 재능마켓을 활용한 홍보(탈잉, 클래스101 등)

① 경쟁력 있는 콘텐츠만 있으면 등록을 통해 강의나 강사를 홍보할 수 있는 채널이다.

② 재능마켓에서는 강의 진행 후 강의에 대한 강의료를 정산해 준다.

③ 강의 기획과 함께 강의에 대한 승인 절차가 까다롭다.

④ 심사를 통해 강의 자격을 갖추었는지 여부를 판단 후 승인을 하면 강의가 가능하다.

⑤ 재능마켓 플랫폼을 통해서 강의 노출은 물론 관련 회원과 매칭을 통해 강의를 소개해 준다.

⑥ 강의를 하면서 자신의 다른 강의를 홍보할 수 있다.

09 | 교육만족도 조사 및 결과 보고

(1) 교육만족도 조사의 이해

전반적인 교육서비스에 대한 만족도 수준을 평가하고 교육 과정의 품질을 개선하기 위해 교육만족도 조사는 필수적인 과정 중 하나이다. 교육 과정에 대한 교육생들의 만족도 수준을 점검하고 교육 과정 및 강의의 품질을 개선하기 위해 실시한다. 교육생들은 안내받은 설문 방법에 따라 교육을 받으며 느꼈던 점들을 평가하게 되는데, 교육생들의 의견을 모아 강사는 더 나은 강의를 준비하기 위해 중요한 기준으로 삼으며, 기업은 교육 계획 수립의 지표로 삼는다. 교육 계획 수립 체계의 점검 및 지속적인 개선 활동을 위해 중요한 중심이 되는 절차라고 할 수 있다.

1) 교육만족도 조사의 목적

교육만족도 조사는 기업과 교육생을 위해 반드시 필요한 절차임과 동시에 강사 자신도 많은 도움을 받을 수 있는 과정이다. 강사 스스로가 자신의 강의에 대해 냉철하게 진단하기 어려운 점을 고려할 때, 현장 교육생들의 반응과 느낌을 알고 이를 토대로 무엇을 보완해야 할지에 대한 해답을 얻는 것은 직무 발전에도 큰 도움이 된다. 강사와 교육생 간의 거리를 좁히고 가장 정확한 정보와 기준을 제시할 수 있는 방법은 바로 교육만족도 조사를 통한 결과임을 기억해야 하며, 추가적인 조사의 필요성을 정리하여 살펴보자면 아래와 같다.

① 교육대상자의 만족도를 체계적으로 관리
② 교육만족도 결과의 반영을 통해 교육대상자의 니즈(Needs)를 파악
③ 교육 과정 개편 시 중요한 기준점 제시
④ 교수설계에 오차범위를 줄일 수 있는 방향성 제시
⑤ 교육대상자의 만족도를 높일 수 있는 교수법 개발에 활용
⑥ 기업의 경쟁력 강화 및 전문 인력 양성을 위한 교육의 기준을 제시
⑦ 부문별 취약 분야를 발굴하고 개선 사항 제시
⑧ 세부 항목에 대한 평가를 통해 만족도 향상의 구체적 대안 제시
⑨ 교육을 통한 기업의 발전 방향을 제시

2) 교육만족도 조사계획 수립

교육만족도 조사계획은 연간교육계획에 맞춰 수립하는데, 진행되고 있는 교육 과정의 조사 결과에 따라 실태를 파악하고 개선 사항을 도출하는 등 교육계획의 완성도를 평가하는 중요한 지표가 되므로 조사계획 수립을 통해 보다 정확한 결과를 도출할 수 있어야 한다.

① 조사 도구 개발
  - 교육 과정 및 연계된 전반에 대한 교육생의 지식, 태도, 만족도에 관한 조사 설문 개발
  - 교육수요그룹의 현장 관리자 및 관계자 등을 대상으로 설문 문항에 대한 의견 수렴
  - 설문 내용과 구성에 대한 검토
  - 설문에 사용된 표현의 적합성 or 적절성에 대한 양적·질적 검토
  - 설문 문항의 타당성 확보 방안 마련
  - 다양한 교육수요자를 포함하는 조사 대상자 범위 검토

② 조사 대상 선정

교육만족도 조사의 가장 기본은 교육생(교육이수자) 전원을 대상으로 종합적인 강의 전반에 대해 설문을 시행하는 것이다. 그러나 설문 결과를 통해 얻고자 하는 목적이 특화되어 있는 사안이라면 설문조사 대상을 달리하여 조사 목적에 부합하는 대상자를 선별하고 그 설문 문항도 특화된 기준에 맞춰 제작하는 것이 바람직하다.

 - 교육생 전원(교육이수자 전원을 통해 교육현장의 분위기나 학습 이해도를 판단)
 - 직급별(교육 참여 인원 중 '관리자 or 교육강사' 등 교육 효과 측면의 상세 진단)
 - 부서별(특정 부서의 집중된 교육을 계획할 때 참고 지표를 도출하는 대상)

③ 조사 항목 선별

교육만족도 설문 조사의 조사 항목은 '3단계 항목' 유형과 '4단계 항목' 유형 두 가지가 대표적인데, 각 항목별 세부 영역을 분할하여 설문이 진행되는 형식이다. 실제 세부 영역의 설문 문항은 두 유형이 거의 유사하지만, 두 유형의 차이점은 결과 수집에서 나타난다. 3단계는 교육 과정과 학습 효과의 조사 항목이 하나의 항목으로 분류된다는 차이점이 있다. 좀 더 세분화되어 있는 교육만족도 조사 결과를 희망한다면 '4단계 항목' 유형으로 시행하는 것이 바람직하다.

조사 항목	세부 항목	상세 내용 예시
교육 과정	교육 시간	교육 내용 대비 교육 진행 시간 배분의 적절성
	교육 수준	교육 대상자를 고려한 교육 수준 적합도
	교육 자료	강사용PT 구성 및 교육생 배포용 자료의 활용 가치
학습 효과	실무 활용도	교육 내용 활용한 실무 활용 가능 여부(설문 대상: 교육생 관리자)
	교육 목표 이행	교육의 주제와 목표에 맞는 내용으로 구성되었는지 파악
	학습만족도	교육 이해 및 교육 목적 달성률 진단
강사 역량	강사 전문성	교육 내용을 기준한 강사의 역량 및 강의 스킬(Skill) 평가
	커뮤니케이션	교육생과 강사의 소통능력 진단
	강사 태도	교육생의 참여와 이해를 돕기 위한 강사의 적극성 등 평가

교육 환경	교육 장소	교육생 인원을 고려한 규모 or 근무지 고려한 위치
	교육 장비	강의실 빔프로젝트, 마이크 등 시청각 시설 등
	현장 관리	강의실 청소 상태, 책상과 의자 상태, 음료나 간식 세팅 등

④ 항목별 설문 문항

- 설문지 문항의 의미가 명확히 전달될 수 있도록 하나의 문항에 한 가지 질문만 한다.
- 응답하기 모호한 질문은 피하고 교육생의 수준에 적합한 용어를 사용하여 질문한다.
- 동일한 영역의 질문은 같은 부분에 배치하고 이중적인 질문은 피한다.
- 문항에 특정 응답을 유도하는 표현을 사용하지 않는다.
- 설문 문항이 중복되지 않도록 하고 보통 설문 문항은 5점 척도법(리커트)을 활용한다.
- 설문 문항은 대부분 폐쇄형 설문(객관식 척도)과 개방형 설문을 혼용한다.
- 앞의 질문이 뒤의 질문의 대답에 직간접적으로 영향을 줄 수 있는 경우 분리하여 배치한다.
- 일반적인 질문은 앞부분에 배치하고 복잡하고 특수한 설문의 경우 뒷부분에 배치한다.

기준 항목	세부 항목	상세 내용 예시
교육 과정	교육 시간 교육 수준 교육 자료	• 교육에 활용된 PT자료는 교육 이해를 돕기에 적절했다고 생각하십니까? • 교육 과목이 교육 목적에 맞게 적절하게 구성되어 있다고 생각하십니까? • 교육 진행 방식은 교육을 이해하는 데 적절했다고 생각하십니까? • 교육 내용을 이해하기 위해 시간 배분은 적절했다고 생각하십니까?
학습 효과	실무 활용도 교육 목표 이행 학습만족도	• 교육받은 직원의 직무 수행 능력이 향상되었다고 생각하십니까? • 교육받은 직원의 업무 성과가 향상되었다고 생각하십니까? • 교육을 받은 직원에게 교육받은 내용을 실무에 적용하도록 하고 있습니까? • 교육받은 직원이 주변 동료들에게 학습한 내용을 공유하고 있습니까?
강사 역량	강사 전문성 커뮤니케이션 강사 태도	• 강사가 해당 교육에 필요한 능력을 갖추고 있다고 생각하십니까? • 강의 중 교육생의 즉흥질문에 대한 답변에 무리가 없다고 생각하십니까? • 강사는 최신 교육 기자재를 사용했다고 생각하십니까?

교육 환경	교육 장소 교육 장비 현장 관리	• 교육장 시설의 이용 환경은 쾌적하다고 생각하십니까? (영상시설, 오디오시설, 책상 및 의자 등) • 교육장의 편의시설 이용이 편리하다고 생각하십니까? (주차시설, 대중교통, 화장실, 휴게시설 등)

⑤ 조사 방법 선정

과거 교육만족도 조사 시행에 있어 선택지가 다양하지 않았던 때도 있으나, 최근에는 다양하고 편리한 조사 방법이 각종 포털사이트의 서비스로도 제공되고 있다. 교육만족도 조사 시에는, 어떠한 목적으로 진행하는 설문인지에 대해 먼저 생각한 후, 그 결과를 취합 및 분석하는 데 적절한 방법을 선택하여 진행하는 것이 바람직하다.

조사 방법	주요 내용
설문지 양식	• 구조화된 설문지 양식에 교육생의 자기 기입식 응답 조사 실시 • 설문지 인쇄물을 현장 배포 및 수거하는 특성상 설문 참여율 100% 가능 • 공개된 장소 특성상 응답자의 솔직한 답변에 한계성 • 교육이 장시간 진행된 과정인 경우 성의 없는 형식적 응답자 다수 발생 • 서술 형식의 문항은 대부분 공란으로 제출하는 경우 많음
온라인 설문 조사	• 네이버, 구글 등 온라인 설문 참여 접속 URL(PC or 모바일 접속을 통한 설문 참여) • 사내 전자메일 시스템 이용 • 한 사람이 여러 번 설문에 응답할 수 있다는 것이 대표적 단점 • 자율적인 의지에 의해 참여하므로 참여율 저조
사내 메일	• 교육 대상자에게 교육 설문 메일 발송 형식 • 사내 온라인계정을 운영하는 회사의 경우 자체 프로그램 활용의 편리성 • 부서별 · 직급별 등 설문 대상자 그룹별 메일 발송의 신속성 • 직무 수행을 위한 수신메일 확인으로 100% 참여율 • 사내 계정 시스템을 활용한 설문으로 개인 신상 노출 우려
전화 조사	• 설문 항목을 준비하고 조사요원이 전화 연락을 취해 설문 진행 • 현재 교육만족도 조사 방법으로 잘 활용하지 않는 방식 • 위탁사의 조사 결과가 납득되지 않는 경우 수탁사에서 시행하기도 함

⑥ 조사 시기 선정

교육만족도 조사를 시행하기에 앞서 정확한 결과를 도출하기 위한 첫걸음이 무엇인지 생각해야 한다. 상식적으로 교육에 대한 만족도를 평가한다는 것은 교육 이수자 전원의 설문 참여가 이루어졌을 때 그 정확도를 더욱 신뢰할 수 있게 된다. 설문 참여 100%를 원한다면 교육 당일 현장 설문 시행이 가장 확실한 방법이 될 수 있다. 그러나 단답형이 아닌 서술형의 설문 내용이라면 적합하지 않을 수도 있다. 교육만족도 조사 시기 선정에 앞서 몇 가지 기본적인 기준과 상식을 알아 두는 것이 필요하다.

- 교육만족도 조사 항목의 종류에 따라 교육 과정 전후로 진행이 가능
- 교육만족도 조사 항목의 특성에 따라 교육 과정 중간에도 실시
- 강의 종료 직후 시행하는 현장 설문의 경우 교육 진행 강사는 퇴실
- 교육 직후 진행되는 설문 조사의 경우 조사요원을 선정
- 자기 기입식 설문 조사는 조사요원을 선정
- 조사 결과의 신뢰성·타당성 제고를 위해 조사요원의 사전교육 실시
- 조사요원 교육은 개인의 주관적 판단, 선입관이 전달하지 않도록 하는 것이 목적
- 조사의 목적이 제대로 전달되도록 설문 조사에 대한 안내
- 설문 기간에 여유가 있을 경우 서술형 의견 수집에 용이
- PC나 모바일을 통한 설문 진행 시 현장 안내 후 즉시 참여를 유도하는 것도 방법
- 교육 시행일과 설문시행일의 기간이 멀어질수록 결과의 정확도가 감소
- 교육의 학습 효과를 진단하는 설문은 교육 이후 1개월, 3개월 등의 간격을 두고 시행

3) 교육만족도 조사 시행

연간교육계획 등에 의거한 각각의 수립된 계획 일정에 맞춰 교육이 진행된 후 교육만족도 조사를 실행한다. 교육만족도 조사 역시 교육과 마찬가지로 사전 계획에 따라 지정된 조사 방법과 시기에 맞춰 정확한 계획대로 실행되어야 한다.

① 실행 완료된 교육에 대해 조사 계획의 절차에 맞춰 실시
② 교육만족도 조사계획 당시 결정된 설문 방법으로 진행
③ 설문 문항은 사전 계획된 내용을 그대로 사용

④ 교육 이수자 전원이 참여할 수 있도록 설문 참여 방법을 명확히 고지

⑤ 설문 참여율과 결과의 정확성을 높이기 위해 무기명 설문 진행

⑥ 교육 회차가 많고 장기 과정의 교육인 경우 초기에 설문 참여율 점검 및 관리 필요

4) 교육만족도 산출 방법

교육만족도 산출 방법에는 여러 가지가 있으나 그중 가장 대표적인 방법은 5가지 척도를 구분하여 설문응답자가 체크하도록 하는 것이다. 이때 척도별 환산 점수에 차이를 둘 수 있다.

① 각 척도당 20점 단위의 일괄적 점수 배분법

전혀 그렇지 않다	그렇지 않다	보통이다	그렇다	매우 그렇다
20점	40점	60점	80점	100점

② 5점 척도 100점 환산법

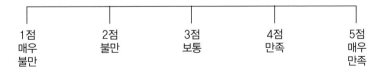

1점
매우
불만

2점
불만

3점
보통

4점
만족

5점
매우
만족

- 5점 척도: 교육생의 체감적 만족 수준
- 100점 환산: 결과 해석의 편의성을 목적으로 산정하는 만족 수준

전혀 그렇지 않다	그렇지 않다	보통이다	그렇다	매우 그렇다
0~20점	21~40점	41~60점	61~80점	81~100점

(2) 교육만족도 조사결과 보고

교육만족도 조사를 실시한 이후 결과 보고를 마친 후에야 비로소 만족도 조사 업무를

마무리하게 되는데, 결과 보고 시 부서관계자부터 기업의 대표에 이르기까지 다양한 대상에게 공유되는 내용인 만큼 교육 개요부터 조사 방법과 결과 분석의 기준에 이르기까지 명확하고 단정한 표현이 요구된다.

1) 교육만족도 결과 보고 항목

① 연간교육계획 수립에 대한 교육 개요

② 전체 교육 과정 안내

③ 교육만족도 조사를 시행한 평가 항목 및 설문 내용

④ 교육 과정별 개요 및 조사 결과 점수

 - 교육 목표, 교육 대상, 교육 일정, 교육업체, 교육강사, 조사 결과(요약)

⑤ 전체 교육에 대한 만족도 조사 결과 점수

⑥ 전체 교육 과정에 과목별 비교를 위한 요약 보고

⑦ 평가우위를 비교하기 쉽도록 시각화 문서 작업 필요

⑧ 과정별 · 항목별 비교는 그래프를 활용

⑨ 항목별 조사 결과에 따른 개선 방향 제시

⑩ 교육생 기타 의견(서술식 응답 내용 정리)

⑪ 조사 결과에 따른 담당자 의견

⑫ 기타 별첨 자료

⑬ 교육 실행 현장 사진, 조사에 사용된 설문지

2) 조사결과를 통한 개선 가능한 사항

사외위탁교육의 경우 장기간(연단위)에 걸친 교육프로그램의 강의 계약을 체결한 경우 교육만족도 조사의 결과에 따라 개선이 심각한 경우, 해당 결과를 수탁업체(또는 프리랜서 강사) 측에 전달하고 향후 남아 있는 잔여 교육 회차에 대해 개선을 요구할 수 있다.

① 교육 시간에 대한 재설계(불필요한 토론 과정 다수, 과도한 휴게 시간 제공 등)

② 교육 자료 보완 및 변경(학습 내용과 자료의 연계성이 부족한 경우 등)

③ 교수설계 재정비(학습 효과에 대한 평가가 매우 미달되는 경우)

④ 배정 강사 교체(조사 결과 강사 자질이나 태도가 심각하게 미달되는 점수)

⑤ 교육 유지가 불필요한 경우 다른 과정으로 대체

⑥ 수탁사와 재계약 시 배정강사 지명(전년도 강사 평가가 우수한 사례)

01. 교수설계의 특징으로 바르지 않은 것은?

① 수단보다는 결과에 초점을 두며, 설계지향적이다.

② 학습을 지원하고 촉진하는 방법과 그 방법이 사용되어야 할 상황을 규명한다.

③ 여러 가지 요소들로 구성되어 있으므로 요소적이라고 할 수 있다.

④ 설계 내용에 따라 적절한 학습 방식을 택하면, 기대하는 수업과 결과 간의 개연성이 높아진다.

| 해설: 교수설계는 결과보다 수단에 초점을 둔다.

02. 아래는 무엇에 대한 설명인가?

• 특정 강의 내용을 전달하는 데 있어 최적의 교수 방법이 무엇인지를 결정해 나가는 과정

• 교육생이 강의 목표에 효과적으로 도달할 수 있도록 계획하는 일련의 활동

• 강의의 모든 구성 요소를 적절히 조직화하는 과정

① 교수설계

② 교수개발

③ 교수기법

④ 교수평가

03. 현존하는 교수설계 모형 중 가장 대표적이라 할 수 있는 표준 교수설계모형으로 ADDIE모형을 들 수 있다. 다음 보기 중 ADDIE모형의 절차에 따른 단계별 배열이 옳은 것은?

① 평가 → 설계 → 실행 → 개발 → 분석

② 설계 → 분석 → 실행 → 개발 → 평가

③ 개발 → 설계 → 실행 → 분석 → 평가

④ 분석 → 설계 → 개발 → 실행 → 평가

04. 다음 중 교수설계 모형의 설계(Design) 단계에 포함되지 않는 것은?

① 강의 목표 진술: 학습 후의 성과를 행동 동사로 표현

② 평가 계획 설계: 강의 목표 달성 여부를 어떻게 측정 및 평가할지에 대한 계획 수립

③ 학습 내용 결정: 강의 목표 달성을 위해 배워야 할 학습 유형 및 내용 결정

④ 교수 매체 선정: 효율적인 강의 진행을 돕고 강의 내용을 제시해 주는 도구 선정

| 해설: '교수매체 선정' 절차는 교수설계 모형의 개발(Development) 단계에 포함

05. 교수 설계의 분석 단계 구분 요소 중 '직무 및 역량 분석'의 주요 내용에 해당되지 않는 것은?

① 어떤 직무를 수행하고 있고 직무 수행 과정에서 어떤 문제가 있는지 파악

② 강의가 이루어지는 여러 가지 환경에 대한 요소를 분석

③ 강의를 통해 해결할 수 있는 문제나 이슈를 추출해 강의 목표 또는 목적 설정

④ 강의 목표나 목적을 달성하기 위해 갖추어야 할 지식, 스킬, 태도 분석

| 해설: 강의가 이루어지는 여러 가지 환경에 대한 요소를 분석하는 것은 '환경분석'에 포함된다.

06. 교수설계 모형 중 '설계 단계'의 세부 결정 요소로 바르게 구성된 것은?

① 강의 목표 설계 – 평가자 선정 – 콘텐츠 설계 – 강의실 결정

② 교육 대상 설계 – 교육 주제 설계 – 콘텐츠 설계 – 교수 방법 및 매체 결정

③ 강의 목표 설계 – 평가 도구 설계 – 콘텐츠 설계 – 교수 방법 및 매체 결정

④ 교육 주제 설계 – 교육 목표 설계 – 콘텐츠 설계 – 매체 결정

07. 교수설계 시 고려 사항에 대한 설명으로 옳지 않은 것은?

① 강사는 교육생과 함께 문제를 탐구하는 동시에 경험을 공유하며 강의를 이끌어야 한다.

② 교육생의 요구와 관심보다는 강사가 전달하고자 하는 내용에 충실하게 강의를 설계한다.

③ 강의 과정에서의 불필요한 부분을 제거함으로써, 주어진 시간을 효율적으로 관리한다.

④ 교육생의 다양한 특성을 고려하고 학습 동기를 유발해 강의에 집중할 수 있도록 설계한다.

08. 교수설계 단계별 주요 활동 중 '분석 단계'에서 아래 설명하고 있는 분석 요소는 무엇인가?

- 강의가 이루어지는 여러 가지 조건이나 상황에 대한 요소를 분석
- 물리적 공간 외에 인적, 물적, 시간적인 자원 분석
- 교육장 규모, 시설, 강의 시간, 교수 매체, 진행인력, 비대면(온라인), 대면

① 교육생 분석

② 환경 분석

③ 직무 및 역량 분석

④ 강의 관련 요구 분석

09. 교수설계 개발 과정 개념의 위계로 바른 것을 고르시오.

① 과정(Course) → 모듈(Module) → 강의과목(Lesson) → 강의주제(Subject)

② 과정(Course) → 모듈(Module) → 강의주제(Subject) → 강의과목(Lesson)

③ 과정(Course) → 강의과목(Lesson) → 모듈(Module) → 강의주제(Subject)

④ 과정(Course) → 강의주제(Subject) → 모듈(Module) → 강의과목(Lesson)

10. 교육생 정보 수집 방법으로 바르지 못한 것은?

① 사전에 조를 짜 주고 포스트잇이나 메모지를 활용하여 작성하도록 한다.

② 패들렛(Padlet)이나 멘티미터(Mentimeter) 같은 온라인 협업 도구를 활용해서 수집

한다.

③ 소극적인 경우 직접 질문을 통해 물어보는 것보다 별도로 불러내서 물어보는 것이 바람직하다.

④ 사전에 강의계획서나 안내서를 발송하고 이를 통해 관련 정보를 파악한다.

11. 다음 글을 읽고 괄호 안에 들어갈 알맞은 내용을 고르시오.

(ⓐ)은/는 교육생이 강의를 통해 도달해야 하는 지식과 기능, 태도의 수준이나 상태를 의미한다. 명확한 (ⓐ)은/는 강의의 (ⓑ) 및 시행 전 가이드라인을 제공한다. 그러나 (ⓐ)이/가 없거나 명확하지 않은 경우 강의 목표가 달성되었는지에 대한 측정이 어려워진다. 따라서 반드시 (ⓐ)을/를 구체화하고, 그에 입각한 강의를 구성함으로써 강의의 일관성과 완성도를 높여야 한다.

① A: 강의목표   B: 계획

② A: 강의설계   B: 목표

③ A: 강의목표   B: 설계

④ A: 강의목표   B: 목표

12. 명확한 강의목표 설정을 위한 방법으로 바르지 않은 것은?

① 누구라도 들으면 알 수 있는 표현으로 진술한다.

② 추상적인 표현이 아닌, 관찰 가능한 동사를 사용한다.

③ 교육생의 동작이 주체가 되는 문장으로 표현한다.

④ 여러 가지 목표에 다양한 행동이 포함되게 진술한다.

| 해설: 명확한 강의목표 설정을 위해 하나의 목표에 하나의 행동만이 포함되게 진술한다.

13. 교수설계 단계별 주요 활동 중 '개발 단계'에서 아래 해당하는 결과물은 무엇인가?

    • 강의 운영과 관련한 지침 포함

    • 강의 방법, 강의안내, 평가

    • 온라인의 경우 접속 방법이나 출석 방법, 교육생 관리 등

    ① 강의 교재

    ② 평가 도구

    ③ 강의 매뉴얼

    ④ 교육 매체

14. 교수설계 단계별 주요 활동 중 '개발 단계'에서 주의하여야 할 사항이 아닌 것은?

    ① 개발 과정에서 매뉴얼은 물론 강의 자료, 강의 보조 자료, 시청각 자료 등이 개발된다.

    ② 콘텐츠 제작 시 저작권 관련 법령에 위배되는 자료의 무단 복사나 활용은 하지 않는다.

    ③ 강의용 자료 개발 시 강사 단독으로 개발해야 하며 관련 자료가 공유되지 않도록 주의한다.

    ④ 교육 과정이나 모듈이 확정되려면 사전 파일럿 테스트를 통해 적합 여부 등을 최종 결정한다.

15. 강의에 대한 자가평가 점검 항목 중 바르지 않은 것은?

    ① 강의 결과에 따라 향후 시급히 개선되어야 할 부분은 무엇인가?

    ② 강의 목표를 달성하기 위해 추가되어야 할 내용은 무엇인가?

    ③ 교육생의 참여와 몰입도를 높이기 위해 필요한 강의 전략은 무엇인가?

    ④ 강의에 참석한 교육생들의 태도 및 마음가짐이나 의지는 적절하였는가?

16. 강의 목표는 측정 가능한 행동 동사를 사용해 진술해야 하며, 행위가 일어나는 조건과 수준이 구체적으로 수립되어야 한다. 이때 아래 내용에 해당하는 강의 목표 요소는 무엇인가?

- 강의 이후 교육생이 보여야 하는 행동
- 관찰 가능한 수행을 의미하는 동사로 표현
- 강의를 통해 얻을 수 있는 이익이나 효과를 명시

① 교육생(Audience)

② 행동 변화(Behavior)

③ 조건(Condition)

④ 수준(Degree)

17. 명확한 강의 목표 설정을 위해 주의하여야 할 사항으로 바르지 않은 것은?

① 교육생의 행동 특성 및 어떠한 수준을 요구하는가에 주의하여 진술한다.

② 추상적인 표현이 아닌, 관찰 가능한 동사를 사용한다.

③ 교육생의 동작이 주체가 되게 표현하되 목표는 2개 이상을 넘지 않게 진술한다.

④ 일상적인 표현이 강의 목표로 사용되는 경우, 조금 더 정교하고 구체적으로 표현한다.

| 해설: 강의 목표를 설정할 때는 하나의 목표에 하나의 행동만이 포함되게 진술한다.

18. 강의 주제 선정을 위한 탐색 방법으로 바르지 않은 것은?

① 타인의 경험 또는 제3자의 특징 있는 스토리를 선택한다.

② 강사의 방식으로 재해석한 기존의 콘텐츠를 선택한다.

③ 강의 진행 시기의 트렌드에 맞는 콘텐츠를 선택한다.

④ 평소에 관심을 가지고 있던 분야 중 강사의 전문성을 드러낼 수 있는 분야를 선택한다.

19. 교수설계 과정에서 세부 내용 선정에 대한 설명으로 바르지 않은 것은?

　　① 세부 내용은 학습 주제를 뒷받침하여야 하므로 구체적이어야 한다.

　　② 학습 주제의 구체적인 입증 자료들을 의미한다.

　　③ 학습 주제별 하위 내용은 많을수록 강의 자체가 풍부해지므로 5가지 이상을 반영한다.

　　④ 강의 주제 선정 이후에는 강의를 구성하는 세부 내용을 선정해야 한다.

| 해설: 학습 주제 별 하위 내용은 3~5개 이내로 구성하는 것이 좋다.

20. 아래에서 설명하고 있는 것은 교수 매체의 어떤 기능에 해당하는가?

　• 매체를 효과적으로 활용해 교육생의 지적 능력을 계발시키는 것을 의미한다.

　• 교육생의 주의집중과 동기 유발을 돕고, 학습을 촉진시켜 지적 활동을 원활하게 해야 한다.

　　① 매개적 보조 기능

　　② 강의 방법과 안내 기능

　　③ 학습 경험 구성 기능

　　④ 교수 기능

21. 다음 중 교육 및 강연에서 활용되는 교수 매체에 대한 설명으로 바르지 않은 것은?

　　① 시각 정보나 언어 정보를 재현시키는 데 쓰이는 전자 수단 및 기계적 수단을 의미한다.

　　② 대표적으로는 칠판, 화이트보드, 플립 차트 및 전지, 색지 등과 같은 기록용 교수 매체가 있다.

　　③ 노트북, 빔 프로젝터, 컴퓨터 등과 같은 시청각 기자재가 있다.

　　④ 최근에는 내용 전달을 위한 보조 도구 정도로 교수 매체가 활용된다.

| 해설: 과거에는 내용 전달을 위한 보조 도구 정도로 교수 매체가 활용되었다면, 최근에는 교수 및 학습의 필수 요소이자 강사와 교육생, 교육생과 교육생을 연결하는 역할 또한 담당한다.

22. 다음 중 교수 매체 선택 원리에 대한 설명으로 바르지 않은 것은?

① 어떤 특정 매체만이 최선이 될 수는 없으므로 적절한 매체를 고려한다.

② 매체는 학습 목표에 맞게 사용하여야 하며 강의 형태에 적합한 매체인지 고려해야 한다.

③ 목적에 맞는 매체를 활용하기 위해서는 해당 매체에 대해 철저히 알고 있어야 한다.

④ 강사 개인의 선호도에 따라 특정 매체를 선택하거나 활용하는 것이 바람직하다.

| 해설: 교수 매체는 개인의 선호도에 따라 특정 매체를 선택하거나 활용해서는 안 된다.

23. 교수 자료 중 교육생용 교재에 대한 설명으로 바르지 않은 것은?

① 교재의 용지 방향을 통일한다.

② 강의용 PT교안의 체계와 순서를 교차하는 형식으로 교재를 구성한다

③ 교육생의 연령대를 고려해 폰트 크기를 선정한다.

④ 제목 및 강의 주제, 세부 내용의 폰트와 폰트 크기를 달리하되, 동일 개체는 일관성을 유지한다.

24. 아래 설명을 읽고 괄호 안에 들어갈 내용으로 바른 것을 고르시오.

보다 효과적으로 강의를 진행하기 위해서는 전달하고자 하는 내용을 간단명료하게 요약한 (   ) 개발이 필수적이다. 어떤 대상의 특성이나 모양에 대해 설명할 때, 말로 설명하는 것에 그치지 않고 대상을 실제로 보여 줄 경우 교육생의 이해를 돕기 쉽기 때문이다. 또한, 교육생이 실제 눈으로 확인했기 때문에 내용에 대한 기억이 오래 남을 수 있고, 교육생의 흥미 유발에 도움이 된다

① 교수 자료   ② 시각 자료

③ 보도 자료   ④ 참고 자료

25. 다음 중 그래프의 종류와 설명으로 바르지 않은 것은?

    ① 꺾은선그래프는 추이(Trend)를 보여 줄 때 효과적이며, 3개 이하의 선을 사용하는 것이 좋다.

    ② 막대그래프는 항목 간의 크기 및 집단의 속성 비교 시 사용하며, 크기나 계열의 가나다 순에 따라 막대를 정렬한다

    ③ 원그래프의 경우 각종 분포를 한눈에 보여 줄 때 활용하며, 중요한 부분을 2시 방향에 배치한다.

    ④ 막대그래프는 눈금을 표시하거나 막대 끝에 값을 넣어 구체적인 수치를 알게 한다.

| 해설: 원그래프를 활용할 때, 중요한 부분은 12시 방향에 배치한다.

26. 강의 중요 내용을 요약해 교육생들의 이해를 높이거나 학습 내용의 보강을 목적으로 사용하며, 교육생의 주의가 분산되지 않도록 강의가 본격적으로 진행되기 전에는 배포하지 않는 이것은 무엇인가?

    ① 키핑북(Keepingbook)

    ② 미니북(Minibook)

    ③ 핸드아웃(Handout)

    ④ 헤드아웃(Headout)

27. 교수 자료 선정 시 주의할 사항으로 바르지 않은 것은?

    ① 활용할 자료가 인기 예능 프로그램에 나왔던 소재인지 고려한다.

    ② 자료가 분명하고 정확한 내용을 담고 있는지 확인한다.

    ③ 논란이 될 만한 내용을 담고 있지 않은지 한번 더 확인한다.

    ④ 자료가 윤리적인 문제 혹은 지적재산권에 저촉되지 않는지 확인한다.

28. 아래 괄호 안에 들어갈 알맞은 용어는 무엇인가?

(   )은/는 강사가 강의를 실행하기 전반적인 기획 내용을 정리한 양식으로 강의 개요, 학습 목표 및 강의 내용 등을 상세 기록하는 문서이다. 강의에 필요한 필수 항목들로 구성된 내용을 통해 누구의 입장에서 보더라도 그 해석을 달리하지 않도록 강의의 목적과 방향성이 명확히 전달되어야 한다.

① 강의계획서   ② 강의교안

③ 강의 자료   ④ 강의 매체

29. 강의계획서의 필요성에 대한 설명 중 바르지 않은 것은?

① 강사(또는 교육업체)와 교육생(또는 교육수요업체)이 사전에 의견을 조율할 수 있다.

② 강의 시간을 컨트롤할 수 있으나 강의 중 이슈 발생 시 해결에 따른 시간이 많이 소요된다.

③ 교육 자료의 활용도가 좋지 않을 경우 강의 후 개선 작업이 쉬워진다.

④ 강의의 순서나 진행 시간 안배의 혼선을 줄이고 강의의 방향성을 유지할 수 있다.

30. 강의계획서 작성을 위한 준비 업무 중 아래 내용은 어떤 준비 업무에 해당하는 것인가?

• 교육생들의 수준을 고려한 방법 선택

• 교육생들의 실무(현업)를 반영할 수 있는 내용 구성이 가능하면 적극 활용.

• 교육생의 이해를 돕기 위한 사례와 시청각 자료 선정

• 강의에 활용할 교보재 사용 여부

① 강의 주제에 대한 기본적인 이해   ② 강의 내용 선정

③ 강의 환경 점검   ④ 강의 방법 및 자료 선택

31. 실수 없는 강의계획서 작성을 위해 체크리스트를 만들어 활용하는데, 이때 점검 항목으로 바르지 않은 것은?

    ① 강의명과 개요 및 목적 점검

    ② 학습 목표 점검

    ③ 강사 복장 및 참가 교육생 규모 점검

    ④ 강의 일정 및 시간 점검

32. 아래는 무엇에 대한 설명인가?

    • 강의 진행 순서와 세부 내용을 작성하는 양식

    • 진행할 강의에 대한 구체적인 상세 내용 기록

    • 강의 내용, 항목별 진행 시간, 사용되는 자료 포함

    • 진행 강사의 교육 방식이 상세히 들어간 내용으로 강사 개인의 개성이 반영

    • 내부적으로 동료 강사들에게 업무 인수인계를 위한 자료로 활용

    ① 강의절차서

    ② 강의보고서

    ③ 강의계획서

    ④ 강의매뉴얼

33. 교육 장소 선정 시 고려해야 할 사항으로 바르지 않은 것은?

    ① 교육 대상 인원 수를 반영한 강의실 규모

    ② 강의 소요 시간 및 접근성 감안

    ③ 교육 대상자의 특성을 반영

    ④ 유명 인기 강사의 방문 이력

34. 교안 작성 시 체계적인 내용 정리를 위해 도입, 전개, 종결로 논리 구성의 단계를 나누어 작성하는 것이 기본인데, 이때 도입 단계에서 다뤄지는 세부 구성으로 바르지 않은 것은?

① 주의집중 단계(Attention Step)

② 동기부여(Motivation)

③ 요약 단계(Summary)

④ 학습 개요 단계(Overview)

35. 아래에서 설명하고 있는 것은 도입 단계의 세부 구성 중 어떤 단계에 해당되는 역할인가?

• 문제를 해결하고 배워야겠다는 학습 동기를 일으키는 단계

• 배우고 싶은 의욕을 불러일으키는 단계

• 도입 부분뿐만 아니라 강의 중간중간에 중요성 언급

① 주의집중 단계(Attention Step)

② 동기부여(Motivation)

③ 요약 단계(Summary)

④ 학습 개요 단계(Overview)

36. 교안을 작성할 때 아래 내용은 어떤 특징에 대한 설명인가?

• 교안은 쉽게 이해할 수 있도록 작성해야 한다.

• 교육생의 수준을 고려하여 애매한 언어 또는 전문 용어 사용을 피해야 한다.

• 정확하지도 않고 강사 자신에게도 자신 없는 내용은 신뢰성을 상실할 수 있다.

① 명확성   ② 평이성

③ 실용성   ④ 논리성

37. 아래에서 설명하고 있는 역할은 종결 단계의 세부 항목 중 어떤 것에 속하는가?

- 전체 내용을 요약하여 교육생의 기억을 돕는다.
- 전개 단계의 설명 내용 중 핵심 사항을 간추려서 강조한다.
- 지나친 구체적 언급을 피한다(요약의 초점이 흐려진다).
- 토론식 진행은 피한다(방향성을 잃을 수 있다).
- 새로운 내용은 언급하지 않는다.

① 복습/요약(Review/Summary)

② 재동기부여(Remotivation)

③ 학습 개요 단계(Overview)

④ 결어(Closure)

38. 교안 제작 틀(형태)의 종류 중 유도 논문식에 적합하며 결론을 예상할 수 있는 문제의 해결을 교육생이 하도록 유도하는 방법에 쓰이는 형식으로, 강사는 질문을 하고 토론에 참여하여 진행을 맡는 형식에 적절한 교안 형태로 바른 것은?

① 백지식 교안 ② 이난식 교안

③ 삼란식 교안 ④ 사란식 교안

39. 강의제안서를 구성하는 항목 중 성격이 다른 하나는 무엇인가?

① 교육 운영 및 환경분석

② 고객사의 필수 요구 사항 및 제안사 이해 정도

③ 고객사 요구 사항 및 이해

④ 투입 인력 구성 및 주요 역량

| 해설: 투입 인력 구성 및 주요 역량은 제안 배경이 아닌 제안사 소개 또는 제안 내용에 포함되어야 할 내용이다.

40. 특정 과제의 수행을 위해 필요한 요구 사항을 체계적으로 정리하여 제시함으로써 제안자가 제안서를 작성하는 데 도움을 주기 위한 문서를 무엇이라고 하는가?

① 교육제안서(PFE)

② 제안요청서(RFP)

③ 교육계획서(PFT)

④ 견적요청서(RFQ)

41. 강의제안서 작성법에 대한 설명으로 바르지 않은 것은?

① 쉬운 용어와 표현을 활용하고 오 · 탈자가 없어야 하며 전문용어 사용 시 각주를 단다.

② 제안 내용 작성 시 '가능하다', '동의한다', '고려한다' 등의 표현을 적절하게 사용한다.

③ 보통 강의제안서 발표는 20분 정도 주어지므로 발표 시간을 고려하여 내용을 구성한다.

④ 고객사의 요구 사항을 충실히 표현하되 실현 가능성이 높고 현실적인 제안으로 신뢰를 얻는다.

| 해설: 제안 내용 작성 시 '가능하다', '동의한다', '고려한다' 등의 애매한 표현은 평가 시 불가능 한 것으로 간주하므로 명확한 용어를 사용하여 표현한다.

42. 강의제안서 작성 절차의 순서로 바른 것은?

① 기초자료 수집– 구성 설계 – 내용 작성 – 제출(인쇄물 or 파일) – 제안 설명(프레젠테이션)

② 기초자료 수집– 제안 설명(프레젠테이션) – 구성 설계– 내용 작성– 제출(인쇄물 or 파일)

③ 기초자료 수집– 내용 작성– 제출(인쇄물 or 파일) – 구성 설계 – 제안 설명(프레젠테이션)

④ 기초자료 수집 – 내용 작성 – 구성 설계 – 제안 설명(프레젠테이션) – 제출(인쇄물 or 파일)

43. 강의 제안 설명(프레젠테이션)을 진행하게 될 경우 사전 준비사항으로 바르지 않은 것은?

① 일반적으로 PT, 출력된 인쇄물, 기타자료 등을 토대로 설명을 연습한다.

② 돌발 질문에 대한 예측 및 답변을 준비한다.

③ 제출용 제안서가 있다면 PT용 제안서는 작성하지 않는다.

④ 강의를 통해 위탁사가 얻을 수 있는 긍정적인 효과를 설명할 수 있도록 준비한다.

| 해설: 제출용 제안서를 바탕으로 PT용 제안서를 따로 만들어 PT(프레젠테이션) 준비를 하는 것이 바람직하다.

44. 프로젝트 또는 워크숍 등에서 참가자들의 자발적인 참여를 유도하여 창의성을 기반으로 한 합의를 이끌어 내는 과정을 의미하며, 학습자들에게 질문을 던지고 스스로 생각하게 하여 회의나 교육 등에 참여를 유도하게 하는 기법을 무엇이라고 하는가?

① 퍼실리테이션   ② 문제중심학습법
③ OJT(On the Job Training)   ④ 텔레프레즌스

45. 퍼실리테이터로서 주의하여야 할 사항으로 바르지 않은 것은?

① 분위기를 리드하고 이끄는 관리자 역할을 해야 하며 정확한 시간을 준수할 수 있도록 한다.

② 참여자 각자의 의견들과 잠재력을 이끌어 내기 위한 스킬(Skill)을 함양해야 한다.

③ 한쪽으로 의견이 치우치지 않도록 주의하고, 중립적 위치에서 의견을 수렴할 수 있도록 한다.

④ 참여자들의 의견을 경청하고 참여로 동기부여를 할 수 있도록 역량과 자세를 구축한다.

| 해설: 관리자의 역할보다는 분위기를 리드하고 이끄는 역할을 해야 하며, 세부적 활동 전개에 적극적으로 개입하는 진행자의 역할을 수행한다.

46. 퍼실리테이션 단계별 실전 활용 기법 중 아래에서 설명하고 있는 것은 무엇인가?

• 모아진 아이디어들을 포스트잇을 활용해 범주화하여 분류하는 방법 • 기본 아이디어를 정하고 세부적인 내용을 첨가시키는 방식으로 진행 • 아이디어 분석 후 해당 아이디어를 3개 정도의 카테고리로 분류	Idea Idea Idea Category Category Category Idea Idea Idea Idea Idea Idea Idea Idea Idea Idea Idea Idea Idea Idea Idea Idea Idea Idea Idea Idea

① 스토리 보딩(Story boarding)

② 로직 트리(Logic Tree)

③ 피쉬본(Fishbone)

④ 티차트(T-chart)

47. 발언에 대한 두려움을 제거하며 참가자들의 자발적 참여를 통한 효과적 아이디어 공유를 위한 기법들 중 브레인라이팅(Brain Writing)에 대한 설명으로 바른 것은?

① 자발적으로 제시된 아이디어 목록을 통해 특정 문제에 대한 해답을 찾는 기법

② 내향적인 성격이거나 토론이 익숙하지 않은 사람들에게 조용히 글로 쓰게 하여 내놓게 하는 기법

③ 포커스 그룹 인터뷰와 비슷하나 의견이 아닌 각자의 경험을 말하도록 하는 기법

④ 주제와 관련이 없는 일상적 단어들에 대해 연상하게 한 후 도출되는 특성들과 회의의 주제를 강제로 연상시키는 기법

| 해설: ①은 브레인스토밍에 대한 설명이고 ③은 일화 말하기(Anecdote Circles)이며 ④는 강제연상에 대한 설명이다.

48. 아래에서 설명하고 있는 것은 강의 홍보 방법 중 어떤 매체를 통한 홍보에 해당하는가?

- 자신의 콘텐츠를 소개하면서 강의와 관련된 영상을 만들어 홍보할 수 있다.
- 영상에 익숙한 세대에 접근하기 가장 쉬운 매체라고 할 수 있다.
- 꾸준한 업데이트와 차별화된 콘텐츠의 업로드가 필요하다
- 다른 채널들과의 링크가 원활해 홍보 효과가 크다.

① 소셜미디어(SNS)를 통한 홍보

② 뉴스레터를 통한 홍보

③ 홈페이지를 통한 홍보

④ 유튜브(YouTube)를 통한 홍보

49. 교육만족도 조사에서 가장 기본이 되는 조사 기준 항목 4가지로 바른 것은?

① 교육 과정, 학습 효과, 강사 역량, 교육 환경

② 교육업체 연혁, 교육 수준, 강사 역량, 교육 환경

③ 교육 시간, 교육 수준, 강사 역량, 교육 환경

④ 교육 자료, 학습 효과, 강사 태도, 교육 환경

| 해설: 교육 시간, 교육 수준, 교육 자료, 강사 태도 등은 세부 항목으로 분류된다.

50. 아래의 내용은 어떤 설문 조사 방법에 대한 설명인가?

- 현장 배포 및 수거하는 특성상 설문 참여율 100% 가능
- 공개된 장소 특성상 응답자의 솔직한 답변에 한계성
- 교육이 장시간 진행된 과정인 경우 성의 없는 형식적 응답자 다수 발생
- 서술 형식의 문항은 대부분 공란으로 제출하는 경우 많음

① 온라인 설문 조사

② 전화를 통한 조사

③ 설문지 양식을 통한 조사

④ 사내 계정을 통한 설문 조사

문항	정답	문항	정답	문항	정답	문항	정답	문항	정답
01	①	11	③	21	④	31	③	41	②
02	①	12	④	22	④	32	③	42	①
03	④	13	③	23	②	33	④	43	③
04	④	14	③	24	②	34	③	44	①
05	②	15	④	25	③	35	②	45	①
06	③	16	②	26	③	36	②	46	①
07	②	17	③	27	①	37	①	47	②
08	②	18	①	28	①	38	③	48	④
09	①	19	③	29	②	39	④	49	①
10	③	20	④	30	④	40	②	50	③

제4영역

강사 스킬 실무

01 | 교수기법

교육할 내용이 정해지면 이를 어떻게 전달해야 할 것인지 고민해야 한다. 교육을 효과적으로 전달하기 위해서는 다양한 기법을 활용하는 것이 바람직하다. 같은 교육 내용이라고 하더라도 어떠한 교수기법을 활용하느냐에 따라 전달력은 물론 교육생의 몰입도 및 참여도가 달라지기 때문이다.

(1) 교수기법의 이해

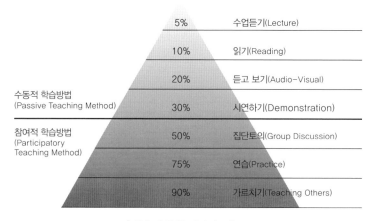

[학습 효율성 피라미드]

* 출처: 미국 행동과학연구소

교수기법은 강의를 구성하는 요소 중 '어떻게 전달할 것인가'에 해당한다. 교육 내용 및 형식이 지루할 경우 교육생의 흥미를 유발할 수 없으며, 이로 인해 교육생의 집중력 또한 저하된다. 때문에 항상 똑같은 방식으로 강의를 진행하기보다는 교육의 목적 및 내용에 부합하는 다양한 교수 기법을 활용해 교육의 효과성을 높여야 한다.

1) 교수기법의 정의

① 흔히 교수기법의 사전적인 정의는 준비된 교육 내용을 가르치는 교육 방식을 의미한다.

② 강사가 교육생에게 교육 내용을 효과적으로 전달하기 위한 방법이다.

③ 강사가 교육생을 대상으로 가르치는 행위에 대한 과정과 절차를 의미한다.

④ 광의로는 학습 목표나 목적을 달성하기 위한 과정과 절차를 의미하기도 한다.

⑤ HRD 관점에서는 학습에 도움이 되는 순환적인 강사의 행동 패턴을 의미한다.

⑥ 교육이나 강의 목표를 성취하기 위해 다양한 방법을 강사가 적용하는 것을 의미한다.

⑦ 교수 방법을 실제 강의 상황에 적용할 때 이루어지는 세부 사항이나 구체적인 기술이다.

2) 효과적인 교수기법을 강화하기 위한 지침

지식 전달이나 행동의 변화는 강사가 아닌 어떤 교수기법을 활용하느냐에 큰 영향을 받는다. 강사의 역량도 중요하지만 교수기법의 활용에 따라 전달하고자 하는 메시지나 강의 목표가 좀 더 명확해지기 때문이다.

① 강사가 아닌 교육생 중심으로 강의를 해야 한다.

② 교육생 관점에서 잘 이해하고 소화할 수 있도록 강의 준비를 철저히 한다.

③ 지루하고 따분한 강의가 아닌 재미있고 참여를 이끌어 내는 강의 분위기를 만들어야 한다.

④ 강의의 효율성이나 효과를 높일 수 있는 시청각 자료나 교수 매체를 적극적으로 활용한다.

⑤ 강의 목표나 목적에 부합할 수 있도록 방향성과 순서를 정해서 강의가 이루어져야 한다.

⑥ 교육 대상자에게 적합한 교수기법을 활용하여 강의가 이루어져야 한다.

⑦ 활용하고자 하는 교수기법에 대한 명확한 이해는 물론 연습을 통해 제대로 활용할 수 있어야 한다.

⑧ 교수기법 활용 시 사전에 해야 할 것과 하지 말아야 할 것들에 대한 명확한 정의가 선행되어야 한다.

⑨ 교수기법 활용 시 교육생의 참여를 유도할 수 있는 전략이나 방법을 고려하여 반영한다.

⑩ 강의 종료 후 반드시 평가를 통해 개선 및 보완해야 할 점을 도출해서 향후 강의에 활용한다.

3) 교수기법 선택 기준

강의 내용에 따른 교수기법을 선택할 때는 아래와 같은 기준에 입각하여 선택하는 것이 좋다.

① 강의 목표 및 목적을 달성하기에 적합한 교수기법을 선택한다.

② 강의 내용에 따라 선택을 한다(지식이나 정보 전달, 문제 해결, 태도 변화 등).

③ 강의와 관련된 물리적인 환경을 고려한다(강의실 크기, 책상의 배열, 개별 활동 공간 등).

④ 교육 대상자의 특성을 고려한다(학력, 성별, 지식수준, 연령, 직급, 업무 유형 등).

⑤ 강의 시간과 강의 비용(예산)도 고려한다(One day Course, 특강).

⑥ 강의(훈련 및 다양한 Activity 포함)를 하는 데 필요한 도구의 활용이나 수급 가능성을 고려한다.

⑦ 강사가 실제 해당 내용을 가지고 강의를 할 수 있는지 역량도 고려되어야 한다.

⑵ 교수기법의 유형

교수기법은 크게 2가지 유형으로 구분하는데, 주로 강사가 설명 또는 강의를 통해 교육생에게 전달하고 이해시키는 강의식 교수법과 강사가 전체 강의의 방향성을 정하고 질문이나 실습 및 훈련을 통해 교육생들의 참여를 이끌어 내는 참여식 교수법이 있다.

1) 강의식

여러 교수기법 중 가장 오래된 방식의 교수법으로 지식이나 정보를 강사의 설명을 통해 교육생에게 전달하고 이해시키는 교수법이다. '주입식 교육'이라 일컫는 강의를 포함해 강사들의 발표, 동영상 형태로 콘텐츠를 전달하는 방식이며, 강사가 가지고 있는 지식이나 정보의 체계적인 전달이 주목적이어서 아래와 같은 특징을 가지고 있다.

① 지식과 정보는 물론 경험을 체계적이고 논리적으로 전달하는 데 효과적이다.

② 주로 해설이나 설명을 통해 이루어지며 짧은 시간에 많은 내용을 전달할 수 있다.

③ 교육생의 참여가 제한적이어서 몰입도, 성과, 교육 효과가 가장 낮다.

④ 다른 교수법보다 저비용이며 별다른 시설이나 매체 없이도 가능하다.

⑤ 집중할 수 있는 시간이 참여식보다는 짧고 제한적이다.

⑥ 강사 개인의 역량이나 능력에 따라 강의에 대한 효과가 다르게 나타난다.

⑦ 강사가 강의 내용에 대해서 보충, 가감 및 삭제하는 것이 비교적 용이하다.

⑧ 학습 능력이 떨어지는 교육생에게는 효과가 크지 않다(이해의 한계, 심리적인 부담 등).

⑨ 수동적이고 기계적으로 이루어져 지식이나 정보를 오랫동안 기억하기 어렵다.

⑩ 교육생들의 능동적인 참여와 동기를 지속적으로 이끌어 내기 어렵다.

2) 팀티칭(Team teaching)

팀티칭은 강의를 하려는 분야에 전문적인 지식이나 경험을 가진 2명 이상의 강사가 상호 협력적인 관계를 이루어 함께 강의를 하면서 교육 효과를 높이는 교수법이다. 팀티칭은 강의 계획, 진행, 평가 등 강의와 관련한 일련의 과정에 전체적으로 또는 부분적으로 공동 참여가 가능하다.

① 최근에는 교수법의 발달로 인해 동일 그룹은 물론 타 교육생 그룹들을 대상으로 가르치는 것도 가능해졌다.

② 강사 혼자만이 아닌 다른 강사와의 협업을 통해 역할 분담은 물론 강의의 효율성이 높아진다.

③ 강의와 관련된 다양한 활동을 개선하기 위한 아이디어를 공유함으로써 강의의 질이 향상된다.

④ 강의할 때 필요한 자원을 효율적으로 유연하게 활용할 수 있다.

⑤ 복수의 강사가 강의를 진행해 교육에 대한 흥미는 물론 지속적인 동기 유발 및 유지가 가능하다.

⑥ 강의와 관련하여 역할 분담과 강의 내용, 진행 방법은 물론 운영 원칙의 설정 및 공유에 대한 합의를 하는 데 갈등 요소가 존재한다.

⑦ 강의를 개발하는 데 있어 많은 노력이 필요하고 사전 협의에 많은 시간이 소요된다.

⑧ 강사들 간 사전 협의나 합의가 이루어지지 않았을 경우 교육생들에게 혼란 및 혼선을 유발한다.

⑨ 교육생의 필요에 따라 교육생의 인원이나 강의 시간을 다르게 운영할 수 있다.

⑩ 강의에 참석하는 교육생의 규모와 강의 방법에 따라 강의장의 크기가 결정되기도 한다.

⑪ 보통 강사는 2명으로 구성되지만 강의 규모나 주제의 다양성, 활용 가능한 자원이나 매체에 따라 5명 이상으로 구성되는 경우도 있다.

⑫ 팀티칭은 주(主)강사와 보조강사 유형이 일반적이며 이외에도 강의 규모나 내용에 따라 외부 강사형이나 협력 강사형을 활용하기도 한다.

3) 토의법

토의법은 어떤 주제에 대해서 강사와 교육생 또는 교육생과 교육생 간의 정보나 의견을 교환하여 학습하거나 문제를 해결하는 교수법으로 다양한 커뮤니케이션을 통해 새로운 정보를 획득하거나 문제 해결 능력을 키우고 생각이나 행동의 변화를 일으킬 수 있도록 하는 방식이다.

① 공간만 제공된다면 많은 수의 교육생이 참여하여 강의를 진행할 수 있다.

② 교육생 규모, 주제에 따라 다양한 형식의 토의를 진행할 수 있다(대규모, 중규모, 소규모).

③ 토론 내용을 시각화하기 위해 도구를 활용하면 효과가 좋다(전지, 포스트잇, 사인펜, A4용지 등).

④ 운영 방식에 따라 교육생들의 적극적이고 자발적인 참여 유도가 가능하다.

⑤ 다양한 의견 개진 및 정보 공유를 통해 관점의 확장은 물론 시너지 효과를 얻을 수 있다.

⑥ 철저한 사전준비나 규칙이 없을 경우 많은 시간이 소요되고 효과가 저하될 수 있다.

⑦ 토의의 주제나 내용을 이해하지 못할 경우 교육생의 이탈 또는 무의미한 결과를 초래한다.

⑧ 사전에 교육생의 특성 파악 및 팀 구성을 강사가 직접 진행하는 것이 바람직하다.

⑨ 소수에 의해서 토의가 주도될 수 있고 비판이나 의견 불일치 시 갈등 조장의 위험이 있다.

⑩ 토의를 주제하는 리더의 역할에 따라 토의 성과가 결정되는 위험성이 존재한다.

⑪ 참여 교육생이 해당 주제에 대한 지식이 부족할 경우 토의 효과가 저하된다.

⑫ 잘못 운영되었을 경우 의도치 않은 결론이나 편향된 결론이 도출되기도 한다.

⑬ 참여 교육생이 토의 결과를 요약 및 발표하고 강사는 토의 주제와 관련된 자신의 의견과 생각을 교육생에게 피드백하는 형식을 취한다.

4) 문제 중심의 학습법(PBL : Problem Based Learning)

문제 중심의 학습법은 실제 현장에서 발생하고 있는 문제들을 교육생 스스로 해결하도록 요구할 때 활용되는 교수법이다. 이러한 교수법을 통해 교육생은 문제 해결을 위한 전문적인 사고는 물론 실전에서 문제를 해결할 수 있는 역량을 향상시킬 수 있다. 기존의 전통적인 방식이라고 할 수 있는 강의형 또는 강사 중심의 교육 환경이 아닌 철저하게 학습자(교육생) 중심의 교수법이다.

① 문제를 제시하고 해결하는 데 필요한 것을 교육생 스스로 결정한다(자기 주도적 학습).

② 단순히 문제를 이해하는 것에 그치지 않고 실제 해결할 수 있는 구체적인 대안 및 결과물을 도출하는 강의이며, 결과물은 교육생의 수준에 따라 다양한 형태로 나타난다.

③ 교육생은 문제를 해결하는 사람으로 학습에 참여하며, 좋은 해결책을 제시하기 위해 많은 정보와 지식들을 다룬다.

④ 강사는 성공적인 강의를 위해 '좋은 문제를 개발'하고 전체적인 수업 과정을 설계한다.

⑤ 비구조화된 문제가 대부분이어서 최선의 해결책은 있을 수 있으나 정형화된 답이나 대안을 도출하기는 어렵다.

⑥ 교육생의 규모나 학습법이 적용되는 방식이나 강사의 역할이 달라진다(보조강사 활용 가능).

⑦ 강사는 교육생이 문제를 해결할 수 있도록 조력자, 격려자, 촉진자 역할을 수행한다.

⑧ 그룹 간 협동학습이 가능하며 정보 검색은 물론 활동 시 필요한 교재나 물품을 지원·제공한다.

⑨ 문제 중심 학습법의 핵심은 문제 시나리오이며 강의 과정 중에 해결해야 할 문제를 시나리오 형태로 작성해야 한다.

⑩ 문제 시나리오의 경우 단순한 텍스트 외 역할연기, 시뮬레이션이나 실험, 동영상 등을 통해서 교육생들의 동기는 물론 적극적인 참여를 독려할 수 있다.

⑪ 문제 시나리오를 제시할 때는 문제 해결과 관련된 정보의 수준과 양을 고려해야 한다.

  – 정보가 많을 경우 문제가 구체화되고 반대로 적을 경우 문제 해결을 포기할 가능

성이 있다.

⑫ 사전에 팀을 구성할 때 역할에 적합한 특성을 가진 교육생들로 구성될 수 있게 한다.

⑬ 교육생의 자발적인 참여 및 팀원 간 소통이 중요하므로 보통 4~6명으로 구성한다.

⑭ 교육생은 소통 및 교류를 통해 다양한 관점으로 문제에 접근한 뒤 협력하에 문제를 해결한다.

⑮ 교육 후 결과 자체보다는 전체 수행 과정을 평가하며, 다양한 형태의 평가가 이루어져야 한다.

5) 액션 러닝(Action learning)

데이비드 콜브(David Kolb)의 경험학습이론을 활용한 기법으로, '행동으로 배운다'는 학습 원리를 기반으로 한다. 소규모로 구성된 한 집단이 현재 직면하고 있는 실질적인 업무 현장의 문제와 원인을 규명하고, 이를 해결하기 위한 계획을 수립하여 현장에 적용한다. 퍼실리테이터의 도움을 통해 팀 단위로 문제를 해결하며, 문제 중심의 학습법(PBL)이 '문제'를 강조하는 반면 액션 러닝은 '행동' 중심이다.

① 액션 러닝은 조직의 경영상 요구를 만족시키는 것과 개인 및 팀을 개발시키는 것을 동시에 달성하는 방법이다.

② 경험과 실천을 통한 학습 그리고 학습을 통한 변화 결과를 목표로 하는 학습 방법이다.

③ 액션 러닝의 목표는 실제 업무 현장의 문제를 주제로 선정하여 해결책을 발견하는 것이다.

④ 현안 및 현장 중심의 주요 문제를 중심으로 선정해 이를 해결하기 위한 구체적인 대안을 실제적이고 실천적인 행동을 통해 제시한다.

⑤ 교육생에 의해 자발적으로 행해지며, 팀 활동을 통해 업무를 수행하는 중에 최적의 해결 방안을 도출할 수 있다.

⑥ 문제 해결과 동시에 교육생은 지식을 습득할 수 있고, 문제 해결 과정을 학습할 수 있다.

⑦ 보통 4~8명으로 한 팀을 구성하며 해당 팀에 꼭 해결해야 할 문제를 제시한다.

⑧ 정해진 시간 동안 팀 활동을 통해 해결 대안을 모색하고 강사(Facilitator)와 함께 문제해결기법, 커뮤니케이션 스킬(Communication Skill) 등 기술을 활용해 토론 및 해결 대안 개발을 모색한다.

⑨ 해결 대안 개발 후 실행은 물론 실행 결과를 두고 평가를 진행한다.

⑩ 학습에 소요되는 시간이 비교적 길며, 밖에서 안을 바라보는 관점으로 문제를 해결해야 한다.

6) 사례연구법(Case study)

주로 경영대학원의 MBA 과정에서 많이 사용되는 문제 해결식 교육 기법으로, 업무 현장에서 발생하는 사례와 관련된 배경지식 및 통계 자료 등을 제공한 뒤, 해당 내용을 바탕으로 교육생이 사례 속 의사 결정자라면 어떤 판단을 내릴지에 대해 토론하는 방식이다. 보통 벤치마킹의 한 방법으로 조직 내 발생하고 있는 문제를 해결하기 위해 많이 활용되고 있다.

① 사례는 교육생이 이해할 수 있는 수준이어야 하며 문제 해결을 위한 자료나 지침을 준비한다.

② 당면 문제와 관련된 적절한 사례를 제시하고, 교육생의 능동적 참여로 문제를 해결하도록 한다.

③ 문제 해결 절차에 따라 강의를 진행한다.

　- 문제 해결 절차: 문제 정의 → 요인 및 원인 분석 → 문제 해결을 위한 자료와 정보 수집 → 문제 원인 규명 → 해결 방안 모색 및 우선순위 결정 → 주요 해결 방안 도출 및 대처 방안 수립

④ 교육생이 사례 분석, 토론, 평가 및 피드백 능력이 있는지에 대한 판단이 필요하다.

⑤ 교육생이 사례에 대해 충분히 이해할 수 있도록 돕고 사례에 대한 다양한 방법의 논의될 수 있도록 충분한 시간이 제공되어야 한다.

⑥ 교육생은 사례연구 결과를 요약하고 발표하며 강사는 해당 결과에 대해서 피드백

한다.

⑦ 사례연구법은 교육생 수준의 적합한 사례를 찾기가 어렵고 비교적 많은 시간이 소요된다.

⑧ 사례와 관련된 사전지식이나 정보가 없을 경우 진행이 어렵고 보편 타당한 합의점이나 결론을 도출하기 어렵다.

⑨ 사례연구에 참여한 교육생의 특성이나 고유의 경험이 상충하게 되면 원하는 방향으로 문제 해결 방안이 도출되지 않을 가능성도 있다.

7) 블렌디드 러닝(Blended learning)

블렌디드 러닝이란 두 가지 이상의 학습 방법이 갖는 장점을 활용해 학습 효과를 극대화하는 학습 방법이다. 이때, 시간(실시간 여부), 공간(온·오프라인), 학습자(개인, 집단), 내용(구조화 여부), 방법(강의, 사례연구, 시뮬레이션, 심포지엄, 워크숍 등), 테크놀로지(미디어 선택), 상호학습자 활동(학습자 간, 강사 간 등) 등의 다양한 학습 환경 및 기술을 상호 혼합하여 활용할 수 있다.

① 다양한 학습 환경과 기술의 혼합을 통해 학습 시간 및 장소에 구애받지 않는다.

② 공간(온·오프라인)의 통합을 통한 실전 연계가 가능해 지속적인 학습이 가능하다.

③ 학습 방법으로 온라인을 활용할 경우 수업의 질이 저하될 수 있다.

④ 교육생의 학습 수행 결과에 따라 적절한 맞춤 피드백이 있을 때 효과가 좋다.

⑤ 주제나 학습 수준에 따라 학습 방식을 선택할 수 있으며, 개인 맞춤형 학습을 제공한다.

⑥ 단순 주입식 또는 일방향 강의가 아닌 교육생의 적극적인 참여 유도는 물론 협업이 가능한 쌍방향 강의 방식이다.

8) 플립러닝(Flip Learning)

온라인과 오프라인을 '거꾸로 뒤집는다(Flipped)'는 의미로 IT기술을 교육에 활용하는 기법이다. 최근에는 기업 및 학교에서 플립러닝을 도입하는 경우가 많다.

① 강의 전후 학습 내용에 대한 교육생들의 예습과 복습이 수반되어야 한다.

② 강의 전 교육생이 예습한 내용을 기반으로 오프라인에서는 토의, 실습, 문제 해결 등 액티비티 위주의 활동을 한다.

③ 오프라인 강의 이후에는 집중도를 높일 수 있는 환경에서의 복습이 필요하다.

④ 온·오프라인의 융합이 필요한 학습법이므로, 교육생의 예습 및 복습이 이루어지지 않는 경우 교육의 효과성이 떨어진다.

⑤ 인터넷 활용이 어려운 교육생에게는 효과적이지 못할 수 있다.

9) 게이미피케이션(Gamification)

게이미피케이션이란 '게임(game)'과 '무엇이 되게 만들다'라는 뜻의 접미사 'fication'이 결합되어 게임의 요소를 활용해 게임이 아닌 분야에서 문제 해결, 관심 유도, 지식 전달 및 교육, 행동 변화를 이끌어 내는 것을 의미한다. 게임을 교육에 활용할 경우 과업 완성 비율이나 학습 내용에 대한 기억력, 학습자의 자신감과 개념 지식이 모두 향상되는 것으로 나타난다.

① 게임의 부분적 요소를 사용해 교육 참여, 동기부여, 학습 촉진 및 문제를 해결하는 교육 방식이다.

② 동기 유발, 재미, 피드백과 보상 등 3가지가 게이미피케이션을 작동하게 하는 핵심 요소이다.

③ 교육 게이미피케이션 콘텐츠 설계 시 고려해야 할 것은 '교육 경험 목표', '게임 과 정상 활동', '결과와 평가'이다.

④ 3가지 정합성을 고려해 설계되어야 재미와 흥미 및 참여는 물론 교육적 효과가 나타난다.

⑤ 흥미와 참여를 유도하는 쌍방향적 교수법이므로 퍼실리테이터로서의 강사 역할이 중요하다(교육생 간 토의, 토론, 상호 피드백, 해당 내용 정리 활동 독려).

⑥ 강사는 중심자가 아니라 조언자 및 진행자의 역할을 수행하므로 문제 해결 제시가 아닌 간접적인 촉진 질문을 통해 활동을 확산시키는 역할을 수행해야 한다.

⑦ 기획부터 진행에 이르기까지 강사가 직접 참여해야 하고 미션 수행이 교육적 메시지로 연결되지 않으면 게이미피케이션이라 보기 어렵다.

⑧ 전달하고자 하는 지식의 유형과 교육생의 특성에 따라 개발 방법 및 효과가 다르게 나타난다.

⑨ 어떤 사람들은 적응하지 못할 수 있고, 이는 생산성 하락과 같은 부정적인 결과를 초래한다.

⑩ 어떤 효과를 낼 수 있는지에 대한 고민과 함께 강의 내용에 부합하는 게임을 선정해야 한다.

⑪ 단순히 교육생 참여 여부나 학습 참여에 대한 피드백의 일환으로 칩이나 배지, 포인트를 제공하고 교육 후 합산해서 보상하는 것이 목적이 되는 것은 경계 및 지양해야 한다.

⑫ 활용법을 충분히 이해하지 못한 상태에서 활용하면 수단과 목적이 바뀌는 역효과가 발생한다.

⑬ 여러 가지 장점이 있음에도 불구하고 적합한 분야가 한정되어 있으며 실패 가능성도 있다.

⑭ 게임 결과를 평가 방법으로 결정 및 적용하면 교육생의 거부감 발생은 물론 역효과가 발생하므로 정량적인 결과 외에 '교육 경험 목표', '게임 과정상 활동' 등을 고려한 평가 방법을 적용한다.

10) 마이크로 러닝(Micro learning)

마이크로 러닝은 비정형화된 학습법의 한 형태로 짧은 분량의 콘텐츠를 활용해서 언제, 어디서나 접속해서 학습할 수 있는 것이 특징이다. 인터넷이나 스마트폰의 발달로 인해서 다양한 콘텐츠에 쉽게 접근할 수 있으며 디지털 기기에 비교적 익숙한 밀레니얼 세대가 성장하면서 이러한 교육기법이 더욱 각광 받고 있다. 게다가 스마트폰 사용시간이 계속해서 증가를 하고 밀레니얼 세대 특성상 집중하는 시간이 비교적 짧고 과거의 강의 및 교육 방식이 효과를 이끌어 내기 어려운 상황에서 필요한 지식이나 정보를 빠르게 습득할 수 있는 새로운 교수기법이다.

① 비교적 짧은 5~7분 정도 분량의 콘텐츠를 활용하는 학습 방식이다.

② 한입 크기(Bite-size)의, 한 번에 소화할 수 있는 분량의 학습 콘텐츠를 의미한다.

③ 이미지, 텍스트, 동영상, 인포그래픽 등 다양한 콘텐츠 도구로 1가지 개념을 학습하는 방식이다.

④ 1가지 콘셉트에 1가지 메시지 그리고 1가지 행동 변화를 유도하는 것을 목적으로 한다(1:1:1 법칙).

⑤ 1가지 개념을 학습하고 난 뒤 이에 대한 코칭은 물론 연습이 이루어져야 학습 효과가 크다.

⑥ 학습자가 구체적 결과를 성취하도록 돕는 '적절한 사이즈'의 짧은 학습 전략이라고 할 수 있다.

⑦ 마이크로 러닝의 핵심 전략은 즉각적이고(Speed), 효과적이며(Effective), 한입 크기의 짧은 분량(Short(Bite-sized))의 학습이다.

⑧ 전체 내용에서 의도적으로 일부(Thin Slice)만 잘라서 제공하는 불완전 학습이기도 하다.

⑨ 전체 내용이나 윤곽을 이해하지 못하는 상황에서는 지엽적인 지식이 무용지물이 된다.

⑩ 속도 및 확산의 측면, 불확실한 업무 환경에의 대응, MZ세대의 학습 참여 측면에서 효과적이다.

⑪ 습득한 지식이 전이될 수 있도록 하고 바로 현장에서 활용할 수 있도록 설계되어야 한다.

⑫ 저렴하면서도 교육생들의 몰입이나 참여도를 제고하고 더 많은 학습을 촉진할 수 있다.

(3) 러닝 퍼실리테이션(Learning Facilitation)

퍼실리테이션은 강의 · 회의 등의 진행을 원활하게 하고 활기를 불어넣어 궁극적으로 모두가 원하는 결과를 이끌어 내도록 조력하는 진행자의 활동을 의미한다. 나아가 러닝 퍼실리테이션(Learning Facilitation)은 학습(Learning)과 퍼실리테이션(Facilitation)을 결합하여, 학습자들이 서로의 상호작용을 통하여 자발적으로 문제를 해결하는 과정과 진행자로서 강사의 역할을 의미한다.

1) 러닝 퍼실리테이션의 특성

러닝 퍼실리테이션(Learning Facilitation)은 '학습(Learning)'과 '퍼실리테이션(Facilitation)'을 결합한 용어로, 교육생들이 참여하고 활동하며 배움을 얻을 수 있는 방식에 초점을 맞추고 있으며 아래와 같은 특징들을 가지고 있다.

① 강사 중심의 교수법이 아닌 교육생 중심의 교수법이다.

② 교육생들의 주도적인 참여를 통해 학습을 촉진시키는 것이 그 목적이다.

③ 퍼실리테이션의 방법과 절차 등은 모두 강의의 목적과 부합하도록 활용되어야 한다.

④ 학습자들이 동료 상호작용을 통해 문제 해결을 하는 과정에서 학습하는 교수법이다.

⑤ 퍼실리테이터인 강사는 활동의 진행을 돕는 촉진자의 역할을 맡는다.

2) 러닝 퍼실리테이션의 필요성

강의의 목적과 방향성을 이해하고 이를 위한 해결 방법을 교육생 스스로가 알아 갈 수 있도록 하는 것이 러닝 퍼실리테이션의 주요 목적이라 할 수 있으며, 강의에서 러닝 퍼실리테이션이 활용되어야 하는 이유는 다음과 같다.

① 강사가 가르친다고 해서 학습자가 강의의 모든 내용을 학습하기 어렵다.

② 교육생의 참여 → 스스로의 성찰 → 자율적 학습의 순환을 통하여 동기를 불러일으킬 수 있다.

③ 강의 시 학습한 내용을 교육생 스스로 현업에 적용할 수 있도록 돕는다.

④ 문제 해결이 목적이므로 교육생 스스로가 직면한 문제를 파악하고 해결책을 제시하게 해야만 해당 교육 과정의 목표를 달성할 수 있다.

3) 러닝 퍼실리테이션의 구성 요소

효과적인 러닝 퍼실리테이션은 교육생, 동료 상호작용, 문제 해결이라는 세 가지 구성 요소의 기능이 제대로 작용할 때 가능하며, 각 구성 요소별 주의 사항은 아래와 같다.

요소	주의 사항
교육생	• 교육생은 강의를 듣는 교육생이 아닌, 강의에 직접적으로 참여하는 존재 • 강의의 주인공은 강사가 아닌 교육생임을 늘 염두에 두어야 함 • 교육생이 충분한 역량을 가지고 있다는 것에 대한 확고한 믿음이 있어야 함 • 목표한 만큼의 내용을 꼭 '전달하겠다'는 사명감으로만 진행하지 않도록 함
동료 간 상호작용	• 함께 참여하는 활동 및 토론·토의 등을 통하여, 상호작용 활동이 가능 • 피상적 설명식의 강의 지양하고, 교육생들의 자발적인 참여를 유도하는 기획 필요 • 활동 자체가 목적이 아니며 모든 활동은 공통의 주제 아래에서 진행되도록 설계 • 상호작용 모듈 설계 시, 만족도 평가를 목적으로 한 과도한 활동식의 강의는 지양
문제 해결	• 러닝 퍼실리테이션의 주요 목적은 내용 전달이 아닌 문제 해결이 핵심 • 교육생이 주도성을 가지고 적극적으로 문제 해결에 참여하는 것이 중요 • 좋은 강의는 정보와 내용을 통해 직면한 문제를 해결할 수 있도록 도와주는 것 • 강사는 궁극적으로 문제 해결에 직간접적인 도움이 될 수 있는 강의를 설계

4) 러닝 퍼실리테이션의 적용

모든 강의에 러닝 퍼실리테이션의 방식을 적용하기는 어려우므로, 강의의 특성과 교육생의 수준을 적절하게 파악 후 적용이 가능한 주제를 선별하여 참여학습의 기회를 제공하는 것이 바람직하다. 또한, 강사가 갖추어야 할 기본 핵심 역량과 스킬(Skill)을 습득하여 효과적인 강의진행자로서의 역할을 수행해야 한다.

① 구조화되지 않은 주제를 다룰 때 적합하다.

　예) 리더십, 성공, 비전 등

② 교육생이 해당 주제에 대해 이미 학습되어 있고 어느 정도 연륜이 있는 경우 적합한 방법이다.

③ 짧은 시간 내에 주입식의 강의를 진행해야 하는 경우에는 적합하지 않을 수 있다.

④ 신입사원 등을 대상으로 하는 강의 등 정보 전달이 주목적인 경우에는 활용이 어려울 수 있다.

5) 러닝 퍼실리테이션의 단계별 주요 활동

러닝 퍼실리테이션에서 가장 중요한 부분 중 하나는 잘 짜인 강의설계와 기획 단계라 할 수 있다. 탐색, 콘텐츠(Contents) 기획, 자료 조사, 강의에의 적용, 피드백(Feedback)의 과정을 거쳐 실행되는 각 과정을 제대로 이해하기 위해 알아야 할 단계별 특성은 아래와 같다.

① 탐색단계는 성공적인 러닝 퍼실리테이션 기획을 위해 교육생, 조직, 학습장의 분위기, 제반 환경 등을 파악하는 단계이다.

② 기획 단계는 파악된 교육 목적에 따라 어떤 러닝 퍼실리테이션 활동을 실행할지 기획한다.

③ 자료 조사 단계는 효과적인 강의 설계 및 기획을 위해 알맞은 소재를 모으는 단계이다.

예) 책, 논문, 인터넷 자료 등을 활용

④ 강의 적용 단계는 설계된 과정을 직접 강의에 적용하여 러닝 퍼실리테이션을 실행하는 단계이다.

⑤ 피드백 단계는 교육생들의 경험과 분석을 통해 선별된 핵심 노하우를 서로 공유하고 현업에 적용할 수 있도록 도와주는 단계이다.

탐색	기획	자료조사	강의적용	피드백
교육생과 조직 파악	효과적인 러닝 퍼실리테이션 컨텐츠 기획	활용 가능한 자료 조사	러닝 퍼실리테이션 실행	• 핵심 노하우 공유 • 현업에의 적용

(4) 강의 효과를 높이는 스토리텔링(Storytelling)

스토리텔링이란 '스토리(Story)'와 말한다는 뜻을 지닌 '텔링(Telling)'의 합성어로, 재미있고 생생한 이야기를 설득력 있게 전달하는 것을 의미한다. 스토리텔링은 상황 맥락적 구성을 통해 긴장과 위기, 갈등, 연민 등의 정서를 촉발함으로써 주의를 집중시키고, 다른 관점에 대한 이해와 공감대 형성을 돕는다. 교육에서 스토리텔링은 학습의 도입부에 맥락 제공을 위한 전략으로 활용되거나, 학습 콘텐츠 자체가 스토리화된 형식으로 제시되는 방식 등으로 활용되어 왔다. 더불어 맥락에 의존한 문제 해결 전략 및 학습자의 지성과 감성을 동시에 자극하고 실제적인 경험을 유도하기 위한 학습 전략으로도 활발히 활용되고 있다.

1) 강의에서 스토리텔링이 필요한 이유

강의에서 강사가 스토리텔링을 활용하는 방법은 다음과 같은 점에서 가치를 갖는다.

① 스토리를 통해 정보를 맥락적으로 전달함으로써, 학습 내용과 일상 생활 간의 연계를 보여 준다.

② 개인화, 일상화된 정보 제공으로 교육생의 경험과 전달하는 메시지 간의 연계성을 높인다.

③ 스토리는 실제 세계가 지닌 갈등, 딜레마, 곤란함, 미스터리 등을 반영하므로, 전달 내용이 가지는 추상성을 구체적으로 체험하게 하는 데 매우 효과적인 역할을 한다.

④ 교육생의 상상력을 자극하여 흥미를 가질 수 있게 하고 몰입, 집중, 참여를 촉진시킨다.

⑤ 갈등 및 이를 해결하려는 구조는 학습 내용의 기억과 회상에 도움을 준다.

⑥ 학습 내용의 이해와 회상을 쉽게 해 주는 역할을 하며, 심화 학습을 가능하게 한다.

2) 강의에 활용되는 스토리텔링의 구성 요소

스토리텔링의 다양한 요소들은 강의의 효과성을 높여 주며, 특성은 다음과 같이 요약할 수 있다.

① '개인적 인격화[8]'는 교육생이 특정 인물 관점에서 상황·사건을 구성하고 이해하도록 한다.

② '감정이입'은 정서적 유대감을 강화하여 주의 집중과 정서적 몰입을 유도한다.

---

8 교육생 개인이 스토리상의 특정한 인격이 되는 것

③ '심미적 학습경험[9]'은 학습 내용의 물리적·사회적·문화적 요소를 재가공하고, 체험하도록 한다.

④ '플롯[10]'은 학습 내용을 복잡·문제·갈등 등으로 제시하며, 이를 해결하도록 한다.

⑤ '비유'는 학습 메시지를 함의하고 있는 대상이나 아이디어가 연상될 수 있도록 시각화한다.

⑥ '시간성'은 학습 내용을 과거·현재·미래와 연결하여 맥락적으로 전달하는 것이다.

3) 실감나게 스토리텔링하는 방법

강사가 직접 경험한 이야기를 전달한 후, 경험을 통해 얻은 바를 설명하고 주장을 전달하는 방식은 보다 실감나는 스토리텔링을 돕는다. 이 때, '이야기'가 주는 '의미'를 통해 나의 '주장'을 효과적으로 전달하는 것이 중요하며, 그 이야기는 우리의 경험을 통해 나온 것이 좋다.

요소	내용	예시
Situation (상황)	경험한 이야기	미국에 가서 구글에 방문했을 때 충격을 받았다. 인터넷 검색 회사에서 훌륭한 자동차 편의 장치를 만들고 있었기 때문이다.
Task (교훈, 목표)	경험을 통해 얻은 교훈과 목표	자동차를 운송수단으로만 생각하고, 이런 편의 장치를 만들지 못한 것에 대해 반성했다.
Action (행동)	교훈을 통한 행동	차를 편의 수단이라는 가정 아래 모든 공정을 재검토하고, 논의했다.
Result (결과)	얻은 결과	부서와 회사 전체의 인식에 변화를 주는 것에 성공했다.

* 출처: 김은성. 『프렙』

---

9   어떤 대상을 감상, 지각하고 즐기는 경험.
10 이야기 속 개별적인 사건의 나열.

4) 스토리텔링 활용 시의 주의 사항

① 이야기를 하는 목적 및 교육생에게 기대되는 행동에 대한 명확한 메시지가 있어야 한다.

② 전달 메시지에 더 큰 힘을 실을 때는 긍정 사례를, 의견을 부각하려면 부정 사례를 활용한다.

③ 이야기의 흐름의 맞춰 강사의 의견을 밀접하게 연관 지어 말한다.

④ 클라이맥스 부분은 강한 어조로 전달하고, 중요 부분에서는 잠시 멈춰서 몰입도를 높인다.

⑤ 극적인 이야기를 위해 너무 많은 요소를 가미하면 진실에 대한 의구심이 생길 수 있다.

⑥ 강의 활용에 적합한 좋은 이야기를 발견했다면, 이야기에 맞는 정확한 대상자에게 전달한다.

⑦ 같은 이야기라도 대상자에 따라 조금씩 다르게 이야기한다.

⑧ 통계와 수치를 시각적으로 느낄 수 있도록 전달한다. 이때, 놀라운 통계 자료라면 목소리를 높이고, 실망스러운 수치라면 묵직한 어조로 느낌을 전달한다.

⑨ 모든 교육생이 스토리에 공감할 것이라고 전제하지 않는다.

⑩ 성, 정치, 종교와 관련된 이야기 소재는 지양한다.

⑪ 말을 반복해서 정정하면 흐름이 끊어지고 집중력이 저하되므로, 세세한 것에 연연하지 않는다.

02] 강의 단계별 주요 활동 및 효과를 높이기 위한 방법

일반적으로 강의의 핵심은 강의 내용(Contents)과 강의 교안, 강의 전달 스킬이라고 할 수 있다. 전달하고자 하는 내용을 어떻게 전달해야 효과적인지를 고민해야 하는데, 효과적이고 성공적인 강의를 위해 각 단계별 해야 할 것이 무엇인지를 정의하고 순서를 정하는 것이 매우 중요하다.

강의를 잘하기 위해서는 다양한 기법과 노하우가 필요하겠지만 각 단계별로 핵심이 되는 사항을 철저히 이해하고 이를 실행에 옮기는 것이 무엇보다 중요하다. 보통 강의는 도입(Opening)-전개(Body)-마무리(Closing) 단계로 구성되어 있는데 이러한 흐름을 이해하고 각 단계별로 필요한 지침을 명확히 이를 실행으로 옮길 수 있어야 제대로 된 강의가 이루어질 수 있다.

단계	주요 활동 내용
도입 (Opening)	• 강사 & 교육생 소개 • 강의에 도움을 주기 위한 강의의 목적, 배경, 개요 설명 • 왜 이 강의를 들어야 하는지에 대한 설명과 주로 다룰 내용 • 강의 방식이나 지침 안내 등
전개 (Body)	• 전달 순서에 입각하여 강의 진행 • 도입 단계에서 언급한 목적, 개요, 주제 등과 관련한 근거 제시 • 논리적 설명과 함께 전달하고자 하는 내용 납득 및 이해시킴 • 구체적인 사례, 예시, 객관적인 근거, 통계 자료, 전문가의 의견 등 제시

마무리 (Closing)	• 전개 단계에서 전달하고자 했던 핵심 내용을 요약 및 정리 – 지식과 정보: 요약 및 확인 – 행동 변화: 구체적인 실천지침 제시 • 질문 및 답변 • 마무리 인사 및 정리

다음은 도입–전개–마무리에 해당하는 강의 단계별 반드시 필요한 필수 강의 전달 스킬에 대한 설명이다.

(1) 도입 단계(Opening)

도입 단계는 강의를 진행하는 데 있어서 매우 중요한 단계라고 할 수 있는데 강의에 대한 방향성과 개요, 교육생과의 신뢰감 형성은 물론 동기를 부여해야 하는 등의 핵심 요소로 구성되는 단계라고 할 수 있다.

1) 도입 단계에서 이루어져야 할 전반적인 활동

핵심 요소는 반드시 필요한 사항이기는 하지만 시간 및 상황에 따라 생략이 가능한 부분도 있다. 그러나 도입 단계에서는 반드시 인사와 함께 강사소개는 물론 강의에 대한 전반적인 개요가 이루어져야 한다.

① 강의 전반에 걸친 이미지 형성은 물론 성패를 좌우하는 단계라고 할 수 있다.

② 강사와 교육생 간 신뢰 형성은 물론 강의 분위기를 조성하는 중요한 단계이다.

③ 강의 분위기는 주의 집중과 동기부여에 중요한 요소라고 할 수 있다.

④ 인사와 함께 강사 소개를 하며 강의와 관련한 계획과 지켜야 할 규칙을 공유한다.

⑤ 자기 소개는 전문 분야 및 경력 중심으로 설명하되 텍스트보다는 시각화된 자료를 활용한다.

⑥ 강사의 전문성에는 자신이 수행한 프로젝트나 학위 또는 자격증, 집필한 서적, 경험 등으로 하되 자화자찬이 되지 않도록 장황한 설명은 피한다.

⑦ 가장 많이 사용하는 강사 소개 기법에는 자신의 신상 정보를 슬라이드로 보여 주고 강사 자신의 정보와 맞지 않은 것을 골라내는 것이다.

⑧ 강의 분위기를 조성하는 데 교육생 간 팀을 정해 주거나 서로 소개를 하는 시간을 주는 것이 좋다.

⑨ 강의 주제와 관련해 교육생들의 현황이나 수준을 파악한다(포스트잇이나 질문지, 전지 활용).

⑩ 스마트폰을 이용해 설문조사나 개별적인 의견을 수렴하는 것도 바람직하다(패들렛, SLIDO 등).

⑪ 이를 팀별로 발표하고 공유함으로써 교육생 현황 및 강의를 통해 얻고자 하는 것을 파악한다.

⑫ 본격적으로 강의에 들어가기에 앞서 강의 내용과 연관 있는 영상이나 경험담, 일화 또는 유머 등을 활용해 자연스럽게 강의와 연계할 수 있도록 한다.

⑬ 강의와 관련한 개요를 설명하고자 할 때는 아래 내용을 고려하여 설명한다.
 – 강의 목표: 강의를 통해 얻고자 하는 결과, 기대 수준과 효과 또는 결과(물)
 – 강의 내용: 간단한 목차, 강의수준 정도, 강의 방향성
 – 강의 운영: 강의 시간 운영(강의, 휴식, 점심, 질문 및 답변 시간 등), 강의 방식(토론, 강의, 워크샵 등)

2) 긴장감 제거 및 흥미 유발

① 교육생이 비교적 쉽게 대답할 수 있는 질문을 활용해 부드러운 분위기와 친근감을 형성한다(이때, 질문은 강의 주제와 연결되어야 한다).

② 교육생이 흥미를 가질 수 있는 현재의 트렌드와 관련된 이슈를 활용한다.

③ 적절한 일화나 예화, 인용, 가벼운 행동 유도, 극적이고 재미있는 상황 연출, 강연자의 그림, 사진, 동영상으로 교육생의 주의를 이끈다.

④ 첫인상을 강하게 심어 줄 독특한 자기 소개를 준비한다.

⑤ 칭찬샤워 등의 간단한 활동을 통해 교육생들로부터 웃음을 끌어낸다.

3) 라포르 형성

'라포르(Rapport)'란 '다리를 놓는다'는 뜻의 프랑스어로, 상대와 자신의 마음에 마치 다리가 놓인 것처럼 서로 통하는 감정 상태를 의미한다. 교육생과 강사 간 라포르 형성은 추후 강의의 성공을 판가름 짓는 매우 중요한 요소로 작용한다. 또한, 교육생이 강사에게 긍정적인 감정을 느끼지 못한다면 강의 효과는 반감될 수밖에 없다.

① 교육생들은 강의 내용을 판단하기 전, 무의식적으로 강사에 대한 감정적인 판단을 먼저 한다.

② 교육생과 강사 간 라포르 형성은 긍정적인 감정 교류를 돕는다.

③ 교육생이 강사에 대해 긍정적인 감정을 가질 경우, 강사가 진행하는 강의 또한 긍정적으로 받아들인다.

④ 긍정적인 감정과 결합된 기억은 장기기억으로 전환될 가능성이 높으며, 이는 교육생의 변화를 이끄는 원동력이 된다.

4) 교육생 동기부여

교육생이 강의 자료를 아무리 많이 보고 강사의 말을 많이 들어도 집중하지 않는다면, 머릿속에 남는 것이 마땅히 없을 수 있다. 이에 강의 초기에 학습에 대한 호기심과 필요성을 인식시켜 학습 동기를 유발해야 한다.

① 적절한 학습 동기는 교육생의 능동적인 학습 참여를 이끈다.

② 흥미 유발을 위해 교육생의 가려운 곳(고민거리)을 언급한다.

③ 교육생이 강의를 들은 뒤 얻을 수 있는 이익에 대해 설명한다.

④ 학습을 하지 않을 경우 겪게 되는 문제(불이익)에 대해 알려 준다.

⑤ 교육생의 동기를 유발할 수 있는 방법[11]은 아래와 같다.

---

11 켈러(Keller)의 'ARCS 모델'은 교육생의 동기를 유발할 수 있는 방법을 제시한 이론으로, 학습 동기 관련 이론 중 가장 널리 활용되고 있다.

구성요소	주요 내용
주의 집중 (Attention)	• 교육생의 지적인 호기심을 유발해 학습 동안 지속적인 관심을 유지시킴(관심 유발). 　– 사진, 동영상 등 시각적 자료 및 역설, 신기한 사건 제시 • 질의응답, 문제 제시를 통한 탐구적 주의 환기(호기심 자극). • 강의 형태, 교안 디자인 변화 등의 다양성 추구를 통한 관심 유지.
관련성 (Relevance)	• 특정 내용을 학습하는 이유 제시(목표의 명확화, 실용성 중심). • 교육생의 학습 욕구와 학습 내용을 일치시킴(이익 제시). • 교육생에게 친숙한 인물, 사례, 자료 활용(친밀성 추구).
자신감 (Confidence)	• 학습 필요 조건 및 평가 기준의 명확한 제시. • 적절한 학습 속도 및 단계적 난이도 향상을 통한 성공 경험 제공. • 적절한 선택권 및 통제권 제공(개인적 조절 경험).
만족감 (Satisfaction)	• 학습 성취감 및 자기 주도성 확보를 통한 교육생의 내적 동기 부여(내재적 강화). • 외적 보상 및 긍정적 피드백을 통한 결과에 대한 보상(외재적 보상). • 일관성 있는 기준과 학습 내용 및 평가를 일치시킴으로써 공정성 추구.

(2) 전개 단계

전개 단계는 말 그대로 강의의 핵심 부분에 해당하는데, 교안과 강사의 전달 스킬을 통해 강의 내용(Contents)을 전달하는 단계라고 할 수 있다. 전개 단계에서 무엇보다 중요한 것은 교육생들이 강의에 적극적으로 참여하게 하여 지루함을 없애는 것이다. 아무리 좋은 강의라고 하더라도 학생들이 지루해하거나 열의를 갖지 않으면 성공적인 강의라고 할 수 없기 때문이다.

이외에 실제 강의를 진행하는 전개 단계에서는 논리적이고 명쾌한 전달이 중요하다. 그뿐만 아니라 교육생의 특성을 고려한 다양한 교수전략을 활용한다.

1) 전개 단계에서 이루어져야 할 전반적인 활동

전개 단계에서 반드시 유의하여야 할 사항들을 정리하면 아래와 같다.

① 강의 내용은 교육생이 잘 알아들을 수 있도록 정확한 발음을 구사하여 전달한다.

② 단순한 지식 전달보다는 다양한 활동과 소통을 통해 교육생의 강의 참여도를 높인다.

③ 강의와 관련한 다양한 시각화된 자료, 구체적인 사례 인용, 실적 또는 근거, 예시 및 각종 통계자료, 시뮬레이션을 활용하여 이해를 높인다.

　- 인용: 증거 자료로 자료의 공신력이나 권위가 중요하며 출처를 반드시 밝힐 것(해당 분야 전문가, 유명인사, 전문 조사 자료, 각종 통계자료, 데이터 등 근거 제시)

④ 강의에 대한 이해도는 물론 참여도를 높이기 위해 실습이나 결과 도출을 위한 활동을 할 때 강사는 MBWA(Monitoring By Walking Around)를 실시한다(피드백 병행).

⑤ 교육생의 이해도, 강의 난이도에 따라 교재, 강의 내용 점검 후 강의 상황에 따라 탄력적으로 대응한다.

⑥ 강의 도구나 강의 스킬의 변화를 통해 주의 집중은 물론 강의에 대한 몰입도를 높인다.

⑦ 교육생의 특성을 고려하여 다양한 강의 전달 스킬을 활용한다(교육생 태도, 성별, 학력, 연령, 직급 등을 고려).

⑧ 강의 진행은 시간 관리가 무엇보다 중요한데, 정해진 시간을 적절히 안배하여 시간이 과도하게 남거나 부족한 경우가 발생하지 않도록 한다.

⑨ 강의시연 시간을 고려하여 꼭 설명해야 할 것과 하지 않을 것을 구분하여야 하며, 시간이 부족할 경우 꼭 설명해야 할 것 위주로 강의를 진행한다.

⑩ 보통 성인의 경우 50분 수업에 10분 휴식을 주는 것이 적당하며 강의는 예정된 시간보다는 5~10분 정도 일찍 끝내는 것이 바람직하다.

⑪ 강의는 강의교재에 제시된 내용과 주제에 부합하여야 하며 교재 내용과 상관없는 내용으로 강의를 채우는 것은 지양되어야 한다.

⑫ 강의 중간에 교육생들을 대상으로 질문 또는 퀴즈를 통해서 강의에 집중할 수 있도록 한다.

⑬ 교육생 참여 활동에 대해서는 중간중간 또는 발표 후에는 적절하게 피드백을 제공한다.

⑭ 규모가 큰 강의일 경우 개별 피드백과 전체 피드백을 적절히 혼용하여 진행한다.

⑮ 시간이 부족할 경우 전체 피드백을 통해 잘한 점, 주의해야 할 점, 자주 발생하는

실수나 오류, 개선해야 할 점 등 정리해서 전체 피드백을 진행한다.

⑯ 규모가 큰 강의의 경우 모두를 대상으로 피드백을 주는 것은 한계가 있으므로 교육생끼리 상호 피드백을 주는 활동을 진행한다(이때 강사, 보조강사는 돌아다니면서 피드백 활동 병행).

2) 전개 단계의 역할

① 도입 단계에서 소개한 내용을 구체적으로 설명한다.

② 논리적인 설명을 통해 교육생에게 말하는 내용을 납득시킨다.

③ 객관적인 자료를 활용해 전달하는 내용에 타당성을 더한다.

④ 교육생이 교육 내용을 기억해 변화할 수 있도록 돕는다.

강의 내용에 타당성을 더해 주는 사이트 모음

- 국가 통계 포털 : kosis.kr
  – 국내외의 주요 통계를 한곳에 모아 놓아 이용자가 원하는 통계를 한 번에 찾을 수 있도록 함
- 한국갤럽조사연구소 : www. Gallup.co.kr
  – 다양한 정치, 사회, 마케팅, 소비자 자료 제공
- 포레스터: www.forrester.com
  – 세계적인 시장조사기관으로 마케팅 및 전략, 기술 산업, 비즈니스 데이터, 기획연구자료 제공
- 학술연구정보서비스(RISS) : www.riss.kr
  – 학위 논문 및 학술지 등의 자료 제공
- 닐슨코리아: www.nielsen.com
  – 국내외 소비자의 소비 형태와 미디어 이용 형태, 시장 동향과 트렌드에 대한 인사이트 제공

---

3) 전개 단계 내용

① 순서에 따라 전하고 싶은 내용을 논리적으로 설명한다.

② 의견, 아이디어 및 문제의 해결법을 제시한다.

③ 제시한 문제와 해결 방안에 대한 구체적인 사례 및 근거를 제시한다.

④ 교육 내용을 되새길 수 있는 내용을 반복하거나 질문한다.

4) 전개 단계에서 강의 효과를 높이는 팁

① 교육생이 직접 읽거나 경험할 수 있는 기회를 제공한다.

② 교육생의 참여가 필요한 경우, 강사와 강의 내용에 호감을 표시하는 사람을 지목한다.

③ 읽어야 하는 구간이 긴 경우 분할하여 구간별로 참여할 교육생을 지목하며, 교육생 전체의 참여가 필요한 경우 낭송을 시작하는 시점에 구령을 붙인다.

④ 교육생의 낭송 이후에는 해당 부분에 대해 구체적인 설명이 뒤따라야 한다.

⑤ 새로운 정보를 전달할 때는 교육생이 알고 있는 내용과 연결 짓는다.

⑥ 교육생이 이해하기 어려운 전문적인 내용을 전달할 때는 '비유'를 활용한다.

⑦ 교육생이 강의 내용을 기억할 수 있도록 반복해서 질문하거나, 내용을 되새길 수 있는 질문을 한다.

(3) 마무리 단계

마무리 단계는 강의를 진행한 후에 전개 단계에서 전달하고자 했던 핵심 내용을 요약하고 정리하는 단계로 강의가 잘 이루어졌는지를 점검하기도 한다. 보통 강의에 대한 평가도 마무리 단계에 해당한다. 마무리 단계는 크게 보면 요약, 질문과 답변, 강의 평가 등으로 구성된다.

1) 마무리 단계에서 이루어져야 할 전반적인 활동

① 전개 부분에서 다루었던 내용을 요약한다(배웠던 내용 정리 및 중요 포인트 재확인).

 - 지식 전달 → 요약 및 확인

 - 행동 변화 촉구 → 구체적인 실천 지침 제시

② 마무리 단계에서 중요한 것은 새로운 강의 내용을 제시하지 않도록 주의한다.

③ 강의 내용과 관련하여 질문 및 답변 시간을 갖는다.

④ 질문하지 않을 경우를 대비해 가상 질문을 준비하고 역질문을 통해 추가 설명한다.

⑤ 결론을 명확하게 전달하되 짧고 굵게 마무리한다(돌발적인 생각이나 애드리브(Ad Lib 금지).

⑥ 교육생들을 대상으로 강의에 대한 평가를 진행한다(반응 관찰 및 설문 조사 외).

⑦ 향후 강의 관련 또는 소통을 위한 채널을 안내한다(메일 또는 연락처, SNS채널 등).

⑧ 마무리 인사는 딱딱하고 평이한 멘트보다는 교육생의 감성을 자극하는 내용 위주의 동영상이나 격언을 사용하여 마무리한다.

2) 마무리 단계의 역할

① 강의의 전반적인 내용을 요약한다.

② 명확한 결론을 제시하여 교육생의 행동을 촉구한다.

③ 질의응답을 통해 교육생의 궁금증을 해소한다.

④ 교육생의 실행을 지지한다.

3) 마무리 단계 내용

① 중요 포인트를 반복해서 확인하고, 보완 설명한다.

② 강의 이후 교육생의 구체적 행동을 제시한다.

③ 질문에 대한 답변을 한다.

④ 격언, 감동적인 사례를 제시하며 강의를 마무리한다.

(4) 강의 순서 및 전개 방법

강의 진행 시 즉흥적으로 강의를 구성하는 것은 바람직하지 않다. 강의도 나름대로 순서를 정하고 정한 순서에 입각해서 진행해야 실수를 최소화하고 전달하고자 하는 메시지나 정보 또는 지식을 온전하게 전달할 수 있기 때문이다. 따라서 강의를 제대로 하려면 강의 순서를 정하는 것이 선행되어야 한다.

강의계획서에 따라 강의를 진행하면 보통 도입 단계(Opening)-전개 단계(Body)-마무리 단계(Closing)로 구분한다. 이를 세분화하면 9가지 활동으로 구분할 수 있는데 이를 '9가지 교수사태[12](9 Events of Instruction)'라고 한다. 강의를 통해 교육생이 흥미, 참여, 학습을 제대로 경험하기 위해서는 교육생 내부에서 발생하는 내적 과정을 이해하고 이를 향상시키기 위한 바람직한 활동이 병행이 되어야 한다. 강의를 진행하기 전 강의계획서를 작성한다면 9가지 교수사태를 활용하는 것이 바람직하며, 이를 정리하자면 아래와 같다.

구분	주요 교수 이벤트	교육생 반응
강의 도입 단계 (Opening)	주의 집중시키기	주의 집중
	강의 목표를 제시하기	강의에 대한 기대
	사전학습 수준 확인하기	기억 재생 또는 회상
	흥미를 유발하는 자료 제시하기	선택적 지각(핵심 내용과 비핵심 내용 구분)
강의 전개 단계 (Body)	강의 내용 설명하기	의미 있는 내용을 저장(기억)
	강의와 관련한 활동 참여 유도하기	이해한 내용 재생 및 반응
	피드백 제공하기	피드백에 따른 강화
강의 마무리 단계 (Closing)	수행 결과 평가하기	인출(기억에서 정보 빼내기) 및 강화
	파지와 전이 증진시키기	다양한 상황에 적용 및 지식의 일반화

1) 주의 집중시키기

① 강의를 할 때 제일 먼저 시행해야 하는 활동이다.

② 주의를 집중시키기 위해서는 시청각적인 자극은 물론 교육생의 흥미를 유발할 수 있어야 한다.

③ 보통 언어적인 질문을 통해 호기심을 이끌어내기도 한다.

④ 실제 강의 현장에서는 강사 소개나 강의 주제와 관련된 최근 사회적 이슈를 소개하기도 한다.

---

12 '학습의 조건'을 연구한 미국의 교육심리학자인 로버트 가네가 제시한 교수 절차로, 효율적 수업을 위해 학습의 외적 조건을 제공하는 9가지 단계들이다. 9가지 수업절차, 수업사태, 교수사태라고도 한다. 다만 본서에서는 강의라는 말을 교수라는 말로 대체해 사용하였음을 밝힌다.

– 예: 강사 소개 시 강사와 관련된 4가지 예시 내용 중 아닌 것 찾기

'강사에 따라 강의비 천차만별', '강사도 빈익빈, 부익부'와 같은 기사를 보여 주고 실제 시간당 강의비를 공유하고 실제 교육생들이 생각하는 희망 강의비는 얼마인지 물어본다.

2) 강의 목표 제시하기

① 진행하게 될 강의를 통해서 얻게 될 것이 무엇인지 제시하고 설명한다.

② 강의할 내용에 대한 기대감을 갖게 하는 것이 중요하다.

③ 강의 목표를 사전에 설명함으로써 강의에 참여하고자 열의가 높아지는 경향이 있다.

④ 최종적인 행동이 무엇인지를 알려 주어 동기화하는 단계이다(최종적인 목표 → 강의 목표).

⑤ 진행되는 강의가 향후 강의 목표와 관련성이 있는지 설명한다.

– "여러분들은 이번 강의를 통해서 경쟁력 있는 강사가 되기 위한 필요한 구체적인 방법 및 노하우를 배우게 될 것입니다."

3) 사전학습 수준 확인하기

① 새로운 지식이나 정보를 습득하는 데 필요한 기능을 숙달하는 단계이다.

② 교육생이 해당 강의를 위해 사전에 숙달해야 하는 지식 또는 기능, 경험을 점검한다.

③ 사전학습이 필요한 강의가 아니라면 생략해도 무방하다.

④ 강의와 관련된 사전학습이 무엇인지 미리 결정해 교육생에게 알려 준다.

⑤ 미리 알려 준 내용을 토대로 지적을 해 주거나 회상시키는 노력이 필요하다.

⑥ 보통 질문이나 퀴즈로 사전학습 수준을 확인한다.

– "여러분들은 경쟁력 있는 강사 하면 어떤 이미지가 연상되시나요?"

– "여러분들 스스로 자신이 경쟁력 있다고 생각되는 역량이나 자신만의 장점은 무엇인가요?"

– 사전에 설문을 통해 교육생들의 수준 파악

4) 흥미를 유발하는 자료 제시하기

① 강의에서 다룰 내용의 범위라고 할 수 있는데 간단히 강의 내용을 제시하는 것이다.

② 새로운 정보를 제시할 때 그와 관련된 자극자료들의 특징이 무엇인지 설명한다.

③ 교육생들이 강의 내용을 쉽게 이해하고 기억할 수 있도록 도와준다.

④ 어떤 형태로든 강의 내용과 관련하여 독특한 특징을 제시한다(정의, 개념, 규칙 등).

- "실제로 경쟁력 있는 강사들의 경우 어떤 역량이나 특징을 갖추고 있는지를 알아보도록 하겠습니다."

- "기존 유명강사가 아닌 전혀 모르는 강사나 사람의 사진과 함께 정보를 포함한 슬라이드로 보고 경쟁력 있는 강사의 조건은 무엇인지 알아보겠습니다"

5) 강의 내용 설명하기

① 강의할 내용들을 설명하는 단계이다(이전 정보와 새로운 정보를 통합).

② 강의 도중 수행해야 할 활동이나 과제와 관련하여 어떤 기법을 사용할 것인가를 제시한다.

③ 활동 및 과제를 적절히 수행할 수 있도록 관련 정보를 제공한다(과제 수행에 대한 규칙).

④ 관련된 강의 내용(지식, 정보)이 유의미하게 기억될 수 있도록 하는 데 초점을 맞추어야 한다.

⑤ 강의 내용을 설명할 때는 보통 직접 시범을 보이거나 사례, 도표 등을 활용한다.

- 예: 교육생들에게 해당 강사의 사진과 제한된 정보를 통해서 어떤 사람들인지를 판단한 뒤 자신이 생각을 적도록 한다. 경쟁력 있는 강사의 이미지나 경력 등의 정보만을 통해 어떤 강사가 경쟁력이 있다고 생각하는지를 판단하게 한다. 이러한 사례를 통해 경쟁력 있는 강사가 갖추어야 할 조건이나 역량 등을 학습하고 기존의 생각과 새롭게 알게 된 생각이나 정보를 통합한다.

6) 강의와 관련한 활동 참여 유도하기

① 강의를 통해 얻은 학습 내용들을 가지고 실제 교육생들이 실행하는 단계이다.

② 교육생들이 실제로 새로운 학습을 했는지 증명하는 기회를 제공한다.

③ 배운 내용을 시연하거나 퀴즈나 문제풀기 등의 기회를 제공함으로써 참여 유도가 가능하다.

 – 예: "여러분들이 생각하시기에 경쟁력 있는 강사가 되기 위해서는 어떤 조건이나 역량을 갖추어야 할까요?"라는 질문을 통해서 반응을 이끌어 낸다. 또는 경쟁력 있는 강사가 갖추어야 할 조건을 5~7가지 정도 정하고 이를 순위별로 답을 가리고 알아맞혀 보는 식으로 참여를 유도하면서 새로운 학습을 했는지 증명하는 기회를 제공한다.

7) 피드백 제공하기

① 수행 이후에는 반드시 피드백이 제공되어야 하는데, 결과에 따라 관련 정보를 제공한다.

② 활동 수행이 얼마나 성공적이었는지 그리고 정확했는지를 알려 준다.

③ 피드백을 통해서 교육생은 자신들의 강의 목표를 달성했는지 여부를 알 수 있다.

④ 피드백 제공을 통해서 수행 개선을 위해 필요한 노력이나 연습의 정도를 알게 한다.

⑤ 성공적인 수행에 대해서 긍정적인 피드백이 제공되며 이는 향후에도 동일한 수행 활동을 지속하게 한다(강화하기).

 – 예: 교육생들이 판단한 "경쟁력 있는 강사가 갖추어야 할 조건"에 대해서 의견이나 생각을 이야기하면 강사는 적절하게 피드백해 준다. 잘한 점과 미흡한 점 또는 다르게 생각해 봐야 할 것은 무엇인지를 피드백해 주는 것이다. "맞습니다! OOO 교육생 말대로 자신만의 고유한 콘텐츠를 가지고 있는 강사가 경쟁력 있는 강사라는 점에 대해서는 100% 공감합니다. 혹시 추가적으로 갖추어야 할 것들은 어떤 것이 있을까요?" 만약 틀렸을 경우에는 틀린 이유에 대한 설명을 자료와 함께 구체적으로 제시할 수 있어야 한다. 또는 교육생들이 수행 활동을 하면서 느낀 소감이나 생각을 이야기하는 것을 경청한다.

8) 수행 결과 평가하기

① 다음 단계로의 학습 가능 여부를 결정하기 위해 평가를 실시한다.

② 교육생을 대상으로 강의 목표에 도달했는지 여부나 성취도를 측정한다.

③ 교육생이 제대로 이해했는지 여부가 중요하며 배운 내용을 시연 또는 시범을 요구한다.

④ 단순한 암기가 아니고 정확히 이해하고 있는지 여부를 점검한다.

⑤ 수행 결과 평가는 이전과 유사한 상황을 주고 유사한 문제를 제공해야 한다.

   - 예: 강사는 지금까지 학습한 내용을 가지고 교육생들이 경쟁력 있는 강사가 되기 위해서 갖추어야 할 조건이나 역량은 무엇인지를 구체화할 것을 요구한다. 교육생들은 구체화한 내용을 적어 보고 이를 발표하도록 한다.

9) 파지와 전이 증진시키기

① **파지(把持)**란 경험에서 얻은 정보를 유지하는 활동이라고 할 수 있으며 기억하고 있는 것 중에서 재생되는 것을 의미한다.

② **전이(轉移)**란 학습한 내용을 다양한 상황에 적용하여 사용하는 것을 의미하며 다른 말로 '적용' 또는 '활용'이라는 말로 대체할 수 있다.

③ 마지막 단계인 파지와 전이 증진시키기의 핵심은 반복과 적용이라고 할 수 있다.

④ 배운 내용이 잘 기억될 수 있도록 반복하고 다른 상황에서도 잘 활용할 수 있도록 도와준다.

⑤ 배운 내용을 언제, 어떠한 방법으로 적용해서 활용해야 하는지에 대한 노하우를 제공한다.

⑥ 반복 또는 적용 그리고 자료를 다시 점검하는 활동은 기억을 강화하는 데 도움을 준다.

⑦ 다양한 상황에 적용하고 일반화할 수 있는 경험을 제공한다.

   - 예: 강사는 학습한 내용과 학습한 내용을 토대로 교육생들이 생각하는 경쟁력 있는 강사의 조건이 무엇인지를 모두 취합하여 정리하고 요약함으로써 배운 내용을

잘 기억할 수 있도록 해 주어야 하며 실제로 경쟁력 있는 강사로 활동하고 있는 사람들의 구체적인 사례를 소개한다. 그뿐만 아니라 경쟁력 있는 강사의 조건을 구체화하기 위해 어떤 노력과 활동이 필요한지를 알려 준다.

(5) 강사들이 강의 시 자주 저지르는 오류들

강사들이 현장에서 강의를 진행하면서 자주 저지르는 실수에는 여러 가지가 있다. 그러한 실수 중에서 가장 일반적으로 나타나는 유형의 것들을 정리하면 아래와 같다. 강사는 지식이나 정보를 전달하고 행동의 변화를 이끄는 사람이므로 아래와 같은 착각이나 오류가 발생하지 않도록 유의하여야 한다.

1) 성격에 대한 고정관념으로부터 오는 오류[내현 성격 이론(Implicit Personality Theory)]
① 단편적인 정보로 교육생의 성격에 대한 고정관념을 형성하는 것이다(장님 코끼리 만지는 식)
② 교육생에 대한 자신의 생각이나 실제 교육생의 행동 및 언행의 차이로 인한 오해가 발생한다.
③ 교육생의 성격이나 단편적인 행동을 놓고 확대 해석할 경우 예상치 못한 오해가 발생한다.
④ 따라서 단편적인 정보를 통한 고정관념으로 인해 오해가 발생하지 않도록 주의한다.

2) 설명 안 해도 알고 있을 것이라고 생각하는 오류[지식의 저주(Curse of Knowledge)]
① 강사 자신도 모르게 추측하여 발생하는 인식적 편견이다(전문가가 가지게 되는 인지 편향).
② 전문적인 정보를 많이 가진 강사일수록 교육생들이 기본적으로 알고 있을 것이라고 생각하는 오류이다.
③ 해당 수준 정도의 지식은 갖추고 있을 것이라고 착각이나 오해를 하는 경우 발생한다.

④ '지식의 저주'는 교육생들의 강의에 대한 흥미를 저하시키는 데 직접적인 원인으로 작용한다

⑤ 교육생의 수준을 파악하지 못하고 강의를 진행할 때 자주 발생한다.

3) 자신만 객관적이고 보편적이라고 단정짓는 착각과 오류[소박한 현실론(Naïve Realism)]

① 강사 자신만 올바른 판단기준이고 객관적이며 상대방은 그렇지 않다고 생각하는 것에서 발생하는 오류이다

② 자신의 행동이나 의견이 가장 보편·타당하게 받아들여지는 '상식'이라고 생각한다.

③ 강의를 듣는 교육생들의 의견이나 생각은 상식에 어긋나거나 보편 타당하지 않다고 여길 때 이와 같은 오류가 발생한다.

④ 이러한 오류가 발생하는 원인에는 강사 자신과는 다른 의견을 부정하고 배척해서 자신이 쌓아 온 틀을 바꾸게 되는 노력을 회피하려는 의도가 숨어 있을 가능성이 크다.

⑤ 강사의 이러한 착각이나 오류는 교육생들의 의견을 무시하거나 폄하해 침묵 또는 강의에 대한 흥미를 저하시킨다.

4) 표현 또는 설명하지 않아도 분명 의도를 알고 있을 것이라고 생각하는 오류[투명성 과장 오류(Illusion of Transparency)]

① 사전에 설명이나 표현을 하지 않아도 자신의 의도나 생각을 교육생이 알 것이라고 착각할 경우 발생하는 오류이다.

② 강사와 교육생 간 가진 정보의 차이로 인해 오해가 발생한다.

③ 강사가 이러한 착각을 하고 있으면 교육생들과의 긍정적인 관계 형성을 방해하는 요소로 작용한다.

④ 단체로 강의를 듣는 교육생 입장에서는 분위기상 잘 알아듣지 못했는데도 알아들은 척하면서, 무엇을 해야 하는지 모호한 상황에서 강의에 참여하는 일이 발생한다.

⑤ 강사 본인은 자신의 생각, 의도, 맥락을 모두 이해하고 있으니 문제가 없으나 이러

서비스 전문강사 자격증 CPSI 필기

한 의도나 생각을 교육생이 모두 알고 있을 것이라고 생각하는 것 자체가 갈등이나 오해를 발생시킨다.

⑥ 실습 및 활동 규칙을 잘 알고 있는 강사가 교육생들에게 자세히 설명하지 않거나 모호하게 설명한 후 "다들 어떻게 해야 하는지 이해하셨죠?"라고 묻는 경우도 이에 해당한다.

⑦ 강의를 진행할 때 실수를 저질러 놓고 교육생들이 충분히 이해할 것이라고 생각해 아무런 사과 없이 웃어넘기는 것 또한 투명성 과장 오류라고 할 수 있다.

⑹ 강의 효과를 높이기 위한 실전 방법

강의를 효과를 높이기 위한 방법을 찾아서 이를 강의에 활용하는 것은 모든 강사가 바라는 것이다. 강의를 할 때 어떻게 하면 효과를 높일 수 있을까? 강의의 효과는 결국 교육생의 강의에 대한 몰입도와 참여도를 높이는 것이라고 할 수 있다. 강사를 자신의 메시지를 효과적으로 전달하는 사람이라고 정의한다면 강의의 효과를 제대로 높이기 위해서 노력해야 한다. 강의의 효과라는 것을 오래 기억에 남아서 교육생의 행동에 영향을 미치는 것으로 정의한다면 아래와 같은 방법을 통해서 강의 효과를 높일 수 있다.

① 자신이 전달하고 싶은 메시지를 지속적으로 반복하여 설명하는 강조화법을 활용한다.

② 핵심적인 내용을 지루하지 않게끔 반복하여 해당 내용을 각인시킨다.

③ 2~3회 반복해서 말하되 어미 또는 조사의 변화를 통해 단조로움을 극복한다.

④ 해당 내용을 단순히 텍스트만이 아닌 시각화된 자료, 영상을 통해 반복적으로 인지시킨다.

⑤ 교육생이 직접 기억할 수 있도록 강의 내용을 요약·설명하게 하거나 퀴즈를 내는 것도 좋다.

⑥ 전달하고자 하는 정보가 많으면 기억해야 할 내용의 개수를 줄인다(기억할 정보의 양 줄이기).

⑦ 강의 전 교육생의 뇌를 활성화시키기 위한 활동을 시행한다.

- 라포르 형성, 사전 퀴즈 및 질문 등
- 교육생의 동기 파악 후 강의 진행과 함께 점차 목적하는 지점까지 조정 및 확장시켜 나감
- 강의에 대한 기대감 형성, 주의집중을 유도
- 교육생들과의 접촉이 어려우면 강사 스스로 교육생의 입장이 되어 강의 목적, 필요로 하는 것, 기대수준 등을 생각해 봄 → 교육생 대상 질문을 통해 확인

⑧ 텍스트나 슬라이드 중심의 강의와 함께 다양한 활동(Activity)을 병행한다.

목적	관련 도구 및 활동
지식과 정보 전달	텍스트나 슬라이드(프레젠테이션), 시각화된 자료 활용, 게임 및 퀴즈
문제 해결 및 행동 변화	실습, 워크샵, 게임 및 퀴즈, 문제 중심 수업(Problem Based Learning), 역할연기, 시뮬레이션, 게이미피케이션 등

⑨ 교육생의 특성과 성향을 반영하여 강의를 설계한다(사전에 니즈 파악 및 커리큘럼 구성).

⑩ 참여 교육생의 특성을 고려한 강의 커리큘럼에 맞는 적절한 도전 과제 및 목표를 제시하여 프로그램을 운영한다.

⑪ 커리큘럼에 참여한 교육생의 업무 연관성과 높으면 높을수록 강의 효과(참여도, 몰입도 등)가 높아지므로 프로그램 설계 시 이러한 특성을 반영한다.

(7) 효과적인 지식 및 정보 전달 방법

강의를 진행하는 데 해당 교육생이 필요로 하는 지식과 정보를 제대로 전달하는 것은 강사의 중요한 역할 중에 하나라고 할 수 있다. 실제 강사가 가진 지식이나 정보를 전달하는 활동은 가장 일반적이기도 하지만 완성도 높은 정보 전달을 위해서는 몇 가지 주의하여야 할 사항들이 있다.

① 단순한 지식이나 정보 전달이 아닌 강사의 관점을 반영하여 목적이 확연히 두드러

지게 한다.

② 지식 및 정보 전달형 강의는 친숙하고 쉬운 용어를 사용한다(전문용어 및 난해한 개념 금지).

③ 전문용어를 사용할 때는 '정의→비유→구체적인 사례' 순서로 설명한다.

④ 사전에 해당 지식이나 정보 습득 시 얻을 수 있는 효과를 인지시키거나 필요성을 설명한다.

⑤ 교육생의 지식이나 정보에 대한 알고 있는 정도를 파악한다.

⑥ 지식이나 정보를 전달할 때는 적극적으로 슬라이드를 활용한다.

⑦ 지식이나 정보가 중심이 되게 하려면 잦은 움직임은 자제하고 정보를 전달하는 데 집중한다.

⑧ 지식이나 정보 전달 과정에서 지루함을 해소시킬 수 있는 방법을 주기적으로 활용한다.

⑨ 이해 정도를 확인해 가면서 설명하되 전체를 설명하고 세부 사항을 설명한다.

⑩ 이해하기 쉽게 설명하고 주의할 점이나 기타 명확하지 않은 부분에 대해서는 질문하게 한다.

(8) 강의할 때 질문 주고받기

우리의 뇌는 질문이 들어오면 자연스럽게 공간이 생겨나고, 그 공간을 메우려고 하는 와중에 호기심이 발생한다. 이러한 호기심은 학습 동기를 결정하는 중요한 원인이 되며, 학습 동기를 불러일으키고 싶다면 질문을 통해 교육생에게 호기심을 유발해야 한다. 또한 질문은 교육생의 이해도를 점검하고, 사전 지식을 파악하는 데 도움을 준다. 이에, 강사는 강의 중 적극적인 질문 활용으로 교육생과 소통함으로써 강의에 활력을 더하고, 학습 동기를 부여할 수 있다.

1) 질문이 중요한 이유

① 교육생의 이해도를 파악하는 척도가 된다.

② 교육생이 질문에 대한 답을 생각하는 동안 호기심을 유발하는 효과가 있다.

③ 교육생의 사전지식 수준을 파악할 수 있다.

④ 교육생과 쌍방향으로 소통하며 강의를 진행할 수 있다.

⑤ 질문을 통해 교육생의 의도나 생각을 파악할 수 있다.

2) 강의 시 질문 활용법

① 교육생에게 직접 질문을 한 뒤, 질문에 대한 답변으로 수준을 파악한다.

② 교육생이 직접 손을 들어 반응할 수 있도록 "~하시면 손 들어 보세요."라는 질문을 활용한다.

③ 손을 드는 동작을 유도할 때는 강사도 함께 손을 든다.

④ 교육생이 "네", "아니오"로 답할 수 있는 쉬운 질문을 활용한다.

⑤ 모두에게 질문한 뒤 개인에게 질문하는 방식을 택한다.

⑥ 연달아서 질문하지 않도록 주의한다.

⑦ 강사와 교육생 간 라포르(Rapport)가 형성되지 않은 상태에서 질문을 활용할 경우, 분위기를 어색하게 만들 수 있음을 인지한다.

⑧ 부정적인 태도를 보이거나 눈에 띄는 용모 복장을 하고 있는 교육생에게는 질문하지 않는다.

⑨ 질문 내용에 대해서는 최대한 경청하며 필요할 경우 질문 내용을 메모한다.

3) 질문에 제대로 답변하는 법

① 강의를 준비할 때 미리 질문할 수 있는 내용과 답변을 준비한다(예상 질의 및 답변 준비).

② 강의 내용과 관련 없는 질문을 받거나 무례한 질문을 받아도 최대한 예의 바른 태도로 침착하게 답변한다.

③ 질문을 하는 교육생의 말을 경청한 뒤, 칭찬을 건넨 이후 받은 질문 내용을 반복한다.

④ 시간이 촉박하거나 질문이 많으면 한꺼번에 받아 중복된 질문이나 유사한 것들은 한 번에 묶어 답변한다.

⑤ 질문에 답변하는 과정에서 절대 논쟁하지 않는다(학습 분위기 저하나 강의 의욕 상실 등이 발생).

⑥ 부적절하거나 어려운 질문을 할 경우 교육생에게 다시 한 번 정리해서 질문하도록 요청한다.

⑦ 질문에 대한 답변을 하지 못할 경우 혹시 교육생들 중 해당 내용에 대해 알고 있는 사람이 있는지 물어보거나, 향후 메일이나 전화로 알려 주겠다고 솔직하게 대처한다.

⑧ 질문에 답할 때는 모든 사람이 답변을 공유할 수 있도록 하며, 간단명료하게 답변한다.

⑨ 과시 또는 현학적인 내용의 질문은 간결하게 답변하고 다음 질문자 지정 또는 주제를 전환한다.

⑩ 의도가 담긴 질문의 경우, 당황하지 말고 역으로 질문을 통해서 숨은 의도를 말하도록 유도한다.

⑪ 부정적인 질문에는 'Yes, But' 화법을 사용해 답한다.

4) 질문에 대한 대응 프로세스

강의 중간이나 끝난 후 교육생에 의해서 이루어지는 질문에 대한 대응 프로세스를 정리하자면 아래와 같다.

순서	주요 내용
경청	• 질문의 의도가 무엇인지를 파악 • 질문하는 교육생과의 눈맞춤이 중요 • 필요에 따라 질문 내용 메모 병행 • 눈맞춤이나 기타 추임새, 호응을 통해 경청하고 있음을 보여 줌

칭찬	• 질문에 대한 구체적인 칭찬 예] "OOO씨 좋은 질문을 해 주셔서 정말 감사합니다." "강의할 때 간과하고 지나갔을 내용인데 질문해 주셔서 감사합니다."
질문 확인	• 질문에 대한 정확한 이해 • 질문을 확인하는 과정에서 답변을 준비할 수 있는 시간 확보 • 질문 확인을 통해 타 교육생의 주의환기 및 질문 요지 확인과 공유 예] "질문 내용이 ~인 것 같은데 제가 제대로 이해했나요?" • 교육생 질문에 동문서답할 가능성을 낮추고 질문에 대한 존중 확인 차원
답변	• 질문과 관련된 내용은 짧고 간단명료하게 답변 • 답변은 최대한 성실한 태도 유지 • 답변은 질문한 교육생뿐만이 아니라 전체 교육생을 대상으로 설명 • 질문에 대한 답변이 정보 전달이라면 연역적으로 설명 • 질문이 문제 해결에 대한 것이라면 귀납적으로 설명 • 모를 경우 인정 후 휴식 시간이나 강의 종료 후 메일이나 전화로 해결
마무리	• 답변이 충분했는지 여부 확인 • 추가 궁금한 사항은 없는지 확인

03 | 강의 커뮤니케이션 스킬

교육생이 강의 중 강사와 함께 호흡하며 교감하는 것은 지식을 습득하는 태도 혹은 변화에 대한 강력한 동기를 제공한다. 이에 강사와 교육생 간의 커뮤니케이션이 필수적이며, 커뮤니케이션을 통해 교육이 양방향으로 진행될 때 보다 성공적인 강의라 할 수 있다.

일반적으로 강사가 교육생과 상호 교류하지 못하는 경우 학습 내용을 효과적으로 전달할 수 없다. 이는 교육생들의 집중력을 떨어뜨리고, 학습 효과를 저하시킬 수 있다. 이에 강의 내용에 대한 전달력을 높이기 위한 다양한 기법과 전략을 활용해야 한다.

(1) 스피치에 대한 이해

1) 스피치의 정의와 특성

① 영어 사전에 의하면 스피치(Speech)는 '말, 언어' 라는 뜻과 '청중을 상대로 하는 이야기, 연설' 내지 '말하는 능력'이라고 풀이하고 있다.

② 스피치는 일방적인 의사표시가 아닌 상대를 설득하는 의사소통으로서 기분을 살리고 기운을 북돋우는 에너지이다.

③ 일대일 대화와 다르게 많은 대중을 상대로 하는 스피치의 경우 설득을 이끌어 낼 수 있는 특별한 법칙과 기술을 요구한다.

④ 스피치는 그 형식에 따라 짧은 시간 내에 진행하는 즉흥 스피치, 원고를 그대로 읽는 낭독 스피치, 내용을 외워서 암송하는 암송 스피치, 키워드(Keyword)를 메모하여 앞뒤로 말을 붙여 이야기 하는 메모 스피치 등으로 나뉜다.

2) 스피치의 기본 원칙

강사가 스피치를 하는 데 있어 중요한 것은 남들과의 차별화라고 할 수 있다. 강의에 대한 공포를 가지고 강의를 진행하면 제대로 된 강의가 이루어질 수 없듯이 적어도 강사라면 전문가적인 입장에서 몇 가지 원칙을 지키면서 강의를 해야 한다.

① 교육생의 규모에 따라 목소리 크기를 조절한다(뒷좌석에 위치한 교육생이 들릴 정도).
② 강의 시작 처음은 저음으로 시작해서 시간이 흐를수록 커지는 것은 삼가야 한다.
③ 평소 대화할 때 목소리를 가다듬어서 발성하는 느낌으로 이야기하는 것이 좋다.
④ 말의 속도, 강약, 고저를 고려하여 강의를 진행한다.
⑤ 말이 너무 빠르면 제대로 알아듣기 어려우므로 의미가 잘 전달되는 속도로 말하는 것이 좋다.
⑥ 자연스러운 태도와 음성 표현은 청중에게 친근감을 주며 말하는 이의 진실성이 드러나게 한다.
⑦ 자신감 있는 어조와 겸손한 태도가 강사에 대한 신뢰감을 준다.
⑧ 교육생 수준에 맞는 적절한 전문 용어를 선택해서 사용한다(과도한 전문용어 사용 금지).
⑨ 단어나 문장, 조사 등을 잘 살펴 이어서 말할 곳과 쉬었다 말할 곳을 구분하여 말해야 한다.
⑩ 쉬운 설명과 함께 적절한 예시를 들어 가면서 진행한다.

3) 일반 스피치와 다른 강의 스피치의 특성

① 강사의 스피치는 일방이 아닌 쌍방향의 커뮤니케이션이 필요하며, 청중의 반응을 수시로 살펴 남은 강의 시간에 반영하는 노력이 이루어져야 한다.

② 짧은 시간 내에 끝나는 기본적인 스피치와 다르게, 하나의 콘텐츠(Contents)로 길게는 하루 이상이 소요되는 등 비교적 긴 시간 동안 진행된다.

③ 기본적으로 청중이 강사에게 무엇을 얻어 가고 배워 갈 수 있을까에 대한 기대를 가지고 시작하기 때문에, 강사 스스로의 철저한 준비가 필요하다.

④ 연속해서 이어 말하는 스피치가 아니기 때문에, 교육생들과의 의사소통과 다양한 참여 활동 등을 적절히 섞어서 운영이 가능하다.

4) 강사 스피치 준비 사항

① 강사는 언어로만 내용 전달과 설득을 진행하기 어려우므로 시각적인 몰입과 이해도 향상에 효과적인 적절한 강의 교안을 필수로 준비해야 한다.

② 철저한 강의 준비와 계획안 작성 및 리허설을 바탕으로 시간 안배를 기획해야 하며, 다양한 변수를 고려하여 실제 강의 시간보다 5~10% 정도 적은 분량의 내용을 준비하는 것이 좋다.

③ 강의교안을 저장한 USB, 노트북, 핀포인터 등의 도구들을 빠짐없이 지참하고, 강의 당일 재차 확인하여 혹시 일어날 수 있는 실수에 대비한다.

④ 강의 전 과식으로 인한 트림 등 실제 일어날 수 있는 좋지 않은 몸 상태를 미연에 방지할 수 있도록 한다.

⑤ 교육생의 성별, 연령, 학업 수준, 관심사 등에 대해 사전 파악 후 수준에 맞는 강의를 진행한다.

5) 스피치 내용의 구성

① 서론-본론-결론의 순서에 따라 내용을 기획하고 각 단계별 비중을 적절히 나누어 안배한다.

② 일반적으로 서론은 10%, 본론은 50~60% 정도로 시간을 안배하며, 질의응답 등을 고려해 약 30% 정도를 클로징과 결론으로 설계하고 진행한다.

③ 서론에서 너무 장황하게 말을 하여 본 강의로의 도입 시점이 늦어지는 일이 없도록

주의한다.

④ 단계별 각 파트를 명확하게 구분 지어 주는 멘트를 활용하는 것이 좋다.

- 서론: "자, 지금부터 오늘의 강의를 시작하겠습니다."
- 본론: "본격적으로 강의를 시작해 보겠습니다."
- 결론: "지금까지 힘차게 달려오셨는데요, 이제 클로징(Closing)을 해 보겠습니다."

⑤ 각 단계별로 청중의 참여와 관심을 불러일으킬 수 있는 다양한 방법들을 활용할 수 있다.

단계	효과적인 진행 스킬(Skill)
서론	▶ 질문하기 → 청중에게 질문을 던져 강의에 대한 궁금증 환기 ▶인용하기 → 유명인사들의 말, 고사성어, 일화 등을 소개하며 청중의 흥미 유발 ▶유머 활용하기 → 스팟(Spot) 또는 아이스 브레이킹 등을 활용하여 즐거운 분위기와 친밀감 조성.
본론	▶적절히 구조화 → 인과적(원인과 결과), 소재적, 시간적(시간의 흐름) 구조화를 진행하여 청중의 이해 지원 ▶통계와 예시 활용 → 신뢰감을 주는 근거 자료로 각종 통계 자료를 활용하거나, 구체적인 사례를 예시로 들 것
결론	▶긍정적 전망 제시 → 긍정적인 전망을 제시하는 전문가의 의견 또는 트렌드 등을 안내함으로써 마무리 ▶강의 후 실행 유도 → 실천을 약속하거나 필수 실행 사항들을 안내함으로써 의지와 자신감을 심어 주며 마무리

6) 강의 스피치 주의 사항

전달하고자 하는 메시지가 명확하게 전달되게 하고 강의에 대한 신뢰성을 확보하는 차원에서 반드시 아래와 같은 사항에 주의하여 스피치가 이루어져야 한다.

① 평상시 대화하는 것처럼 자연스럽게 말할 수 있도록 한다.

② 단조로움을 피하기 위해 적절하게 스피치에 변화를 주어 강사의 말에 집중할 수 있도록 한다.

③ 적어도 목소리 관리에 신경을 써야 한다(과로 금지, 과도한 성대 사용 금지, 음주, 흡연

자제).

④ 강의를 할 때 정치, 성, 종교, 인종 문제나 지역 감정을 유발하는 내용의 주제는 꺼내지 않는다.

⑤ 불필요한 언어를 사용하지 않고 습관화된 말버릇을 고쳐야 한다.

    예] "에~, 또~, 그~, 음~, 그러니까, 말하자면, 그리고, 그런데 등

⑥ 자신감 및 강의에 대한 신뢰감 형성을 위한 가급적 직접적인 화법을 사용한다.

7) 강의에 집중하게 하는 방법

강의의 핵심은 전달하고자 하는 메시지(콘텐츠)를 적절하고 효과적인 표현을 통해서 강의 목적에 맞게 지식과 정보를 전달하거나 교육생을 설득하는 것이라고 할 수 있다. 강의 내용도 중요하고 표현이나 전달도 중요하지만 가장 중요한 것은 바로 교육생들이 집중할 수 있도록 하는 것이다. 강의를 할 때 호기심과 긴장감, 즐거움, 교육생들이 직접 참여하는 활동을 적절하게 곁들이면 강의에 집중하는 것은 당연하다. 강의를 할 때 주의를 집중하게 하는 방법을 설명하고자 한다.

① 시청각 자료를 중간중간 적극적으로 활용한다.

② 강조하고자 하는 부분이 있다면 모든 교육생들에게 복창할 것을 요구한다.

③ 중간에 적절한 질문 또는 호기심을 유발하는 질문을 통해서 분위기를 환기시킨다.

④ 강의 중간에 자리를 교육생 쪽으로 이동하거나 교육생과의 접촉을 시도한다.

⑤ 강의와 관련 있는 재미있는 이야기나 에피소드를 적절히 활용한다.

⑥ 강의를 진행하는 과정에서 간단한 스트레칭이나 간단한 호흡법을 함께하도록 한다.

⑦ 강의와 관련된 간단한 게임이나 활동(Activity)을 진행한다.

⑧ 게임이나 활동에 참여한 교육생들에게 작은 보상을 제공한다(커피쿠폰, 기프티콘 등).

⑨ 말할 때 강약 또는 완급, 고저 등의 조절을 통해 강의 흐름에 변화를 준다(목소리 톤 변화).

⑩ 강의 내용과 관련하여 중요한 부분 강조한다.

⑪ 적절한 시점에 가끔씩 말을 멈춘다(완급 조절과 함께 말을 멈추는 것은 주의 집중 효과 있음).

8) 상황에 따른 기타 활용 팁

상황	주요 내용
강의 준비 시	• 강사에 대한 첫인상은 복장, 표정 등에서 비춰지는 비언어적 요소가 중요 • 강의실에 입장하는 순간부터 전문성을 드러낼 수 있도록 사전 점검 필요 • 지나치게 화려한 액세서리 등은 교육생의 시선을 분산시킬 수 있으므로 지양 • 비대면 원격강의의 경우에는 갖춰진 정장으로 신뢰감을 형성하는 것이 중요 • 강의 시작 전 여유 있게 도착해 분위기를 파악하고 교육생과의 공감대 형성 필요 • 철저한 연습을 통하여 최대한 긴장을 풀 수 있도록 함
강의 진행 시	• 강의 시작 전 강의를 통해 얻을 수 있는 이득이 무엇인지를 각인시키는 멘트 필요 • 비대면 강의 시 간단한 메모 등에 멘트를 적어 활용할 수 있음 • 통계나 이슈 기사 및 트렌드 등을 함께 전달하면 설득력 향상 • 적절하게 시선 처리를 하되, 원격 강의의 경우 카메라를 제대로 응시
시간 안배 실패 시	• 시간 안배에 실패하여 남은 강의 내용보다 시간이 부족한 경우에는 빠른 속도로의 조절보 다 내용의 삭제 또는 건너뛰기가 효과적임 • 진도를 나가야 한다는 강박관념보다는 남은 시간 어떠한 내용을 중점으로 전달할 것인지 빠르게 파악 • 시간 조절에 실패하더라도 결론의 스피치는 여유 시간을 확보하고 진행 • 강사가 긴장하여 말이 빨라질 때에는 스스로 호흡 조절이 중요 • 호흡 조절 시 코로 숨을 들이마시고 입으로 내뱉는 것을 반복하는 것이 좋음

(2) 언어적 커뮤니케이션(Verbal Communication)

성공적인 강의의 필요 요건 중 하나는 교육생의 청각을 즐겁게 하는 것이다. 따라서 말하기, 목소리, 말의 속도 등의 언어적인 요소를 고려하지 않는 경우 교육생은 지루하다는 느낌을 받기 쉽다. 이때, 강사가 전략적으로 언어적 요소를 활용하면 교육생의 집중도를 높일 수 있다.

언어적 커뮤니케이션은 말이나 글로 표현되는 모든 것과 관련된 커뮤니케이션 형태로 두 사람 또는 그 이상 사이에서 발생하는 대면적 상호작용이므로 적절한 용어 사용과 함께 단순 명료해야 적절하게 커뮤니케이션이 이루어질 수 있다.

1) 목소리 크기

강의 시작부터 끝까지 동일한 목소리 크기로 내용을 전달할 경우 교육생이 지루함을 느낄 수 있으므로 목소리 크기를 변화시켜야 한다. 이에 기본 목소리 크기를 정해 놓은 뒤, 학습 내용과 강의 흐름, 반응에 따라 목소리 크기에 변화를 줌으로써 보다 생동감 있는 강의를 만들 수 있다.

① 강의 장소, 교육생 수, 마이크 사용 여부 등에 따라 적절한 크기로 설정한다.

② 평상시에 목소리가 작은 경우 큰 목소리로 말하는 연습이 필요하다.

③ 강의 도입 단계에서는 편한 목소리로 말하며, 전개 중 강조 포인트가 있을 경우 목소리 크기를 키워 강조한다.

④ 녹음기 등을 활용해 자가 진단을 하거나 강의 후 교육생들에게 피드백을 구하는 방식으로 강의 진행에 적합한 목소리 크기를 설정한다.

⑤ 톤이 약간 낮은 중저음 정도의 목소리는 청중에게 신뢰감을 줄 수 있다.

⑥ 내용의 효과적인 전달을 위해 또렷한 발음과 발성을 낼 수 있도록 한다.

⑦ 마이크 활용 시 마이크와 입 사이의 거리는 15~20㎝ 정도가 적당하다.

2) 말의 속도

① 말의 속도는 감정 상태, 강도와 태도 등과 관련이 있다.

② 전반적으로 여유가 있는 속도로 강의를 진행하되, 잠시 멈추거나 숨을 들이킴으로써 긴장감을 조성해 교육생들의 주의 집중을 이끌 수 있다.

③ 말이 빨라질 경우 한 단어, 한 단어를 최대한 명확하게 발음함으로써 속도를 조절할 수 있다.

④ 시간에 쫓겨 강의 막바지에서 급격하게 말이 빨라지는 것에 주의한다.

⑤ 시간이 부족할 경우 내용을 과감히 포기하거나 교육생들에게 양해를 구한다.

3) 억양 및 강약 조절

① 억양이 많을수록 설득력이 생기며, 지루하지 않고 생동감 있는 강의가 된다.

② 전달하는 내용 중 중요한 부분을 힘주어 말함으로써, 생동감을 줄 수 있다.

③ 리듬감 있게 어조를 변화시킬 경우 교육생의 집중도가 높아진다.

④ 한 문장에서도 어떤 부분에 강세를 두는지에 따라 의미가 달라지므로, 강조하고 싶은 부분에 강세를 둔다.

4) 발음

① 한 음절 한 음절을 또박또박 말하려고 노력하며, 발음이 어려운 단어일수록 천천히 말한다.

② 평소 어려운 발음 연습을 지속적으로 하며 훈련을 열심히 한다.

③ 파열음(ㅋ, ㅌ, ㅍ)은 부드럽게 발음하며, 이중모음(와, 외, 워 등)은 정확하게 발음한다.

④ 스피치 시 입술과 혀, 턱 등의 기관을 부드럽게 움직인다.

⑤ 기본적으로 표준어와 표준발음을 활용하며 방언이나 반말 등은 사용하지 않는다.

구분	연습 멘트
어려운 발음	장충단 공원 앞에 중앙당 약방 중앙당 약방 옆에 장충 당구장 장충 당구장 위에 장충당 족발
	앞집 꽃집은 장미꽃 꽃집이고 옆집 꽃꽃이 집은 튤립꽃 꽃꽃이 집이다.
	대공원 봄 벚꽃 놀이는 낮봄 벚꽃놀이보다 밤 봄 벚꽃 놀이니라.
반복되는 발음	좌회전 우회전 좌회전 우회전
	화난 표정보다 환한 표정을 지으세요.
	동물 학대가 확대되고 있습니다.
방송멘트 연습	보건복지부에서는 국민건강 관리를 위해 치매 노인과 갱년기 장애 방지 프로그램을 만들어 관계 기관으로 배포하는데, 특히 눈길을 끄는 것은 환경운동 차원에서 모든 유인물을 자전거로 나르기로 한 것입니다.
	문화관광부는 앞으로 대한민국을 찾아오는 관광객들을 위해 상설 한복전시관을 열고, 한복전시관을 관광하는 외국인들에게 연분홍 숙고사 주머니를 선물하기로 했습니다.
	최근 코로나19의 확산으로 많은 소상공인들이 힘든 상황을 호소하는 가운데, 이들을 위해 자발적으로 봉사활동에 나선 소모임과 단체들이 지속 알려지고 있어 훈훈한 미담이 되고 있습니다.

(3) 비언어적 커뮤니케이션(Non-verbal Communication)

자세, 움직임, 제스처 등 언어를 제외하고 교육생에게 전달되는 메시지를 말한다. 언어를 제외하고 메시지를 전달하기 때문에 표현의 강도에 따라 전달의 의미가 달라지기도 하며 상황적인 해석을 근거로 의미가 결정되기도 한다. 특히 교육생을 대상으로 강의를 진행할 때 비언어적 커뮤니케이션은 신뢰도가 높은 커뮤니케이션 수단으로 활용이 되기도 한다. 아래는 강의를 할 때 가장 많이 활용하는 비언어적 커뮤니케이션에 대한 설명이다.

1) 표정

강사의 표정은 강의 전체 분위기를 결정짓는 첫 번째 요소라고 할 수 있다. 강의를 긍정적으로 또는 강사에게 유리한 쪽으로 분위기를 이끌기 위해서 강사의 표정 관리는 무엇보다 중요하다. 흔히 잘나가는 강사들은 대부분 밝은 표정 관리와 함께 교육생들에게 긍정적인 기운을 전달하는 웃음이 가득한 미소를 기본 무기로 장착하고 있다.

① 다양한 표정을 지을수록 교육생에게 다양한 메시지가 전달된다.

② 강사의 표정은 강사에 대한 호감과 신뢰감을 결정한다.

③ 무표정, 경직된 표정 등은 교육생과의 거리감을 만들며, 보다 밝은 표정으로 교육생들에게 편안함과 안정감을 전달하는 것이 중요하다.

④ 강의 내용에 맞는 다양한 표정을 연출해 전달력을 높일 수 있다.

⑤ 표정이 굳어 있으면 긴장하게 되고 긴장하면 말하는 속도가 빨라진다.

⑥ 표정과 함께 손짓이나 몸짓을 병행하면 훨씬 전달력이 좋아진다.

2) 강의 자세

강사가 강의를 할 때 가장 기본이 되는 것이 바로 자세라고 할 수 있다. 예를 들어 강의를 하는 동안 긴장된 자세로 뻣뻣하게 서서 진행을 한다면 답답함을 느낄 것이다. 또는 불필요하게 여기저기 옮겨 다니면서 하는 강의에 집중할 수 있는 교육생은 그리 많지 않을 것이다. 이렇게 교육생에게 정보와 지식을 전달하는 강사의 자세 하나하나가 강의에 미치는 영향이 크다는 사실을 기억하고 올바른 자세를 유지하기 위해 노력해야 한다.

① 강사의 자신감 있고 자연스러운 자세는 신뢰감을 형성한다.

② 경직된 자세가 아닌 적절한 손짓과 몸짓 활용을 통해 효과적으로 전달될 수 있도록 한다.

③ 너무 많은 제스처나 수시로 여기저기 왔다 갔다 하는 움직임은 자제한다.

④ 두 발을 어깨 넓이로 벌린 뒤, 체중을 양발에 실어 허리와 어깨를 곧게 편다.

⑤ 스크린을 활용해 강의할 경우 스크린 정면에서 조금 비스듬히 선다.

⑥ 교육생들의 시선이 분산되지 않도록 가급적 스크린 가까이에 서서 말한다.

⑦ 강조하고 싶은 부분이 있다면 손을 적절히 활용한다.

⑧ 강의할 때 취하지 말아야 할 자세는 아래와 같다.

– 연단을 양손으로 붙잡는 자세

– 칠판이나 벽에 몸을 기대는 자세

– 교육생을 등지는 자세

– 비스듬히 서는 자세

– 시계를 자주 보거나 머리를 긁는 행위

– 코나 입 또는 신체 부위를 주기적으로 만지는 행위

– 뒷짐을 지거나 팔짱을 끼는 자세

– 주머니에 손을 집어넣거나 짝다리 짚는 자세 등

3) 눈맞춤(Eye contact)

강의 시 교육생과의 눈맞춤은 중요한 요소이다. 강사가 교육생을 제대로 바라보지 못한다면 제대로 된 강의가 이루어지기도 힘들고 그들의 마음을 사로잡기도 힘들다. 제대로 눈맞춤을 못하는 강사는 자신감 있는 강의를 할 수도 없고 공포심에 사로잡혀 강의를 망치기도 한다. 또한 눈맞춤을 통해 교육생의 상태를 살피고 파악하여 상황에 알맞은 강의를 진행하기 위해서도 반드시 필요한 커뮤니케이션이라고 할 수 있다.

① 강사가 교육생과 시선을 주고받는 것은 관심과 배려의 표현이다.

② 올바른 눈맞춤으로 전달하려는 메시지에 대한 자신감을 표현할 수 있다.

③ 특정 교육생과의 눈맞춤만 있을 경우 다른 교육생들이 소외감을 느낄 수 있으므로, 모든 교육생에게 공평하게 눈맞춤 하는 것이 중요하다.

④ 비교적 넓은 장소에서 많은 교육생들과 눈맞춤 해야 하는 경우 공간을 4개 정도로 나눈 뒤, 시선을 앞뒤와 양옆으로 옮긴다.

⑤ 한 사람씩 눈을 맞추며 약 1~2초 정도 가능한 많은 시선을 주도록 노력한다.

⑥ 교육생의 주의 집중을 방해할 수 있으므로, 다른 곳에 시선을 두는 행동은 삼가야 한다.

⑦ 강의가 시작되는 초기에는 왼쪽 뒤편에 있는 교육생과 시선을 맞춘다.

⑧ 강의가 전개되는 초기에는 호응이 좋은 교육생들을 파악하여 지속적인 눈맞춤을 한다.

⑨ 강의가 전개되면 하나의 문장, 하나의 구절마다 바꾸어 가며 말을 걸 듯이 진행한다.

4) 제스처

제스처는 비언어적 의사소통 중의 하나로, 손이나 얼굴, 몸을 이용해서 전달하는 의사소통이며 보통 언어적 의사소통과 함께 나타나기도 한다. 강의도 소통의 일종인데 강사가 제스처 하나 없이 강의를 진행한다면 의사 전달에 문제가 발생할 수 있다. 흔히 제스처라고 하는 것은 구두를 통해서 전달되는 메시지 의미나 강사의 의도를 명확하게 해 줌은 물론, 강조하고자 하는 내용을 강화하고 교육생들의 시선을 모으고 집중할 수 있게 해 준다.

① 강사는 제스처를 사용해 교육생에게 시각적 신호를 보낼 수 있다.

② 제스처는 강사의 의도나 강의 내용과 일치하여야 한다.

③ 강의 내용에 포함된 단어나 구절 등을 강조할 때 사용한다.

④ 강의 중 동일한 제스처의 지나친 사용에 주의하며, 보는 사람이 거부감을 갖지 않도록 최대한 자연스럽게 사용해야 한다.

⑤ 전달하고자 하는 내용의 흐름과 타이밍에 맞게 사용한다.

⑥ 제스처는 방향 지시, 중요한 부분의 강조, 숫자를 셀 때, 의견을 물을 때, 새로운
의견을 제시할 때, 전달하는 내용에 신뢰감을 더하고 싶을 때 사용하면 좋다.

⑦ 손가락질 또는 애매모호한 제스처의 사용은 주의한다.

⑧ 너무 많은 제스처는 강의에 집중을 방해하는 요소이므로 적절히 활용하는 것이 좋다.

종류	특성
레벨러 (Leveller)	• 손바닥이 아래를 향하게 한 뒤 위아래로 반복해서 움직이는 동작 • 중요한 메시지를 전달하거나, 교육생의 집중을 유도할 때 사용
플레케이터 (Placater)	• 상대방을 향해 손을 뻗는 자세로, '초청'이라는 메시지를 담고 있음 • 보다 부드럽게 교육생의 참여를 유도하고 자연스럽게 질문할 수 있음
컴퓨터 (Computer)	• 한 팔은 다른 팔을 받치고 나머지 팔은 턱을 괴는 자세 혹은 턱 밑에 주먹을 대거나 입 가를 손으로 어루만지는 자세 • 강사에게 권위를 부여하고, 교육생을 몰입시킴
블레이머 (Blamer)	• 검지를 세우거나 검지와 엄지를 붙이는 자세 • 강력하게 메시지를 전달하거나, 동기부여가 필요할 때 활용하면 효과적
배거 (Bagger)	• 양손을 가지런히 모은 자세로 겸손하게 의견을 주장할 때 효과적 • 강의 내내 손을 모으고 있으면 지루하게 느껴질 수 있으니 주의

[효과적인 강의 진행을 돕는 다양한 제스처들]

5) 동선

강의할 때 동선은 다양한 용도로 활용된다. 강사의 동선에 따라 강의 내용에 대한 집
중도는 물론 강조를 할 수 있으며 동선을 잘못 활용할 경우 교육생과의 거리감은 물론
강의 효과를 오히려 저하시키기도 한다. 따라서 강의를 할 때는 제자리에 서서 하는
것보다는 전략적으로 동선을 따라 움직이는 것이 바람직하다.

① 동선에 따라 강의를 하면 집중력을 높일 수 있음은 물론 입체적인 강의가 가능하다.

② 교육생이 지루해하거나 주제를 전환할 때, 주목이 필요할 때 동선의 변화를 주면
효과적이다.

③ 동선을 따라 움직이면 강의 내용을 함께 기억하는 효과를 누릴 수 있다.

④ 전략적으로 동선을 따라 움직이면 강의의 전달력이 향상된다(시각+청각).

⑤ 좌우로 이동할 경우, 교육생의 시선 또한 함께 움직이므로 분위기를 환기시킬 수 있다.

⑥ 내용을 구체적으로 설명하거나 사례 및 예시를 들 때 앞으로 한 발짝 나가는 것이 효과적이다.

⑦ 특정 자료를 강조하거나 시선을 집중시킬 때는 스크린으로 다가간다.

⑧ 앞뒤로 빠르게 반복해서 이동하는 경우 교육생의 주의를 산만하게 할 수 있으므로 주의한다.

⑨ 제자리에서 종종걸음으로 걷는 경우 강사가 긴장했다는 느낌을 줄 수 있으므로 주의한다.

⑩ 강의 중 교육생에게 다가갈 경우 교육생과의 심리적 거리를 좁힐 수 있다.

⑪ 너무 거리가 가까울 경우 교육생이 부담을 느낄 수 있으므로 적절한 거리를 유지한다.

⑫ 제스처의 크기는 어깨 너비보다는 좀 더 넓게 사용하는 것이 좋다.

⑬ 지나친 제스처는 메시지를 전달하는 데 있어 방해 요소로 작용하므로 과도한 사용은 자제한다.

⑭ 제스처를 사용하는 시간은 한 동작을 할 때마다 2~3초 정도가 적당하며 전달하고자 하는 메시지나 문장이 끝날 때까지는 유지했다가 마무리한다.

(4) 보이스 트레이닝(Voice training)

1) 보이스 트레이닝의 중요성

보이스 트레이닝은 효과적으로 강의를 전달하기 위해 목소리를 훈련하는 것으로 교육생이 강사의 말을 더 잘 이해할 수 있도록 하기 위해서는 반드시 필요한 훈련이다. 강사에게 있어 목소리는 교육생에게 보이는 첫인상과도 같기 때문에 첫인사에서부터 신뢰감을 줄 수 있는 보이스를 들려주는 것이 중요하다.

① 자신감 없는 강사의 목소리는 강의 내용의 신뢰감을 떨어뜨린다.

② 같은 내용을 말하더라고 목소리가 좋을 경우 교육생의 집중도를 높일 수 있다.

③ 정확한 발성과 발음은 강의 내용을 전달하는 데에 효과적이다.

④ 강사에게 어울리는 목소리 톤을 찾을 수 있다.

⑤ 목소리 하나만을 통해 강사의 전체 이미지가 형성될 수 있다.

⑥ 장시간 강의에도 흐트러짐 없는 목소리를 연출할 수 있다.

2) 강의 효과를 극대화시키는 요소

강사는 단순히 내용만 전달하는 것이 아니라 교육생들로 하여금 강의의 내용을 이해하고 신뢰할 수 있는 이미지(Image)를 형성해야 하며 겉으로 보이는 모습뿐만 아니라 강사의 목소리 또한 훈련을 통해 변화시킬 수 있는 이미지라고 볼 수 있다. 장시간 강의에 효과적이고 교육생이 듣기에 편안하고 강사만의 무게감 및 신뢰감을 주는 목소리를 위해서는 아래의 요소들을 신경 쓰며 목소리 연출을 해야 한다.

요소	주요 내용
발성	• 편안한 목소리의 발성은 교육생으로 하여금 강사가 안정적으로 보이게 한다. • 힘 있고 울림 있는 발성은 교육생에게 신뢰감을 생기게 한다. • 좋은 발성이란 말하는 사람, 듣는 사람에게 모두 편안하게 들리는 목소리를 말한다.
표정	• 강사의 감정은 표정으로 드러난다. • 강사가 짓는 표정에 따라 강의하는 목소리도 달라진다. • 강의 내용에 따라 표정을 다르게 하면 교육생의 몰입도를 높일 수 있다.
호흡	• 호흡은 코로만 하는 것이 아니라 몸의 다양한 근육을 사용한다. • 긴장을 하면 근육이 수축되어 호흡이 부족해진다. • 호흡이 부족해지면 말의 속도가 빨라지고 발음이 꼬인다.
발음	• 발음은 연습을 통해 개선이 가능하다. • 입 모양을 크게 해야 정확한 발음을 할 수 있다. • 강의 전달력에 크게 영향을 미치는 요소이다.
속도	• 교육생의 특성에 따라 말의 속도가 달라져야 한다. • 속도가 너무 느릴 경우 교육생이 지루함을 느낄 수 있다. • 속도가 너무 빠를 경우 강의 내용을 제대로 이해하기 힘들며 조급한 마음을 갖게 만든다. • 중요한 내용이나 긴장감 있는 사례를 전달할 때는 말의 속도를 느리게 한다.

3) 보이스를 망치는 습관

성대는 자체만으로도 약한 기관이기 때문에 평소의 잘못된 습관을 반복할 경우 약한 성대에 더 큰 자극을 주어 강사의 목소리를 망치는 요소가 된다. 다음은 목에 좋지 않은 영향을 주는 습관으로 평소에 하지 않도록 주의해야 한다.

① 잦은 술자리와 흡연은 성대를 거칠게 만든다.

② 잦은 스마트폰, 컴퓨터 사용으로 인한 거북목 자세에서는 제대로 된 발성이 나올 수 없다.

③ 헛기침을 자주 하는 습관은 성대에 무리가 가게 만든다.

④ 폭식을 하게 될 경우 위산 역류를 통한 후두염이 발생할 수 있다.

⑤ 소리를 과하게 지르는 행위는 목에 큰 자극을 준다(노래방, 스포츠 경기 및 콘서트 관람 등).

⑥ 속삭이듯이 말하는 것은 목에서 더 많은 공기를 사용하게 되어 목이 쉽게 건조해진다.

⑦ 코로 호흡하지 않고 입으로만 숨을 쉬는 경우 목이 쉽게 건조해진다.

⑧ 평소 말을 빠르게 하는 습관은 성대를 건조하게 만듦과 동시에 성대에 피로감을 주게 된다.

⑨ 실내가 너무 건조하거나 먼지가 많을 경우 비염에 걸릴 수 있다.

⑩ 얼음, 아이스크림 등 찬 음식을 많이 먹게 되면 잔기침이 많이 발생한다.

4) 좋은 보이스를 위한 훈련법

강사는 한 번의 강의를 진행할 때 최소 1시간에서 최대로는 하루 종일 말을 해야 하는 때도 있다. 이때 평소 목 관리를 제대로 하지 않았다면 강의 중에 목소리가 갈라지거나 음 이탈이 일어나는 등의 문제가 발생한다. 이는 강의를 듣는 교육생에게도 제대로 된 강의 내용을 전달할 수 없는 상황을 만드는 것이라고도 볼 수 있다. 강사가 강의 진행 시간 처음부터 끝까지 안정된 목소리로 내용을 전달하기 위해서는 평소 아래와 같은 노력이 필요하다.

① 거북목, 일자목이 생기지 않도록 척추를 펴 바른 자세를 유지한다.

② 척추를 세우고 목을 뒤로 젖히는 운동을 반복하는 것은 바른 자세를 위해 도움이 된다.

③ 깊은 호흡을 위해 근육을 이완시켜 주는 스트레칭을 자주 한다.

④ 자연스러운 표정을 위해 얼굴의 근육을 풀어 주는 스트레칭을 한다.

⑤ 목에 무리를 줄 수 있는 술이나 담배 등을 하지 않는다.

⑥ 어려운 발음의 문장을 반복적으로 소리 내어 읽는다.

⑦ 평소에 코와 입을 함께 사용해 호흡한다.

⑧ 폭식을 줄이고 잠들기 3시간 전에는 음식물 섭취를 하지 않는다.

⑨ 목이 건조해지지 않도록 하루 2L 이상의 물을 섭취한다.

⑩ 정확한 발음을 위해 입에 펜을 물고 글을 읽는 연습을 한다.

⑪ 노래 연습을 통해 목소리의 음역대를 넓힌다.

⑫ 거울을 보면서 자신의 입 모양을 확인하며 자음, 모음을 반복적으로 말하는 연습을 한다.

⑬ 실내 공간의 적당한 습도를 유지하여 목이 건조해지지 않도록 한다.

⑭ 얼음, 아이스크림 등의 찬 음식을 자제하고, 미지근한 물을 많이 마신다.

(5) NLP를 통한 커뮤니케이션

1) NLP[13]의 개념

NLP는 심리학·언어학을 기반으로 하여 신경과 언어의 적절한 조합을 통해 원하는 바를 이룰 수 있도록 도와주는 기법을 의미한다. 사물에 대한 개인의 관점을 재설정하고 스스로가 간절히 원하는 상태를 만들 수 있는 방법론을 뜻하며, NLP의 몇 가지 개념들을 알아보자면 다음과 같다.

---

13 NLP는 1970년대 중반, 밴들러(R. Bandler)와 그린더(J. Grinder)에 의해 개발된 심리학 이론으로, 신경언어프로그래밍(NLP: Neuro-linguistic Programming)이라고 불린다.

① 우리 행동에 직접적인 역할을 하는 신경체계(Neuro)와 신경체계에 영향을 주는 언어(Linguistic)의 상호 작용을 통하여 인간의 태도 및 행동 변화를 가능케 하는 구체적이고 실제적인 기법이다.

② 인간은 외부 세계를 오감을 통한 신경작용에 의해 인식하며 언어를 통해 의미 부여가 이루어지고 패턴화되어 행동으로 드러나게 된다.

③ 인간은 오감 중 선호 감각을 가지고 있으며 이를 이용해 사람의 심리를 제어한다.

④ 공감 영역은 확장되고 좋은 인간관계를 유지할 수 있어 다양한 분야에서 활용되고 있다.

⑤ 경영, 판매, 커뮤니케이션, 신상품 개발과 코칭, 상담 등의 영역에서 성과 달성을 촉진해 주는 도구로 활용한다.

⑥ 인간의 심리를 언어를 통해 제어하는 기술로서, 이를 고객 접점에 응용할 수 있다.

2) NLP를 활용한 커뮤니케이션 기법

커뮤니케이션은 인간관계를 만드는 기본이라 할 수 있으며, 일상생활 속 많은 문제들은 바로 커뮤니케이션의 오류 또는 오해에서 기인하는 경우가 많다. 때문에 NLP에서는 '상대방의 의욕을 이끌어 내는 것'을 커뮤니케이션으로 정의하고 있으며 아래와 같은 기법이 자주 활용된다.

① 라포르(Rapport)

 - 프랑스어의 '다리를 놓다'라는 의미이며 사람의 마음이 연결되고 서로 통하는 상태를 의미함

 - 친밀함, 공감대를 의미하며 상담 및 교육을 성공적으로 이끌어 가게 하는 동인(動因)[14]

 - 라포르가 형성된 상태라면 안도감과 신뢰감을 느끼게 되며 상호 간에 진실성이 향상됨

 - 교육생에게 관심을 갖고 끊임없이 관찰하는 것이 라포르 형성의 기초

---

14 행동을 촉발시키는 내적 원인을 총칭하며, 어떠한 일이 일어나게 되는 요인을 의미한다.

② 미러링(Mirroring)

- 상대방과 같은 자세와 동작을 거울을 비추는 것과 같이 따라 하는 기법
- 은연중에 서로의 동작이 일치됨을 느끼며 마음이 통하고 있음을 느끼게 하는 방법
- 상대방이 오른쪽으로 고객을 기울일 때 같이 왼쪽으로 고객을 기울이거나, 상대가 팔짱을 낄 때 같이 팔짱을 끼는 식으로 유사성을 표현.
- 교육생과 강사, 고객과 직원 등 관계에서 짧은 시간 내 공감대를 형성하는 방법으로 활용

③ 백트래킹(Back tracking)

- 상대로 하여금 내 이야기를 잘 듣고 있다는 느낌이 들게 하는 방법
- 커뮤니케이션을 할 때 주로 경청의 주요 기법으로도 활용
- 상대의 이야기를 집중해서 경청한 후 핵심 키워드 등을 활용하여 되받아치며 호응하는 방법

  예: "어제 이 앞 사거리에서 철수를 만났어요." 라고 말하는 상대에게 "어머, 철수를 만났군요!"라고 호응

- 단순히 단어를 반복하기보다는 제대로 감정을 실어서 진심 어린 반응을 표현

④ 페이싱(Facing)

- 대화 시 관찰되는 상대방의 호흡이나 동작, 음조 등을 상대방과 맞추는 것을 의미
- 상대의 호흡과 리듬에 맞춰 배려해 가면, 서서히 말하는 사람의 페이스로 대화 가능
- 상대를 더 나은 상태로 이끄는 리딩(Leading) 기법을 함께 사용 가능

  예: 고민하는 사람 또는 초조한 사람의 호흡은 대체로 빠른 편인데 이런 상태에 있는 사람의 호흡 속도에 페이싱하며 공감대를 형성할 수 있다. 이후 침착한 호흡법으로 리딩해 가는 방법을 활용.

⑤ 캘리브레이션(Calibration)

- 상대방의 상태를 자세히 관찰한 후 심리적 내면 정보를 수집하는 기법을 의미
- 단순히 눈으로 보는 것이 아니라 '주의를 기울여 관찰하는 방법'을 의미
- 말 이외의 것으로 마음속을 들여다보고 더 깊은 대화를 통해 라포르를 형성하게

도와주는 기술

- NLP에서는 이러한 기술을 '관찰식별'이라고도 함

- 시각(제스처, 표정, 손짓, 끄덕임, 안색, 시선 등), 청각(음성톤, 어감, 억양, 웃음, 감탄사, 말수 등), 신체감각(체온, 분위기, 악수할 때 감촉, 향기 등)으로 구분

- 캘리브레이션이 된 상태인지의 여부를 기준으로 대화 중 라포르의 형성 여부를 판단함

⑥ 아이 억세싱 큐(Eye Accessing Cue)

- 상대의 상태를 읽을 수 있는 포인트로 '눈동자의 움직임'과 '시선의 방향'을 활용함

- 눈의 움직임과 마음 상태와의 상관관계를 정리한 것이 '아이 억세싱 큐'임

- 눈동자 또는 시선에 따라 왼쪽은 과거 오른쪽은 미래를 떠올리는 경우가 많음

- 눈의 방향이 의미하는 세부적인 마음의 상태를 표로 정리하자면 아래와 같음

눈의 방향	마음의 상태
왼쪽 위	과거의 체험을 영상으로 떠올리고 있음
오른쪽 위	체험한 적이 없는 영상을 상상하고 있음
왼쪽 수평	과거에 체험한 소리, 목소리를 기억하여 듣고 있음
오른쪽 수평	체험한 적이 없는 소리, 목소리를 상상하여 듣고 있음
왼쪽 아래	마음속에서 내적인 대화를 하고 있음
오른쪽 아래	체감각(신체적인 감감)을 상상하고 있음

3) 고객 커뮤니케이션 교육에 NLP 활용법

NLP기법은 경영, 판매, 교육 등 일상생활 전반에서 유용하고 실질적인 커뮤니케이션 기법으로 활용되고 있으며, 직접적으로 고객을 대면하는 응대 기법 및 서비스 교육에서도 그 활용도가 매우 높다. 먼저 고객 커뮤니케이션 교육에서 활용할 수 있는데, 고객의 마음을 읽고 이를 통해 조직이 목표하는 바를 이루기 위해서는 전반적인 고객응대 과정에서도 조직원의 커뮤니케이션 역량이 가장 중요하다고 할 수 있다.

① 서비스의 기본은 고객의 입장이 되어 보는 것이므로 이를 전제로 커뮤니케이션 교

육에 다양한 NLP기법을 활용할 수 있다.

② 실제로 미러링(Mirroring), 페이싱(Facing) 등의 다양한 기법이 고객과의 공감대 형성 방법 또는 응대화법 교육 등에 활발히 활용되고 있다.

③ NLP에서는 어떠한 언어를 활용하느냐에 따라 사람의 의식과 행동에 영향을 미친다는 전제를 가지고 있으므로, 고객 응대 시 이를 활용할 수 있다.

④ 단지 공감뿐만 아니라, 진심을 바탕으로 고객을 이해하고 진정성이 담긴 서비스 교육으로의 방향도 고려해 볼 수 있다.

4) 서비스 개선 교육에 NLP 활용법

조직원의 서비스 역량 상향평준화를 위한 서비스 개선교육에서도 NLP기법은 다양하게 활용 가능하며, 서비스 지표가 부진한 조직원들에게 아래와 같은 NLP 방법론을 적용할 수 있다.

① '모든 행동에는 긍정적인 의도가 숨겨져 있다'라는 이론에 따라 사소한 고객 불만의 경우에도 개인과 회사의 발전에 좋은 영향을 미칠 수 있음을 교육할 수 있다.

② '그 어떠한 일도 실패로 분류할 수 없다'라는 전제에 따라 서비스 불만지표에 따른 부정적인 조직원의 감정과 상태를 개선을 위한 계기로 삼을 수 있는 구실을 제공한다.

③ '모든 일은 자신에게 답이 있다'라는 이론을 근거로 고객 만족을 이끌어 내고 이를 통해 판매 또는 영업에의 성과를 이끌어 낼 수 있는 방법 연구에 활용할 수 있다.

④ '앵커링'기법을 통해 고객 응대 시 부정적인 감정이 드는 순간을 알아차리고 그 순간마다 긍정적인 반응을 이끌어 낼 수 있는 고도화되고 심리적인 교육을 진행할 수 있다.

⑤ '모델링'기법 등을 통하여 직원의 우수 사례 및 이미지를 형상화하고 이를 유사하게 따라 하는 훈련을 통해서 서비스의 개선을 꾀할 수 있다.

5) 서비스 동기부여 교육에 NLP 활용법

동기부여(Motivation)의 정도는 조직원의 업무 생산성을 높이고 성취감을 가지게 하여 결과적으로 조직의 성과를 높이는 주요 기준이 된다. 직원의 동기부여 정도는 결국 고객만족도와도 밀접한 관련이 있으며, 관련 교육에도 NLP기법은 유용하게 활용될 수 있다.

① 동기는 무엇을 하고자 하는 마음을 의미하며, 업무에 있어서 가장 중요한 추진력이 된다.
② 서비스 업무 특성상, 내적 동기 부족 시 고객 만족을 저하시키는 가장 큰 요인으로 나타난다.
③ '되고 싶은 사람' 또는 '이루고 싶은 이미지'를 '모델링'하는 기법을 활용하여, 조직원의 정체성을 확립하고 동기를 유발하는 교육에 적용할 수 있다.
④ 동기유발의 기본 전제 중 하나인 '자기 효능감'에 영향을 미칠 수 있다.
⑤ 긍정적인 미래를 설계하고 실패에 연연하지 않는 마인드 컨트롤을 가능하게 한다.
⑥ 서비스 역량 향상을 통해 전문가로 성장할 수 있다는 긍정적인 동력을 제공할 수 있다.

(6) 강의 불안 극복하는 법

강사가 강의를 두려워하면 안 되겠지만 이러한 불안은 자연스러운 현상이라고 할 수 있다. 교육생의 많고 적음을 떠나 강의를 두려워하면 제대로 된 지식이나 정보, 원하는 메시지를 전달할 수 없기 때문이다. 강의 불안감이 발생하는 이유와 이를 극복하는 법에 대한 설명이다.

1) 강의 불안감이 발생하는 이유
① 강의 중에 실수할지도 모른다는 불안함 또는 두려움
② 교육생들의 시선에 대한 두려움
③ 완벽하게 준비되지 않은 강의 또는 불충분한 연습으로 인한 자신감 부족
④ 기존의 좋지 않았던 강의 평가에서 오는 불안감(강의 후 부정적인 평가에 대한 두려움)

⑤ 과거의 실수 경험과 그로 인한 트라우마의 지속적인 발현

⑥ 반복되는 극도의 스트레스와 심리적 부담감(과도한 긴장)

⑦ 낯선 것에 대한 두려움(강의 장소나 상황)

2) 강의 불안증을 극복하는 법

강의를 할 때 나타나는 강의 불안증을 극복하기 위해서는 아래와 같은 방법을 활용해 본다.

① 가장 기본적이지만 강의에 대해 철저히 준비하고 충분한 연습을 한다.

② 사람들 앞에 설 기회가 생길 때마다 마이크를 잡아 순발력을 키우고 경험을 쌓는다.

③ 강의 도입 부분이 가장 많이 긴장되고 불안의 시발점이 되므로 많은 연습을 할애 한다.

④ 용기가 나지 않으면 거울 또는 셀프 녹화를 통해서 연습을 한다

⑤ 강의 장소를 미리 사전 답사해서 분위기를 읽힌다.

⑥ 강의 전 긴장을 풀 수 있는 방법을 통해 긴장을 해소한다.

 - 심호흡, 복식호흡, 스트레칭, 이미지 트레이닝, 입 풀기("아, 에, 이, 오, 우"), 몸 움직이기 등

⑦ 강의 중 호의적이거나 반응이 좋은 교육생을 응시하면서 강의를 한다.

⑧ 강의 불안증을 극복하는 최고의 방법은 연습과 함께 실전에 자주 부딪쳐 보는 것이다.

⑨ 강의 중간에 한 문장 얘기하고 호흡하면서 다음 문장으로 넘어간다.

⑩ 서두르지 않고 천천히 말하면서 강의 내용이나 자신이 전달하고자 하는 메시지에 집중한다.

⑪ '실수해도 괜찮다'는 생각이나 사고로 전환한다("떨면 좀 어때", "실수 좀 하면 어때").

04 | 강의시연

(1) 강의시연의 이해

강의시연이란 자신의 강의를 남들 앞에서 실제 구현하는 것을 의미한다. 자신의 강의를 다른 사람들이 보고 해당 강의에 대한 장단점 또는 개선 및 보완해야 할 점을 알려주는 활동이라고 할 수 있다.

1) 강의시연의 목적

강의시연은 자신의 강의를 남 앞에 보여야 한다는 부담감은 있지만 자신만의 강의를 준비하면서 스스로 강의에 대한 안일함에서 벗어날 수 있고 강의시연 후에는 개선 및 보완해야 할 사항들에 대해 객관적인 사실을 근거로 역량을 향상시킬 수 있다. 강의시연 목적을 정리하면 아래와 같다.

① 강사의 자가분석은 물론 강의 녹화 및 분석을 통한 강의의 질 향상

② 강의에 필요한 지식, 기술, 태도 등에 대한 객관적인 분석

③ 강사들을 위한 교육 및 훈련 방법으로서 활용 범위가 높음

④ 강의를 통해 모방, 관찰, 피드백, 분석 및 개념화를 통해 입체적 교육 가능

⑤ 실제 상황과 동일한 상황에서 강의가 이루어져 현장감 있는 교육 및 훈련 가능

⑥ 강의시연을 통한 직간접적인 강의를 통해 향후 안정적인 강의 실행이 가능

⑦ 강의 시 잘된 것과 그렇지 않은 부분을 사전에 파악하여 향후 체계적인 강의 가능

⑧ 다른 강사의 강의에 대한 관찰을 통해 아이디어를 얻을 수 있음

⑨ 강의시연을 통해 실전감각 체득

2) 강의시연 시 강사들의 잘못된 행동들

강의를 시연하는 과정에서 보통 강사들에게 나타나는 잘못된 행동들은 아래와 같다. 아래와 같은 행동을 개선해야 강사의 기본적인 태도나 자세를 갖추고 강의를 진행한다고 할 수 있다.

① 말끝을 흐리고 명확히 끝내지 않는 행위

② 목소리의 변화가 없고 단일 톤이며 소통 없이 이루어지는 강의

③ 두서 없는 중구난방식의 강의 진행(정해진 순서 없이 이루어지는 강의)

④ 기계적인 말투 또는 국어책 읽는 듯한 말투

⑤ 평가위원과 눈맞춤이 전혀 없고 스크린이나 칠판만을 쳐다보며 하는 강의

⑥ PT자료에만 몰두해서 스크린 쪽으로 몸을 향한 채 불안정적으로 이루어지는 강의

⑦ 강의 내용에 대한 정확한 숙지 부족

⑧ 객관적이지 않은 자료나 출처가 불분명한 자료 활용

⑨ 불필요한 언어 사용 및 강의 집중을 방해하는 불필요한 움직임

⑩ 실수를 했을 경우 자연스럽게 넘어가지 못하는 등 문제 대처 요령 미흡

(2) 강의시연 프로세스

강사의 역량이나 태도는 물론 강사로서 갖추어야 할 자세를 객관적으로 평가해서 개선 및 보완해야 할 내용을 피드백해 주기 위한 강의시연은 일반적으로 아래와 같은 프로세스에 의해 진행된다.

단계	주요 절차	주요 내용
1단계	강의 주제 선정	강의시연 시 강의 방향성은 물론 전체 평가의 대상이 되는 주제 선정

2단계	강의시연 준비	주제를 바탕으로 강의 내용, 교안, 강의 전달 스킬에 중점을 두고 준비하는 것이 바람직함
3단계	강의시연	강의 시 태도와 자세, 커뮤니케이션, 강의 연출, 강의 전달 스킬 외
4단계	질문 및 답변	질문의 핵심 파악 및 간단 명료한 답변
5단계	평가 및 피드백	• 객관적인 평가 및 피드백 수용, 개선 및 보완할 점 구분 • 우선순위 정하기, 개선 및 보완을 위한 활동 구체화 등

1) 강의 주제 선정

강의 주제 선정은 강의시연에서 가장 중요한 요소이다. 강의 방향성은 물론 강의에 대한 전반적인 상황을 한 단어 또는 한 문장으로 나타내기도 하고 전체 이미지를 형성하기 때문이다. 강의 주제를 선정할 때는 반드시 아래와 같은 몇 가지 사항을 고려하여 선정하는 것이 바람직하다.

① 자신을 어필할 수 있고 자신만의 성격과 개성이 묻어날 수 있는 주제

② 자신의 관심 분야이며 사전에 자료 수집이 충분히 가능한 주제

③ 독특하고 차별화된 주제를 선정하더라도 누구나 이해 또는 공감하기 쉬운 주제

④ 자신이 현업에서 수행하거나 또는 향후 도전하고 싶은 분야와의 연관성 고려

⑤ 자신의 경험은 물론 지식과 정보가 충분히 갖추어진 주제

⑥ 강의 주제는 단순 키워드의 나열이 아닌 핵심 키워드를 포함해 전체 방향성 표출

⑦ 보통 10분 내외로 이루어지는 경우가 많으므로 해당 시간 내 완결성을 갖출 수 있는 주제

2) 강의시연 준비

강의 주제를 선정하였으면 다음으로 해당 주제를 가지고 강의시연 준비를 한다. 강의시연에서 중요한 것은 주제를 바탕으로 한 **강의 내용(Contents), 교안, 강의 전달 스킬(Delivery skill)**이라고 할 수 있다. 실제 강의시연을 통해 가장 많은 배점 비중도 위 3가지를 가지고 평가한다고 해도 과언이 아니다. 따라서 강의시연을 준비한다면 위에서 언급한 강의 내용, 교안, 강의 전달 스킬을 중심으로 하는 것이 바람직하다.

① 강의 주제를 바탕으로 시범 강의계획서를 작성한다.

② 강의계획서는 전체 시범강의의 뼈대로 강의 주제, 강의 순서는 물론 강의 방향성, 강의 목표와 핵심적인 내용, 강의시연 시 주의하여야 할 사항, 위험 발생 시 대처 방안 등을 정리한다.

③ 강의와 관련한 자료와 정보를 수집하고 이를 바탕으로 교안을 만든다.

④ 작성한 교안을 가지고 리뷰를 통해 개선 및 보완한다(10분 내외의 분량인지 여부 확인).

⑤ 강의교안은 넘치지도 부족하지 않을 정도의 분량을 준비한다.

⑥ 강의시연 시간을 고려하여 꼭 설명해야 할 것과 하지 않을 것을 구분하여 교안을 압축한다.

⑦ 최종 수정된 교안을 가지고 연습은 물론 사전 리허설을 한다(예상 질문 및 답변 준비).

⑧ 리허설은 강사 자신이 편한 방식을 취한다(영상 촬영 후 모니터링 및 리뷰가 일반적).

⑨ 리허설을 통해 개선 및 보완 사항을 리뷰한다.

⑩ 준비 및 리허설의 핵심은 강의 내용, 교안, 강의 전달 스킬이므로 이 부분에 집중한다.

⑪ 내용 암기보다는 핵심 내용 위주로 흐름을 파악하고 자연스럽게 말하려고 노력한다.

3) 강의시연

강의시연은 평가자들 앞에서 그동안 준비한 내용을 가지고 자신의 역량을 발휘하는 것이다. 강의시연 단계에서 가장 중요한 것은 떨지 않고 자신이 말하고 싶은 강의 주제와 내용을 올바르게 전달하는 데 있다. 핵심에 집중을 해서 자신이 만든 교안을 토대로 자신만의 강의를 할 수 있어야 한다는 점을 반드시 명심해야 한다.

① 강의시연 전에 용모 또는 복장을 점검하고 강단에 오른다.

② 강의시연 전 심호흡과 함께 바른 자세를 유지한다.

③ 준비 단계에서 연습한 대로 순서에 입각하여 시연한다.

④ 적절하게 눈맞춤(Eye contact)을 하면서 미리 연습한 대로 핵심 위주로 말한다(시선 처리 중요).

⑤ 무엇을 전달할 것인지에 집중하고 어려운 용어가 아닌 쉬운 용어를 선택해서 사용한다.

⑤ 효과적이고 자연스러운 강의 자세로 커뮤니케이션에 힘쓴다(적절한 수준의 손짓과 제스처 등).

⑥ 적절하게 동선의 변화를 주어 전략적인 강의시연이 될 수 있도록 연출한다.

⑦ 강의시연 중 불필요한 말이나 언어 사용은 자제하고 불필요한 움직임을 최소화한다.

4) 질문 및 응답

강의시연 후 다음 강사를 위해 강의에 대한 질문 및 응답 시간을 제외하고 지나가는 경우도 있으나 일반적으로 질문 및 응답을 갖는 것이 정상적인 절차라고 할 수 있다.

① 질문에 대해서는 아는 부분에 대해서만 명확하게 답한다

② 질문을 이해 못 했을 경우 재질문을 요청한다.

③ 질문에 대해서는 정확한 의도 파악을 위해 질문 내용을 요약하고 되묻는 법을 사용한다.

④ 질문을 받았을 경우 답변은 주어진 시간을 고려하여 핵심 위주로 간단명료하게 한다.

⑤ 질문을 받을 경우에는 반드시 눈맞춤 하는 것이 기본적인 자세이다.

⑥ 질문에 답을 못할 경우 뜸들이지 말고 정확히 모르겠다고 인정하는 것이 바람직하다.

5) 평가 및 피드백

강의시연이 끝나고 나면 평가 및 피드백이 이루어진다. 객관적인 평가 결과 및 피드백을 통해 자신의 강의와 관련하여 향후 개선 및 보완이 이루어져야 할 사항이 무엇인지를 파악하고 이를 개선하기 위해 노력해야 경쟁력 있는 강사로의 성장이 가능하다.

① 평가 결과를 확인하고 잘한 점과 못한 점은 무엇인지를 구분한다.

② 피드백을 두려워하거나 부정적으로 생각하지 말고 개선 및 성장을 위한 과정이라고 생각한다.

③ 피드백을 받을 때 추상적인 부분은 재질문을 통해 구체화해 줄 것을 정중히 요청

한다.

④ 피드백이 구체적일수록 개선에 대한 부분이 명확해지므로 꼭 요청하고 기록한다 (메모).

⑤ 피드백 결과에 따라 개선해야 할 사항에 대한 우선순위를 정한다.

⑥ 우선순위에 따른 계획이나 활동을 구체화한다.

⑦ 실행을 통해 구체화된 활동을 근거로 모니터링과 리뷰를 반복한다.

6) 강의시연 후 피드백 잘 받아들이는 법

강의를 시연한 후 평가위원으로부터 받는 피드백에 기분 좋은 강사는 없다. 긍정적인 피드백이야 특성상 그렇다 치더라도 부정적인 피드백을 받으면 오만 가지 감정에 휩싸이기 마련이다. 사람들이 피드백에 민감한 이유는 자기 자신에 대한 긍정적인 이미지가 훼손되었다고 느끼기 때문이다. 강사도 마찬가지로 정말 열심히 준비했는데 의도와 달리 부정적인 피드백을 받으면 부정적인 감정이 발생한다. 피드백이 자신의 성장에 도움이 되는 것을 충분히 인식하고 있음에도 불구하고 말이다. 강의시연 후 피드백을 잘 수용하기 위해 필요한 몇 가지 방법을 소개한다.

① 피드백에 따른 자신의 감정을 온전히 받아들일 것

② 감정 정리 후 자기 자신의 객관화를 통해 자신에 대한 객관적인 평가를 해 볼 것

③ 최대한 객관적인 사실과 근거로 자신을 객관화하는 것이 중요함(내부: 자기자신이 스스로 평가)

④ 평가 결과 및 피드백을 근거로 지인이나 전문가에게 조언을 구하기(외부: 타인에 의한 평가)

⑤ 내·외부 평가를 통한 객관화를 근거로 부족하거나 개선해야 할 점이 무엇인지 정리할 것

⑥ 피드백에서 구체적인 해결 방안이나 대안을 찾아낼 것

⑦ 피드백에 따른 구체적인 해결 의지 다지기

⑧ 구체적인 해결 방법이나 우선순위 정해서 행동하기

(3) 강의시연 자가 평가 및 평가 지표 개발

강의시연 후 평가는 자신의 강의에 대한 객관화를 통해 개선 및 보완해야 할 부분을 찾고 분석함으로써 더 나은 강의를 이루기 위해서 필요한 활동이다. 보통 제3자에 의해서 이루어지지만 스스로 강의를 녹화하여 모니터링함으로써 자신이 개선 및 보완해야 할 점을 찾기도 한다.

1) 강의시연 자가 평가하는 법

강의시연은 외부 전문가를 통해서도 이루어지기도 하지만 강사 스스로 자가 모니터링 및 평가를 할 수 있으며, 이를 근거로 더 나은 강의를 할 수 있도록 해 주는 자가 학습 및 교육훈련 기법이다. 강의시연 자가 평가는 자신도 모르는 자신만의 습관이나 버릇을 파악할 수 있고 무엇보다 강사 자신의 역량에 대한 객관화가 가능하다는 점과 자가 평가이기 때문에 평가에 따른 심적 부담이 적다는 장점이 있는 반면 강의력이나 경력이 미천한 강사의 입장에서는 적절한 코칭이나 피드백이 없을 경우 기존 태도나 자세 및 습관이나 버릇을 그대로 답습하는 등의 한계가 있다. 아래는 강의시연 자가 평가하는 법에 대한 설명이다.

① 강의시연을 할 수 있는 환경과 조건을 갖춘다.
  – 강의 장소, 조명, 마이크, 포인터 등 강의 장비, 강의 자료, 빔 프로젝트 외
  – 시연 장면을 녹화할 카메라 또는 스마트폰 외
② 사전에 평가할 항목들을 준비한다(본인이 평가하고 싶은 항목을 구체화).
③ 본인이 강의를 하는 모습을 촬영 및 녹화한다.
④ 강의한 영상을 보면서 스스로 평가를 해 본다.
⑤ 시연강의 평가는 5점 척도법(리커트 척도법)을 활용한다.
⑥ 평가한 결과를 근거로 잘한 점과 개선해야 할 점을 구분한다.
⑦ 자가 평가한 결과를 가지고 아는 지인이나 전문가의 리뷰를 통해 객관성을 확보한다.
⑧ 지인이나 전문가 조언을 바탕으로 개선 및 보완해야 할 사항을 정리한다.

2) 강의시연 자가 평가 시 평가표 개발

시연강의를 할 때 평가 항목을 설정해서 평가를 진행한다. 자가평가를 할 때 아래 제시하는 내용을 근거로 평가 항목을 설정하고 이를 세분화해 녹화된 강의 영상을 보면서 평가를 한다.

① 먼저 시연강의의 특성을 고려하여 평가 목표를 설정한다.

② 일반적으로 평가 항목은 강의 내용, 강의 전달 스킬, 강의 태도 및 자세 등을 반영한다.

③ 평가 항목과 함께 평가 가이드 라인을 정한다.

④ 주관적인 평가 항목은 가급적 배제하고 객관적이고 측정 가능한 평가 항목을 설정한다.

⑤ 주요 평가 항목에 대한 세부 평가 항목 및 적절한 개수를 설정한다.

⑥ 대략적인 평가 항목을 도출하였으면 세부 평가 항목도 도출한다.

⑦ 중요도, 난이도를 비중이나 배점에 반영한다.

⑧ 평가 항목 세분화는 10개 미만이 바람직하다.

⑨ 평가 척도는 5점 척도법(리커트 척도법)이 가장 알맞다.

⑩ 개선된 정도에 따라 평가 항목이나 배점 비중을 수정하거나 보완한다.

05] 스팟 & 아이스브레이킹

(1) 스팟의 이해

1) 스팟 강의의 의미

① 스팟(Spot)은 영어의 뜻 그대로 원래는 특정 장소나 지점을 의미하나, 일반적으로 스팟방송이라는 방송용어의 약칭으로 중간에 삽입된 광고를 의미하기도 한다.

② 강의 중간, 짧은 시간 내 교육생의 흥미를 유발하기 위한 분위기 연출 방법을 의미한다.

③ 강의 시 교육생들의 마음을 열어 주는 효과가 있다.

④ 교육생들이 자기 주도적으로 수업에 참여할 수 있도록 한다.

⑤ 교육생들의 긴장을 이완시키고 동기를 부여하여 강의 시 의욕을 불러일으킨다.

2) 스팟 강의의 필요성

① 교육생들이 자발적으로 강의에 참여하고 이를 통해 강의의 효과를 증대시킨다.

② 명랑한 학습 분위기를 형성할 수 있으며 이를 통해 교육생의 동기를 유발시킨다.

③ 교육생 간 커뮤니케이션을 용이하게 하며 조직 내 친화력을 상승시킬 수 있다.

④ 교육생의 잠재능력을 최대로 발휘할 수 있는 계기를 제공한다.

⑤ 스팟 강의의 기법에 따라 정신적인 스트레스 등에 대한 치유를 제공할 수도 있다.

3) 스팟 강의 시 주의 사항

① 사용하려는 스팟 기법이 학습 목표와 관련성이 있는지 확인한다.

② 교육생의 만족도가 높을지 고려하여 설계한다.

③ 교육생의 수준에 맞는 기법을 사용한다.

④ 교육생의 반응에 따라 보상 등 피드백을 활용할 수 있다.

⑤ 옳은 반응에는 긍정적인 외적 보상을 실행할 수 있으나, 틀린 반응에는 보상을 하지 않는다.

　　－ 예: 긍정적 보상

　　－ 스티커, 조별/개인별 점수 등

⑥ 외적 보상이 실제 수업 상황보다 더 흥미를 끌어서는 안 된다.

⑦ '공정하지 않게 운영된다'라고 느낄 경우 교육생의 참여도가 저하될 수 있으므로, 최대한 공정하게 운영될 수 있도록 강의를 이끌어 나간다.

⑧ 강제로 참여하게 하는 경우 동기를 저하시킬 수 있으므로, 최대한 참여의 자율성을 보장한다.

⑨ 치열한 경쟁심리를 유발하기보다는 소속감을 높일 수 있는 긍정적인 스팟 강의를 설계한다.

⑩ 본 강의 내용 외 너무 많은 시간이 스팟 강의에 소요되지 않도록 주의한다.

⑪ 짧은 시간 내 간편하게 적용할 수 있고 최대의 참여를 이끌어 낼 수 있도록 한다.

4) 스팟 강의를 위한 강사의 역량

① 스팟강사는 체험과 학습을 통해 교육생들에게 배움을 제공할 수 있는 전문성을 갖춰야 한다.

② 품위 있는 언어를 활용해 교육생을 존중하며 진행한다.

③ 교육생의 흥미와 요구를 사전에 이해하고 효과적인 스팟 강의를 진행한다.

④ 유머 등을 활용하여 분위기를 향상시키는 방법이 효과적이나, 너무 많은 유머를 사용하는 것은 교육생의 관심을 저하시킬 수 있으므로 주의한다.

⑤ 교육생들의 표정이나 분위기를 예리하게 파악하는 통찰력과 이를 강의에 빠르게 적용할 수 있는 유연성과 결단력이 요구된다.

⑥ 교육생에게 흥미를 유발하고 참여를 이끌어 낼 수 있는 설득력이 필요하다.

⑦ 강사의 바르고 청결한 외적 이미지와 강의 시 바른 인품이 드러날 수 있도록 한다.

(2) 대상별 적용 및 활용

1) 청소년

① 청소년은 사춘기에서 성인에 이르는 과도기의 교육생을 폭넓게 지칭한다.

② 사춘기를 동반한 다양한 행동적·심리적 변화로 불안정성이 증가한다.

③ 딱딱한 전달식의 강의보다 참여형의 강의를 원한다.

④ 교육적인 내용과 연관 지어 강의를 진행하며 지나치게 분위기를 고조시키는 것은 피한다.

2) 성인

① 청소년기 이후 일반적인 청년기의 사람을 통칭한다.

② 자기 주도적이며 자신의 경험을 통하여 문제를 인식하고 해결하려는 경향이 있다.

③ 현실에서 맡고 있는 지위 때문에 생산적인 사람이 되고자 하는 열망이 있다.

④ 보여 주기 식 강의보다는 직접 활동에 참여할 수 있는 스팟 강의를 기획한다.

⑤ 인생의 경험을 반영하여 체득화가 가능한 스팟 강의를 실시한다.

⑥ 조직 내 원활한 커뮤니케이션이 가능하게 설계하고, 교양 있게 진행될 수 있도록 한다.

3) 중장년층

① 체력과 건강의 악화, 수입의 감소, 주변인들의 죽음 등으로 상실감에 직면하는 시기이다.

② 자존감을 회복시키고 보람 있는 생활을 영위할 수 있는 스팟 강의를 기획한다.

③ 저하된 신체 기능에 적합한 속도로 강의가 기획되어야 한다.

④ 개별적으로 장점을 드러내고 자신감을 표현할 수 있는 용도로 스팟 강의를 활용한다.

⑤ 스팟 강의가 진행되는 동안 소외되는 인원이 생기지 않도록 주의한다.

4) 기타 고려 사항

① 교육생의 성별을 고려하여 좋아하는 주제 및 내용을 선정하여 진행한다.

② 교육생의 학력을 고려하여 적절한 스팟 강의 내용을 기획하고, 때로는 마음이 상하는 단어나 발언을 하게 되지 않도록 주의한다.

③ 강의가 시작됨과 동시에 빠르게 분위기를 파악하여, 교육생의 감정을 고려한 스팟 강의를 진행해야 한다.

④ 교육생들의 직업과 직급을 고려하여 수준에 맞는 강의를 진행하며, 사소한 언행 등으로 불쾌감이 생기지 않도록 주의한다.

⑤ 교육생의 상태를 고려하여 편안한 상태에서 스팟 강의가 진행될 수 있도록 한다.

5) 스팟 강의 활용

① 강의 초반이나 중반, 박수를 활용하여 다양한 스팟 강의 진행이 가능하다
 - 예: 좌우로 박수치기, 리듬에 따라 박수치기 등

② 외부 진행 시 캠프파이어나 촛불의식 등의 감성을 자극하는 스팟 강의를 진행할 수 있다.

③ 웃음훈련을 활용하여 강의 분위기를 긍정적으로 고조시킬 수 있다.

④ 가위바위보나 퀴즈 내기 등의 형식을 통해 자발적인 참여를 이끌어 낼 수 있다.

⑤ 파워포인트 슬라이드나 대형 주사위 또는 기타 도구들을 활용하여 시각적으로 몰입할 수 있도록 하는 것도 효과적이다.

(3) 아이스 브레이킹의 이해 및 활용

1) 아이스 브레이킹이란?

① 보통 새로운 사람을 만났을 때에, 어색하고 서먹서먹한 분위기를 깨뜨리는 일을 의미한다.

② 액션러닝의 한 종류로 스팟 강의를 강의 초반 활용하기 위한 하나의 기법으로 활용된다.

③ 강의에 대한 몰입도 저하 시, 분위기 전환은 물론 몰입도를 높일 수 있다.

④ 교육생이 주도적인 강의의 흐름을 만들 수 있도록 한다.

⑤ 강의 초반 긴장된 상태를 완화하는 데 효과적이며, 서로를 알아 갈 수 있는 계기가 될 수 있다.

⑥ 강사와 교육생 간의 친밀감을 형성시킨다.

2) 아이스 브레이킹의 종류와 활용

① 교육생 간 서로에 대한 정보 공유가 거의 없는 경우, 서로를 알아 가는 과정에서 활용한다.

　－ 예: 서로를 인터뷰하기, 짝을 지어 그림을 그려 주며 질문하기, 자기소개하기 등

② 교육생 간 서로를 어느 정도 파악하고 있는 경우, 심도 있게 알아 갈 수 있는 내용을 활용한다.

　－ 예: 서로의 가치관을 인터뷰하기, 공통점 찾기 등

③ 교육생 상호 간 교류가 어려울 경우라면 게임 등을 활용한 아이스 브레이킹을 시도한다.

　－ 예: 초성게임, 빈칸에 들어갈 단어 찾기, 틀린 그림 찾기 등

④ 신체적인 활동이 필요한 경우 활발한 분위기 조성에 이를 적극 활용한다.

　－ 예: 몸으로 표현하여 맞추기, 조를 이동하며 인터뷰하기 등

⑤ 비대면 강의 시에도 적절한 아이스 브레이킹을 활용할 수 있다.

– 예: 시각/청각적 자료를 활용하여 소리 듣고 정답 맞추기 등

3) 아이스 브레이킹 진행 시 주의 사항

① 반드시 교육생 전원이 참여하는 활동이 되어야 한다.

② 강사보다는 참여하는 교육생이 주인공이 되어야 하며 목적과 대상이 분명하여야
한다.

③ 보통 강의 초기에 활용하여, 한 활동당 10분 이상 넘지 않도록 한다.

④ 시간(Time), 장소(Place), 상황(Occasion)을 고려하여 진행한다.

⑤ 가급적이면 강의의 주제와 연관되도록 진행한다.

⑥ 몇몇 교육생에게 집중되는 것이 아닌 최대한의 인원이 효과를 누릴 수 있도록 기획
한다.

⑦ 교육생 수를 고려하여 혼란 또는 사고를 예방할 수 있는 적절한 방법을 활용한다.

06 강의용 자료 제작 스킬

(1) 강의자료의 이해

강사가 전달하고자 하는 내용을 말로만 표현할 때보다도 시각화된 강의 자료를 보여주는 것이 강의 진행 및 정보 전달에 효과적이다. 한편, 다양한 도구들을 활용해 강의 자료를 제작할 수 있으며, 이때는 자료를 구성하는 요소들 또한 신경을 써야 한다.

(2) 강의자료 제작 도구 종류

구분	주요 내용
파워포인트 (Powerpoint)	• 프레젠테이션 시 가장 대중적으로 활용되는 도구 • 문서 입력 등의 간단한 작업 및 애니메이션 기술 활용, 영상 삽입 등이 가능 • 사용법이 비교적 쉬운 편이며, 활용법을 배울 수 있는 곳이 많음 • 최신 버전과 구 버전의 호환성이 낮기 때문에 설치된 버전 사전 확인 필요 • 호환되지 않을 경우를 대비해 필요한 영상 및 글꼴, 음악 등은 별도로 저장
키노트 (Key note)	• 애플이 개발한 프레젠테이션 프로그램으로 쉬운 활용법이 장점 • 차별화된 3차원 애니메이션 화면 전환 효과 사용 가능 • 다중 화면 지원, PDF, 퀵타임, PPT 등의 파일 형식으로 저장 가능 • 발표자와 청중이 보는 화면의 분리 가능 • 윈도우가 일반적인 PC 환경인 우리나라에서는 사용이 다소 불편
PDF	• 원본 문서의 글꼴, 서식, 이미지가 변형 없이 그대로 유지 • 파일 용량이 작고 여러 페이지를 한 개의 파일로 관리 가능 • 수정이 쉽지 않으며, 이미지를 스캔해 PDF로 저장한 경우 수정 자체가 불가능 • 동영상 활용 시 하이퍼링크를 통한 삽입만 가능

프레지 (Prezie)	• 클라우드 기반의 프레젠테이션 도구 • 인터넷을 통해 문서 작성 및 저장이 가능 • 확대와 축소가 가능하며, 다양한 애니메이션 효과 활용 가능 • 큰 화면에 모든 내용이 담겨 있는 상태에서 구획별로 들여다보는 방식으로 전개

(3) 가장 많이 활용하는 파워포인트

강의를 할 때 가장 많이 활용하는 제작 도구를 선택하라고 한다면 대부분 파워포인트라고 할 정도로 파워포인트는 강의에 있어서 거의 절대적이라고 할 수 있다. 파워포인트를 이용한 강의는 여러 가지 장점도 많은 반면 강사의 파워포인트 의존도가 높아진다는 단점도 존재한다. 파워포인트 강의에 대한 내용을 정리하자면 아래와 같다.

1) 파워포인트의 특징
① 시간 절약은 물론 빠르고 효과적인 강의 도구로 활용도가 높다.
② 발표 내용을 빠르게 수정하기 좋고 주석 또는 문서로 보관하기 용이하다.
③ 다양한 기능을 통해서 강사가 전달하고자 하는 메시지를 전달할 수 있도록 지원한다.
④ 시각적 효과는 물론 시각적 효과를 극대화하는 기능을 활용해 가독성을 높일 수 있다.
⑤ 문서를 파일 형태로 저장이 가능해 쉽게 공유할 수 있다.
⑥ 많은 내용을 요약 및 정리해서 개념화하기 쉽다.
⑦ 배우기 쉽고 다른 프로그램과의 연동이 쉽다(영상, 링크, 소리, 워드, 엑셀, 이미지 등).
⑧ 획일적인 슬라이드 모양과 프로젝트 기기가 반드시 있어야 강의가 가능하다.
⑨ 유인물 없이도 강의가 가능하기 때문에 효율적이고 편리하다.
⑩ 기본적인 서식이 제공되기 때문에 초보자라도 쉽게 프레젠테이션이 가능하다.

2) 파워포인트 강의의 문제점
파워포인트는 강의를 하는 강사에게 있어 가장 많이 활용되는 소프트웨어라고 할 수 있다. 일부 강사는 워드나 한글 또는 PDF파일을 그대로 사용하기도 하고 '프레지

(Prezi)' 또는 '키노트(Key note)'를 이용하기도 하지만 여전히 대부분의 강사들은 파워포인트를 활용해 강의를 한다. 문제는 강의를 할 때 파워포인트를 잘못 활용하는 경우가 많다는 것이다. 파워포인트는 분명 강의를 도와주는 훌륭한 도구임에는 틀림없지만 이를 활용하는 강사들의 잘못된 사용법으로 인해 문제점도 많은 것이 사실이다.

① 텍스트 중심의 슬라이드 구성으로 인해 몰입도나 집중도를 저하시킨다.

② 몰입이나 집중력이 저하되면 메시지나 정보에 대한 전달력과 이해력이 떨어진다.

③ 전달하고자 하는 핵심이 한눈에 보이지 않는다(전달하고자 메시지나 정보 파악의 어려움).

④ 슬라이드에 너무 많은 내용을 담고 있으며 시각적 구조화가 부족하다.

⑤ 내용보다는 시각적인 효과(꾸미기, 디자인)의 과다한 사용으로 강의 흐름을 방해한다.

⑥ 교육생의 시선이 강사가 아닌 화면에만 머물러 상호작용 및 교감이 이루어지는 데 한계가 있다.

3) 파워포인트로 강의 자료를 만들 때 주의 사항

파워포인트를 활용할 때 가장 주의할 것은 바로 가독성을 해치지 않는 것이다. 가독성이 떨어진다는 것은 강사가 전달하고자 하는 메시지를 방해하는 것과 동일한 의미다. 따라서 파워포인트를 활용해 강의자료를 만들 때는 아래 내용에 유의해서 작성해야 한다.

① 한 슬라이드에 너무 많은 내용을 집어넣지 말 것(짧고 간결하게 작성하는 것이 핵심)

② 너무 많은 그래프나 도표를 활용하지 말 것

③ 애니메이션 기능을 과도하게 사용하지 말 것

④ 글꼴은 2~3가지 정도가 적당하며 그 이상은 초과하지 말 것

⑤ 가독성을 고려한다면 고딕계열의 표준 글꼴을 활용할 것

⑥ 글자 크기는 너무 작거나 큰 것을 사용하지 말 것(본문 내용은 16~20pt가 적당)

⑦ 슬라이드 배경과 텍스트는 비슷한 색을 사용하지 말 것

⑧ 삽입된 그림이나 사진이 흐릿한 것은 사용하지 말 것

4) 파워포인트를 통한 강의 전략

① 꼭 파워포인트를 사용하여야 하는지 여부를 확인한다(필수가 아닌 선택 사항).

② 슬라이드 내용과 실제 강의 내용이 일치하도록 한다.

③ 슬라이드 내용을 그대로 읽는 것은 피한다.

④ 유연하고 효율적인 방식으로 강의를 진행한다.

⑤ 파워포인트에서 제공하는 핵심적인 기능은 반드시 알고 활용한다.

⑥ 강의 시 보조 자료(Print out)를 준비해서 배포한다.

⑦ 일방적인 강의가 아닌 소통적인 강의를 통해 참여를 독려한다.

⑧ 기술적인 문제나 돌발적인 상황에 대비한다.

⑨ 한 개의 슬라이드에는 한 개의 메시지만 전달한다.

⑩ 전달하고자 하는 콘텐츠 양의 균형을 맞춘다(글자 수, 글 간격, 소요되는 텍스트 줄 등).

(4) 실전 강의 자료 제작 스킬

1) 구조화의 원리

인과관계가 명확하지 않거나 연관성이 없는 내용들로 구성된 프레젠테이션, 사소한 원인을 가장 중요한 원인으로 만드는 등 논리 구조가 갖춰지지 않은 프레젠테이션은 메시지 전달력을 떨어뜨린다. 이로 인해 듣는 사람의 이해력 또한 저하되므로, 말하

[논리적 구조를 강화하는 피라미드 원칙]

고자 하는 내용을 분류한 뒤 구조화하는 것이 중요하다. 이에 관련 내용을 '그루핑'하고 '요약'한 뒤, 피라미드 형식으로 논리를 구조화해야 한다. 이때, 상위 레벨에 있는 메시지는 하위 계층의 메시지를 요약해야 하며, 같은 그룹 내의 메시지는 항상 동일한 종류여야 한다.

① 자신의 생각을 정리한 뒤, 이를 전개할 순서를 정한다.

② 각 그룹의 내용을 소제목 단위로 묶되, 소제목이 없는 경우 같은 내용을 담고 있는 의미 덩어리 단위를 그룹으로 활용한다.

③ 포스트잇에 각각의 슬라이드 및 소그룹을 포함하는 제목을 명사 + 동사 형태로 작성한다.

④ 화이트보드에 작성한 포스트잇을 배열한다.

⑤ 제목이 소그룹 모두를 포함하는지, 소그룹들이 같은 레벨인지 확인한다.

2) 시각화의 원리

모든 인지 기관 중에서도 사람이 가장 크게 의존하는 시각은 정보의 흡수 및 기억력에도 큰 영향을 미친다. 이에 프레젠테이션을 진행할 때에도 시각화된 자료의 활용을 통해 전달력과 이해도를 높일 수 있으며, 다음의 사항들을 고려해 시각화 자료를 제작하면 효과적이다.

① 배치

원리	세부 내용
근접성의 원리	• 연관 있는 텍스트 및 내용들을 물리적으로 가깝게 배열해 하나의 그룹으로 인지시킴.
정렬의 원리	• 슬라이드를 구성하는 텍스트, 사진, 도형과 같은 항목들을 가지런히 배치 • 전달하고자 하는 내용을 보다 효과적으로 제시.
반복의 원리	• 여러 번 사용되는 항목의 포맷, 폰트, 폰트 크기, 색상 등을 동일한 형태로 반복 사용 • 일관성과 통일성 및 가독성을 높임.
대조의 원리	• 중요한 항목의 폰트, 폰트 크기, 색상 등을 다른 항목과 다르게 함으로써 강조함.

② 색상

- 전체 프레젠테이션 내용 중 핵심 키워드에서 메인 색상을 뽑아낸다.
- 기업과 관련된 프레젠테이션은 로고 색상을 활용한다.
- 메인 색상과 보조 색상을 적절하게 활용한다.
- 한 번 활용한 색상은 처음부터 끝까지 활용한다.
- 본문 텍스트에는 무채색을, 중요한 단어에는 포인트 색상을 사용한다.

③ 폰트 활용

- 활용 폰트 종류는 2~3개가 적당하며, 제목, 부제목, 본문 등에 사용하는 폰트를 통일시킨다.
- 가독성을 떨어뜨리는 가늘고 복잡한 폰트의 사용은 지양한다.
- 그림자 서체는 눈을 피곤하게 만든다.
- 멀리 있는 사람도 글씨가 들어올 수 있도록 폰트 크기를 설정한다.

④ 이미지 활용

알맞은 이미지의 활용은 강의 내용에 대한 교육생의 이해를 높이고, 교육 내용이 오랫동안 기억에 남도록 한다. 또한, 전달하는 내용과 연관된 이미지를 사용할 때, 보다 강력하면서도 구체적인 의미가 전달된다.

무료 이미지 활용 사이트
– 언스플래쉬: https://unsplash.com – 픽사베이: https://pixabay.com/ko – 픽셀: https://www.pexels.com/ko-kr – 스탁업: https://stockup.sitebuilderreport.com – 스탁스냅: https://stocksnap.io

※ 위의 사이트에서 검색 후 나열되는 이미지 중, 유료 이미지가 포함되는 경우도 있으니 확인 뒤 활용해야 함

⑤ 픽토그램 활용

픽토그램은 그림이라는 뜻의 'Picto'와 전보를 뜻하는 'Telegram'의 합성어로, 의미 있는 내용을 시각화해 전하고자 하는 내용을 그림으로 전달할 수 있다. 사물, 시설, 행

동 등 상징적인 이미지가 필요할 때 활용하면 좋다.

⑥ 동영상 자료 활용

　– 활용하고자 하는 동영상 자료가 강의 내용에 부합하는지 확인한다.

　– 음향 시설을 갖춘 강의장에서 활용해야 한다.

　– 동영상 자료의 재생 시간이 너무 길 경우 편집해서 사용한다.

　– 동영상 자료는 강의 내용을 강조하거나 교육생의 이해를 돕기 위한 도구로만 사용
한다.

⑦ 통계 자료 및 수치 활용

강의 내용에 타당성을 더하는 통계 및 수치 자료들은 이미지로 제시했을 때 정보 전달
효과가 커진다. 구체적인 수치를 언급해야 하는 경우 숫자를 화면에 그대로 제시하는
형식이 아닌 막대그래프를 활용해 자료를 제시할 때, 전달력이 높아진다.

3) 강의 자료 제작 시 주의 사항

① 강의를 듣는 교육생들의 특성을 고려해 제작한다.

② 너무 많은 정보를 한 화면에 담지 않으며, 핵심 단어 및 문장 위주로 구성한다.

③ 애니메이션 효과의 지나친 사용 및 통일감 없는 폰트, 색상 사용에 주의한다.

④ 저작권이 문제되지 않는 이미지, 영상, 음원 등을 활용한다.

⑤ 이미지가 깨져 보일 수 있으므로, 고해상도의 이미지를 활용한다.

⑥ 이미지의 경우 저작권 문제가 없고, 재사용이 가능한 것만을 활용한다.

⑦ 한 화면에 대범하게 느껴질 정도의 여백을 두고, 담을 내용이 많다면 과감히 화면
을 분리한다.

⑧ 지나치게 복잡한 도표와 그래프의 사용은 지양한다.

4) 텍스트가 많은 강의 자료 작성 팁

강의 자료를 만들다 보면 텍스트가 많은 경우가 있다. 일반적인 강의면 괜찮지만 직무
교육이나 역량강의 중에서도 특히 상품이나 서비스 또는 업무 처리 방법이나 절차를

설명하거나 법규 또는 규정을 다루는 강의 자료라면 텍스트가 많을 수밖에 없다. 이러한 콘텐츠들은 스토리 구성도 쉽지 않고 강의 자료를 단순하고 간결하게 만들기 어렵다. 시각적인 측면에서도 뛰어나지도 않고 가독성도 떨어진다. 그렇지만 텍스트가 많은 강의 자료도 몇 가지 원칙을 지키면 좀 더 보기 좋게 만들 수 있다. 아래는 텍스트가 많은 강의 자료 작성 시 지켜야 할 원칙들이다.

① 전체 내용을 파악하고 이를 그룹화한다

② 길고 복잡한 문장의 경우 유사한 내용끼리는 묶어서 분류한다.

③ 대중소로 분류하는 기준은 문장의 내용에 따라 인과관계 또는 상하관계로 구분한다.

④ 전체 내용 중 핵심이 되는 내용이 제목이 되며 하부 구성 내용이 제목의 구성 요소가 된다.

　- 대-중-소분류 or 대-중분류

　- 대제목-소제목-하위 내용

　- 제목-하위 내용

⑤ 길고 복잡한 문장의 경우 최소 정보 단위로 분류해서 요약 · 정리한다.

⑥ 불필요한 미사여구를 제거하고 핵심 키워드 중심으로 작성한다.

⑦ 서술형이 아닌 짧고 간결한 느낌이 들도록 명사형으로 어미를 통일한다.

⑧ 긴 텍스트에서 강조하고자 하는 문장이나 내용은 기호 또는 부호 및 도형 등을 활용한다.

⑨ 완성된 내용을 보고 추가로 요약 및 압축할 수 있는지 여부를 확인한다.

⑩ 내용이 주어진 범위를 초과하여 보기 좋지 않을 경우 글꼴을 변경하거나 글 간격을 조절한다.

5) 강의 자료 전개 순서에 따른 프레젠테이션

① 강의 제목은 강의 주제에 맞춰 다양한 형식을 활용해 이목을 끌 수 있는 제목으로 정한다.

② 강사 소개의 경우 강사의 이력 및 경험, 어떤 이유로 교육생들을 만나게 되었는지

등을 소개하며 교육생들과의 라포르를 형성한다.

③ 강의 소개는 본격적인 강의 전 진행 방식, 강의 내용에 대한 간략한 소개를 하는 단계로 교육생들의 흥미를 유발해야 한다.

④ 강의 진행 전 휴대폰 무음 전환, 강의 내용 사진 촬영 금지 등의 주의 사항 등을 전달한다.

⑤ 본론은 핵심 키워드를 활용해 스토리라인을 만든 뒤, 순서에 맞게 화면을 구성한다.

⑥ 화면 구성 시 지나친 애니메이션 활용 및 색상 활용은 지양하며 중요한 내용은 포인트 색상을 활용해 강조한다.

⑦ 너무 많은 내용이 한 슬라이드에 담기지 않도록 주의한다.

⑧ 내용 요약의 경우 중요했던 내용과 관련 있는 단어들을 나열하거나, 핵심 내용 관련 퀴즈, 빙고 등을 활용해 교육생들이 한 번 더 강의 내용을 상기할 수 있도록 한다.

⑨ 마무리 단계에서는 질의 응답 및 교육생의 소감을 나누는 시간을 갖는다.

⑩ 강의를 마칠 때에는 끝인사 뒤 강의가 종료되었음을 명확하게 알린다.

01. 교수기법에 대한 설명으로 바르지 않은 것은?

　① '교수기법'은 강사가 교육생에게 교육 내용을 효과적으로 전달하기 위한 방법이다.

　② 협의로는 학습 목표나 목적을 달성하기 위한 과정과 절차를 의미한다.

　③ 교육이나 강의 목표를 성취하기 위해 강사가 다양한 방법을 적용하는 것을 의미한다.

　④ 교수 방법을 실제 강의 상황에 적용할 때 이루어지는 세부 사항이나 구체적인 기술이다.

| 해설: 교수기법을 학습 목표나 목적을 달성하기 위한 과정과 절차로 정의하는 것은 광의에 해당한다.

02. 교수기법을 효과적으로 강화하기 위한 지침으로 알맞은 것은?

　① 교육생이 재미있어 한다면 강의의 방향성과 순서를 정하는 것은 중요하지 않다.

　② 시청각 자료 등의 활용으로는 강의의 효율성과 효과를 높일 수 없다.

　③ 교수기법 활용 시 교육생의 참여를 유도할 수 있는 전략이나 방법을 고려한다.

　④ 교육 대상자보다는 강사에게 쉬운 교수기법을 고려하여 강의를 진행한다.

03. 교수기법 선택 기준으로 바르지 않은 것은?

　① 강의 목표 및 목적을 달성하기에 적합한 교수기법을 선택한다.

　② 강의실 크기, 책상의 배열, 개별 활동 공간 등의 물리적인 환경을 고려한다.

　③ 강의를 하는 데 필요한 도구 활용이나 수급 가능성 등은 크게 고려하지 않아도 된다.

　④ 강사가 해당 내용을 가지고 강의를 할 수 있는지 또한 고려되어야 한다.

04. '강의식' 교수기법에 대한 설명으로 바르지 않은 것은?

　① 주로 해석이나 설명을 통해 이루어지며, 짧은 시간에 많은 내용을 전달할 수 있다.

　② 다른 교수법보다 저비용이며 별다른 시설이나 매체 없이도 가능하다.

③ 집중할 수 있는 시간이 참여형보다는 길며 제한적이지 않다.

④ 강의 내용에 대해 강사가 보충, 가감, 삭제하는 것이 비교적 용이하다.

| 해설: 강의식 교수기법의 경우 집중할 수 있는 시간이 참여형보다 짧으며, 제한적이다.

05. 교수기법 중 '팀티칭'에 대한 설명으로 올바른 것은?

① 지식과 정보는 물론, 경험을 체계적이고 논리적으로 전달하는 데 효과적이다.

② 교육생의 참여가 제한적이어서 몰입도, 성과, 교육 효과가 가장 낮다.

③ 운영 방식에 따라 교육생의 적극적이고 자발적인 참여 유도가 가능하다.

④ 복수의 강사가 강의를 진행해 교육에 대한 흥미와 지속적인 동기 유발 및 유지가 가능하다.

| 해설: ①, ②번은 강의식, ③번은 토의법에 해당한다.

06. '문제중심학습법(PBL)'에 대한 설명으로 바르지 않은 것은?

① 문제를 제시하고 문제를 해결하는 데 필요한 것을 결정하는 사람은 강사이다.

② 교육생은 문제를 해결하는 사람으로 학습에 참여하며, 좋은 해결책 제시를 위해 많은 정보와 지식들을 다룬다.

③ 강사는 성공적인 강의를 위해 '좋은 문제를 개발'하고 전체적인 수업 과정을 설계한다.

④ 문제 중심 학습법의 핵심은 시나리오이며, 강의 중 해결해야 할 문제를 시나리오 형태로 작성한다.

| 해설: 문제중심학습법(PBL)에서 문제를 제시하고 문제를 해결하는 데 필요한 것을 결정하는 사람은 교육생이다.

07. '액션러닝(Action learning)'에 대한 설명으로 바르지 않은 것은?

① 문제중심학습법(PBL)이 '행동'을 강조하는 반면, 액션러닝은 '문제 해결' 중심이다.

② 조직의 경영상 요구를 만족시키는 것과 개인이나 팀을 개발시키는 것을 동시에 달성하는 방법이다.

③ 강사액션 러닝의 목표는 현장의 문제를 주제로 선정해 해결책을 발견하는 것이다.

④ 정해진 시간 동안 팀 활용을 통해 대안을 모색하고, 강사와 함께 문제 해결 기법, 커뮤니케이션 스킬 등의 기술을 활용해 토론 및 해결 대안 개발을 모색한다.

| 해설: 액션러닝(Action learning)이 '행동'을 강조하는 반면, 문제중심학습법(PBL)은 '문제 해결' 중심이다.

08. 아래의 설명은 어떤 교수기법에 해당하는가?

• 두 가지 이상의 학습 방법이 갖는 장점을 활용해 학습 효과를 극대화하는 교수기법이다.

• 공간(오프라인, 온라인)의 통합을 통한 실전 연계가 가능해 지속적인 학습이 가능하다.

• 주제나 학습 수준에 따라 학습 방식을 선택할 수 있으며, 개인 맞춤형 학습을 제공한다.

• 주입식이나 일방향이 아닌, 교육생의 적극적인 참여가 가능하며 협업이 가능한 쌍방향 강의 방식이다.

① 블렌디드 러닝(Blended learning)

② 마이크로 러닝(Micro learning)

③ 플립 러닝(Flip learning)

④ 사례 연구법(Case study)

09. 플립러닝(Flip learning)에 대한 설명으로 올바른 것은?

① 오프라인 강의 이후에는 집중도를 높일 수 있는 환경에서의 복습이 필요하다.

② 주제나 학습 수준에 따라 학습 방식을 선택할 수 있고, 개인 맞춤형 학습을 제공한다.

③ 학습 방법으로 온라인을 활용할 경우 수업의 질이 저하될 수 있다.

④ 교육생은 사례 연구 결과를 요약 및 발표하며, 강사는 해당 결과에 대해 피드백한다.

| 해설: ②, ③번은 블렌디드 러닝(Blended learning), ④번은 사례연구법에 해당한다.

10. 게이미피케이션(Gamification) 교수기법에 대한 설명으로 바르지 않은 것은?

① 게임의 부분적 요소를 사용해 교육 참여, 동기부여, 학습 촉진 및 문제를 해결하는 방식이다.

② 콘텐츠 설계 시 고려해야 할 것은 '교육 경험 목표', '게임 과정상 활동', '결과와 평가' 이다.

③ 기획부터 진행까지 강사가 직접 참여해야 하나, 미션 수행이 반드시 교육적 메시지로 연결되어야 하는 것은 아니다.

④ 어떤 효과를 낼 수 있는지에 대한 고민과 함께 강의 내용에 부합하는 게임을 선정한다.

| 해설: 게이미피케이션 교수기법에서 미션 수행은 반드시 교육적 메시지로 연결되어야 한다.

11. 아래의 설명은 어떤 교수기법에 해당하는가?

• 비교적 짧은 5~7분 분량의 콘텐츠를 활용하는 학습 방식
• 이미지, 텍스트, 동영상, 인포그래픽 등 다양한 콘텐츠 도구로 1가지 개념을 학습하는 방식
• 핵심 전략은 즉각적이고(Speed), 효과적이며(Effective), 한입 크기의 짧은 분량(Short(Bite-sized))
• 주입식이나 일방향이 아닌, 교육생의 적극적인 참여가 가능하며 협업이 가능한 쌍방향 강의 방식

① 게이미피케이션(Gamification) ② 마이크로 러닝(Micro learning)
③ 플립 러닝(Flip learning) ④ 문제중심학습법(PBL)

12. 강의에서 스토리텔링이 필요한 이유로 바르지 않은 것은?

① 스토리를 통해 정보를 맥락적으로 전달함으로써 학습 내용과 가상의 공간의 연계를 보여 준다.

② 개인화·일상화된 정보 제공으로 교육생의 경험과 전달 메시지 간의 연계성을 높인다.

③ 교육생의 상상력을 자극해 흥미를 가질 수 있도록 하고 몰입, 집중, 참여를 촉진시킨다.

④ 실제 세계의 갈등, 딜레마, 미스터리 등을 반영하므로 전달 내용이 가지는 추상성을 구체적으로 체험하게 한다.

| 해설: 스토리를 통한 맥락적인 정보 전달은 학습 내용과 현실 공간의 연계를 보여 준다.

13. 스토리텔링 시의 주의 사항으로 알맞지 않은 것은?

① 이야기 목적 및 교육생에게 기대되는 행동에 대한 명확한 메시지가 있어야 한다.

② 클라이맥스 부분은 강한 어조로 전달하고, 중요 부분에서는 잠시 멈춰 몰입도를 높인다.

③ 같은 이야기라도 대상자에 따라 조금씩 다르게 이야기한다.

④ 극적인 이야기 연출을 위해 많은 요소를 가미하는 것은 스토리텔링의 효과를 높여 준다.

| 해설: 극적인 이야기를 위해 너무 많은 요소를 가미하면 진실에 대한 의구심이 생길 수 있다.

14. 강의 도입 단계에서 이루어져야 할 활동으로 바르지 않은 것은?

① 강사와 교육생 간 신뢰 형성은 물론 강의 분위기를 조성한다.

② 인사와 함께 강사 소개를 하며, 강의와 관련한 계획과 지켜야 할 규칙을 공유한다.

③ 전문성 부각을 위해 자신이 수행한 프로젝트나 학위, 자격증에 대한 설명을 장황하

게 한다.

④ 강의 주제와 관련해 교육생들의 현황이나 수준을 파악한다.

| 해설: 강사에 대한 소개 시 자화자찬이 되지 않도록 장황한 설명은 피한다.

15. 아래 내용은 도입 단계의 어느 활동에 해당하는 것인가?

- 교육생이 비교적 쉽게 대답할 수 있는 질문으로 부드러운 분위기와 친근감을 형성한다.
- 교육생이 흥미를 가질 수 있는 현재 트렌드 관련 이슈를 활용한다.
- 적절한 일화, 예화, 인용, 행동 유도, 극적이고 재미있는 상황 연출 등을 통해 교육생의 주의를 이끈다.
- 첫인상을 강하게 심어줄 독특한 자기 소개를 준비한다.

① 긴장감 제거 및 흥미 유발   ② 라포르(Rapport) 형성

③ 교육생 동기 부여   ④ 교육생 참여 유도

16. 라포르(Rapport) 형성과 관련된 설명으로 알맞지 않은 것은?

① 라포르(Rapport)란 상대와 자신의 마음에 다리가 놓인 것처럼 통하는 감정 상태를 의미한다.

② 교육생이 강사에게 긍정적인 감정을 느끼지 못하더라도, 교육 내용이 좋다면 강의 효과는 좋다.

③ 교육생과 강사 간 라포르 형성은 긍정적인 감정 교류를 돕는다.

④ 긍정적인 감정과 결합된 기억은 장기 기억이 되며, 교육생의 변화를 이끄는 원동력이 된다.

| 해설: 교육생이 강사에게 긍정적인 감정을 느끼지 못할 경우 강의 효과가 반감되므로, 교육생과 강사 간 라포르 형성은 추후 강의의 성공을 판가름 짓는 매우 중요한 요소이다.

17. 교육생을 동기부여 하는 방법으로 알맞지 않은 것은?

　① 강의 전개 과정에서 학습에 대한 호기심과 필요성을 인식시켜 학습 동기를 유발한다.

　② 흥미 유발을 위해 교육생의 가려운 곳(고민거리)을 언급한다.

　③ 학습을 하지 않을 경우 겪게 되는 문제(불이익)에 대해 알려 준다.

　④ 교육생이 강의를 들은 뒤 얻을 수 있는 이익에 대해 설명한다.

| 해설: 강의 초기(도입 단계)에서 학습에 대한 호기심과 필요성을 인식시켜 학습 동기를 유발한다.

18. 교육생의 동기 유발 구성 요소 중 '주의 집중' 관련 내용으로 바르지 않은 것은?

　① 교육생의 지적인 호기심을 유발해 학습 동안 지속적인 관심을 유지시킴

　② 외적 보상 및 긍정적 피드백을 통한 결과에 대한 보상

　③ 질의응답, 문제 제시를 통한 탐구적 주의 환기

　④ 강의 형태, 교안 디자인 변화 등의 다양성 추구를 통한 관심 유지

| 해설: ②번은 동기 유발 구성 요소 중 '만족감'에 해당되는 내용이다.

19. 효과적인 교육을 위해 '전개 단계'에서 이루어져야 하는 활동으로 알맞지 않은 것은?

　① 단순한 지식 전달보다는 다양한 활동과 소통을 통해 교육생의 강의 참여도를 높인다.

　② 강의와 관련한 다양한 시각화된 자료, 구체적인 사례 인용, 실적 또는 근거, 예시 및 각종 통계자료, 시뮬레이션을 활용하여 이해를 높인다.

　③ 강의에 대한 이해도는 물론 참여도를 높이기 위해 실습이나 결과 도출을 위한 활동을 할 때 강사는 MBWA(Monitoring By Walking Around)를 실시한다(피드백 병행).

　④ 규모가 큰 강의일 경우 강의의 효율성을 위해 전체 피드백만 주는 것이 바람직하다.

| 해설: 규모가 큰 강의일 경우 개별 피드백과 전체 피드백을 적절히 혼용하여 진행한다.

20. 교육생의 사전학습 수준 확인 시 고려해야 하는 사항으로 알맞지 않은 것은?

① 교육생이 해당 강의를 위해 사전에 숙달해야 하는 지식 또는 기능, 경험을 점검한다.

② 보통 질문이나 퀴즈로 사전학습 수준을 확인한다.

③ 사전 학습이 필요한 강의가 아니라면 생략해도 무방하다.

④ 사전에 알려 준 내용을 토대로 지적하거나 회상시키는 노력 등은 반드시 필요한 것은 아니다.

21. 강의 내용 설명 시 고려해야 하는 사항으로 알맞지 않은 것은?

① 강의 도중 수행해야 할 활동이나 과제와 관련해 어떤 기법을 사용할 것인지 제시한다.

② 활동 및 과제를 적절히 수행할 수 있도록 관련 정보를 제공한다(과제 수행에 대한 규칙).

③ 관련된 강의 내용(지식, 정보)이 유의미하게 기억될 수 있도록 하는 데 초점을 맞춘다.

④ 배운 내용을 시연하거나 퀴즈, 문제 풀기 등의 기회 제공을 통해 참여 유도가 가능하다.

| 해설: ④번은 강의 참여 유도 시 고려해야 하는 내용이다.

22. 수행 결과 평가와 관련해 알맞지 않은 것은?

① 다음 단계로의 학습 가능 여부를 결정하기 위해 평가를 실시한다.

② 교육생을 대상으로 강의 목표에 도달했는지 여부나 성취도를 측정한다.

③ 교육생이 제대로 이해했는지 여부가 중요하며 배운 내용을 시연 또는 시범을 요구한다.

④ 교육생이 학습 내용을 암기하고 있는지 여부를 점검한다.

23. 강의 진행 시 '9가지 교수사태'에 따른 순서 중 아래 ⓐ와 ⓑ에 알맞은 활동은?

> 주의 집중 → 강의 목표 제시 → (　ⓐ　) → 흥미 유발 자료 제시 → 강의 내용 설명
> → 강의 관련 활동 참여 유도 → (　ⓑ　) → 수행 결과 평가 → 파지와 전이 증진시키기

　① ⓐ 사전학습 수준 확인　　　　　　ⓑ 분석 및 리뷰

　② ⓐ 교육생의 의지 확인　　　　　　ⓑ 피드백 제공

　③ ⓐ 사전학습 수준 확인　　　　　　ⓑ 피드백 제공

　④ ⓐ 교육생의 의지 확인　　　　　　ⓑ 분석 및 리뷰

24. 강의 순서의 단계 중 성격이 다른 하나는 무엇인가?

　① 흥미를 유발하는 자료 제시하기

　② 강의와 관련한 활동 참여 유도하기

　③ 강의 목표를 제시하기

　④ 사전학습 수준 확인하기

| 해설: '강의와 관련한 활동 참여 유도하기'는 강의 전개 단계의 활동이고 나머지는 강의 도입 단계 활동이라고 할 수 있다.

25. 파지와 전이를 증진시키는 것과 관련한 내용으로 알맞은 것은?

　① 전이(轉移)란 경험에서 얻은 정보를 유지하는 활동이라고 할 수 있으며 기억하고 있
　　는 것 중에서 재생되는 것을 의미한다.

　② 파지(把持)란 학습한 내용을 다양한 상황에 적용하여 사용하는 것을 의미하며 다른
　　말로 '적용'또는 '활용'이라는 말로 대체할 수 있다.

　③ 마지막 단계인 파지와 전이 증진시키기의 핵심은 분석과 점검이라고 할 수 있다.

　④ 반복 또는 적용 그리고 자료를 다시 점검하는 활동은 기억을 강화하는 데 도움을 준다.

| 해설: ①번은 파지, ②번은 전이와 관련된 내용이다. ③번, 파지와 전이 증진시키기의 핵심은 반복과 적용이라
　고 할 수 있다.

26. 아래의 내용은 강사들이 강의 시 자주 저지르는 오류 중 어떤 부분에 해당하는가?

- 강사 자신도 모르게 추측해 발생하는 인식적 편견이다.
- 전문적인 정보를 많이 가진 강사일수록 교육생들이 기본적으로 알고 있을 것이라 생각하는 오류이다.
- 교육생이 강의에 대한 흥미를 저하시키는 직접적인 원인으로 작용한다.
- 교육생의 수준을 파악하지 못하고 강의를 진행할 때 자주 발생한다.

① 내현 성격 이론

② 지식의 저주

③ 소박한 현실론

④ 투명성 과장 오류

27. 강사들이 강의 시 자주 저지르는 오류 중 투명성 과장 오류와 관련된 내용으로 알맞은 것은?

① 해당 수준 정도의 지식은 갖추고 있을 것이라고 착각이나 오해를 하는 경우 발생한다.

② 자신의 행동이나 의견이 가장 보편, 타당하게 받아들여지는 '상식'이라고 생각한다.

③ 교육생의 성격이나 단편적인 행동을 놓고 확대 해석할 경우 예상치 못한 오해가 발생한다.

④ 사전에 설명이나 표현을 하지 않아도 자신의 의도나 생각을 교육생이 알 것이라고 착각할 경우 발생하는 오류이다.

| 해설: ①번은 지식의 저주, ②번은 소박한 현실론, ③번은 내현 성격 이론에 해당한다.

28. 강의 효과를 높이기 위한 실전 방법으로 알맞지 않은 것은?

① 자신이 전달하고 싶은 메시지를 지속적으로 반복하여 설명하는 강조화법을 활용한다.

② 핵심 내용을 2~3회 반복해서 말하며, 통일감이 느껴지도록 어미 또는 조사를 반복

사용한다.

③ 해당 내용을 단순히 텍스트만이 아닌 시각화된 자료, 영상을 통해 반복적으로 인지시킨다.

④ 교육생이 직접 기억할 수 있도록 강의 내용을 요약·설명하게 하거나 퀴즈를 내는 것도 좋다.

| 해설: 어미 또는 조사의 변화를 통해 단조로움을 극복하는 것이 중요하다.

29. 강의 시 효과적으로 지식이나 정보를 전달하기 위한 방법으로 알맞지 않은 것은?

① '지식 및 정보 전달'이라는 목적에 부합할 수 있도록 전문적인 용어를 사용한다.

② 지식이나 정보가 중심이 되게 하려면 잦은 움직임은 자제하고 정보를 전달하는 데 집중한다.

③ 지식이나 정보 전달 과정에서 지루함을 해소시킬 수 있는 방법을 주기적으로 활용한다.

④ 이해하기 쉽게 설명하고 주의할 점이나 기타 명확하지 않은 부분에 대해서는 질문하게 한다.

| 해설: 전문용어 및 난해한 개념 사용은 지양하며, 친숙하고 쉬운 용어를 사용한다.

30. 강의 시의 질문 활용법에 대한 설명으로 알맞은 것은?

① 손을 드는 동작을 유도할 때는 "손 들어 보세요"라는 멘트만 활용하는 것이 좋다.

② 개인에게 질문한 뒤 모두에게 질문하는 방식을 택한다.

③ "네", "아니오"로 답할 수 있는 질문보다는 열린 답변을 할 수 있는 어려운 질문이 좋다.

④ 강사와 교육생 간 라포르(Rapport)가 형성되지 않은 상태에서 질문을 활용할 경우, 분위기를 어색하게 만들 수 있음을 인지한다.

31. 강의 시 질문에 제대로 답변하는 방법에 대한 설명으로 알맞지 않은 것은?

① 강의를 준비할 때 미리 질문할 수 있는 내용과 답변을 준비한다(예상 질의 및 답변 준비).

② 질문을 하는 교육생의 말을 경청한 뒤, 칭찬을 건넨 이후 받은 질문 내용을 반복한다.

③ 시간이 촉박하거나 질문이 많으면 한꺼번에 받아 중복된 질문이나 유사한 것들은 한 번에 묶어 답변한다.

④ 질문에 대한 답변을 하기 어려운 상황일 경우, 전문성이 결여되어 보이지 않도록 최대한 아는 지식을 동원한다.

| 해설: 질문에 대한 답변을 하지 못할 경우 혹시 교육생들 중 해당 내용에 대해 알고 있는 사람이 있는지 물어보거나, 향후 메일이나 전화로 알려 주겠다고 솔직하게 대처한다.

32. 질문 대응 프로세스 중 '답변' 순서에 대한 내용으로 알맞지 않은 것은?

① 질문과 관련된 내용은 짧고 간단명료하게 답변한다.

② 전체 교육생보다는 질문한 교육생에게 집중해 답변한다.

③ 질문에 대한 답변이 정보 전달이라면 연역적으로 설명한다.

④ 모를 경우 인정 후 휴식 시간이나 강의 종료 후 메일이나 전화로 해결한다.

| 해설: 답변은 질문한 교육생뿐만 아니라 전체 교육생을 대상으로 한다.

33. 강사가 지켜야 하는 스피치의 기본 원칙으로 알맞은 것은?

① 교육생 규모와 관계없이 항상 뒷좌석에 위치한 교육생이 들릴 정도의 목소리 크기를 유지한다.

② 강의 시작 이후 시간이 흐를수록 목소리 크기를 키우는 것이 좋다.

③ 평소 대화할 때의 목소리와 강의 시의 목소리를 구분 지어 사용한다.

④ 말이 너무 빠르면 제대로 알아듣기 어려우므로 의미가 잘 전달되는 속도로 말하는 것이 좋다.

34. 언어적 커뮤니케이션 활용 방법으로 알맞지 않은 것은?

　　① 강의 장소, 교육생 수, 마이크 사용 여부 등에 따라 적절한 목소리 크기를 설정한다.

　　② 억양이 많을수록 설득력이 생기며, 지루하지 않고 생동감 있는 강의가 된다.

　　③ 한 음절 한 음절을 또박또박 말하려고 노력하며, 발음이 어려운 단어일수록 천천히
　　　　말한다.

　　④ 시간이 부족할 경우 교육생들에게 양해를 구하고 강의 내용을 빠짐없이 전달한다.

| 해설: 시간이 부족할 경우 내용을 과감히 포기하거나 교육생들에게 양해를 구한다.

35. 비언어적 커뮤니케이션 방법으로 알맞지 않은 것은?

　　① 다양한 표정을 지을수록 교육생에게 다양한 메시지가 전달된다.

　　② 스크린을 활용해 강의할 경우 스크린 정면으로 선다.

　　③ 비교적 넓은 장소에서 많은 교육생들과 눈맞춤 해야 하는 경우 공간을 4개 정도로 나
　　　　눈 뒤, 시선을 앞뒤와 양옆으로 옮긴다.

　　④ 앞뒤로 빠르게 반복해서 이동하는 경우, 교육생의 주의를 산만하게 할 수 있으므로
　　　　주의한다.

| 해설: 스크린을 활용해 강의할 경우 스크린 정면에서 조금 비스듬히 선다.

36. 강의 시 올바른 제스처 활용법으로 알맞지 않은 것은?

　　① 제스처는 강사의 의도나 강의 내용과 일치하여야 한다.

　　② 제스처는 방향 지시, 중요한 부분의 강조, 숫자를 셀 때, 의견을 물을 때, 새로운 의
　　　　견을 제시할 때, 전달하는 내용에 신뢰감을 더하고 싶을 때 사용하면 좋다.

　　③ 강의 내용에 포함된 단어나 구절 등을 강조할 때 사용한다.

　　④ 강의 시 일관성이 느껴지도록 동일한 제스처를 사용한다.

| 해설: 동일한 제스처의 지나친 사용에 주의하며, 보는 사람이 거부감을 갖지 않도록 최대한 자연스럽게 사용해
　야 한다.

37. 강의 불안증 극복 방법으로 알맞지 않은 것은?

① 가장 기본적이지만 강의에 대해 철저히 준비하고 충분한 연습을 한다.

② 사람들 앞에 설 기회가 생길 때마다 마이크를 잡아 순발력을 키우고 경험을 쌓는다.

③ 강의 도입 부분이 가장 많이 긴장되고 불안의 시발점이 되므로 많은 연습을 할애한다.

④ 거울 또는 셀프 녹화를 통한 연습은 피하고, 많은 사람들 앞에 서는 기회를 가지려고 노력한다.

| 해설: 용기가 나지 않을 경우 거울 또는 셀프 녹화를 통해 하는 연습도 도움이 된다.

38. 강의시연의 목적으로 알맞은 것은?

① 강의에 필요한 지식, 기술, 태도 등에 대한 주관적인 분석

② 실제 상황과 동일한 상황에서 강의가 이루어져 돌발 상황에서의 대처 가능

③ 강의를 통해 모방, 관찰, 피드백, 분석 및 개념화를 통해 평면적 교육 가능

④ 강의 시 잘된 것과 그렇지 않은 부분을 사전에 파악하여 향후 체계적인 강의 가능

39. 강의시연 후 피드백을 잘 받아들이는 방법으로 알맞지 않은 것은?

① 피드백에 따른 자신의 감정을 온전히 받아들인다.

② 최대한 주관적인 사실과 근거로 자신을 객관화하는 것이 중요(내부: 자기 자신이 스스로 평가).

③ 평가 결과 및 피드백을 근거로 지인이나 전문가에게 조언을 구하기(외부: 타인에 의한 평가)

④ 외부 평가를 통한 객관화를 근거로 부족하거나 개선해야 할 점이 무엇인지 정리할 것

| 해설: 주관적인 기준이 아닌, 최대한 객관적인 사실과 근거로 자신을 객관화하는 것이 중요하다.

40. 스팟(Spot) 강의 시의 주의 사항으로 알맞지 않은 것은?

① 사용하려는 스팟(Spot) 기법이 학습 목표와 관련성이 있는지 확인한다.

② 교육생의 만족도가 높을지 고려하여 설계한다.

③ 교육생의 참여도가 높을수록 효과적이므로, 강제적인 참여 유도가 필요하다.

④ 경쟁심리를 유발하기보다는 소속감을 높일 수 있는 긍정적인 스팟(Spot) 강의를 설계한다.

| 해설: 강제로 참여하게 하는 경우 동기를 저하시킬 수 있으므로, 최대한 참여에의 자율성을 보장한다.

41. 중장년층을 대상으로 한 스팟(Spot) 강의 진행 시의 주의 사항으로 알맞지 않은 것은?

① 체력과 건강의 악화, 수입의 감소, 주변인들의 죽음 등으로 상실감에 직면하는 시기이다.

② 자존감을 회복시키고 보람 있는 생활을 영위할 수 있는 스팟(Spot) 강의를 기획한다.

③ 저하된 신체기능에 적합한 속도로 강의가 기획되어야 한다.

④ 인생의 경험을 반영하여 체득화가 가능한 스팟(Spot) 강의를 실시한다.

| 해설: ④번은 성인을 대상으로 하는 스팟(Spot) 강의 진행 시의 주의 사항에 해당한다.

42. 아이스 브레이킹(Ice Breaking)에 대한 설명으로 알맞지 않은 것은?

① 보통 새로운 사람을 만났을 때에, 어색하고 서먹서먹한 분위기를 깨뜨리는 일을 의미한다.

② 액션러닝의 한 종류로 스팟(Spot) 강의를 강의 초반에 활용하기 위한 하나의 기법으로 활용된다.

③ 강의 중반 교육생들의 긴장된 상태를 완화하는 데 효과적이며, 서로를 알아 갈 수 있는 계기가 될 수 있다.

④ 강의에 대한 몰입도 저하 시, 분위기를 변화시키고 교육생들의 몰입도를 높일 수 있는 계기가 될 수 있다.

| 해설: 아이스 브레이킹(Ice Breaking)은 강의 초기에 사용되는 기법이다.

43. 파워포인트로 강의 자료를 만들 때의 주의 사항으로 알맞은 것은?

① 슬라이드에는 많은 내용이 담길수록 좋다.

② 강의의 효과성을 위해 애니메이션 기능을 최대한 많이 활용한다.

③ 슬라이드 내 사용하는 글꼴은 2~3가지 정도가 적당하다.

④ 통일성을 위해 슬라이드 배경과 텍스트는 비슷한 색을 사용한다.

44. 강의 자료 제작 시의 주의 사항으로 알맞지 않은 것은?

① 강의를 듣는 교육생들의 특성을 고려해 제작한다.

② 강의의 핵심 내용을 표현하는 단어 및 문장 위주로 구성한다.

③ 애니메이션 효과의 지나친 사용 및 통일감 없는 폰트, 색상 사용에 주의한다.

④ 담을 내용이 많을 경우 한 화면에 가득 차게 내용을 구성한다.

| 해설: 너무 많은 정보를 한 화면에 담지 않도록 하며, 강의의 핵심 내용을 표현하는 단어 및 문장 위주로 구성한다.

45. 텍스트가 많은 강의 자료 작성 팁으로 알맞지 않은 것은?

① 전체 내용을 파악하고 이를 그룹화한다

② 대중소로 분류하는 기준은 문장의 내용에 따라 인과관계 또는 상하관계로 구분한다.

③ 불필요한 미사여구를 제거하고 핵심 키워드 중심으로 작성한다.

④ 짧고 간결한 느낌이 들도록 서술형으로 어미를 통일한다.

| 해설: 짧고 간결한 느낌이 들도록 명사형으로 어미를 통일한다.

46. 강사가 강의 진행 시간 처음부터 끝까지 안정된 목소리로 내용을 전달하기 위해 필요한 보이스 트레이닝 방법으로 바르지 않은 것은?

    ① 거북목, 일자목이 생기지 않도록 척추를 펴 바른 자세를 유지한다.

    ② 평소에 코보다는 입을 사용해서 호흡하는 방법을 연습하고 활용한다.

    ③ 정확한 발음을 위해 입에 펜을 물고 글을 읽는 연습을 한다.

    ④ 얼음, 아이스크림 등의 찬 음식을 자제하고, 미지근한 물을 많이 마신다.

47. NLP에 대한 설명으로 바르지 않은 것은?

    ① 신경체계(Neuro)와 언어(Linguistic)의 상호 작용을 통하여 인간의 태도 및 행동 변화를 가능케 하는 구체적이고 실제적인 기법이다.

    ② 인간의 심리를 언어를 통해 제어하는 기술로서, 이를 고객 접점에 응용할 수 있다.

    ③ 이성 영역은 확장되고 좋은 인간관계를 유지할 수 있어 다양한 분야에서 활용되고 있다.

    ④ 경영, 판매, 커뮤니케이션, 신상품 개발과 코칭, 상담 등의 영역에서 성과 달성을 촉진해 주는 도구로 활용한다.

| 해설: 공감 영역이 확장되어 인간관계에 좋은 영향을 미친다.

48. 아래에서 설명하고 있는 것은 NLP기법은 무엇인가?

    • 은연중에 서로의 동작이 일치됨을 느끼며 마음이 통하고 있음을 느끼게 하는 방법

    • 상대방이 오른쪽으로 고객을 기울일 때 같이 왼쪽으로 고객을 기울이거나, 상대가 팔짱을 낄 때 같이 팔짱을 끼는 식으로 유사성을 표현

    • 교육생과 강사, 고객과 직원 등 관계에서 짧은 시간 내 공감대를 형성하는 방법으로 활용

① 백트래킹(Backtracking)

② 미러링(Mirroring)

③ 캘리브레이션(Calibration)

④ 아이 억세싱 큐(Eye Accessing Cue)

49. NLP 기법 중 캘리브레이션(Calibration)에 대한 설명 중 바르지 않은 것은?

① 상대방의 상태를 자세히 관찰한 후 심리적 내면 정보를 수집하는 기법을 의미한다.

② 단순히 눈으로 보는 것이 아니라 '주의를 기울여 관찰하는 방법'을 의미한다.

③ 말 이외의 것으로 더 깊은 대화를 통해 라포르를 형성하게 도와주는 기술이다.

④ 상대의 호흡과 리듬에 맞춰 배려해 가면서 상대방의 말에 경청함으로써 호응하는 기술이다.

50. 서비스 개선 교육에 NLP를 활용되는 기법을 알맞게 짝지은 것은?

(ⓐ)기법을 통해 고객 응대 시 부정적인 감정이 드는 순간을 알아차리고 그 순간마다 긍정적인 반응을 이끌어 낼 수 있는 심리적인 교육을 진행할 수 있다. 또한 (ⓑ)기법을 통하여 직원의 우수 사례 및 이미지를 형상화하고 이를 유사하게 따라 하는 훈련을 통해서 서비스의 개선을 꾀할 수 있다.

① ⓐ 넛지(Nudge)　　　　　　　ⓑ 모델링(Modeling)

② ⓐ 히트(HEAT)　　　　　　　ⓑ 앵커링(Anchoring)

③ ⓐ 앵커링(Anchoring)　　　　ⓑ 모델링(Modeling)

④ ⓐ 모델링(Modeling)　　　　　ⓑ 프레이밍(Framing)

※ 제4영역 답안

문항	정답	문항	정답	문항	정답	문항	정답	문항	정답
01	②	11	②	21	④	31	④	41	④
02	③	12	①	22	④	32	②	42	③
03	③	13	④	23	③	33	④	43	③
04	③	14	③	24	②	34	④	44	④
05	④	15	①	25	④	35	②	45	④
06	①	16	②	26	②	36	④	46	②
07	①	17	①	27	④	37	④	47	③
08	①	18	②	28	②	38	④	48	②
09	①	19	④	29	①	39	②	49	④
10	③	20	④	30	④	40	③	50	③